Kursbuch
Neue Medien

Stefan Bollmann (Hrsg.)

Kursbuch Neue Medien

Trends in Wirtschaft und Politik, Wissenschaft und Kultur

Bollmann

Dem Andenken Vilém Flussers (1920–1991)

2., durchgesehene Auflage, März 1996

Verlagsanschrift: G 7, 24 D-68159 Mannheim
Umschlag- und Layoutgestaltung: Lisa Neuhalfen, Berlin
Belichtung, Druck und Bindung: Clausen & Bosse, Leck
Gedruckt auf Papier aus 100 % chlorfrei gebleichten Faserstoffen
Printed in Germany
ISBN 3-927901-56-3

Vorwort

Von einem Kursbuch Neue Medien

von Stefan Bollmann

»Übrigens ist es äußerst unwahrscheinlich, daß das Schreiben als spezielle Technik in absehbarer Zeit verschwinden wird. Das gilt auch für das Buch, dessen praktische Vorzüge für viele Zwecke nach wie vor offensichtlich sind. Zwar ist es weniger handlich und raumsparend als andere Speichersysteme, doch bietet es bisher einfachere Möglichkeiten des Zugriffs als beispielsweise der Mikrofilm oder der Magnetspeicher. Es dürfte als Grenzfall in das System der neuen Medien integriert werden und dabei die Reste seiner kultischen und rituellen Aura einbüßen.«[1]

Nur die beiden altertümlich anmutenden Beispiele für potentielle Nachfolgekandidaten des Buches geben zu der Vermutung Anlaß, daß die voranstehenden Sätze schon vor einigen Jahren geschrieben sein dürften. Genau gesagt handelt es sich um zwanzig Jahre; sie stammen aus dem »Baukasten zu einer Theorie der Medien«, den Hans Magnus Enzensberger 1975 in Heft 20 der von ihm begründeten Zeischrift *Kursbuch* veröffentlichte. Nimmt man Sätze von Bertolt Brecht aus dessen Radiotheorie von 1932 hinzu, auf die sich wiederum Enzensberger damals berief, so scheint man sich unmittelbar in der heutigen Auseinandersetzung zu befinden: »Der Rundfunk ist aus einem Distributionsapparat in einen Kommunikationsapparat zu verwandeln«, hieß es anno 1932 bei Brecht. »Der Rundfunk wäre der denkbar großartigste Kommunikationsapparat des öffentlichen Lebens, ein ungeheures Kanalsystem, das heißt, er wäre es, wenn er es verstünde, nicht nur auszusenden, sondern auch zu empfangen, also den Zuhörer nicht nur hören, sondern auch sprechen zu machen und ihn nicht zu isolieren, sondern ihn in Beziehung zu setzen.«[2]

Die an Zahl ständig zunehmenden Benutzer des weltweiten, dezentral organisierten Datennetzes Internet werden nicht müde, »ihr« Netz als – um mit Brecht zu sprechen – »großartigen Kommunikationsapparat des öffentlichen Lebens« darzustellen, von dem viele eine durchgreifende Demokratisierung der sich ausbildenden Informationsgesellschaft erwarten. Dies macht die Aufgebrachtheit begreiflich, mit der die meisten – an vorderster Front die »Netsurfer« der ersten Stunde – alle Versuche der kommerziellen Kolonisierung des Internet verfolgen, wie sie insbesondere seit der Einführung des World Wide Web anwachsen, durch die das Internet multimediafähig und damit benutzerfreundlicher sowie weniger spröde wurde. Schien doch, wenn auch anfangs einer elitären Gruppe vorbehalten, mit dem Internet die alte, im politischen Spektrum »links« einzuordnende Forderung nach einem Massenmedium erfüllt, das der Kommunikation dient, statt, wie die herkömmlichen, sich auf Ausstrahlung zu beschränken. Wenn schon die »Umschaltung« von Fernsehen und Hörfunk nicht gelingen wollte, ja, noch nicht einmal die Etablierung eines »Rückkanals« Erfolg gehabt hatte, die in der bundesdeutschen Diskussion um die Einführung des Kabelfernsehens in den siebziger Jahren mit der Suggestion greifbarer Nähe versehen worden war[3], dann hatte man es hier doch mit einem neuen, digitalen Medium zu tun, auf das nun die großen Hoffnungen und Versprechungen übertragen wurden. Fortan würden eben zwei Medienwelten nebeneinander existieren: die der alten neuen Medien mit ihren zwar mittlerweile vermehrten und sich weiter vermehrenden, aber immer noch zentral gesteuerten Programmen und – auf der Zuschauerseite – mit einem sich zwar mittlerweile durch die Programmvielfalt zappenden, aber doch weiterhin wesentlich passiven Konsumenten; und die der wirklich Neuen Medien, die sich auf die Verbindung von Persönlichem Computer und Telefonnetz gründen und die Zweiklassengesellschaft von Medienproduzenten und Medienkonsumenten aufbrechen, indem sie die rückhaltlose und allseitige Interaktion und Kommunikation ihrer Teilnehmer zu ihrem eigentlichen Programm machen.

Diese Sicht der Dinge hat einiges für sich, und ihre Kritiker haben zu berücksichtigen, daß noch gar nicht ausgemacht ist, welche Richtung die aktuelle Medienentwicklung einschlagen wird. So befinden sich Online-Dienste weiterhin auf dem Vormarsch, das interaktive Fernsehen jedoch, das gerne als deren Gegenspieler betrachtet wird und reichlich Vorschußlorbeeren geerntet hat, auf dem Rückzug. Keiner, so scheint es, will es wirklich – schon gar nicht der mal bemitleidete, mal beschworene, selten aber gehörte Konsument. Nachdenklich stimmt eher, daß auch hier, wo es vordergründig nur um Filme auf Abruf, Bestellung per Fernbedienung (der Griff zum Telefonhörer täte es ja auch), letztlich aber um einen erweiterten Zugriff auf die Kaufentscheidungen des Konsumenten geht, das Zauberwort der Interaktion bemüht wird. Wie in den Siebzigern der bereits genannte »Rückkanal«, scheint in den Neunzigern »Interaktion« zum inflationär verwendeten Leitbegriff zu werden, den jeder, was auch immer er im Schilde führt, für sich reklamiert und über dessen grundsätzlich positive Bedeutung

schnell Einigkeit erzielt werden kann. Das aber läßt den Verdacht aufkommen, daß die Diskussion damals wie heute sich auf einem Ersatzschauplatz bewegt und sich mit Ablenkungsmanövern zufrieden gibt, während es hintergründig um ganz andere Belange geht: in den Siebzigern um das nicht geradlinig und nur gegen viele Widerstände erreichbare Ziel der Fernsehkommerzialisierung und heute um die auch nur gegen viele Widerstände durchzusetzende Kommerzialisierung alternativer Medienmöglichkeiten, indem man sie am liebsten von den gängigen ununterscheidbar machen würde. Wohin man in den letzten Jahren auch sein Ohr neigte, ständig begegnete man der – je nach Standpunkt – Glücks- oder Schreckensvision einer Zusammenführung von Computer, Telekommunikation und Television, welche auch unter dem Namen »Negroponte-Implosion« Furore gemacht hat, da sie auf Nicholas Negroponte, den Chef des Medienlabors am Massachusetts Institute of Technology (MIT) zurückgehen soll. Voreilig wäre jedoch der Schluß, daß sich mit der zeitweiligen Aussetzung des Themas »interaktives Fernsehen« auch das Paradigma der Integration von PC, TV und Telekom erledigt hätte. Kommt der PC nicht zum TV, dann eben das TV in den PC, online und natürlich »interaktiv«.
Ist diese etwas andere Sicht der Dinge, die eine provisorische Zwischenbilanz des Herausgebers wiederzugeben versucht, einem Unterfangen »Kursbuch Neue Medien« unangemessen? Um gleich einem Mißverständnis vorzubeugen: Kursbücher geben nach einer Formulierung von Hans Magnus Enzensberger Verbindungen an, zeigen aber nicht, wo es lang geht. Reisen muß jeder schon selbst und entsprechend seinem Ziel die Route wählen. Dabei kann eine Methode auch diejenige sein, bewußt Umwege in Kauf zu nehmen, dafür aber mehr von der Reise zu haben. Manche wollen sogar an gar kein Ziel gelangen, sondern das Unterwegssein selbst ist ihnen Zielvorgabe genug. Mit diesen Hinweisen sollte sich auch eine zweite falsche Erwartung erledigt haben: Kursbücher geben keine Standpunkte wieder. Standpunkte tauchen in ihnen immer nur als Durchgangsorte zu anderen Standpunkten auf, bei denen stehenbleiben mag, wer will. Selbst wenn der betreffende Zug dort endet und ein Zugwechsel am letzten Umsteigebahnhof ausblieb, könnte noch das Umsteigen auf ein anderes Verkehrsmittel weiterhelfen; notfalls die Rückfahrt zu eben dem Bahnhof, an dem Aus- und Umstieg versäumt wurden. Nachgerade ließen sich Kursbücher als Orientierungshilfen zum Verlassen von Standpunkten definieren. Wer je ein Kursbuch der Bahn aufschlug, kennt die Verlockung, nach immer weiteren Verbindungs- und Anschlußmöglichkeiten zu fahnden. Will ich schnell und einfach irgendwo hinkommen, kann ich auch die tele-

fonische Zugauskunft bemühen, und solange ich es dann nicht mit einem Computersystem zu tun bekomme, das meine Anfrage auf ihm geläufige Vokabeln hin absucht, werde ich einigermaßen zuverlässig bedient werden. Gerade letzteres macht auch den Unterschied zwischen Kursbuch und Handbuch aus.

Es schließt ein, daß ein Kursbuch desto besser ist, je vollständiger es die möglichen Verbindungen erfaßt. In der Tat lag es in der Absicht des Herausgebers, wenn schon nicht alle, so doch die relevantesten Verbindungen und Anschlüsse zu berücksichtigen, die das Thema »Neue Medien« vor- und hergibt. Deshalb wurden auch Bezüge zu Themenbereichen hergestellt, die vielleicht nicht sofort auf der Hand liegen, etwa das »virtuelle Unternehmen« oder die »Zukunft der Intelligenz« im Einzugsbereich von Bio-, Medien- und Neurotechnologien. Ein Thema allerdings blieb unberücksichtigt, da der Herausgeber es im Hinblick auf dessen Reichweite und Relevanz gerne einem eigenständigen Kursbuch vorbehalten sähe: das große Thema von Kindern bzw. Jugendlichen und Neuen Medien.

Was aber versteht das »Kursbuch Neue Medien« eigentlich unter Neuen Medien? Enzensberger behalf sich 1975 an Stelle »normativer Definitionen« mit einer »unvollständigen Liste von Neuentwicklungen« der letzten zwanzig Jahre.[4] Liest man Enzensbergers Liste heute, so ist man schnell bereit, einige der dort genannten Phänomene (wie Datenbanken) in eine aktuell zu erstellende Liste zu übernehmen, andere hingegen (wie Farbfernsehen) auszusortieren. Das Kriterium für diesen Sortiervorgang liefert auch die sicherlich nicht normative, sondern Arbeitsdefinition dafür, was hier unter »Neue Medien« zu verstehen ist: alle Verfahren und Mittel, die mit Hilfe digitaler Technologie, also computerunterstützt, bislang nicht gebräuchliche Formen von Informationsverarbeitung, Informationsspeicherung und Informationsübertragung, aber auch neuartige Formen von Kommunikation ermöglichen.

Noch immer richtig bleibt jedoch Enzensbergers Hinweis, daß alle die von ihm genannten Medien »untereinander und mit älteren wie Druck, Film, Fernsehen, Telefon, Fernschreiber, Radar usw. immer neue Verbindungen« eingehen. Das eigentlich Neue an den Neuen Medien sind die Verbindungen, welche die fortschreitende Digitalisierung unter ihnen erlaubt. Mit diesen hat es ein »Kursbuch Neue Medien« primär zu tun.

Auch ein »Kursbuch Neue Medien bleibt« – trotz des Angebots einer zweiten Ebene in Form von Stichworterläuterungen – ein Buch und mit dem einleitenden Zitat von Enzensberger gesprochen: ein »Grenzfall der neuen Medien«. Das mediale Paradox des vorliegenden Buches scheint demnach darin zu bestehen, daß es nur ein Grenzfall dessen ist, wovon es handelt. Ich möchte dieses Vorwort mit der Frage beschließen, ob das etwas ausmacht. Ist es im Gegenteil nicht stets charakteristisch für eine belangvolle Einlassung auf ein Thema, daß sie in einem Medium stattfindet, das zu dem des Themas nicht nur Verbindungen, sondern auch Distanzen aufweist? Auffällig ist jedenfalls, wie wenig Belangvolles zu den Neuen Medien in ihnen selbst gedacht und gesagt wird, wie viel dagegen in einem so anachronistischen Medium wie dem des Buches. Während aber in Büchern festgehalten wird, was in den Neuen Medien nicht gedacht werden kann, weil es ihre Grenzen betrifft, machen die Neuen Medien sichtbar und hörbar, was in den Büchern zwar gedacht, aber in ihnen nicht adäquat dargestellt werden kann. In diesem Sinne läßt sich Enzensbergers Feststellung auch umdrehen: Nicht nur ist das Buch ein Grenzfall der Neuen Medien, sondern diese sind auch ein Grenzfall des Buches.

Anmerkungen

1 Hans Magnus Enzensberger: Baukasten zu einer Theorie der Medien, in: Kursbuch Nr. 20, 1975, S. 182.
2 Bertolt Brecht: Radiotheorie (1932), zit. nach Enzensberger, a.a.O., S. 161.
3 Hans J. Kleinsteuber: Der Mythos vom Rückkanal. Technische Phantasien und politische Funktionalisierungen in der Kabelfernsehdebatte der 70er Jahre, in: medium, Ausgabe 4/94, S. 59–62 (Teil 1) und medium, Ausgabe 1/95, S. 18–25 (Teil 2).
4 Enzensberger, a.a.O., S. 159.

Fahrplanauskünfte

Verbündelung oder Vernetzung?

von Vilém Flusser

Die uns gestellte Frage nach dem Verbleib der Informationsgesellschaft kann nur beantwortet werden, wenn wir uns hinsichtlich der Bedeutung des befragten Begriffes geeinigt haben. Meint man mit »Informationsgesellschaft« jene soziale Struktur, in welcher das Herstellen, Verarbeiten und Verteilen von Informationen eine zentrale Stellung einnimmt, dann muß die Antwort auf die Frage so lauten: Die Informationsgesellschaft ist seit einigen Jahrzehnten im Entstehen, sie taucht aus der Industriegesellschaft auf und beginnt, diese zu verdrängen. Das merkt man schon daran, daß immer weniger Menschen innerhalb des industriellen Prozesses beschäftigt sind (im »sekundären Sektor«) und immer mehr innerhalb des Prozesses der Informationsmanipulation im weitesten Sinn (im »tertiären Sektor«) und daß es Bereiche gibt, in denen der informative Sektor bereits die absolute Majorität der Beschäftigten stellt. Meint man hingegen mit »Informationsgesellschaft« jene Daseinsform, in der sich das existentielle Interesse auf den Informationsaustausch mit anderen konzentriert, dann wird die Antwort auf diese Frage ganz anders zu lauten haben.

Zwar sind wir weit entfernt von einem tatsächlichen Verständnis für das Auftauchen der Informationsgesellschaft im ersten Sinn, und viel Interessantes, ja sogar Aufregendes kann diesbezüglich gesagt werden. Dennoch wird sich dieser Beitrag auf die Betrachtung der Informationsgesellschaft im zweiten Sinn beschränken.

Um dem hier gemeinten Sinn von »Informationsgesellschaft« näher zu kommen, ist es geboten, den Einstieg in die soziale Problematik neu zu formulieren. Wir sind von der Tradition her daran gewöhnt, nach dem Verhältnis zwischen Mensch und Gesellschaft zu fragen – so, als ob es einerseits Menschen und andererseits Gesellschaften gäbe und als ob diese beiden Einheiten miteinander in verschiedene Beziehungen treten könnten. Sieht man die Sache so, dann entstehen Fragen vom Typ: »Ist diese gegebene Gesellschaft gut für den Menschen?« und: »Ist

[Vortragsskript für eine Tagung des Schweizer GDI-Forums zum Thema »Wo bleibt die Informationsgesellschaft?« am 18./19. November 1991. Es handelt sich um einen der letzten Vorträge des am 27.11.1991 tödlich verunglückten »Medienphilosophen des 20. Jahrhunderts« (taz)]

dieser Mensch gut für diese Gesellschaft?« (Der ersten Frage entspricht die Rechte, der zweiten die Linke im politischen Spektrum.) Sobald man sich die Sache jedoch näher ansieht, erkennt man den darin verborgenen Fehler. Es gibt keine Gesellschaft ohne Menschen, keinen Menschen außerhalb einer Form von Gesellschaft. Daher können die Begriffe »Mensch« und »Gesellschaft« nicht getrennt voneinander betrachtet werden; geschieht dies aber dennoch, so handelt es sich um Abstraktionen. Es verhält sich nicht so, daß Mensch und Gesellschaft miteinander in Beziehung treten könnten, sondern so, daß es ein Beziehungsfeld gibt, aus welchem einerseits »Mensch« und andererseits »Gesellschaft« extrapoliert werden können. Nicht der Mensch, und auch nicht die Gesellschaft, sondern das Beziehungsfeld, das Netz der intersubjektiven Relationen, ist das Konkrete.
Sieht man dies ein und geht man davon aus, dann müssen zahlreiche traditionelle Kategorien umgedacht werden. Zum Beispiel die Frage nach dem sogenannten Unter- und Überbau der Gesellschaft. Die Frage, ob die Wirtschaft, die Religion, die Klasse, die Volkszugehörigkeit oder was immer die Infrastruktur oder Superstruktur der Gesellschaft darstellt, wird hinfällig, sobald man einsieht, daß die zwischenmenschlichen Beziehungen der Unterbau sind, aus welchem überhaupt erst Individuen und die Gesellschaft auftauchen können. Diese Einsicht nun, wonach die einen jeden von uns mit anderen verbindenden Fäden unser konkretes Dasein ausmachen, wonach (um dies anders zu sagen) die Kommunikation die Infrastruktur der Gesellschaft ist, führt zum Errichten der Informationsgesellschaft im hier gemeinten Sinn dieses Wortes. Aufgrund dieser Einsicht ist es geradezu zwingend, eine Gesellschaftsform anzustreben, worin sich jeder im Informationsaustausch mit anderen verwirklicht.
Spricht man dies so aus, dann klingt es selbstverständlich. »Gesellschaft« meint ja die Strategie, dank welcher wir uns im Austausch von Informationen mit anderen zu verwirklichen hoffen. Bedenkt man es jedoch, dann klingt es nicht nur nicht selbstverständlich, sondern völlig utopisch. Ein gegenseitiges Verwirklichen mit anderen und in anderen setzt voraus, daß eine Offenheit zwischen den einzelnen Partnern besteht, eine Hingabe des einen an den anderen. Eine solche Voraussetzung ist jedoch nicht gegeben. Ganz im Gegenteil überwiegt die Tendenz zur Selbstbehauptung und nicht jene zur Selbstvergessenheit, die Tendenz zur Abkapselung von anderen im eigenen Selbst und nicht jene zur Anerkennung des anderen. Angesichts solcher Bedenken sieht es daher nicht mehr so aus, als sei das Errichten einer Informationsgesellschaft im hier gemeinten Sinn selbstverständlich, sondern so, als

handle es sich um ein hoffnungsloses, utopisches Unterfangen. Aber dann wird man auf jene technische Entwicklung verwiesen, die unter dem Namen **Telematik** im Gespräch ist. Es handelt sich dabei um eine ⊖ Technik, die zumindest der ihr innewohnenden Absicht nach auf das Errichten der hier gemeinten Informationsgesellschaft ausgeht. Daher muß sich die Reflexion jetzt mit der Telematik befassen.

⊖ Flussers Gebrauch des Begriffs **Telematik** (zusammengesetzt aus **Tele**kommunikation und Infor**matik**) geht auf dessen Einführung durch Simon Nora und Alain Minc zurück, die in ihrem 1978 publizierten Bericht an den französischen Präsidenten *Die Informatisierung der Gesellschaft* (dt. 1979) schreiben:
»Die wachsende Verflechtung von Rechnern und Telekommunikationsmitteln, die wir *»Telematik«* nennen, eröffnet einen völlig neuen Horizont. Schon immer haben Kommunikationsmittel die Gemeinwesen strukturiert ... Die Telematik bewegt – im Gegensatz zur Elektrizität – nicht einen trägen Strom, sondern Information, das heißt Macht. Die Telefonleitung und der Fernseher sind Voraussetzung für diese Mutation. Sie verschmelzen heute in Übertragungssystemen mit vielen Funktionen, beginnen Rechner sowie Datenbanken zu verbinden und werden dank der Fernmeldesatelliten über ein mächtiges, weltumspannendes Mittel verfügen. Die Telematik wird nicht nur ein weiteres Netz darstellen, sondern vielmehr ein Netz neuer Art, das Bild, Ton und Informationsinhalte in eine vielschichtige Wechselbeziehung treten läßt. Sie wird unser Kulturmodell verändern.«
In der Konsequenz des Nora/Minc-Berichts kam es in Frankreich zum *Programme Télématique*, dessen sichtbare Auswirkung u. a. in der frühzeitigen erfolgreichen Durchsetzung von *Minitel,* dem französischen Pendant zum deutschen BTX, besteht.

Das Wort enthält die Vorsilbe »tele-« und die Nachsilbe »-matik«. Die Vorsilbe meint das Näherbringen von Entferntem, wie etwa aus Teleskop oder Telefon ersichtlich. Die Nachsilbe verweist auf das Wort »Automat«, das etwa »Selbstbewegung« bedeutet. Daher kann das Wort »Telematik« als eine Technik zum selbstbewegten Näherrücken von Entferntem gedeutet werden. Eine solche Deutung entspricht ganz dem Geist der hier gemeinten Informationsgesellschaft. Telematik ist dann jene Technik, dank welcher wir einander näherrücken, ohne dabei irgendwelche Anstrengungen machen zu müssen. Es ist jene Technik, in deren Verlauf die Voraussetzung für eine Informationsgesellschaft im hier gemeinten Sinn durch Apparate hergestellt wird, welche die Offenheit des einen zum anderen, die Anerkennung des einen im anderen automatisch zuwege bringen, und zwar durch Apparate wie

Telefone, Computerterminals mit reversiblen Kabeln oder Faxe. Anders gesagt: Telematik ist jene Technik, welche das Errichten einer Gesellschaft zum Verwirklichen des einen im anderen aus dem Utopischen ins Machbare überträgt; die Informationsgesellschaft im hier gemeinten Sinn in absehbarer Zukunft ermöglicht.
So leicht jedoch ist die Sache nicht zu begreifen. Zwei Schwierigkeiten sind mit dem Begriff »Telematik« verbunden. Die eine steckt im Wort »selbst«, die andere im Wort »Nähe«. Man muß ihnen die Stirn bieten. Dank verschiedener Analysen wird immer deutlicher, daß der Begriff des »Selbst« und alle seine Synonyme (etwa Identität, Individualität, auch Geist und Seele) keine Tatsache meint, sondern etwas nur Virtuelles. Wenn ich mich selbst analysiere (einen Purzelbaum um mich schlage), so stelle ich fest, daß »ich« jenen abstrakten Punkt meint, an welchem sich konkrete Beziehungen verknoten. »Ich« ist der Name, der konvergierende Beziehungen bezeichnet, und wenn alle Beziehungen, eine nach der anderen, abgezogen werden, dann bleibt kein »Ich« übrig. Anders gesagt: »Ich« meint, daß andere »Du« dazu sagen. Die Informationsgesellschaft wäre demnach eine Strategie zur Verwirklichung der Virtualität »Ich« in der Virtualität »Du«, also zum Abschaffen der Ideologie von einem Selbst zugunsten der Erkenntnis, daß wir einer für den anderen da sind und keiner für sich selbst da ist. Und Telematik wäre danach die Technik, die eine Abschaffung des Selbst zugunsten der intersubjektiven Verwirklichung automatisch herstellt.
Eine derartige Anthropologie, wonach wir Knoten von Beziehungen sind, die erst im Verhältnis zu anderen wirklich werden, stellt die Frage nach der Nähe auf eine eigentümliche Weise. Nähe ist danach nicht Funktion irgendeiner räumlichen und zeitlichen Entfernung, sondern Funktion der Zahl und Intensität der Beziehungen, die den einen mit dem anderen verbinden. Je stärker ich mit einem anderen verbunden bin, desto näher steht er mir, und desto näher stehe ich ihm, gleichgültig, welche raum-zeitlichen Einheiten uns voneinander trennen mögen. Dieser neuartige Begriff von Nähe führt notwendigerweise zu einer spezifischen Ethik. Je näher mir jemand steht, je zahlreichere Fäden mich mit ihm verbinden, desto größer die Zahl der zwischen uns strömenden Informationen, das heißt der Reden und Antworten, die zwischen uns pendeln. Je näher mir jemand steht, desto größer die Verantwortung, die wir füreinander tragen; je weiter entfernt dagegen, desto blasser und verwaschener die Verantwortungen. Eine solche Ethik widerspricht dem Humanismus mit seiner Forderung nach allgemeinen, ohne Rücksicht auf Entfernung gültigen Werten. Aber sie entspricht dem Judenchristentum mit seiner Forderung der Nächsten-

liebe, nicht der Liebe zur Menschheit. Die hier gemeinte Informationsgesellschaft wäre ein intersubjektives Netz, worin sich Kerben und Ausbuchtungen befinden, innerhalb welcher einander Nahestehende sich miteinander verwirklichen. Telematik wäre die Technik, dank welcher räumlich und zeitlich voneinander entfernte Menschen existentiell zusammenrücken können, um einander gegenseitig zu realisieren.

Taucht man nun aus solchen Überlegungen wieder auf und blickt man sich um, dann ersieht man tatsächlich Ansätze zu einer derartigen Telematik: Vorrichtungen zum automatischen Näherbringen von Menschen, damit sich diese wechselseitig überhaupt erst verwirklichen mögen, um nicht in irgendeinem Selbst verkapselte bloße Möglichkeiten zu bleiben. Bei diesen Vorrichtungen handelt es sich nicht notwendigerweise um junge Errungenschaften wie reversible Kabel oder audiovisuelle Telefone, sondern es können auch hergebrachte Techniken wie der Postverkehr oder Rauch- und Feuersignale sein. Es sind Vorrichtungen zum Vernetzen. Diese Ansätze zu einer telematischen Gesellschaft sind jedoch in eine allgemeine Medienschaltung eingebettet, die auf eine ganz andere Art von Gesellschaftsform deutet, nämlich in die sogenannten Massenmedien, bei denen Sender bündelartig Informationen an zu jeder Antwort unfähige, also verantwortungslose und unmündige Empfänger ausstrahlen. Die telematischen Ansätze zu einer Vernetzung bilden kleine und relativ unbedeutende Inseln innerhalb der gigantischen Bündel wie Radio-, Fernseh-, Zeitungs- oder Zeitschriftensender. Und beide, die Ansätze zur Vernetzung wie die dominanten Bündel, sind Symptome für die Kommunikationsrevolution, deren Zeugen wir sind.

Dazu einige Worte: Die seit mindestens 4000 Jahren vorherrschende Kommunikationsstruktur war folgende: Informationen wurden im Privaten ausgearbeitet, im Öffentlichen ausgestellt und dort erworben und dann ins Private getragen, um dort verarbeitet zu werden. Das Hinaustragen der Informationen (die Veröffentlichung) und das Erwerben der Informationen in der Öffentlichkeit (das politische Engagement) waren für die vergangene Kommunikationsstruktur ebenso charakteristisch wie die private Informationsgestaltung (die schöpferische Arbeit). Die Kommunikationsrevolution besteht grundsätzlich in einer Umsteuerung des Informationsstroms. Der öffentliche Raum wird vermieden und wird dadurch fortschreitend überflüssig. Die Informationen werden im Privatraum ausgearbeitet und mittels Kabeln und ähnlichen Kanälen an Privaträume gesandt, um dort empfangen und prozessiert zu werden. Nun hat diese anti-politische Umwälzung zwei entgegengesetzte Schaltpläne gezeitigt. Den Bündelschaltplan, dank welchem einzelne Sender an vereinzelte Empfänger senden, wobei die Empfänger weder über Kanäle verfügen, die sie mit den Sendern verbinden, noch über andere, die sie untereinander verbinden. Konsequent durchgeführt muß dieser Schaltplan zu einer gleichgeschalteten, totalitären Massengesellschaft führen. Die meisten Kulturkritiker haben bei ihren Analysen diese Massenkultur vor Augen. Daneben aber betritt auch der oben bedachte Netzschaltplan die Bühne, dessen konsequente Durchführung wiederum die hier gemeinte Informationsgesellschaft zur Folge haben müßte. Jede Futurisierung hängt letzten Endes von der Entscheidung ab, welchem der beiden Schaltpläne die größere Bedeutung zu geben ist.

Mein Beitrag hat weder die Absicht noch die Kompetenz, hier eine Entscheidung zu treffen. Es ist jedoch geboten, eine Würdigung der beiden Alternativen zu bieten. Sollte die Bündelung überwiegen, dann gehen wir einer verantwortungslosen, verdummenden, verkitschenden und brutalisierten Lebensform entgegen. Vieles spricht dafür, so etwas voraussehen zu müssen. Sollte jedoch die Vernetzung die Massenmedien durchdringen und durch sie hindurchdringen, und sollten die vernetzenden Inseln wie Computerterminals, Video-Circuits oder Hypertexte die Bündelung zerreißen können, dann wäre die utopische Informationsgesellschaft, worin wir einander verwirklichen können, technisch und von daher auch existentiell in den Bereich des Machbaren vorgedrungen. Je nach Kompetenz und Stellung haben wir uns alle für diese zweite Möglichkeit zu engagieren. Wenigstens ist das der Vorschlag, den ich hier unterbreiten möchte.

Als Professor in Brasilien und Frankreich unterrichtete Vilém Flusser ein Fach, das er selbst »Kommunikologie« nannte. Eine der fundamentalen Unterscheidungen der Flusserschen Kommunikationstheorie ist die zwischen diskursiven und dialogischen Strukturen. Den diskursiven schrieb er informationserhaltenden, den dialogischen informationserzeugenden Charakter zu. Insgesamt differenzierte er zwischen vier diskursiven (1–4) und 2 dialogischen (5–6) Kommunikationsformationen.

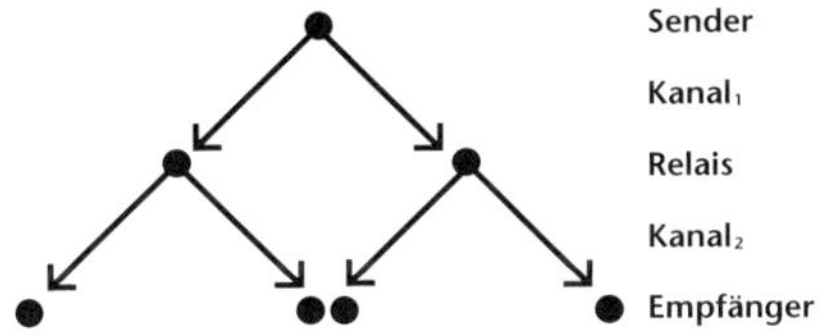

1 | Die Pyramide

An ihrer Spitze steht ein Sender, welcher vom Standpunkt der Empfänger der Autor der verteilten Information ist. Von diesem fließt die Information gleichsam bergab in Richtung von 'Überträgern' (Relais: Magistern und Ministern), deren Funktion es ist, die Information zu dekodieren und zu rekodieren, sie von Störungen, Überlagerungen u.ä. freizuhalten. Beispiele: die Administration der römischen Republik, die Kirche.

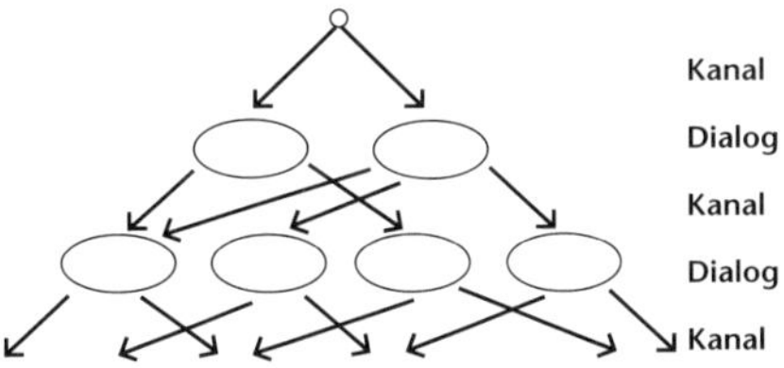

2 | Der Baum

Der Baum unterscheidet sich von der Pyramide (der er sonst ähnelt) vor allem durch zwei Aspekte: An der Spitze befindet sich kein ursprünglicher, mythischer Autor, sondern ein Prinzip, und die Zwischenstufen der Übertragung werden nicht von Relais, sondern von dialogischen Verarbeitungsstellen gebildet. Die Information fließt gleichsam bergauf in Richtung von Empfängergruppen, die sie analysieren und kritisieren. Es handelt sich um einen unumkehrbaren Prozeß der gesteuerten Vermehrung von Information. Beispiele: die Wissenschaft, aber auch die Technokratie.

3 | Das Theater

Hier befindet sich der Sender den Empfängern gegenüber, und die Information wird von ihm in einem Halbkreis an die

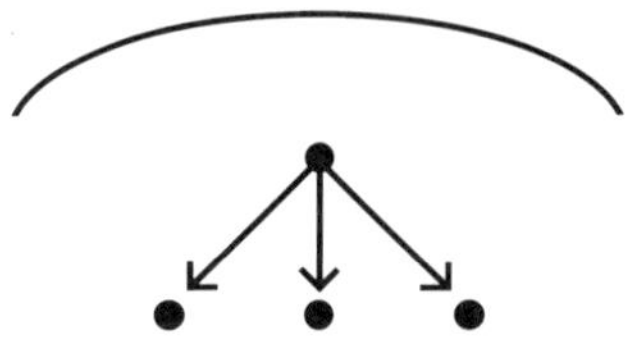

Empfänger ausgestrahlt. Die Wand im Rücken des Empfängers schirmt die Situation nach hinten ab, zu den Empfängern hin ist sie dagegen offen. Die Empfänger können dabei unbewegt, wie in einer Schulklasse, oder bewegt, wie in einer Bilderausstellung, dem Sender entgegensehen; der Sender kann die Information als Original, wie in einer Vorlesung, oder als Reproduktion, wie im Kino, aussenden: Immer ist eine Wendung des Empfängers zur Wand hin und damit eine Aktivität des Empfängers Voraussetzung. Das Theatermodell ist die Struktur unserer Pädagogik. Diese Struktur, und nicht irgendeine Dialogform, bildet die Kette der Generationen.

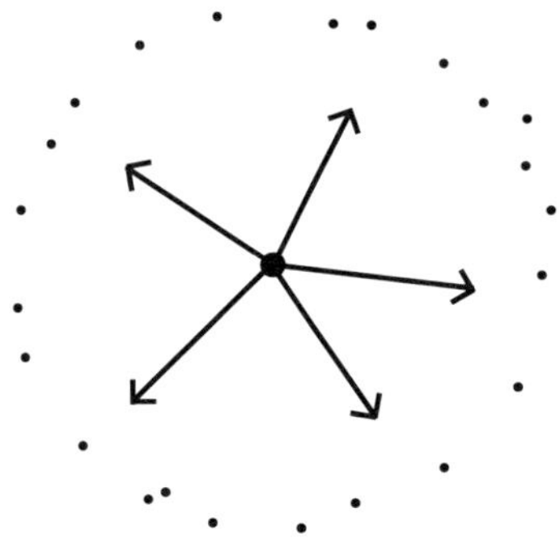

4 | Das Amphitheater

Im Gegensatz zu den anderen Strukturen können hier Sender und Empfänger getrennt betrachtet werden. Der Sender steht an einem beliebigen Ort im offenen Raum und rundfunkt Informationen in diesen Raum; der Empfänger hingegen empfängt von allen Seiten Informationen, oft, ohne daß er sich dahinter einen Sender vorstellt. Dem adressatlosen Rundfunken auf der Senderseite entspricht auf der Empfängerseite ein Verhalten nicht der Konzentration (wie beim Theater), sondern der grenzenlosen Zerstreuung. Es herrscht totale Kommunikation bei totaler Kommunikationsunmöglichkeit. Es ist das Modell der Massenmedien.

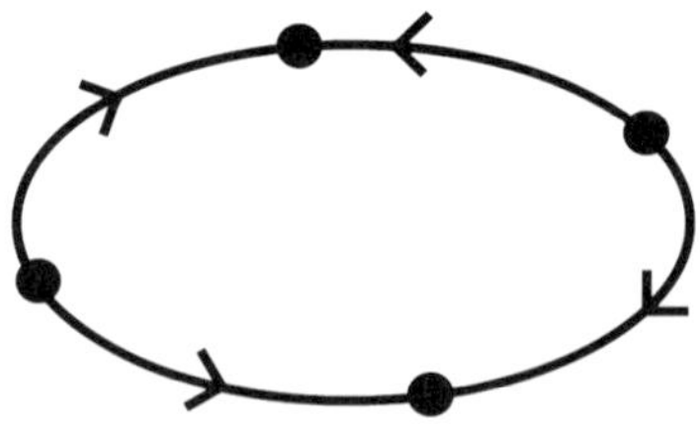

5 | Der Kreis

Grundsätzlich verfügen wir nur über zwei dialogische Strukturen: den Kreis und das Netz. Beim Kreis sind die beteiligten Partner um eine leere Mitte versammelt, in der sich die neue Information gleichsam bildet. Beispiele sind nicht nur der Marktplatz, sondern auch der runde Tisch, das Parlament (zumindest das englische Unterhaus), das Laboratorium usw.

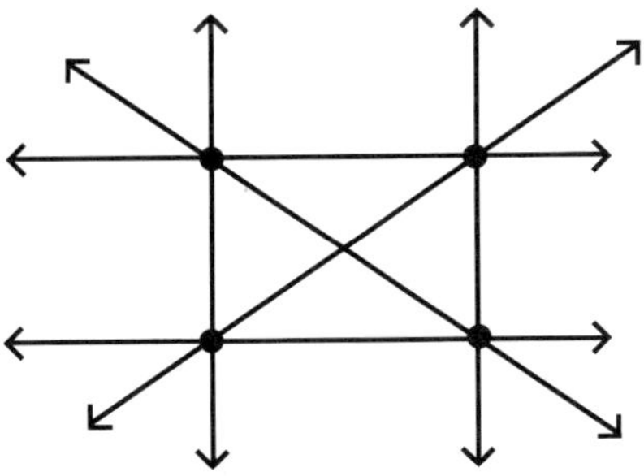

6 | Das Netz

In Netzstrukturen bildet jeder beteiligte Partner das Zentrum des Dialogs, und die Synthese der Information erfolgt durch Diffusion im Netz. Beispiele für ausgearbeitete Netzstrukturen sind das Telefon, die Post, Computernetzwerke. Während es sich beim Kreis um ein geschlossenes System handelt, ist das Netz ein offenes System. Vor aller Ausarbeitung bildet diese Formation der Kommunikation aber auch das Grundnetz, das alle übrigen stützt und in der Gestalt von Gerede und Geschwätz letztlich alle von Menschen ausgearbeiteten Informationen wieder in sich aufsaugt. Das Netz ist sozusagen Anfang und Ende aller Kommunikation. Flusser ging davon aus, daß nur ausgearbeitete Netzsysteme dem Amphitheater der Massenmedien die Stirn bieten können.

Literatur:

Vilém Flusser, Kommunikologie, Schriften Bd. 4, Mannheim 1995.

Das digitale Zeitalter

von André Gauron

Frankreich liebt die großen technologischen Projekte und kann von ihnen anscheinend nie genug kriegen. Zwar wurde der technische Fortschnitt nicht in Frankreich erfunden, doch hat man ihn hier schon seit langem zum Symbol eines Abenteuers gemacht, in das man sich stets aufs neue stürzen muß. Nach der *Concorde* und dem *TGV* nun also die Datenautobahnen als neue technologische Herausforderung, die die Gemüter ins Schwärmen versetzt. Man weiß nicht so recht, was an ihnen vor allem fasziniert: Die Geschwindigkeit, mit der jede Information quasi instantan übermittelt wird, oder jene hübschen »Lichtfäden« – die Glasfasern, die diese Glanzleistung ermöglichen? Die endlich realisierte Symbiose von Plattenspieler, Telefon, Radio, Fernseher und Computer oder der wunderbare Universalbildschirm, auf dem alles verfügbar sein wird? Die Realität dieser virtuellen Welt oder die Virtualität einer endlich total beherrschbaren realen Welt? Gérard Théry[1] jedenfalls ist von keinerlei Zweifel angekränkelt und teilt seine Begeisterung mit fast schon poetischem Schwung mit. Die Autobahnen »machen der Informationsnot ein Ende«, sie markieren »eine wahrhaft befreiende Wende«. Im Paradies gibt es Autobahnen!

Doch auch diese Euphorie könnte mit Lichtgeschwindigkeit vorübergehen. Schon gibt es andere, warnende Stimmen[2], die den Investoren die Lust am neuen Abenteuer nehmen. Derzeit sieht die Lage so aus, ⊖ daß die mit **Multimedia** noch kaum vertrauten Benutzer kein überschwengliches Interesse bekunden. Doch glaubte in den Anfängen des Fernsehens etwa ein großes Publikum an die Zukunft dieses Mediums? Umgekehrt war der CD ein rascher Erfolg beschieden; in nur wenigen Jahren verdrängte sie die alte LP fast vollständig vom Markt. Einerseits gab es einen Sprung ins Unbekannte, andererseits einen Produktwechsel, der spürbare Vorteile in der Qualität, der Bedienung und im Platzbedarf mit sich brachte. Beides werden auch die neuen Technologien bewirken.

⊖ »Wörtlich genommen, bedeutet **Multimedia** die Kombination unterschiedlicher Medien. Vor noch nicht so langer Zeit wurde auch die Ton-Dia-Show oder ein Lehrpaket mit Lehrtext, Übungsheften, Video-

und Fotomaterial als multimedial bezeichnet. Heute wird der Begriff Multimedia fast nur noch für digitale Medien verwendet, die über einen Computer abgerufen werden können. Technisch wird Multimedia deshalb heute als Kombination von mindestens einem digitalen kontinuierlichen Medium (z. B. Ton oder Film) mit einem diskreten Medium (z. B. Text) definiert, die interaktiv nutzbar sind. Eine wichtige Unterscheidung bezieht sich darauf, ob Multimedia-Angebote lokal (offline), z. B. auf CD-ROM, oder über Telekommunikationsnetze (online) verfügbar sind. Multimedia ist keine neue Technologie an sich, sondern die Zusammenführung bisher getrennter Technologien und Anwendungen:

— Interaktive Computeranwendungen werden um Ton und Video ergänzt.

— Das Fernsehen soll sich vom Massen- und Verteilmedium zum individualisierbaren Informations- und Unterhaltungsmedium mit »Rückkanal« wandeln.

Auch im Bereich der persönlichen Kommunikation werden »unimediale« Kommunikationsmittel um weitere Medien ergänzt (z. B. beim Bildtelefon), oder die direkte Zusammenarbeit wird durch technische Kommunikationsmittel ersetzt (z. B. Videokonferenzen, Tele-Kooperation).

(U. Riehm/B. Wingert, Multimedia, 1995)

Eines ist sicher: Wir verlassen die Gutenberg-Galaxis, um ins digitale Zeitalter einzutreten. Datenautobahnen, Multimedia, Interaktivität – unter dem Gewimmel von Namen, die die derzeitige Revolution zu beschreiben versuchen, verbirgt sich eine einzige Realität, die sich anschickt, alles zu überschwemmen: die Digitalisierung. Um diesen Prozeß zu begreifen, müssen drei Fragen beantwortet werden. Die erste ist technischer Natur: Wie sollen digitalisierte Botschaften übertragen werden? Genügt ein einziges Übertragungsmittel, oder braucht man einen Verbund von Informationsträgern? Und wird der so erzielte Fortschritt ausreichen, um alle anderen Techniken zu verdrängen? Die zweite ist finanzieller Natur: Wer zahlt? Oder anders gesagt: Wie sind die Marktchancen? Wird die Technologie über das Marktgeschehen gebieten, oder wird umgekehrt der Markt eine Auswahl zwischen den Technologien treffen? Die dritte ist soziologischer Natur: Woher die Zeit nehmen, um all die Dienste und Programme, die man uns in Aussicht stellt, überhaupt zu nutzen? Wird sie uns geschenkt, oder müssen wir sie uns mühsam abknapsen? Doch die digitale Revolution wirft noch weit fundamentalere Fragen auf, die die Kultur, die Kreativität und schließlich die Freiheit betreffen.

[Der französische Autor André Gauron ist Wirtschaftswissenschaftler, und lebt in Paris. Gauron war lange Zeit Berater des französischen Finanzministeriums.]

Wissenschaft und Technik entwickeln sich nur selten geradlinig. Doch die Fehlschläge der einen eröffnen oft neue Wege, die die andere dann um so entschlossener beschreitet. So auch auf dem Gebiet des Audiovisuellen. In den achtziger Jahren schworen die Ingenieure ausschließlich auf »hochauflösende Bildschirme« und den **D2-Mac**. Heute gibt es für sie nur noch Digitalisierung und die Glasfaser. An eine bessere Bildqualität denkt keiner mehr. Allerdings versuchte man damals schon, Systeme der Zugangskontrolle (Pay-TV) zu entwickeln, ein Ziel, das man keineswegs aus den Augen verloren hat, im Gegenteil. Die Fortschritte in der Bilddigitalisierung haben hier nämlich eine völlig neue Ausgangslage geschaffen. Mit dem D2-Mac war nicht bloß der Frequenzmangel keineswegs behoben, es stellten sich zudem knifflige Probleme beim Mehrprogrammbetrieb, und die Zuschauer hätten ihren Gerätepark insgesamt zugunsten des HDTV-16/9 erneuern müssen, um sie zu beheben. Die Digitalisierung läutet hingegen ein Zeitalter des (relativen) Überflusses ein, weil die Bildkompression es erlaubt, acht, zehn, ja fünfzehn und mehr Programme zu übertragen, deren Bildqualität umgekehrt-proportional zu ihrer Anzahl sein wird. Statt der sieben oder acht Sender, die man heute mit der normalen Antenne empfängt, wird es mehrere Dutzend geben; im Kabel wird es statt der etwa vierzig Programme mehrere hundert geben! Wer wollte dem Zauber einer solchen Fülle widerstehen? Zumal, da mit der Zunahme der Kanäle die Sendekosten sinken werden. Welch verführerische Perspektive für die Fernsehanstalten, nur noch wenige Prozent ihres Budgets für die Sendekosten aufwenden zu müssen.

D2-Mac (Mac: Multiplexed Analogue Components) bezeichnet einen normierten Übertragungsstandard, mit dem in Europa seit 1989 über Satellit farbige Fernsehbilder gesendet werden. Die Bildausstrahlung in der D2-Mac-Norm bietet die Möglichkeit, Fernsehbilder in Breitwandformat zu empfangen. Die D2-Mac-Norm gilt damit als erster und wichtiger Schritt auf dem Weg zum hochauflösenden **HDTV** (High Definition Television), bei dem die Verdopplung der Bildzeilen von 625 auf 1250 zu schärferen und flimmerfreien Bildern führt und dem Benutzer die Wahl zwischen der synchronisierten und der Originalfassung eines Films ermöglicht.

»High Definition Television (HDTV) oder HiVision, wie es die Japaner bezeichnenderweise nennen, weil dieser Signifikant das Fernsehen etymologisch schon hinter sich gelassen hat: Nur auf den ersten Blick geht es dabei lediglich um eine höhere Güte der Images und um den Plan, einer neuen Generation von TV-Apparaten den hart umkämpften Markt zu öffnen. Das sind vor allem die Formeln für ein audiovisuelles Masterprodukt, das im Kino ebenso einsetzbar ist wie im Flugzeug, im Supermarkt wie im Wohnzimmer« (Siegfried Zielinski, Audiovisionen, 1989).

Dieser Durchbruch digitaler Techniken verwirklicht einen alten und hartnäckig verfolgten Traum: den Traum, einen einzigen Code für Ton, Bild und Schrift zu finden. Indem sie es den Botschaften erlaubt, sich mit Lichtgeschwindigkeit fortzubewegen, hat die Elektrizität den Faktor Distanz nahezu aufgehoben. Wie schon McLuhan richtig gesehen hat, »zentralisiert die Elektrizität nicht, sondern dezentralisiert«.[3] Sie sprengt das mechanistische Weltbild, das nur ein einziges Zentrum kennt, und macht statt dessen aus jedem einzelnen, wo immer er sich befindet, ein Zentrum unter Millionen anderer Zentren. Das Fernsehen hat die Information rezentralisiert. Die Informatik dagegen dezentralisiert sie, indem sie die Kommunikation von Individuum zu Individuum wiederherstellt. In Zukunft kann sich jeder, theoretisch zumindest, die Information holen, die er sich wünscht, wo immer sie sich befinden mag, vorausgesetzt, sie ist ins Netz eingespeist. Damit ist er vom »Diktat« des Programmanbieters befreit.

Die Geschwindigkeit ist freilich nicht der einzige Faktor, den man bei der Beförderung von Botschaften zu berücksichtigen hat. Die Erfahrung im Autoverkehr lehrt uns, daß die Geschwindigkeit des einzelnen Fahrzeugs abnimmt, wenn zu viele davon auf derselben Autobahn unterwegs sind. Und wenn die Fahrzeugmenge die Aufnahmekapazität der Autobahn übersteigt, kommt es zum Stau. Wichtiger als die Geschwindigkeit ist also der Durchsatz, die Übertragungsrate. Je mehr Daten man über eine einzige Leitung schicken will, um so größer muß der Durchsatz sein, wenn die Übertragung sich nicht stundenlang hinziehen soll. Die Telefonleitung mit ihren beiden Kupferdrähten – das erste interaktive Medium, da es eine Kommunikation in beiden Richtungen erlaubt – hat eine sehr niedrige Übertragungsrate. Sie ist also schnell überlastet. Die Glasfaser dagegen hat einen millionenfach höheren Durchsatz und bietet so die Möglichkeit, die für den Bildverkehr nötigen großen Datenmengen blitzschnell in beiden Richtungen zu übertragen.

Die Frage ist nun aber, ob es angesichts der verschiedenen Bedürfnisse der Benutzer sinnvoll ist, ein Netz mit hoher Übertragungsrate zum einzigen Informationstransportmittel zu machen. Das wäre ungefähr so, als hätten wir im Nah- und Fernverkehr nur ein einziges Schienentransportmittel, den Hochgeschwindigkeitszug *TGV*. Es liegt auf der Hand, daß seine Geschwindigkeitsreserven ihm wenig helfen würden, wenn er Vorortbahnhöfe anfahren und den Omnibus spielen müßte.

Dasselbe gilt im Bereich der Information. Die Tatsache, daß diese in ihren verschiedenen Gestalten – ob als Töne, stehende oder bewegte Bilder oder Daten – künftig stets dieselbe digitale Sprache spricht, bedeutet keineswegs, daß jede Information einen Träger mit hoher Übertragungsrate braucht.

In vielen Fällen wird eine Kombination aus Fernsehgerät oder PC und Telefon ausreichen, um in einem Videokatalog zu blättern und sich seinen Film zu bestellen. Mit ISDN oder der baldigen Einführung des direkt ans bisherige Telefonnetz angeschlossenen Bildtelefons werden Telekonferenzen möglich. Desgleichen wird man bloß ein temporär interaktives Terminal brauchen, um sich im Katalog ein Spiel auszusuchen und es auf dem Bildschirm des Fernsehers oder PCs erscheinen zu lassen. Die Kabelnetze bieten bereits heute Möglichkeiten einer quasi instantanen Übertragung von Programmen. Und nebenbei gesagt: Während die Glasfaser fest installierte Geräte benötigt, schickt sich die Datenübertragung an – wie zuvor das Telefon –, in das mobile Zeitalter einzutreten, d. h. die Übertragung erfolgt lokal über elektromagnetische Wellen. Schließlich ist die Kommunikation zwischen den Vermittlungsstellen in Frankreich bereits völlig digitalisiert und benutzt Übertragungsmittel mit sehr hohen Transfergeschwindigkeiten, an die Großbenutzer direkt angeschlossen werden können. Darüber hinaus kann die Interaktivität in Senderichtung mit hohen Übertragungsraten arbeiten und in Abfragerichtung mit niedrigen.

Die technische Entwicklung führt also keineswegs zu dem *einen* Übertragungsmittel hin, das alle anderen verdrängt. Anders als Théry meint, sind die Autobahnen nicht das »einzige Mittel«, um interaktive Verbindungen mit hoher Transfergeschwindigkeit herzustellen. Dieses Ziel läßt sich in vielen Fällen auch durch eine Kombination anderer Übertragungsmittel erreichen. Zudem sind hohe Transfergeschwindigkeiten nur bei einem Teil der Anwendungen vonnöten. In den meisten Fällen reichen auch niedrige Übertragungsraten aus, und manche Bedürfnisse – vor allem das nach Mobilität – lassen sich überhaupt nicht durch Datenautobahnen befriedigen. Der Umstand, daß die Digitalisierung die verschiedenen Botschaftstypen von ihrem je spezifischen Übertragungsmittel emanzipiert, wird nicht zur universellen Autobahn führen, sondern im Gegenteil zu einer Pluralität von Übertragungsmitteln, zwischen denen sich eine lebhafte Konkurrenz entwickeln wird. Der strategisch wichtige Punkt wird die wechselseitige Verbindung dieser Übertragungsmittel sein. Die Hochgeschwindigkeitsautobahnen werden nur ein Kettenglied in einem komplexeren Ganzen sein, eine Masche in einem Netz.

Die wahre Revolution, die über die Märkte von morgen bestimmt und Wünsche und Begierden weckt, geht nicht vom Transport der Botschaft aus, sondern vom kontrollierten Empfang dieser Botschaft daheim. Er trägt den Namen **interaktives Multimedia**. Die Kombination von Ton und Bild ist nicht neu. Zum erstenmal tauchte sie mit dem Kino auf, und mit dem Fernsehen ist sie zur Normalität geworden. Doch bislang funktionierte dies bloß in einer Richtung, was der Programmgestaltung eine zentrale Stelle im ganzen Prozeß zuwies. Die Botschaft gehorchte einer unerbittlichen Angebotslogik, die dem Fernsehsender eine beträchtliche Macht gab. Von seiner Wahl hing es ab, ob eine Botschaft gesendet wurde oder nicht. Gewiß, der Kampf um hohe Einschaltquoten hat die Sendeanstalten dazu bewogen, immer mehr »Marktstudien« durchzuführen, um den Geschmack der Zuschauer möglichst genau zu treffen. Doch in letzter Instanz entscheidet allein der Programmanbieter. Er ist der Herr der Botschaft.

⊖ **Interaktivität** war von Beginn der Entwicklung des Rundfunks an ein positiv besetzter Begriff und die mit ihrer Realisierung verbundenen Erwartungen immer schon hoch. Die jetzige Debatte um **interaktives Multimedia** weist zudem verblüffende Parallelen zu der in den siebziger Jahren geführten Diskussion um den »Rückkanal« auf: Schon damals wurde auf eine Vielzahl von Nutzungsmöglichkeiten hingewiesen – Faksimile-Zeitung, Dialog mit Computern, elektronischer Bücherdienst, Verbrechensbekämpfung (!), programmierter Unterricht, Einkaufen per Bildschirm, Programmkritik der Fernsehteilnehmer –, allerdings fehlten wohl die technischen Lösungen, um solche Anwendungen auf breiter Basis zu realisieren.

Fernab zu hoher Erwartungen, aber auch in Gegenführung zur Entwertung des Begriffs zum inhaltslosen Werbeschlagwort unterscheiden Ulrich Riehm und Bernd Wingert in ihrer schon erwähnten Studie »drei elementare Stufen der Interaktion«:

1. eine einfache, oft binäre (z. B. »ja« oder »nein«), punktuelle Reaktion auf ein vorgegebenes Programm;
2. die Beeinflussung eines Programms durch die Gestaltung von dessen Ablauf im Rahmen vorgegebener Möglichkeiten;
3. die eigenständige Gestaltung eines Programms, die gegeben ist, wenn der Rezipient jederzeit auch als Sender auftreten kann – Formen, die derzeit vor allem im Internet erprobt werden.

Die Interaktivität kehrt diese Logik um und stürzt diese Herrschaft. Über kurz oder lang wird der Benutzer sich sein Programm selbst zusammenstellen können; er wird wieder zum freien Konsumenten, selbst wenn seine Freiheit begrenzt wird durch das Gesamtangebot an

Produkten und deren Preis (im Verhältnis zu seiner Kaufkraft). Heute ist es noch der Programmanbieter, der in seinen Archiven oder Aufnahmestudios aussucht, was er uns zeigt. Morgen wird der Benutzer selbst in den digitalen Bibliotheken desjenigen herumstöbern, der zum Verleger geworden sein wird. Die Medien der Zukunft werden wahrscheinlich einem riesigen Supermarkt gleichen, in dem man unmittelbar neben dem Pizzalieferanten, dem Bankservice und der Hotelreservierung eine Kinemathek, eine Musikothek oder einen Dienst findet, der Universitätsvorlesungen anbietet. Aus denen, die bislang einen Strom kanalisierten, werden Lagerverwalter, denen es freisteht, die bereits marktgängigen Produkte um neue zu ergänzen. Diese Veränderung tritt nicht über Nacht ein. Doch sobald interaktives Multimedia einmal marktreif ist, wird dadurch eine Wende eingeleitet werden, die ebenso weitreichend sein wird wie Gutenbergs Erfindung des Drucks mit beweglichen Lettern.

Die Verbindung zwischen dem Individuum und den verschiedenen Telekommunikationsgesellschaften wird sowohl eine notwendige Durchgangsstation als auch die Haupteinnahmequelle bilden, denn hier werden die Zugänge zu den einzelnen Diensten überwacht und Gebühren fällig. Die Konkurrenz zwischen den Fernmeldegesellschaften wird in diesem Bereich stark zunehmen. Vor allem aber: Je mehr dieses System sich entwickelt, desto mehr Kanäle werden benötigt, um die Flut des Bestellten zu bewältigen. Der Krieg um die Kanäle droht verheerend zu werden. Eine Lösung wäre es, eine Lizenzgebühr zu erheben, um ihre Verteilung über den Preis zu regulieren. Diese Lösung hat den Nachteil, jene Dienste zu privilegieren, die die anfallenden Kosten leicht auf den Kunden umwälzen können. Die von Radio und Fernsehen genutzten Frequenzen wären die ersten, die darunter zu leiden hätten. Aufgabe des Staates wird es daher sein, der ökonomischen Rationalität bei der Frequenzvergabe mit pluralitätserhaltenden Maßnahmen gegenzusteuern.

Neue und alte Märkte

Der technologischen Zuversicht der Lobredner der Autobahnen steht die Skepsis der öffentlichen und privaten Geldgeber gegenüber, die in den nächsten zwanzig Jahren allein in Frankreich etwa 200 Milliarden Franc investieren sollen, um diese neue Infrastruktur für die Datenübertragung aus dem Boden zu stampfen. Investieren – doch für welche Märkte? Welche neuen Dienste oder Produkte rechtfertigen das Interesse an diesem Globalmedium? Kurz, wer zahlt, und wofür? Paradoxerweise lassen sich diese Fragen leichter beantworten als die nach der Wahl der Übertragungsmittel. Denn der Umstand, daß die digitalen Produkte nicht an ein spezifisches Übertragungsmittel gebunden sind, macht die Investitionen in die Infrastruktur riskanter als die in die Produkte.

Wenn es darum ginge, sich völlig neue Produkte und Dienste vorzustellen, könnte man natürlich, wenn überhaupt, nur eine sehr unzuverlässige Antwort geben. Doch bevor die neuen Kommunikationsmittel wirklich eigene Produkte und Dienste hervorbringen, wird auf den Märkten zunächst einmal das Alte in neuer Gestalt angeboten werden. Im Falle des Telefons bleibt sich das Produkt – das Gespräch – sogar völlig gleich. Hier muß bloß die Straße (die Telefonleitung) durch die Autobahn (das Kabel) ersetzt werden. Demnächst mag vielleicht noch das Bild hinzukommen. Damit gäbe es dann einen neuen Markt. Doch dessen Größe und Wachstumstempo brauchte man gar nicht genau zu kennen, um den potentiellen Markt richtig einzuschätzen: Er wird haargenau mit dem aktuellen Markt des Telefons übereinstimmen. Dasselbe gilt für die telematischen Dienste, auf die man über Minitel zugreifen kann. Die Umwandlung oder Neueinrichtung der Datenbanken ist bereits erfolgt, so daß die Umstellung aufs Kabel bei Minitel nur geringe Investitionen für einen vorhandenen potentiellen Markt nötig macht. Man begreift daher, daß die Kabelgesellschaften ungeduldig darauf warten, diese Märkte, die für sie wie geschaffen sind, zu erobern, begreift aber auch, daß die Fernmeldegesellschaften, die in den letzten Jahrzehnten alles erfunden haben, sie ihnen nicht ohne weiteres überlassen wollen. Folglich dreht sich der Kampf nur um eines: Soll dereguliert werden oder nicht, soll den neuen Übertragungsmitteln – hier dem Kabel – der Zugang zu den Märkten von Telefon und Minitel gewährt werden oder nicht? Um nichts anderes geht es im Grunde in dem Projekt, das Al Gore, der Vizepräsident der Vereinigten Staaten, lanciert hat: Es geht weder um die Glasfaser noch um die Digitalisierung, sondern einzig und allein um **Deregulierung**. Dasselbe gilt übrigens auch für den Bangemann-Bericht der Europäischen Kommission, der die Deregulierung zur Basis von allem macht.

⊖ Der Begriff der **Deregulierung** hat seine Ursprünge in amerikanischen ordnungspolitischen Konzepten und meint den Abbau staatlicher Eingriffe in den marktwirtschaftlichen Prozeß, sofern sich diese als Hemmnisse bei der wirtschaftlichen Entwicklung erweisen. Gemeint ist dabei nicht nur der Verzicht auf staatliche Interventionen (und Subventionen), sondern auch die Verringerung bürokratischer Regulierungen wie z. B. langwieriger Genehmigungsverfahren, behördlicher Auflagen etc., die häufig unternehmerische Entscheidungen de facto ersetzen. Politische Deregulierung setzt also verstärkt auf wirtschaftliche Selbstregulierung. Der Tatsache, daß das betriebswirtschaftliche Risiko nach wie vor bei den Unternehmen liegt, soll dadurch Rechnung getragen werden, daß Investitionshemmnisse weitgehend vermieden werden.

Andere Märkte setzen neue Formen des Konsums voraus: Man erwirbt nicht mehr ein individuelles Produkt, sondern zahlt für den Besuch einer virtuellen öffentlichen Lokalität. Der einfachste Fall ist der des Pay-TV anstelle des Videos. Damit ersteres letzterem Konkurrenz machen kann, muß sich der Benutzer den digitalisierten Film seiner Wahl in einer Kinemathek aussuchen können. Davon ist man noch weit entfernt. Bislang kann man beim Pay-TV höchstens für Filme bezahlen, die einem zu einer Zeit gezeigt werden, die man selbst festlegt. Man kann sich die Filme noch nicht aussuchen. Doch man sieht leicht, welche Probleme gelöst werden müssen, um diesen Markt zu erschließen. Das erste ist technischer Natur: Wie kann man Millionen von Benutzern zur selben Zeit auf denselben Film zugreifen lassen, wenn dieser erstmals ins Netz eingespeist wird? Das zweite ist kommerzieller Natur: Wie werden die Rechte an den Filmen vergütet, d. h., wie wird in Zukunft das geistige Eigentum geschützt? Man ist jedoch schon dabei, Kataloge zu erstellen und sich die Rechte der digitalen Übertragung zu sichern. Die CD-ROM bildet in dieser Entwicklung ein Zwischenmedium und wahrscheinlich eine notwendige Durchgangsstation. Zwar handelt es sich hier noch um einen Markt mit individuellen Produkten, in Konkurrenz zum Pay-TV, doch gleichzeitig ist die CD-ROM so beschaffen, daß sie sich im entscheidenden Moment sofort ins Netz einspeisen läßt.

Die technische Revolution einer Massenbenutzung von Datenbanken oder Bibliotheken wird anderen Anwendungen das Tor öffnen: Enzyklopädien etwa wird man nicht mehr in Buchform, sondern am Bildschirm konsultieren. Die Aktualisierung, die sonst regelmäßige Neuauflagen verlangt, laßt sich dann permanent vornehmen, und der Benutzer braucht sich keine neue Ausgabe zu kaufen. Die kostengünstigere Herstellung wird es überdies erlauben, durch niedrige Gebühren den Kundenkreis zu erweitern. Eine weitere Anwendung betrifft den Versandhandel. Zwar haben Telefon und Minitel die Post weitgehend abgelöst, aber der Katalog bleibt doch die Basis dieses Verkaufs auf Distanz, und er verursacht hohe Herstellungs- und Druckkosten. Interaktives Multimedia wird die Möglichkeit eröffnen, direkt am Bildschirm im Katalog zu blättern. Die Unternehmen werden dadurch zweifellos viel Geld einsparen. Außerdem können sie zusätzlich auf die Mittel der Fernsehwerbung zurückgreifen, einige Produkte besonders anpreisen und Verbrauchertips geben. Beides wird sich zum Nachteil des klassischen Printmediums auswirken. Sobald die technischen Probleme gelöst sind, wird der Wechsel vom einen Medium zum anderen in erster Linie vom Preis abhängen. Wenn der des Papiers weiter steigt, wie für 1995 angekündigt, wird dies die Rentabilität des digitalen Mediums schnell erhöhen. Es ließen sich noch andere Beispiele finden, man denke etwa an Adreß- und Telefonbücher.

Die Frage, wer wofür zahlt, läßt sich also leicht beantworten. Zu Anfang jedenfalls ist es der derzeitige Benutzer oder Kunde, der dafür zahlt, daß er dieselben Produkte oder Dienstleistungen in einem anderen Zustand bekommt, der sie praktischer und schneller verwendbar macht. Das Problem ist dasselbe wie bei der Einführung des TGV Paris-Lyon. Sicherlich, man hätte erwarten können, daß infolge des Zeitgewinns mehr Menschen zwischen Paris und Lyon pendeln würden als zuvor. Doch das Gros der Kundschaft bestand aus Personen, die diese Strecke auch sonst schon per Bahn, Flugzeug oder Auto zurückgelegt hatten. Vor allem die Flugverbindung hatte das Nachsehen. Die neue Konkurrenz hat den Markt umstrukturiert, erweitert hat sie ihn kaum.

Dasselbe Phänomen wird im Multimediabereich auftreten. Der Wechsel von einem Übertragungsmittel zum anderen wird sowohl von der ersparten Zeit und Mühe abhängen wie vom Preis und den neuen Leistungen, die die Produktqualität verbessern. In einigen Fällen wird die CD-ROM ein Zwischenstadium darstellen, in anderen Fällen wird dies der Tele-Info-Service sein. Manchmal wird der Wechsel auch direkt erfolgen. Doch wer wissen will, was die künftigen Datenautobahnen befördern, braucht sich bloß unsere heutige Wirklichkeit anzusehen und nach den Dingen zu suchen, die ständig wiederkehren und dabei jedesmal aktualisiert werden. Ohne große Phantasie wird er unter den vorhandenen Märkten die erkennen, nach denen die Multimedia-Investoren schielen.

Das Geld, das das große Publikum künftig für interaktives Multimedia ausgibt, wird demnach zu einem (großen) Teil aus den Mitteln stammen, die die Haushalte derzeit für Telefon und Unterhaltung aufwenden. Das Kino frei Haus (*on demand*) durch Direktzugriff aufs Netz wird sich auf Kosten des Kaufs oder der Ausleihe von Videokassetten entwickeln. In anderen Fällen wird etwas vom Telefonbudget abgezweigt. Müßte Multimedia sich allein auf der Basis eines neuen Budgets entwickeln, würden sich die Investitionen kaum rentieren. Die Tatsache, daß man wenigstens zu Anfang aus einem bereits vorhandenen Budget schöpfen kann, eröffnet Multimedia hingegen ganz andere Perspektiven. Zumindest in den Bereichen, in denen sich der Massenkonsum bereits fest etabliert hat, wird der Übergang vom Produkt zur Dienstleistung nicht von der Furcht behindert, daß die Kaufkraft zu gering sein könnte. Die Bezahlung der zu Hause in Anspruch genommenen Dienste wird einfach die Bezahlung der draußen gekauften Produkte ablösen. Und wenn die Qualitäts-, Zeit- und Komfortvorteile groß genug sind, wird der Benutzer sogar mit einem (etwas) höheren Preis einverstanden sein.

Doch in einem Punkt sollten wir uns nicht täuschen. Diese neue Angebotsfülle bedeutet nicht den Tod des Fernsehens. Dieses hat auch weiterhin unleugbare Vorteile: es ist einfach zu bedienen, es ist imstande, neue Talente zu entdecken, es erfüllt eine kollektive Funktion und verursacht kaum Kosten. Wenn es aber nicht zum »Medium des armen Mannes« werden will, der sich Multimedia nicht leisten kann, muß das Fernsehen sich weiterentwickeln. Doch warum sollte es dies nicht können? Die mit der Digitalisierung einhergehende Vermehrung der Kanäle wird es ihm erlauben, sein Programmangebot zu erweitern, und das dürfte die beste Antwort auf die Ankunft der digitalen Bibliotheken sein. Angesichts einer wachsenden Individualisierung der Kommunikation wird das Fernsehen sowohl ein Medium der Sozialisierung als auch das Familienmedium *par excellence* bleiben. Viele werden auch weiterhin – und sei es nur für Stunden oder an bestimmten Tagen – dem Zappen frönen und sich ihre Programme unter denen aussuchen, die die verschiedenen Anstalten ihnen anbieten. Das Fernsehen könnte so eine echte Alternative zu Multimedia bilden. Wird es noch die dafür nötigen finanziellen Mittel haben? Die Fernsehanstalten mögen zwar jede für sich hoffen, aus eigener Kraft die Schrumpfung ihres Publikums zu begrenzen. Die Gesamtzuschauerzahl wird aber auf jeden Fall sinken und damit auch die Werbeeinnahmen. Weniger Mittel einerseits, mehr Programme andererseits, das wird die Ökonomie des Fernsehens tiefgreifend verändern.

Und die finanzielle Lage dürfte sich insofern noch verschärfen, als sich ja nicht allein das Fernsehen um Werbeeinnahmen bemüht. Die Werbung wird sich genauso in die Netze einschleichen, wie sie in die Zeitschriften eingedrungen ist. Oft in Anspruch genommene Dienste wie der Wetterbericht oder die Telefonauskunft werden in Zukunft ideale Werbeträger sein. Die Werbung wird es den Betreibern solcher Dienste ermöglichen, ihre Tarife zu senken bzw. ihre Leistungen völlig unentgeltlich anzubieten. Die Bezahlung durch die Benutzer wird zwar der wichtigste Finanzierungsmodus für die Netze sein, aber nicht der einzige.

Zeit, neu strukturiert

Unterhaltung verschlingt von Natur aus Zeit, insbesondere auch das Fernsehen: im Schnitt drei Stunden täglich. Woher also die zusätzliche Zeit nehmen, um Dutzende oder Hunderte von angekündigten Programmen zu konsumieren, in den Bibliotheken zu stöbern, die ins Haus gelieferten Filme zu gucken, all die vielen Spiele zu spielen? Wird die Nutzung des riesigen Medienangebots nicht eher an der Zeit als am Geld scheitern? Eine wesentliche Frage, die nicht nur für die Ökonomie der Medien von Bedeutung ist und die eine dreifache Antwort verlangt.
Die erste ist quantitativ: Die Zeit, die Multimedia braucht, wird die Stimmen wieder lauter werden lassen, die eine Arbeitszeitverkürzung fordern. Wenn die Menschen länger vor ihrem Bildschirm sitzen wollen, müssen sie wohl oder übel weniger arbeiten. Das Phänomen ist nicht neu. Die Freizeitgestaltung am Wochenende und der Wintersport waren eine treibende Kraft, als es um die Verkürzung der Arbeitswoche auf fünf Tage und die generelle Verlängerung des Urlaubs auf fünf Wochen ging. Die Tourismusbranche ist mittlerweile so einflußreich geworden, daß sie den Rhythmus der Schulferien bestimmt. Multimedia, wenn es die Kommunikation einmal beherrscht, wird es nicht schwerfallen, unsere Einstellung zur Freizeit weiter zu verändern. Der derzeitige Prozeß, in dem der Stellenwert der Arbeit sinkt und soziale Anerkennung sich neu definiert, wird beschleunigt werden. Denn Multimedia ist nicht bloß Unterhaltung, purer Freizeitspaß. Es setzt die Beherrschung eines Werkzeugs voraus, dem seine Universalität eine soziale Bedeutung geben wird. Zwar ist es nicht das Land des Wissens für alle, von dem einige träumen – wer lesen und schreiben gelernt hat, ist deshalb noch lange nicht »gebildet«. Doch werden die, die sich nicht auf diese neue Welt einlassen, bald ebenso als Analphabeten dastehen wie die Bauern im vorigen Jahrhundert.
Die zweite Antwort ist qualitativ. Multimedia wird der Zeit, über die man frei verfügt, einen völlig neuen Inhalt geben. Wie schon Marshall McLuhan erkannte: Je mehr das Individuum sich seine Programme selbst aussucht, desto effektiver wird es seine Zeit nutzen. Multimedia wird **Helden der Freizeit** hervorbringen. Schluß mit der Passivität des Fernsehzuschauers, der dem gezeigten Programm hilflos ausgeliefert ist. Schluß mit der unausgefüllten Zeit. In jedem Moment – beim Tippen auf der Tastatur, beim Klicken mit der Maus, sogar beim Zappen

mit der Fernbedienung – kann er der Zeit Sinn und Inhalt zurückgeben. In dieser Sicht der Dinge liegt ein Stück Utopie, aber auch ein Stück Wahrheit. Die drei Stunden, die man täglich vor dem Bildschirm – oder den Bildschirmen – daheim zubringt, werden schon bald andere sein als heute. Man nimmt die Dinge nicht mehr so, wie sie kommen, sondern wählt bewußt aus. Warum für etwas bezahlen, was ohnehin kommt? Warum andererseits für das, was man auswählt, nicht bezahlen? Der Wunsch, der hinter der individuellen Wahl steckt, wird den Motor des künftigen Konsums bilden.

»In Zukunft besteht die Arbeit nicht mehr darin, seinen Lebensunterhalt zu verdienen, sondern darin, im Zeitalter der Automation leben zu lernen. Das ist ein ganz allgemeines Verhaltensmuster im Zeitalter der Elektrizität. Es beendete die alte Dichotomie von Kultur und Technik, von Kunst und Handel und von Arbeit und **Freizeit**. Während im mechanischen Zeitalter der Fragmentierung Freizeit die Abwesenheit von Arbeit bedeutete oder bloßes Müßigsein, gilt im Zeitalter der Elektrizität gerade das Gegenteil. Wenn das Zeitalter der Information von uns den Einsatz aller Fähigkeiten gleichzeitig verlangt, entdecken wir, daß wir am stärksten das Gefühl empfinden, frei zu sein, wenn wir am intensivsten 'dabei', also mit einbezogen sind, ähnlich wie es die Künstler aller Zeiten waren.« (Marshall McLuhan, Die magischen Kanäle, 1964)

Diese Antwort zieht nun aber eine dritte nach sich. Multimedia gibt der Zeit nicht bloß einen Inhalt, sondern auch eine neue Gestalt und Struktur. Wenn jeder bei sich zu Hause Dinge tun kann, für die er sich früher fortbewegen und Mühen in Kauf nehmen mußte, wird er Zeit gewinnen für Aktivitäten, die er bislang »aus Zeitmangel« nur begrenzt oder gar nicht ausüben konnte. Die künftigen Kommunikationsnetze bewirken demnach sowohl eine Zeitersparnis wie eine Zeitverschwendung – zwei Dinge, die der Massenkonsum bislang getrennt hielt: Die Haushaltsgeräte ersparten Zeit, die Unterhaltungstechnik beanspruchte sie. Die Netze tun beides, und zwar gleichzeitig. Die Zeit, die man spart, weil man nicht zur Bank oder zum Supermarkt gehen muß, ist sofort verfügbar, um einen Film zu sehen oder ein (virtuelles) Museum zu besuchen. Der Augenblick wird Wahl, Moment der Freiheit. Traum oder Wirklichkeit – darüber wird das Geld, unser jeweiliges Einkommen entscheiden.

Diese Neustrukturierung der Zeit setzt Zeit frei und befreit von ihr. Jeder kann sich demnächst aussuchen, um wieviel Uhr er einen Film sehen oder zur Bank »gehen« will. Das Medium zwingt einem nicht mehr seine Zeitlogik auf. Sicher, das Fernsehen bleibt das Fernsehen mit seinem festen Programm. Doch die Existenz einer Alternative macht aus ihm eine Wahl unter anderen: Man könnte ja ebensogut in der digitalen Kinemathek einen Film bestellen. Die bislang kollektive Kommunikation wird individueller werden. Und diese Individualisierung wird sich auch auf die Kommunikationsterminals erstrecken. Zwar kann derselbe Bildschirm als Spielkonsole, Filmleinwand, Bildtelefon usw. dienen, doch er kann nicht all diese Funktionen gleichzeitig erfüllen. Wenn es nur einen gibt, bildet sich wieder eine Warteschlange. Damit alle gleichzeitig kommunizieren können, braucht jeder sein eigenes Gerät. Viele Haushalte haben schon jetzt mehrere Fernseher, manchmal einen PC und, nicht zu vergessen, ein oder mehrere Telefone. Das Entscheidende wird sein, daß diese verschiedenen Geräte, die heute jeweils spezifische Funktionen erfüllen, alle an dasselbe Netz angeschlossen sein werden. Der Bildschirm wird universell sein, doch der Gebrauch der Bildschirme könnte durchaus ein spezialisierter bleiben.

All diese schönen Aussichten haben ihre Kehrseite: Die Individualisierung geht mit einer *Desozialisierung* einher, mit dem Verlust von kollektiven Bezügen (denn hier geht es nicht um Werte). Man hat allzuoft den Big-Brother-Aspekt der Flimmerkiste herausgestrichen, ohne den positiven Aspekt zu berücksichtigen: die Herstellung einer kollektiven Identität, die aus der massenhaften Verbreitung der Botschaft resultiert. Im Fernsehen sieht jeder um 20 Uhr dieselben Nachrichten, im Vorabendprogramm dieselben Serien und Gameshows, in der Primetime dieselben Spielfilme und Talkshows. Ob in der Familie, auf der Arbeit oder beim Einkaufen – mit der Frage, was es heute im Fernsehen gibt oder was man gestern gesehen hat, werden oft Gespräche angeknüpft. In diesen Gesprächen können die Individuen feststellen, in welchen Punkten sie übereinstimmen und wo sie geteilter Meinung sind. Zwar stehen mehrere Programme zur Wahl, doch es gibt nur eine begrenzte Zahl von Sendungen, zwischen denen tatsächlich gewählt wird und die prinzipiell jeder zur Kenntnis nimmt. Die Differenzierung führt nicht zur Zersplitterung, im Gegenteil, sie macht erst die kollektiven Vorstellungen akzeptabel, die für jeden verbindlich sind.

Ganz anders wird es im digitalen Zeitalter aussehen. Da keiner mehr weiß, was der andere sieht, findet ein Gedankenaustausch nicht statt. Zwar kann man immer noch erzählen, was man gesehen hat, aber der andere kann nicht reagieren, da es keine gemeinsamen Bezugspunkte mehr gibt. Der Dialog wird sich vom Inhalt auf den Behälter verlagern, vom Programm auf die verschiedenen Dienste und Bibliotheken. Man wird über Zugriffcodes sprechen, darüber, wie man Werbeblöcke und

Stockungen vermeidet, da man nicht mehr über denselben Film oder dasselbe Podiumsgespräch reden kann. Reicht dies aus, um eine Gesellschaft zusammenzuhalten? Offensichtlich nicht.

Die gefährdete Freiheit

Die Freiheit ist nie stärker bedroht als dann, wenn man meint, sie habe gesiegt. Das digitale Zeitalter erinnert uns an diese alte Wahrheit. Es öffnet den Massen das Tor zum Wissen, doch gleichzeitig wird das riesige Angebot neue Ungleichheiten hervorbringen. Wir müssen lernen, uns in der Fülle zurechtzufinden. Dabei wird uns Software helfen, die dem Benutzer eine »Führung« anbietet. Doch dann werden wir die digitalen Bibliotheken und andere Dienste so durcheilen wie ein Touristenführer, d.h., wir werden exzessiv selektieren und nur das zu Gesicht bekommen, was die Mehrzahl sehen will. Durch die »gelenkte« Nachfrage wird das riesige Angebot auf einige typische Produkte reduziert. Mitten im Überfluß bricht wieder der Informationsmangel aus. Einmal mehr wird der Markt die Freiheit einschränken. Einmal mehr wird sich das Verlangen nach Freiheit gegen die Expansionsbestrebungen des Handels auflehnen müssen.

Wie in jedem neuen Entwicklungsstadium des Kapitalismus kommt es zu einer großen Schlacht. Doch vielleicht zum erstenmal geht es dabei nicht um den Widerstreit zwischen allgemeinem und partikularem Interesse, um den Gegensatz von öffentlich und privat. Es geht um einen anderen Verteilungskampf, nämlich darum, worauf die Kommunikation vorrangig zielt: Will man individuell zugeschnittene praktische Dienstleistungen, noch mehr Unterhaltung oder Kultur? Zum erstenmal werden Märkte mit unterschiedlichen Zielgruppen von der jeweiligen Wahl ein und derselben Person abhängen, von deren momentaner Entscheidung zwischen Bedürfnis und Wunsch, Nutzen und Spiel, Konsum und Kultur.

Das digitale Zeitalter wird der Verbreitung der Kultur neue Impulse geben. Schon lange ist Multimedia in den Bereich der Musik eingedrungen, und die Digitalisierung des Tons sorgt für eine bislang unbekannte Klangreinheit. Infolge der großen Begeisterung des Publikums für Kunstaustellungen sind die Museen darangegangen, sich auf CD-ROM zu präsentieren. Zwar läßt sich die unmittelbare sinnliche Beziehung zu einem Kunstgegenstand durch nichts ersetzen, doch die CD-ROM wird in Konkurrenz zu den Kunstbänden treten – solange jedenfalls, bis man über das Netz in die Museen der ganzen Welt gelangt und jeder von seinem Sessel aus durch sein eigenes imaginäres Museum wandeln kann. Das musikalische, skulpturale, pikturale, literarische, theatralische und kinematographische Erbe wird morgen die digitalisierten Kulturbibliotheken bilden. Dadurch wird der Zugang auf eine Weise erweitert, die die Kultur noch mehr ins Zeitalter des Massenkonsums eintreten läßt.

Die Aufbereitung des kulturellen Erbes scheint also unmittelbar rentabel zu sein. Doch wird sich dies nicht zuungunsten der lebendigen Werke auswirken? Wie sollen sich das Schöpferische und die Innovation ins Netz einschleichen? Wer wird es wagen, Dinge anzubieten, die sich noch nicht am Markt bewährt haben, und wie sollen sich andererseits Dinge bewähren, wenn man sie nicht zugänglich macht? Sicher wird das Kulturmanagement neue Wege finden, Wege, die die Kultur selbst verändern werden. Das Kino und das Fernsehen oder Video, das Konzert und die CD bieten bereits Beispiele für diese Dialektik zwischen dem Neuen und dem Anerkannten. Doch das reicht nicht aus, um den vielen Talenten und der künstlerischen Kreativität den nötigen Spielraum zu verschaffen. Wenn die Kommunikationsnetze zum Hauptverbreitungsort der Kultur werden, müssen in ihnen Räume geschaffen werden, in denen Neues erprobt werden kann. Damit die Ausdrucksvielfalt erhalten bleibt, muß auch den Werken und Sprachen von Minderheiten eine Bühne zur Verfügung gestellt werden. Dies aber dürfte wohl nur unter Verzicht auf Profit möglich sein, so daß hier die staatlichen Stellen gefordert sind.

Dennoch darf der Staat nicht in einen Merkantilismus zurückfallen, weder auf technologischem noch auf kulturellem Gebiet. Sollte er versuchen, Infrastrukturen zu schaffen oder Programme zu produzieren, wird er scheitern. Die Entwicklung der Märkte wird von einem ausgeglichenen Verhältnis zwischen den Übertragungsmitteln und den digitalisierten Diensten abhängen, und dieses Verhältnis läßt sich nicht im voraus festlegen. Auf zwei Gebieten dagegen wird die Rolle des Staates entscheidend sein. Einerseits muß er sich darum kümmern, daß die Kulturprodukte nicht aus dem Digitalisierungsprozeß herausfallen und vom Markt verschwinden. Andererseits muß er Richtlinien schaffen, die der Vielzahl von Kommunikationskanälen einen gemeinsamen Rahmen geben. Denn die Tatsache, daß derselbe Dienst unterschiedslos Fernseh- oder Telekommunikationskanäle benutzen kann, macht Reglementierungen überflüssig, die auf deren Spezifität beruhen. Am dringlichsten ist es hier, bereits heute für die nötige Harmonisierung der Regeln und Gesetze zu sorgen, damit mögliche Anbieter die Marktentwicklung richtig einschätzen und dementsprechend investieren können.

Die Deregulierung scheint also unvermeidlich zu sein. Gleichzeitig müssen jedoch antimonopolistische Regeln definiert werden, die für das nötige Gegengewicht sorgen. Derartige Gesetze müssen nicht bloß die Bildung marktbeherrschender Positionen verhindern, mehr noch müssen sie verhindern, daß Situationen entstehen, die auf eine Abschottung der Märkte hinauslaufen. Diese Gefahr sah die Europäische Kommission, als sie die geplante Gründung einer Media Service GmbH durch die Deutsche Telekom, Leo Kirch und Bertelsmann untersagte. Denn die für das Pay-TV nötigen Decoder hätten im Falle des Zusammenschlusses sicherlich eine »Exklusivität« bekommen, die ausgereicht hätte, um alle anderen Inhaber von Rechten vom Markt zu drängen. Die antimonopolistische Gesetzgebung muß darüber wachen, daß das System offenbleibt, so daß jeder »Verlag« Zugang zum Netz hat und jeder Benutzer Zugang zum »Verlag« seiner Wahl. Weil die Märkte nun einmal da sind und beträchtliche Summen repräsentieren, träumen die großen Gesellschaften davon, sie für sich zu reservieren. Doch gerade weil diese Gefahr besteht, sollte man sich schon heute intensiv mit ihr befassen, und zwar auf der einzigen Ebene, die uns und dem Problem angemessen ist: auf Europaebene.

Anmerkungen:

1 Les autoroutes de l'information – Rapport au Premier Ministre.

2 Vgl. die von Inteco durchgeführte Untersuchung »Multimedia in the home«.

3 Marshall McLuhan, Understanding Media (1964), dt. Die magischen Kanäle, Dresden/Basel 1994, Verlag der Kunst.

Chancen und Gefahren der Telekratie

Der Wandel der Kommunikationskultur seit 1984

von Peter Glotz

Im letzten Jahrzehnt war die Medienpolitik in Deutschland durch *drei* Entwicklungen bestimmt: Internationalisierung, Privatisierung, Kommerzialisierung. Da der Begriff *Kommerz* ideologisch strittig ist, verwenden viele die freundlicher klingenden Termini »Liberalisierung« und »Deregulierung«. Aber welche Redeweise man auch bevorzugt – und man könnte auch noch eine Deregulierung von rechts und eine von links unterscheiden –, unbestreitbar ist, daß dieses Jahrzehnt unsere »Lebenswelt«, die Lebensgestalt und Lebensform unserer Gesellschaft, radikal verändert hat. Der Mensch, so wissen wir spätestens seit Ernst Cassirer[1], lebt in einem symbolischen und nicht mehr bloß natürlichen Universum. Dieses symbolische Universum, behaupte ich, wird durch die neue Medientechnik, das heißt die Integration von Telekommunikation, Computertechnik und Unterhaltungselektronik, regelrecht umgepflügt. Ich will dafür plädieren, auf diese Entwicklung weder mit konventioneller Kulturkritik noch mit affirmativer Utopik zu reagieren.[2] Wir können die moderne Bilderflut, sachlicher ausgedrückt: die moderne Bildlichkeit verdauen, verarbeiten. Gelegentlich, da hat Norbert Bolz[3] recht, sind die Analphabeten des digitalen Zeitalters nicht die Zapper, Striver und Channel-Surfer, sondern die literarisch gebildeten Humanisten, denen »Computer and Media Literacy« fehlen. Jetzt kommt es nur darauf an, daß wir uns nicht in einem typisch deutschen »Kampf um Leitbilder« gegenseitig ermüden, sondern präzise auf die große Initiative der amerikanischen Regierung für eine »National Information Infrastructure« und die japanische Hochtechnologiepolitik reagieren. Unsere »Kommunikationskultur«, also die »durch Mitteilung erwirkte Gemeinschaft gegenseitiger bewußter Verständlichwerdung«, wie Karl Jaspers[4] das ausdrückt, wandelt sich respektlos schnell, sehr grundlegend – und keiner kennt das Ergebnis dieses Prozesses. Es wäre von großer Bedeutung, wenn wir uns sozusagen auf eine Archäologie der neuen Medien einließen, sie mit Begriffsthermometern wie Langsamkeit/Geschwindigkeit, Erinnerungsvermögen/Gedächtnisschwund, subkulturbildend oder auseinandertreibend

[Der Sozialdemokrat Peter Glotz ist Vordenker seiner Partei in Sachen Medienpolitik – weit und breit der einzige auf der Bonner Bühne.]

(dispersiv), objektiv/konstruktiv analysierten und uns nicht verhielten ⊖ wie das Kaninchen vor der Schlange. Die **Telekratie** – die intelligente Verbindung von Telematik, Güterproduktion, Handel und moderner Dienstleistung – ist bekämpfbar; aber nicht mit organologischem Fundamentalismus.

⊖ **Telekratie** ist ein in Analogie zu Bürokratie, Demokratie etc. gebildeter Begriff, der wörtlich übersetzt soviel wie Fernherrschaft bedeuten müßte. Gemeint ist die Fernsteuerung der Gesellschaft durch das Massenmedium Television, insbesondere durch dessen Instrumentalisierung zu einem Mittel der Politik, manchmal aber auch mit der Nebenbedeutung der Zersetzung oder gar Abdankung des Politischen in der Fernseh-Gesellschaft. Der Begriff erfuhr seinen ersten Durchbruch in der massenmedialen Öffentlichkeit zur Zeit der rumänischen sog. Tele-Revolution (siehe den folgenden Kasten), seinen zweiten dann anläßlich des Aufstiegs des mächtigsten Fernsehbesitzers Italiens zum mächtigsten Parteibesitzer innerhalb eines Zeitraums von nur zwei Monaten und der schließlichen Beauftragung Silvio Berlusconis mit der Regierungsbildung. Mit dessen zunehmenden politischen und wirtschaftlichen Schwierigkeiten tauchte der Begriff allerdings zusehends weniger auf. Bei aller Strittigkeit der Interpretation der Phänomene wird man eins sagen können: Die Rede von der Telekratie als aktueller Gestalt des Faschismus ist Dämonologie und verdeckt nur die Interessenverflechtungen von Fininvest und Politik, um die es eigentlich gehen müßte; Berlusconi ist eben kein weichgespülter Duce, sondern verkörpert das insbesondere auf die jungen Italiener attraktiv wirkende Bild des erfolgreichen Geschäftsmannes amerikanischer Prägung, und seine Partei »Forza Italia« ist keine faschistische Bewegung, sondern ein nach dem Vorbild des AC Mailand, dessen Präsident Berlusconi ist, straff organisierter Fanclub.

1

Den Wandel der Kommunikation im letzten Jahrzehnt kann man natürlich unter sehr verschiedenen Blickwinkeln analysieren. Wie weit sind Nationalismus, Regionalismus und Gemeindebildung, Dissidenz, nicht einverstandene Handlungsformen[5], eine Reaktion auf die Dominanz, zum Beispiel die Dominanz der amerikanischen Massenkultur und, bis 1989, die Dominanz der offiziellen sowjetischen, von einer Nomenklatura verordneten Kultur? Wie weit ist der neue Rechtsradikalismus und Rechtspopulismus ein Produkt von Kommunikationsverweigerung, eine Antwort auf Medientabus und Kommunikationsverbote, Verschweigungsstrategien?[6] Und wie groß ist die Gefahr, daß

McLuhans berühmte These *The medium is the message* über den Umweg konstruktivistischer und systemtheoretischer Erkenntnistheorien zur Zerstörung jeder journalistischen Ethik führt? Von dem schon zitierten Essener Medientheoretiker Norbert Bolz stammt auch der fragwürdige Satz: »Die Wirklichkeit erweist sich immer deutlicher als Inszenierung reiner Effekte.«[7] Wenn man von dieser Prämisse ausgeht, wird es gleichgültig, ob die Nachricht aus Belgrad, die bosnischen Muslime hätten in dem Krankenhaus von Gorazde, das von den Serben beschossen worden ist, schwere Waffen stationiert, zutrifft oder nicht. Ich demonstriere an einem einzigen Beispiel – Stichwort *Medienmanagement* – die neue Lage in einer nicht mehr bipolaren, sondern multipolaren, computervernetzten, faxverbundenen, aber trotzdem vermachteten und ungleichzeitigen – sowohl archaischen wie hochmodernen digitalen Welt.

Vor Beginn des Zweiten Golfkrieges hatte sich eine Organisation *Bürger für ein freies Kuwait* an die amerikanische Agentur Hill & Knowlton (H&K) in Washington gewandt und um PR-Arbeit gebeten. Das Auftragsvolumen betrug 11,5 Millionen Dollar. Später wurde bekannt, daß das Geld fast ausschließlich von der Kuwaitischen Regierung zur Verfügung gestellt worden war. Matthias Mattussek berichtete am 28. 9. 1992 im SPIEGEL: »Hill & Knowlton inszenierte jenes berüchtigte Hearing, in dem das 15jährige kuwaitische Mädchen Nayirah unter Tränen von den Grausamkeiten der irakischen Besatzer berichtete – neugeborene Babys seien zu Dutzenden aus den Brutkästen gerissen und zu Boden geschmissen worden. Hill & Knowlton stellte nicht nur die Zeugin zur Verfügung, sondern sorgte auch mit einem eigenen Kamerateam dafür, daß ihre Aussage von 700 Fernsehstationen des Landes gesendet wurde. Allein 53 Millionen Amerikaner sahen den Film am 10. Oktober 1990 in ABC's *Nightline*. Nayirahs erschütternde Aussage, ein wesentlicher Faktor in der öffentlichen Unterstützung des Krieges gegen den Irak und von Präsident Bush oft zitiert, mußte später in großen Teilen dementiert werden. Überdies stellte sich heraus, daß Nayirah nicht irgendeine Kuwaiterin war – sie war die Tochter des kuwaitischen Botschafters in Washington.«[8]

Dies bedeutet: Einerseits ist durch das Arsenal medientechnischer Erfindungen – Kurzwellensender, Kopierer, Fax, Computer, Satelliten usf. – die Chance von Diktatoren, zentralgeleitete, abgeschottete Kommunikationssysteme zu etablieren, erheblich geringer geworden. Andererseits existiert keine internationale Ordnung, die den systematischen Einsatz dieser Medientechniken im Sinne von Kommunikationsfreiheit organisierte. Der von der amerikanischen Militärzensur organisierte Pooljournalismus am Golf inszenierte einen »Krieg ohne Tote«, obwohl in diesem Krieg mehr als 100000 Menschen umkamen. In Rumänien fand die erste ***live* übertragene Revolution** der Welt statt[9]; wenn man die Hintergründe exakt durchleuchtet, entdeckt man allerdings, daß die Hinrichtung des Ehepaares Ceausescu eher übertragen wurde, um eine Revolution vorzutäuschen, die gerade nicht stattfinden sollte. Bei der Berichterstattung über die jugoslawischen Kriege müssen – oder müßten – sich die Medien täglich mit systematischer Desinformation auseinandersetzen.[10] Das Phänomen der Greuelpropaganda, erstmals wissenschaftlich beschrieben im Ersten Weltkrieg, in der bipolaren Welt des Kalten Krieges stark eingedämmt, kehrt triumphierend zurück. So taucht in Jugoslawien immer wieder das Motiv der ausgestochenen Augen, in Rumänien das Motiv der gehirnfressenden Hunde auf. In Jugoslawien geht das auf die Behauptung zurück, der kroatische Diktator Ante Pavelic hätte neben seinem Schreibtisch einen Korb voller Augen gehabt, die seine Leute den Serben ausgestochen hätten. Die gehirnfressenden Hunde lassen sich sogar auf die Welt der Volksmärchen zurückführen, tauchen aber in ganz konkreten Zeugenaussagen über die Hinrichtung von Elena Ceausescu auf: »Von der Frau ist ungeheuer viel Blut ausgeflossen, ihr Kopf wurde ganz zerschmettert, so daß nach dem Entfernen ihrer Leichen ihr Gehirn auf dem Boden von Hunden aufgefressen wird«, so ein angeblicher Augenzeuge in vielen Medien.[11]

Gegen den Vergleich der **rumänischen »Tele-Revolution« 1989** mit dem Golfkrieg 1991 – beide seien Illustrationen dafür, daß wir unseren Augen nicht mehr trauen können und die Medien die Macht übernommen haben –, wendet sich die niederländische Autorengruppe Agentur Bilwet in ihrem *Medien-Archiv:*
»Die dunklen Tage vor Weihnachten zeigten ein faszinierendes Live-Programm, mit dem das Land Rumänien noch lange assoziiert werden wird. Bestimmend für die Qualität dieser Sendungen war, daß nicht auf journalistische Art und Weise berichtet wurde und daß die Zuschauer inmitten der Ereignisse Platz hatten. Es schien, als würden die schreienden Revoluzzer sich unmittelbar an uns wenden. Sie schauten direkt in die Kameras. Für kurze Zeit gab es keine vermittelnde Instanz, die die Akteure vorstellte und befragte. Die theatralische Aufführung mag im nachhinein improvisiert, unwahr oder konspirativ genannt worden sein, die mysteriöse Kraft des direkten Ansprechens der Zuschauer ist geblieben. Hier wurde nicht gesendet, sondern bis aufs Messer gekämpft. Das Faszinierende ist die fremde, uneigentliche Benutzung von Funk und Fernsehen. Medien müssen inszenieren, sie sind nicht für unmittelbare Kommunikation gedacht. Wenn das passiert, entsteht eine Realität, die sich außerhalb der Konventionen der Informationsdemokratie zu befinden

> scheint. Deshalb ist die rumänische Fernsehrevolution nicht einfach so aus dem an sich schwachen medialen Erinnerungsvermögen verschwunden und wurde zu einem Testfall für die Medientheorie: Was passiert, wenn ein Fernsehstudio sich plötzlich in eine Kommandozentrale verwandelt?«

Diese neue Lage produziert einerseits radikale Zweifel; zum Beispiel Simulationstheorien, die die Existenz von Wirklichkeit leugnen[12], andererseits hochwirksame Kampagnen, die das politische Verhalten von Regierungen, internationalen Organisationen, ganzen Mediensystemen oder Bürgerinitiativen tiefgehend beeinflussen. Es ist für die innere Freiheit, die in einer Gesellschaft herrscht, entscheidend, wie man sich auf die gleichzeitig ablaufenden Trends im Nach-89er Europa einstellt; auf den Trend zur kulturellen Globalisierung durch international verbreitete Software auf der einen Seite und auf die politische Abschottung durch staatliche, von den nationalen Eliten gelenkte Nachrichtenpolitik auf der anderen Seite. Ich frage also: Reagiert unser Mediensystem kritisch und selbstkritisch auf diese Entwicklung oder mit einer Mischung von Naivität und Zynismus?

2

Ich greife einen zweiten Aspekt unserer öffentlichen Mediendebatte auf. Jo Groebel hat ermittelt, daß täglich etwa dreieinhalb Stunden Mord und Totschlag im Fernsehen stattfinden. In den siebziger Jahren waren es täglich drei Morde pro Tag im Fernsehen, heute seien es über 70. Ein Zwölfjähriger habe potentiell 14000 Morde im Fernsehen beobachtet.[13] Die klassische Bewertung dieses Vorgangs lautet: Durch die Berieselung mit Sexualität und Gewalt in den Medien würden Hemmschwellen herabgesetzt. Es kann keinen Zweifel darüber geben, daß diese Diagnose im Prinzip richtig ist. Man muß einen Dreischritt konstatieren: dramatische Medienkonzentration, Minderung der Qualitätsverantwortung bei einem Teil der Anbieter und gleichzeitig eine deutliche Abnahme des Respekts vor Privatheit und Intimsphäre: Reality TV, Beichtshows, sensationell aufgemachtes Infotainment, die Ausweidung des Privatlebens von Menschen, die aus Sensationsgründen in der Fernseharena zur Schau gestellt werden, all das hat in der Familie, am Arbeitsplatz, im gesellschaftlichen und politischen Leben Spuren hinterlassen, die unser Land verändern.

Die neue Vielfalt führt also nicht zu größeren Auswahlmöglichkeiten für das Publikum, zu einer höheren Informationskultur? Man muß versuchen, auf diese Frage eine differenzierte Antwort zu geben.

— Selbstverständlich haben die privaten Fernsehveranstalter auch positive Programminnovationen gebracht. Ich erinnere an Magazine wie SPIEGEL TV oder STERN TV und an die brillanten Interviews von Roger Willemsen in dem Pay TV-Sender *Premiere*. Aber es geht nicht nur um einzelne Sendungen oder Sendeformen; zum Beispiel um die Tatsache, daß Erich Böhmes *Talk im Turm* vermutlich die beste aller derzeit existierenden Talkshows ist. Es geht um den Prozeß der Entautorisierung, der im autoritären Deutschland bitter nötig war, also um die Konterkarierung der deutschen Publizistenideologie, die deutschen Journalisten immer noch vorgaukelt, sie seien die politischen Vormünder ihrer Rezipienten und hätten ihnen politische Aufklärung von oben zu verordnen. Der Sprecher der abendlichen Fernsehnachrichten als Stellvertreter Gottes auf Erden, das ist vorbei; und es ist gut, daß es vorbei ist. Auch zwingt die Konkurrenz um Einschaltquoten zu einer direkteren Kommunikation. Politische »Pflichtveranstaltungen« werden zurückgedrängt, es entsteht der Zwang, wichtige Begriffe auch für politisch ungeschulte Zuschauer zu erklären. Auch artikuliert manche *Einspruch*- oder *Explosiv*-Sendung Kommunikationsbedürfnisse und Argumente aus den unteren Bildungssegmenten der Gesellschaft, die im öffentlich-rechtlichen Fernsehen der sechziger oder siebziger Jahre kaum zum Ausdruck kamen. Sie sind nicht einfach nur Brüll-Journalismus. Das pauschale Urteil, das Deutschlands berühmteste Fernseh-Ikone, Thomas Gottschalk, durch sein geflügeltes Wort von der »Quoten-Nutte« formuliert hat, wird einer abgewogenen Analyse standhalten.
— Wichtiger ist noch, daß man Bildlichkeit und Schriftlichkeit nicht falsch gegeneinander ausspielt, daß man – anders ausgedrückt – über den elektronischen die Printmedien nicht vergißt. Das Gesamtvolumen des deutschen Buchmarktes bewegt sich derzeit bei etwa 15 Milliarden Mark Jahresumsatz, wovon gut 60 Prozent, das sind 9,1 Milliarden Mark, auf den stationären Sortimentbuchhandel entfallen. Auch heute noch gibt es durchschnittlich vier bis fünf Prozent jährlich nominalen Zuwachs. Die Zahl der jährlich erscheinenden Titel ist annähernd bei 70000, die Gesamtzahl der auf Lager gehaltenen und lieferbaren Titel beträgt mehr als 600000. Es gibt 390 Zeitungstitel mit 1500 lokalen Unterausgaben und einer Gesamtauflage von 34 Millionen Exemplaren, gleichzeitig 8700 Zeitschriftentitel mit einer Gesamtauflage von 420 Millionen. Auch wenn die tägliche Fernsehnutzung im letzten Jahrfünft bei Erwachsenen um acht Minuten gestiegen ist (und jetzt bei zwei Stunden liegt), die pathetische Gegenüberstellung von Lärm und Stille, von zerstreuten Massenmenschen und konzentrierten, in die eigene Seele versenkten Schlürfern heiliger Worte, sollte man

nicht übertreiben. Botho Strauss und Alain Finkielkraut, die behaupten, der Mensch sei heute nicht mehr verwurzelt, sondern verkabelt, stehen in einer langen Tradition europäischer Kulturkritik, die durchaus eine kritische Analyse verdient.[14] Noch weiß niemand, wie lebenslanges Zappen auf den Menschen wirkt. Die Schnittfolgen, kein Zweifel, sind schneller geworden. Die Chance zur Integration einer Gesellschaft wird gleichzeitig geringer. Das Publikum hat weniger gemeinsame Erlebnisse. Die Chance, am Arbeitsplatz die ersten 20 Minuten eines Arbeitstages über gemeinsame Fernseherlebnisse zu sprechen, nimmt ab; zu oft haben die Kollegen von heute den Vorabend mit unterschiedlicher Software verbracht. Und ohne Zweifel wird man die Medienerziehung in den Schulen umstellen müssen. Der Pädagoge Hartmut von Hentig hat kürzlich vermutet[15], daß man in zehn Jahren zwei Drittel der Unterrichtszeit in der Sekundarstufe I dazu verwenden werde, sich mit Medienerziehung zu beschäftigen. Mit dieser Vorhersage sollten sich die Kulturpolitiker in Deutschland exakt auseinandersetzen.

Nein, man muß sich heute nicht mehr hinter der Vorläufigkeit der Ergebnisse der Medienforschung verstecken. Wie fragwürdig diese Ergebnisse in vielen Fällen sein mögen: Daß sozialgefährdete Menschen durch den ständigen Konsum von Gewaltkommunikation isoliert und in gefährliche Phantasien hineingesteigert werden, kann nicht mehr bestritten werden. Es entsteht also eine neue Polarisierung, die Gefahr einer wachsenden Wissenskluft. Mit unserem Kommunikationssystem von heute kann sich eine Wissenselite, die kompetent alle Medien nutzt, besser informieren als jemals zuvor. Gleichzeitig entsteht aber ein Wissensproletariat, das sich ausschließlich auf TV-Nutzung und insbesondere auf Unterhaltungssendungen ausrichtet. So wird die Gesellschaft zwar »gebildeter« – der Anteil der Abiturienten stieg im Zeitraum von 40 Jahren von vier auf rund 30 Prozent; aber gleichzeitig bildet sich die Figur der Zweidrittelgesellschaft auch in den Bildungsstatistiken ab. In Teilen unserer Gesellschaft geht das Leseinteresse relativ zurück. Die aggressive Nervosität dagegen nimmt zu. Man kann also sagen: Der berühmteste Buchtitel der Professoren Adorno und Horkheimer rechtfertigt sich täglich: *Dialektik der Aufklärung.*

Wäre es also, so wird oft gefragt, nicht richtiger gewesen, die Gegner der Privatisierung der elektronischen Medien wären bei ihrem Nein geblieben? Darauf kann man heute eine eindeutige Antwort geben: Es hätte nichts geholfen. Dieselben Konsortien, die jetzt unsere Senderfamilien beherrschen, hätten auf luxemburgischen oder englischen Satelliten deutsche Programme veranstaltet. Die geringen Einflußchancen, die die Mediengesetzgebung der deutschen Länder heute immerhin hat, wären dahin; die Arbeitsplätze auch. Die Software aber, mit der unsere Bevölkerung versorgt wird, wäre nicht viel anders als heute. Man konnte das große, ökonomisch attraktive Deutschland nicht als medienökologische Insel in einem Meer der Privatisierung konzipieren. Selbst das kleinere Österreich wird heute gezwungen, private Veranstalter zuzulassen; das Monopol des ORF verstoße gegen geltendes europäisches Recht. Bliebe die Idee, Störsender aufzustellen wie die frühere Sowjetunion. Man muß diese Idee nicht weiter verfolgen.

3

Ich habe bisher über die Gegenwart gesprochen. Tatsache ist, daß die Veränderungen unserer Kommunikationskultur im nächsten Jahrzehnt größer sein werden als die im gerade abgelaufenen Jahrzehnt. Die Verarbeitungskapazität unserer Gesellschaft wird auf eine harte Probe gestellt.

⊖ Die neuen Stichworte lauten: **Digitale Kompression**, interaktives Fernsehen, Verschmelzung aller Sparten der Telekommunikation, weitere Computerisierung neuer Dienste via Satellit und Kabel, Multimedia. Einfach ausgedrückt: Die Digitalisierung wird zu so erheblichen Kostensenkungen führen, daß ein Sender nur noch ein Zehntel der Kosten von heute verursacht. Die Vervielfältigung der Kanäle wird eine Vervielfältigung der Spartenprogramme bedeuten. Demnächst wird es nicht nur die elektronische Zeitung, sondern auch die elektronische Zeitschrift geben: Tenniskanäle, Basketballkanäle, Nachrichtenkanäle, Kanäle für klassische Musik, vielleicht sogar Kanäle für Aquarienfreunde und Philatelisten. Braucht man dann überhaupt noch Vollprogramme? Exakter gefragt: Mit welchen Programmqualitäten erhält man Vollprogramme? Wie groß werden die Minderheiten der Bevölkerung sein, die sich noch vom Nachmittags- ins Vorabend- und schließlich ins Abendprogramm leiten lassen? Wie groß ist die Gefahr, daß immer mehr Menschen die gewünschten Filme (oder sonstige Software) direkt von irgendwelchen Filmarchiven oder Datenbanken abrufen? Und wie gefährlich wird die Spielwelt von NINTENDO-SEGA, also die Welt elektronischer Spiele, für das ZDF oder RTL?

⊖ Die Datenmengen für multimediale Anwendungen steigen schnell in gigantische Größenordnungen; so würde man zur Speicherung eines zweistündigen Spielfilms eine Speicherkapazität benötigen, die etwa 100 bis 200 CD-ROM-Scheiben entspricht, und mit der heute verfügbaren

CD-ROM-Technologie würde dessen Wiedergabe rund 30 Stunden dauern. Abhilfe verspricht da **digitale Kompression** (auch Datenkomprimierung genannt) – ein Verfahren, bei dem Daten so verdichtet werden, daß sie weniger Speicherplatz und Übertragungszeit benötigen. Zu unterscheiden ist dabei, ob die Kompression die Bildqualität unangetastet läßt oder sie vermindert. Auch ein einstündiger Spielfilm in Fernsehqualität, nach dem gängigen MPEG-Verfahren komprimiert, benötigte jedoch unter der Voraussetzung, daß er gleichzeitig mit der Datenlieferung gezeigt wird, bei einer ISDN-Basisleitung eine Übertragungszeit von 63 Stunden. Diese Zeit läßt sich dadurch verkürzen, daß man Verschlechterungen der Bildqualität in Kauf nimmt und/oder einen Anschluß mit höherer Bandbreite wählt, z. B. statt 64 kbit/s wie bei ISDN 10 Mbit/s (also ca. das 157fache), wie heute in lokalen Rechnernetzen üblich, die zumeist auf ein Gebäude beschränkt sind. Die Übertragungszeit der besagten Stunde Film ließe sich so, einen lokalen Zwischenspeicher von 1,7 GB vorausgesetzt, auf neun Minuten verkürzen.

(nach U. Riehm/B. Wingert: Multimedia, 1995)

Für große Minderheiten unserer Gesellschaft wird sich auch das Verhältnis zum Fernsehapparat verändern. Fernsehapparat, Personal Computer und Telefon werden zusammenwachsen. Interaktives Fernsehen wird möglich. Schon heute gibt es eine noch begrenzte Zahl von Freaks, die Nacht für Nacht in ihren Single-Haushalten vor dem Computer sitzen und über Compuserve oder Internet mit Datenbanken, Mailboxen, aber auch einzelnen Zielpersonen kommunizieren. Sogar eine ebenso risikolose wie arme Sexualität ist für diese einsamen Freaks möglich. Ändert das nun die Welt? Diese Frage ist zu groß geraten. Aber man kann kleinere, angemessenere Fragen stellen. Zum Beispiel: Wie lange kann man ein »Duales System« von öffentlich-rechtlichen und privaten Fernsehanstalten erhalten, wenn es aberhundert und mehr Spartenkanäle gibt? Wie orientieren sich die Rezipienten über die Angebote von 100, 200 oder 500 Kanälen? Welche Benutzeroberflächen werden es den Zuschauern erlauben, eine Auswahl zu treffen? Und wie werden sich interaktive Dienste – Teleshopping, Telebanking oder die CD-ROM »Multimedia Beethoven« – auf das Kommunikations-

CD-ROM »Multimedia-Beethoven«

verhalten der Menschen auswirken? All diese Fragen sind mit den geläufigen Problemstellungen – Gewalt im Fernsehen, Zerstörung der Privatheit, Gebührenfinanzierung versus Werbungsfinanzierung – nicht mehr auszudrücken. Die Chance zu jeglicher Programmdirektion jedenfalls wird im Zuge dieser Individualisierung radikal abnehmen. Wie reagiert die politische Kultur der Bundesrepublik auf diese Entwicklung?

4

Eine erste Antwort auf diese Fragen könnte lauten: Mit Furcht. Wer die Mediendebatte – die schon längst eine Medien-Telefon-Computer-Debatte, genauer gesagt: eine Debatte über gesellschaftliche Kommunikation ist – in den Vereinigten Staaten verfolgt, dem erscheint unser Zeitgespräch zu diesem Thema seltsam provinziell, gefühlgeladen und unrealistisch. In den USA versucht man, den Stier bei den Hörnern zu packen. Schon 1988 hieß eine Studie des Office of Technology Assessment, einer Beratungsagentur des Kongresses, *Power on* – es war ein Maßnahmenkatalog für die Einführung der Multimedia-Technik in den Schulen und Universitäten. Seit die neue Administration Clinton/Gore im Amt ist, wird eine systematische Politik zur Einführung einer »Nationalen Informations Infrastruktur« (NII) betrieben. Die Regierung hat für den Bereich »High Performance Computing and Communications« eine groß angelegte Initiative auf Kiel gelegt, die sowohl die politische Klasse als auch die Geschäftswelt (und allen voran die bewegliche kalifornische Computerszene) in Marsch gesetzt hat. Die Forderung nach einer nationalen »Information Infrastructure« ist eine Vision, vergleichbar der Idee Kennedys, einen Mann auf den Mond zu schießen. Kein Zweifel: Man kann aus den Deutschen keine Amerikaner machen; mit dem Einfordern von »Technikoptimismus« allein ist es nicht getan. Aber wir müssen uns klar machen: In den Vereinigten Staaten existiert eine genau überlegte, von gesellschaftlichem Konsens unterfütterte politische Strategie. Vizepräsident Gore mobilisiert die Menschen mit der Utopie, jede Schule und jede Bibliothek in jedem Land der Welt mit dem *Internet* zu verbinden, das inzwischen das größte Computernetzwerk der Welt ist. Wir dagegen artikulieren eher die Furcht, daß der Computer in der Schule den Kindern eine »verkrüppelte zweiwertige Logik« aufzwinge und daß Menschen, die schon als Siebenjährige Zapper (to zap: abknallen), Grazer (to graze: streifen) oder Switcher (to switch over: umschalten) waren, im gleichen Alter in

⊖ LOGO programmiert haben und ihre erste Fremdsprache interaktiv von einem CD-ROM Lernsystem beigebracht bekamen, der sittlichen und seelischen Verwahrlosung anheimfallen. Ich will zu dieser deutschen Debatte *drei* kritische Bemerkungen machen: Die Menschen stellen sich auf neue Entwicklungen ein, sie sind beweglicher als die deutsche Kulturkritik glaubt. Zu Recht rühmt Matthias Horx die »vagabundierende Zeichenkompetenz« der Computergeneration – das Artikulations- und Kritikvermögen der »Kids« sei heute derart gestiegen, »daß selbst Zwölfjährige perfekt ihre Bedürfnisse formulieren und die Eltern mit virtuoser Qualität angreifen können«. Die Computer-Kids entwickeln Filterfähigkeit, mediale Skepsis und kluge Zeitökonomie gegenüber dem Überangebot von Kommunikation; sie würden keineswegs zu »Videoten«.[16]

⊖ **LOGO** hat der Mathematiker und Computerwissenschaftler Seymour Papert die von ihm entwickelte Programmiersprache für Kinder (aber nicht ausschließlich für Kinder) genannt, die mehr sein will als eine weitere Computersprache: »LOGO ist der Name einer Bildungsphilosophie in einer wachsenden Familie von Computersprachen, die mit ihr einhergehen.« Kern von Paperts Bildungsphilosophie ist der Gebrauch des Computers in der Schule, nicht um das Kind zu programmieren, sondern damit das Kind den Computer zu programmieren lernt und dabei zugleich mathematisches Denken gleichsam spielerisch erfährt. Charakteristische Merkmale der LOGO-Sprachfamilie sind Prozeduren mit lokalen Variablen, die Rekursion gestatten. Dadurch ist es in LOGO möglich, neue Befehle und Funktionen zu definieren, die dann genau wie eingebaute benutzt werden können. LOGO ist eine interpretierende Sprache, d.h., sie kann interaktiv gebraucht werden. Der Umgang mit LOGO soll den Kindern in erster Linie nicht Wissen beibringen, sondern sie lehren, wie man Wissen und Denken hervorbringt. »Das Nachdenken über das Denken macht das Kind zu einem Erkenntnistheoretiker, eine Erfahrung, die nicht einmal viele Erwachsene teilen.«

Man sollte die Gefahr der modernen Bild- und Computerkultur nicht übersehen. Computeroperationen sind ein bestimmter Typ menschlicher Wirklichkeitsverarbeitung. Wir müssen aufpassen, daß wir Modularisierung, Algorithmisierung und Simulation nicht verabsolutieren. Wir sollten uns die Welt nicht nur in linearen Abläufen, chronologischen Verläufen, gleichförmigen und gleichbleibenden Regeln verfügbar zu machen suchen, wie Hartmut von Hentig es ausdrückt. Also dürfen wir von Medienpädagogik nicht nur reden, wir müssen vielmehr »die Schule neu denken«. Also müssen wir die Kartellierung, die Vermachtung unseres Kommunikationssystems verhindern, durch

Ordnungspolitik und durch die Förderung nicht-kommerzieller Kommunikation, zum Beispiel öffentlich-rechtlich organisierter Rundfunkanstalten. Also brauchen wir eine systematische Leseförderung, Förderung des Mediums Buch, der Buchhandelsstruktur. Bewußte, überlegte Kommunikationspolitik ist angesagt, mit *laisser-faire, laisser-aller.* Aber auch eine gewisse Vorsicht gegenüber den deutschen Gemütsmenschen (Diederich Diederichsen), die wieder auf dem Marsch sind, vor dem Öko-Kitsch, der in Deutschland verbreiteter ist als irgendwo anders. Bauelemente dieser Haltung bilden Träume von »Ursprünglichkeit« und »Echtheit«, oft kombiniert mit Affekten gegen elektronische, multikulturelle und ausländische Künste. Es ist das Titanic-Gefühl, der Untergangstrip. Zum Beispiel sagt der berühmte Film-Regisseur Hans Jürgen Syberberg: »Die Plastikwelt hat uns okkupiert. Wenn wir ins Auto steigen, ins Flugzeug, Schiffe betreten, wenn wir heutige Küchen erwerben, in die Fernsehwelt uns einlassen, so betreten wir die Welt der künstlichen Chemieuniversen. Die Computer sind aus diesem Material gemacht und damit unser Denken, unser Erinnern, die Simulation des Lebens.« Diese Art von antitechnischer, romantischer, irrationaler Kulturkritik gibt es auch in linker Variante. Sie isolieren Deutschland von der internationalen Mediendebatte.

Meine dritte Bemerkung ist ökonomischer Natur. Die Medienindustrie im weitesten Sinn ist der größte Wachstumsfaktor der Art von Gesellschaften, in denen wir leben. Der Anteil der Telekommunikation am Bruttosozialprodukt wird sich bis zum Jahr 2000 mehr als verdoppeln, auf diesem Kontinent werden dann 60 Millionen Arbeitsplätze direkt von der Telekommunikation abhängen. Siemens und Philips sind die letzten europäischen Unternehmen, die in der Halbleiterindustrie eine gewisse Rolle spielen; allerdings schätzt man den Verlust, den das Haus Siemens in dieser Sparte macht, immer noch auf 200 Millionen Mark im Jahr. Über eine Computerindustrie verfügen die Deutschen nicht mehr. In der Unterhaltungselektronik haben wir noch müde Reste. Ein paar der deutschen Softwarehäuser – allerdings wirklich nur ein paar – sind vorzüglich. Aber sie sind klein. Mit dem (in den letzten 15 Jahren aus dem Boden gestampften) Riesen Microsoft von Bill Gates ist das nicht zu vergleichen. Man bekommt seine Software natürlich eher stabil, wenn man 500 Kunden hat, als wenn es sich um fünf oder zehn handelt. Leistungsfähig sind wir noch auf dem Feld der Telekommunikation. Unsere Strategie müßte also sein, die Telekommunikationsindustrie als Lokomotive zu benutzen und durch eine gezielte Forschungs- und Technologiepolitik uns wieder in Gebiete hineinzuarbeiten, in denen wir keine Rolle spielen, zum Beispiel *optical computing* und *electrical engineering*. Wenn uns das nicht gelingt, haben die Deutschen im 21. Jahrhundert sehr schlechte Karten.

5

Ich schließe mit ein paar kursorischen Überlegungen zu der Frage, ob es möglich ist, diesen thesenhaft beleuchteten Wandel in der Kommunikationskultur unserer Gesellschaft durch Kommunikationspolitik in den Griff zu bekommen. Auch hier gilt es, zwei Extreme zu meiden: politische Allmachtsphantasien, denen zufolge eine Großgesellschaft wie die deutsche aus einer weltweiten technischen Entwicklung unter medienökologischen Gesichtspunkten ausgekoppelt werden könnte – sowie mutloser oder aber pseudophilosophisch-zynischer Attentismus. Ein Beispiel für letzteren bietet Norbert Bolz: »Wer immer noch Programminhalte analysiert oder das Fernsehen als Bildungsanstalt mißversteht, hat natürlich keinen Sinn für kühne Gedanken zur Zukunft des Menschen und seiner Medien. Wir sollten statt dessen den Gedanken riskieren, daß die abendliche Versammlung vor dem magisch flackernden Bildschirm eine postmoderne Neuausgabe der Urhorde vor dem Lagerfeuer ist. Auch die elektronische Urhorde will sich von der Außenwelt abwenden. Auch die Nachrichten aus aller Welt dienen nur einer totalen Faszination, die in völlige Zerstreuung umschlägt.« Gegen einen derartigen Alternativradikalismus läßt sich durchaus eine Kommunikationspolitik formulieren, die sich – durch das Mittel von Modernisierungskompromissen – der Zivilisierung der Modernisierung verpflichtet weiß.

In Zukunft wird eine isolierte Medienpolitik nicht mehr weiterführen. Sie muß zur Kommunikationspolitik erweitert werden; Problemkomplexe wie die Information Super Highways und die transeuropäischen Netze, die Anwendung von Computern in der Schule, die Postreform und das Internet sowie der Rundfunkstaatsvertrag und die in ihm enthaltenen Regelungen für Jugendschutz oder Werbung sind nicht mehr sinnvollerweise getrennt erörterbar. Wo unterschiedliche Parlamente oder Parlamentsausschüsse für diese Probleme zuständig sind, müssen neue Formen der Kooperation und der Kommunikation entwickelt werden.

Das führt zu einer grundlegenden Debatte über ein Grundprinzip unserer Verfassung, den Föderalismus. Die moderne Informations- und Kommunikationstechnik löst ökonomische Prozesse aus, die vom politischen System in seiner heutigen Verfaßtheit nicht mehr bewältigt werden können. Es ist auf längere Sicht ausgeschlossen, einen bundesweit oder gar europa- und weltweit ausstrahlenden Sender in einem einzelnen Bundesland zuzulassen und den Regelungen dieser kleinen politischen Einheit unterwerfen zu wollen. Deutschland braucht eine Reform seines Föderalismus, die eine neuartige Koordination der Politik der Länder, des Bundes und der Europäischen Union ermöglicht, also ein an die Logik des Grundgesetzes angepaßtes Pendant zur amerikanischen Federal Communications Commission (FCC). Oder: Wenn der Marktanteil des deutschen Films (derzeit sieben bis acht Prozent im eigenen Land) nicht noch weiter zurückgehen soll, muß die Filmförderung von Bund und Ländern so koordiniert werden, daß die deutsche und europäische Filmindustrie instandgesetzt wird, wieder weltweit konkurrenzfähige Filme zu produzieren und an den Kunden zu bringen.

Die Konzentrationstendenzen im deutschen Medienwesen lösen problematische Wirkungen aus; höchst fragwürdige Machtstellungen, zum Beispiel beim Handel mit Film- und Sportrechten. Andererseits muß die Konzentrationskontrolle berücksichtigen, daß sich auch deutsche Unternehmen auf dem europäischen Markt und dem Weltmarkt bewegen müssen. Deswegen wäre es problematisch, wenn eine großangelegte Entflechtungspolitik zwischen Printmedien und elektronischen Medien die wenigen weltweit konkurrenzfähigen deutschen Unternehmen schwächen würde oder wenn man die Zusammenarbeit zwischen Telekommunikations- und Medienunternehmen selbst bei der Entwicklung technischer Infrastrukturen, zum Beispiel für das digitale Fernsehen, verbieten würde. Es müssen also differenzierte Prinzipien in der Konzentrationskontrolle entwickelt werden. Das könnte heißen: Kein generelles Verbot der Cross-Ownership von Print- und elektronischen Medien, wohl aber Spezialregelungen für Schlüsselbereiche, zum Beispiel den Rechtehandel. Kein generelles Verbot der Zusammenarbeit von Telekommunikation und Medienunternehmen, wohl aber eine gesetzliche Trennung von Programmvertrieb und Programmveranstaltung. Keine dogmatische Ideologie der Binnenpluralität, wohl aber eine rigorose Politik der Offenlegung von Besitzverhältnissen der Medienunternehmen und eine klare Marktanteilsbegrenzung, beim Markt für universelles Fernsehen zum Beispiel ab 20 Prozent.

Zensurideen werden angesichts der Internationalisierung und Kommerzialisierung des Mediensystems immer obsoleter. Das heißt aber weder, daß Programme prinzipiell unbeeinflußbar seien, noch daß die Rezipienten nicht besser instandgesetzt werden könnten, um *Media Literacy* zu erwerben. Bestimmte Programme von Reality TV sind vom

Markt verschwunden, nachdem sie öffentlich wirksam kritisiert wurden. Deswegen macht es Sinn, eine systematische, wenn möglich auch international vernetzte Debatte über Programme in Gang zu halten, zum Beispiel durch eine kleine, hochrangige Kommission beim Bundespräsidenten, die per Gesetz ins Leben gerufen und mit ausreichenden Forschungsmitteln zur Untermauerung eines Jahresberichts versehen werden müßte. Wenn man gleichzeitig an die Stelle einer schon Jahrzehnte währenden, aber halbherzigen Debatte über Medienpädagogik eine neuartige Institutionalisierung zustande brächte, hätte man gleichzeitig einen Paradigmenwechsel bewältigt, eine Veränderung der Blickrichtung von der Kontrolle der Kommunikatoren auf die Qualifizierung der Rezipienten.
In die gleiche Richtung wiese eine Ordnungspolitik, die es darauf abgesehen hätte, klassische Öffentlichkeiten, die es in Europa seit vielen Jahrhunderten gibt, vor der Zerstörung und Einebnung zu schützen. Das gälte für unsere Theaterkultur genauso wie für die Buchhandelsstruktur und die öffentlich-rechtlichen Rundfunkanstalten, die gerade durch ein Verfassungsgerichtsurteil erneut eine Bestands- und Entwicklungsgarantie bekommen haben. Das hieße aber nicht, daß innovatives Sparen und Rationalisierung bei öffentlich geförderten oder gebührenfinanzierten Kultureinrichtungen unterlassen werden müßten. Viele dieser Einrichtungen sind überreguliert, schwer beweglich, tankerartig. Die Entscheidungsprozesse dauern zu lang, Einstellungen auf den Markt sind zu schwierig, die Produktionskosten zu hoch. Europa sollte sich dem Kommerz entzogene kulturelle Öffentlichkeiten leisten, und zwar als relevante Gesprächspartner. Dem Zwang, sich immer wieder zu reformieren, sollten sie aber nicht entzogen werden.
Ich schließe mit der Bemerkung, daß die Deutschen in der Debatte über soziale Kommunikation einen mentalen Sprung machen müssen. Der ideologische Kampf der Leitbilder muß zugunsten einer überlegten Modernisierungspolitik beendet werden. Deutschland muß sich mit spezifischen Beiträgen in die weltweite Entwicklung von Multimedia einklinken. Der Staat muß eine Moderatorenrolle für die vielfältige Entwicklung der Individual- und Geschäftskommunikation und der neuen elektronischen Lernsysteme übernehmen. Eine technologiepolitische Vision ist notwendig, und zwar eine mit gesellschaftspolitischer Zielsetzung, die soziale Ideen und Minima Moralia formulieren muß, zum Beispiel die Offenheit und Zugänglichkeit zu den wesentlichen Netzen und Medien, die Gewährleistung eines angemessenen Datenschutzes, den Schutz vor einseitiger politischer Manipulation, vor Medienmachtpolitik usf. Eine derartige Vision ist nur in einer großen öffent-

lichen Debatte herstellbar, an der möglichst viele Menschen unserer Gesellschaft beteiligt werden sollten.

Anmerkungen:

1 Ernst Cassirer: Was ist der Mensch? Versuch einer Philosophie der menschlichen Kultur, 1960.

2 MERKUR, 534/535, S. 747.

3 Norbert Bolz: Das kontrollierte Chaos. Vom Humanismus zur Medienwirklichkeit, Düsseldorf u. a. 1994.

4 Karl Jaspers: Philosophie, 1932, 1956 (3), zitiert nach: Historisches Wörterbuch der Philosophie, hrsg. von Joachim Ritter und Karl Fried Gründer, Band 4, S. 894.

5 Diederich Diederichsen: Freiheit macht arm. Das Leben nach Rock 'n' Roll 1990–1993, Köln 1993, S. 34 .

6 Hans Wagner: Medientabus und Kommunikationsverbote. Die manipulierte Wirklichkeit, München 1993.

7 Norbert Bolz, a.a.O., S. 258.

8 DER SPIEGEL, 28. 9. 1992.

9 Mihaela Cristea: Die erste live übertragene Revolution der Welt, in: Peter Weibel: Von der Bürokratie zur Telekratie, Berlin 1990, S. 16 ff.

10 Norbert Mappes-Niediek: Die Story ist dort, wo geschossen wird, in: WOCHENPOST, 28. 4. 1994, S. 14.

11 Lazlo Beke, in: Weibel, a.a.O., S. 11.

12 Vgl. Florian Rötzer, Peter Weibel: Strategien des Scheins. Kunst, Computer, Medien, München 1991.

13 Jo Groebel: Sozialisation durch Fernsehgewalt. Ergebnisse einer kulturvergleichenden Studie, Publizistik 2/3,1988, S. 486 ff.

14 Botho Strauss, Anschwellender Bocksgesang, in: DER SPIEGEL 6. 2. 1993, sowie Alain Finkielkraut: Wer will denn schon Kroate sein?, in: NEUE GESELLSCHAFT/ FRANKFURTER HEFTE, 12/93.

15 Hartmut von Hentig: Die Schule neu denken. Eine Übung in praktischer Vernunft, München 1993, S. 26 ff.

16 Matthias Horx: Trendbuch. Der erste große Trendreport, Düsseldorf u. a. 1993, S. 103/104.

Interaktion – das Ende herkömmlicher Massenmedien

von Florian Rötzer

Der Titel klingt nach einer ritualisierten Geste modernistischer Verabschiedung, also schlicht nach einer Übertreibung, wie man dies aus der journalistischen Praxis, der Anpreisung technischer Neuheiten und der avantgardistischen Attitüde hinreichend kennt. Moderne heißt schlichtweg eben auch die Erwartung, sich auf der Überholspur zu befinden und bereits die Gegenwart als veraltet zu erklären.

Etwas differenzierter und weniger spektakulär hätte der Titel etwa so lauten können, daß die Massenmedien, insbesondere das Fernsehen, in der herkömmlichen Form ihre dominante gesellschaftliche Bedeutung verlieren, daß in der Konkurrenz mit den immer vielfältiger werdenden Möglichkeiten interaktiver Medien sich Wahrnehmungsweisen und Erwartungen verändern, daß die über lange Zeit hinweg kultivierte, nicht nur wissenschaftliche und ästhetische, sondern auch technisch bedingte Haltung des distanzierten Beobachters zusammenbricht, daß wir einen neuen öffentlichen, für jeden entsprechend technisch Hochgerüsteten zugänglichen Raum bekommen, in dem neue Formen des sozialen Handelns entstehen – vermutlich nicht zuletzt unter den offenbar stimulierenden, jedenfalls faszinierenden kommunikativen Bedingungen der Maskerade und der Anonymität, die die Telepräsenz im Datenraum eröffnet.

Interaktive Medien

Die Strukturen der Tele-Existenz und des Tele-Sozialen sind noch wenig durchdacht. Formen der spielerischen, also aktiven, aber durch Regeln kanalisierten Beteiligung an einem abwechslungsreichen Geschehen, gleich ob als reine Unterhaltung oder im Hinblick auf Arbeit oder Ausbildung, werden gleichzeitig immer attraktiver. Sie allein scheinen noch die Aufmerksamkeit über lange Zeit hinweg binden zu können, während die passive Rezeption eines fertigen Produkts immer flüchtiger geschieht. Während die Aufmerksamkeit der Zuschauer im Fern-

[Florian Rötzer lebt als freier Autor mit dem Schwerpunkt Medientheorie in München. Im Herbst 1995 erscheint sein Buch *Die Telepolis. Urbanität im digitalen Zeitalter.*]

sehen und im Film durch die Steigerung der Geschwindigkeit, den schnellen Bildwechsel und die Handlung gebunden werden soll, entsteht bei den Spielen ein anderes Maß: IPM – *Interactions per minute* – sollen die Spieler fesseln. Je schneller der Spieler handeln muß und je mehr und vielfältigere Entscheidungen er treffen muß, desto besser wird er in das Spiel hineingezogen.

Weil die Spiele ein riesiges Geschäft darstellen, sollen sie denn nicht nur über Disketten, CDs oder Kassetten verkauft, sondern auch über Glasfaser und das Telefonnetzwerk oder über koaxiale Kabel und Kabelfernsehsender an den PC der Benutzer übermittelt werden, die auch von weit entfernten Orten aus gemeinsam im elektronischen Raum spielen könnten. Möglicherweise werden hier in Zukunft nicht nur Spiele mit fertigen Regeln und Welten angeboten, sondern auch einfach nur mehr oder weniger durchdesignte virtuelle Räume, um sich dort in irgendeiner Form zu präsentieren oder einfach nur um andere Menschen zu treffen und miteinander zu kommunizieren.

Lange haben die Filmgesellschaften und die Fernsehanstalten das »kindische« Geschäft mit der neuen Faszination den Spieleherstellern überlassen. Zu sehr standen die Spiele im Ruf, die Menschen zu verblöden, sie süchtig zu machen und sozial zu vereinsamen. Diese Abwehrhaltung läßt sich beim Aufkommen eines jeden neuen Mediums beobachten, wobei die alten Medien, gesellschaftlich irgendwann schlicht akzeptiert und ungeachtet allen Schunds, den auch sie enthalten, verklärt werden. Noch jedenfalls haben es Spielunternehmen wie Nintendo nicht geschafft, sich mit ihren Geräten, die wesentlich weiter als PCs verbreitet sind, in ein elektronisches Netzwerk zu integrieren.

Mit der Möglichkeit, auf den sogenannten Datenautobahnen das Fernsehen mit dem Computer zu einem interaktiven Verbund von Medien zu verschmelzen, ergeben sich neue Verflechtungen zwischen Spieleindustrie, Kabelgesellschaften, Computerfirmen und Filmindustrie. Allein in den USA macht die Videospielbranche einen Umsatz von 5.3 Billionen Dollar; ein Spiel kann weltweit über 500 Millionen Dollar einbringen. Allein Nintendo setzte 1992 ebensoviel um wie alle amerikanischen Filmgesellschaften zusammen, die Gewinne waren sogar größer als die der Filmgesellschaften und der drei großen US-Fernsehgesellschaften zusammen.

Noch freilich ist weder klar, ob sich interaktives Fernsehen oder ein computerbasiertes Netz durchsetzen wird, bei dem der Fernseher schlicht der Monitor sein wird. Sukzessive wird bereits Internet kommerziell kolonialisiert. Die Freuden der anarchischen Pionierphase sind im Verschwinden begriffen. Vielleicht werden also wenigstens für eine Weile interaktives Fernsehen und Computernetze miteinander konkurrieren, was jedoch eher ein Problem der kommerziellen Anbieter sein wird. Soviel zum Thema Markt, das aber kaum zur Erklärung der Faszination der Menschen ausreicht, an ein interaktives System angeschlossen zu sein. »Being wired« ist die große Attraktion, und es gibt auch bereits eine Kultzeitschrift mit dem Titel WIRED, die sich diesen Trend zunutze macht und natürlich wieder aus Kalifornien stammt. Einer der Autoren dieser Zeitschrift prophezeite unlängst: »It is likely that what we now understand as the mass media will be gone within ten years. Vanished, without trace.« Das freilich ist sicher eine futuristische Übertreibung.

Das Monatsblatt *Wired* ist das führende amerikanische New-Media-Magazin.

Natürlich spielt im prognostizierten Übergang vom Zuschauer zum Benutzer auch eine Rolle, daß wir in unserem Alltag bereits immer mehr von computergestützten Medien umgeben sind, wir also bereits eine gewisse Kompetenz im Umgang mit ihnen erwerben und gleichzeitig deren Vorteile bemerken. Vor allem eben die Kinder und Jugendlichen, die kommende Generation, wachsen mit den Video- und Computerspielen, aber auch mit den Möglichkeiten vernetzter Computersysteme schon selbstverständlich heran. Wenn sie meistens auch nur animierte Figuren durch abenteuerliche Situationen in einer vorgegebenen, manchmal allerdings sehr komplexen und unübersichtlichen Welt steuern können, findet doch bereits eine weitergehende Identifizierung mit dem Helden und ein größeres Eintauchen ins Geschehen als in normalen Filmen statt. Das Videospiel, so bemerkt Hiroshi Masuyama, früher Nintendo-Mitarbeiter und heute japanischer Korrespondent der Zeitschrift WIRED, entstand aus der Begegnung von Fernsehen und Computer. Das Fernsehartige daran sind die bewegten Animationen sowie die Geschichte; vom Computer hingegen stammt die Interaktion, mit der der Spieler in Echtzeit auf Bild- und Tonsequenzen einwirken kann.

Die Verführung, die interaktiven Medien eigen ist, kann man leicht feststellen, wenn man beobachtet, wie Kinder sie das erste Mal benutzen. Interaktive Computer- und Videospiele entfalten einen Sog, der weit über alles hinausgeht, was Fernsehbilder erzeugen können. Sie fordern nicht nur Konzentration, Geschicklichkeit, Erkundungsverhalten und Entwicklung von Problemlösungsstrategien heraus, sie vermitteln eben auch Erfolgsgefühle, wenn man gewinnt. All dies fehlt beim Konsum von Filmen weitgehend. Haben einmal die Video- oder Computerspiele die audiovisuelle Perfektion von Kino- oder Fernsehfilmen erreicht und können die Benutzer nicht nur eine Figur steuern, sondern wie im Cyberspace selbst als Akteur auftreten, der mit seinen Körperbewegungen in den dreidimensionalen Szenarien handelt, dann läßt sich erahnen, in welche Konkurrenz die herkömmlichen audiovisuellen Produktionen geraten, wenn es um die Intensität und die Dauer der Benutzung geht. Es liegt auf der Hand, daß in dem Moment, in dem man an einem Geschehen partizipierend beteiligt ist, auch wesentlich stärker hineingezogen wird.

Trotz der bereits bestehenden Konkurrenz zwischen Medien wie dem Film oder dem Fernsehen und interaktiven Spielen ist meines Wissens aber noch nie ein einmal gesellschaftlich akzeptiertes Medium gänzlich ausgestorben. Es finden Spezialisierungen und Ausdifferenzierungen sowie Verbindungen mit neuen Techniken statt. Schlimmstenfalls existiert ein überholtes und einst gesellschaftsmächtiges Medium wie die Malerei oder bald auch die Fotografie in der Nische der Kunst weiter.

Mit dem Einzug der Digitalisierung zeichnet sich allerdings ein computerunterstützter Medienverbund ab, der alle technischen Medien integriert, was auch heißt, daß nicht nur viele vormals an verschiedenen Geräten durchgeführte Funktionen an ein und derselben multimedialen *work station* ausgeführt werden können, sondern überdies eine wachsende Anzahl sensorischer, motorischer und vielleicht auch physiologischer Schnittstellen des Menschen integriert wird, welche bislang nur in bestimmten Konstellationen für bestimmte Medien zugänglich waren.

Die technische Entwicklung zielt dahin, die Oberflächen der Medien zu einem Raum zu machen, in dem man sich wie in der wirklichen Umwelt aufhalten, orientieren, bewegen und handeln kann. Diese Entwicklung steht zwar noch nicht vor der Tür, aber mit der Verlegung von Glasfaserkabeln werden die Weichen in diese Richtung bereits gestellt.

Verschiebungen im Mediengebrauch

Zunächst jedoch einige flüchtige Bemerkungen zu Verschiebungen im Mediengebrauch. Trotz Radio, Fernsehen, Bildschirmtext oder Netzwerken wie Internet sind etwa Zeitungen und Zeitschriften keineswegs tot, sie haben sich nur unter dem Druck des Fernsehens dem Infotainment weiter angepaßt, und ihre Vielfalt ist, was die Ansprache von Zielgruppen anbelangt, geradezu explodiert. Warum sollte der gedruckte Text, versehen mit starren Bildern, noch attraktiv sein, obwohl doch dessen Lektüre, wie man oft beschrieben hat, mühsamer ist als die Rezeption von oraler Sprache und bewegten Bildern, die aufeinander abgestimmt wurden? Bei der Lektüre von Büchern sieht das schon anders aus. Noch jedenfalls läßt sich in vielen Situationen einfacher lesen als fernsehen. Man ist beispielsweise nicht dem Zeitdiktat unterworfen, weswegen unter anderem die Videorecorder so begehrt wurden, man kann Zeitungen oder Zeitschriften schlichtweg auch einfacher überallhin mitnehmen. Durch Lektüre kann man sich nicht nur in öffentlichen Räumen oder Transportmitteln informieren oder die Zeit vertreiben, man kann sich auch von der Umgebung abschirmen und dennoch auditiv alles registrieren, also ansprechbar und aufmerksam bleiben. Radio kann man auch beim Autofahren hören, was einem beim Fernsehen schon schwerer fallen dürfte. Und wer mag schon längere Zeit mit transportablen Kleinstbildschirmen irgendwelche Sendungen konsumieren oder gar unter einem Datenhelm mit Kopfhörern und einem Datenhandschuh in einer U-Bahn fahren?

Interaktive Medien, zumal wenn sie Schnittstellen benötigen, die den Menschen weitgehend von seiner Umwelt abschließen und hohe Konzentration verlangen oder starke Wirkungen erzielen, werden neben der Anwendung im Bereich von Forschung, Produktion, Militärtechnik, Fernüberwachung und Kommunikation vermutlich vor allem im Bereich der Unterhaltung zuhause benutzt werden, also da, wo auch die Domäne des Fernsehens ist.

Trotz der künftigen Digitalisierung scheint die Welt des Fernsehens aber für deren Macher weitgehend in Ordnung zu sein. So diagnostiziert etwa Dieter Stolte, Intendant des ZDF, in seinem 1992 erschienenen Buch *Fernsehen am Wendepunkt,* in dem er über die digitale Zukunft des Fernsehens reflektiert, mit keinem Wort die Veränderungen, die sich durch die interaktive Nutzung des computergestützten Fernsehens ergeben könnten. Fernsehen in seiner herkömmlichen Form, das mit HDTV Kinoqualität erreicht, bleibt für ihn weiterhin das Leitmedium der Zukunft. Probleme für eine Politik, die auf informationelle Grundversorgung ausgerichtet ist, gibt es nur durch die explodierende Anzahl der Sender, durch deren Spezialisierung auf Nischen- oder Minderheitenprogramme – vom Broad- über das Narrow- hin zum Microcasting – sowie durch die Kommerzialisierung des Angebotes.

Hinsichtlich des interaktiven Fernsehens wird zwar viel über den computerunterstützten Medienverbund gesprochen, aber die Diskussionen und Ankündigungen bleiben meist bei den Möglichkeiten des Pay-TV oder abruforientierten Programmschienen stehen. Dadurch wird aber nur die Quantität des Angebots und die bessere zeitliche Verfügbarkeit gesteigert, nicht jedoch die Art, wie Sendungen produziert und rezipiert werden. Die hierzulande diskutierte Interaktivität ist meist nur eine der größeren Auswahl – daß beispielsweise TV-Stationen ihr Programm in Datenbanken von Kabelnetzbetreibern einspeisen und der Interessierte sich dann das Gewünschte aus einigen hundert Sendern mit der Bezahlung der jeweilig anfallenden Gebühr auf seinen Bildschirm laden kann.

Vor allem bei den Kindern und Jugendlichen läßt sich aber bereits ein wachsender Bedeutungsverlust des Fernsehens beobachten, der wohl auch auf die sinkende Attraktivität der von ihm geschaffenen Öffentlichkeit zurückgeht, die bei steigender Programmvielfalt immer kleiner wird. Zwar hat noch jeder Deutsche durchschnittlich fast 3 Stunden am Tag den Fernseher eingeschaltet, aber man schaut offenbar immer weniger tatsächlich zu. Gelangweilt zappt man durch die Programme, schläft, macht dieses oder jenes – das Fernsehen wird zum Hintergrundrauschen. Daher der vermutlich vorübergehende Erfolg von Sendern wie MTV, die genau dieses Hintergrundrauschen anbieten. Für fast zwei Drittel der Bevölkerung, so stellte der Freizeitforscher W. Opaschowski fest, ist das Fernsehen bereits zur Nebensache geworden – Tendenz trotz kürzerer und immer leichter rezipierbarer Sendungen ansteigend. Gleichwohl bleibt der Wunsch erhalten, an Medien als Benutzer und Mitspieler angeschlossen zu sein. Das mit einem alternativen Programm auftretende interaktive Fernsehen **Van Gogh TV** der Hamburger Gruppe Ponton ist dafür exemplarisch. Mit einfachen Mitteln, also nicht nur über ein Modem, sondern vor allem über das Telefon und die Verwendung der Telefontasten als Steuerungsmittel, will diese Gruppe das Fernsehen interaktiv gestalten; in der Verfolgung des alten Traums vom jederzeit aktiven und kreativen Menschen, wird den Zuschauern lediglich ein offener Platz, *Piazza virtuale* genannt, gegeben, den sie durch ihre eigenen Aktivitäten mit Inhalt füllen sollen. Der Fernseher wird dabei zu einer Benutzeroberfläche, wie dies von Computerprogrammen her vertraut ist. Man kann in einem virtuellen Atelier malen, bei einem virtuellen Orchester mitspielen, Texte via Fax oder Modem neben Videobildern von einigen Kameras an sogenannten »öffentlichen Einstiegspunkten« plazieren. Bis zu 130 000 Anrufversuche pro Stunde soll es während der letzten *Documenta* von Menschen gegeben haben, die sich auf die Piazza zu drängeln suchten, wobei der Zugang, weil es sich doch noch um Fernsehen handelte, gleichwohl ein Flaschenhals blieb: einer nach dem anderen, wenige machen etwas für viele.

⊖ **Van Gogh TV** und sein Betreiber, das Ponton European Media Art Lab, sind eine Projektgruppe, die keine Gesellschafter im juristischen Sinn und auch keine Beteiligungen hat. Die Projekte arbeiten lediglich auf Kostendeckung; der Ansatz ist experimentell, nicht kommerziell, und auch die Anzahl der Mitarbeiter ist wie das Programmkonzept insgesamt projektbezogen.
Erklärtes Ziel der Projekte von Van Gogh TV ist es, den Fernsehzuschauer aus seiner Rolle als Nur-Rezipient zu befreien und ihm statt dessen eine (inter-)aktive Gestaltungsteilnahme am Fernsehgeschehen zu ermöglichen. Allen Projekten liegt das Modell eines freien Programmformats zugrunde, welches ein Maximum an individuellen Freiräumen und Interaktivität gestatten soll.
Bei der parallel zu den Sommerspielen 1996 in Atlanta stattfindenden Kultur-Olympiade wird Van Gogh TV vermutlich ein neues interaktives Fernsehprojekt inszenieren.

Faszinierend war vor allem, so bemerkte ein Kritiker, die dabei ablaufende »permanente Kommunikationskatastrophe«. Mutterseelenallein stehen die Menschen, vorwiegend natürlich Kids, im elektronischen Raum und wissen nicht, was sie, abgesehen von ihrer Existenzbezeugung, dort sollen. Zumal haben sie in dieser Form des interaktiven Fernsehens, das ja Zuschauer halten soll, keine Möglichkeit, sich Zeit zu lassen, denn sie müssen eine interessante Performance abziehen, um die anderen nicht zu langweilen. Obgleich man eigentlich mit dem Ziel antrat, kein Programm zu haben und auf Moderation weitgehend zu verzichten, griff man doch immer wieder animierend ein, was die Sache noch hilfloser und paradoxer machte, weil dadurch der gewohnte Standard an Perfektion unterschritten wurde. Die Kommunikationskatastrophe, die entstehende Langeweile der Zuschauer eingeschlossen, war hausgemacht, denn man wollte zugleich einen öffentlichen Platz und ein Theater mit Bühne.

Ähnliche Probleme sind oft auch in Ausstellungen mit interaktiver Kunst zu beobachten. Zumal wenn sie das jeweilige System nicht kompetent beherrschen und so keine gelungene Aufführung fabrizieren, fühlen sich die vom Zuschauer zum Spieler mutierten Benutzer durch die Herumstehenden beobachtet und bedrängt. Viele trauen sich so gar nicht recht, mit den Systemen herumzuspielen, oder sie drücken wahllos hier oder dort herum. Ist das Ergebnis frustrierend, weil eben von Kunstwerken oft keine einfachen Spielregeln vorgegeben werden, so steht man als inkompetenter Benutzer wie vor einem unvertrauten Musikinstrument, dem man zwar irgendwelche Töne, aber keine Musik entlocken kann.

Interaktives Fernsehen, das zur Kommunikation benutzt wird, eröffnet zwar die Möglichkeit eines öffentlichen Platzes, auf dem man sich auch ohne Authentizitätszwang begegnen kann, doch müßte dies unter Ausschluß einer passiv verbleibenden Zuschauerschaft und unter der Gewährung von ausreichend Zeit geschehen, um überhaupt erst einmal erkunden zu können, was man dort und eventuell mit wem machen kann. Sehr schön beschrieb ein Künstler dieses Dilemma in der Benutzung von interaktiven Medien, als er sagte, daß ein real oder virtuell anwesendes Publikum allein durch die Präsenz seiner »Biomasse« als störend erlebt wird. Daher entsteht aus der Benutzung von interaktiven Medien heraus ein Druck, das Massenmedium zu verlassen, wobei andererseits die Tendenz zum Rückzug aus der Öffentlichkeit weiter anwächst.

Auch mit schlechter Grafik und meist nur durch Worte ziehen dagegen Multi-User Games, die auf einem großen Netzwerk laufen und an denen jeder sich *on line* beteiligen kann, bereits viele Menschen oft über Wochen und für mehrere Stunden am Tag in ihren Bann. Mehr ist nicht notwendig als irgendeine interaktive Oberfläche, ein Raum, in dem man sich treffen kann, um aus der Rolle des Zuschauers in die eines Mitspielers zu schlüpfen, der sich nicht nur innerhalb einer einmal geschaffenen Ordnung bewegen muß, sondern auch diese gemeinsame virtuelle Welt verändern oder erweitern kann.

MUDs erfreuen sich bereits großer Beliebtheit, obwohl ihre Welten, verglichen mit den audiovisuellen technischen Standards des Fernsehens, noch äußert bescheiden sind. Während sich im Fernsehen nur wenige Mitspieler auf der Bühne oder mittels Telefon beteiligen können, können in MUDs gleichzeitig Hunderte spielen oder miteinander kommunizieren – und es gibt in diesem stetig sich verändernden

Datenraum keine Zuschauer mehr. In einem MUD, dem Prototyp eines wirklichen interaktiven Mediums, bewegt man sich, ohne Steuerung durch einen Animator, wie in der unübersichtlichen wirklichen Welt – darin scheint die Faszination zu bestehen. Es kommt darauf an, wo man sich zu welcher Zeit befindet; in demselben Programm gibt es zu gleicher Zeit viele verschiedene Szenen, zwischen denen man hin- und herreisen kann. Rüstet man die heutigen, wesentlich noch textbasierten MUDs audiovisuell auf – eine Ausnahme ist etwa »Habitat«, dessen Grafik allerdings noch auf einer Bildplatte fixiert ist –, oder hat man gar Schnittstellen, wie sie in der Virtual Reality-Technik entwickelt werden, dann läßt sich hier schon eine Form der nicht mehr massenmedial ausgerichteten Zukunft der Unterhaltung, aber selbstverständlich auch von anderen Formen der Tele-Existenz erahnen.

⊖ »**MUD** (engl. *mud* = Schlamm) ist die Abkürzung von **Multi-User Dungeon** (Multi-User-Verließ) – MUDs sind imaginäre Welten, die in Datenbanken errichtet werden. Wörter und Programmiersprachen werden eingesetzt, um Melodramen zu improvisieren und all ihre Objekte aufzubauen, Rätsel zu lösen, Vergnügungen und Werkzeuge zu erfinden, um Ansehen und Macht zu ringen, Wissen zu erwerben, Rache zu üben und sich seinen Trieben, gewalttätigen Impulsen und seiner Habgier hinzugeben.

Mit einem Computer einer englischen Universität fing 1980 alles an. Im Juli 1992 gab es im Internet mehr als 170 verschiedene Multi-User-Spiele in neunzehn verschiedenen weltenerrichtenden Sprachen. Die beliebtesten Welten haben Tausende von Benutzern. MUDs sind Echtzeit-Kommunikationseintöpfe mit einem Anklang an das Improvisationstheater.

Steckt man einmal im MUD, kann man ein Mann oder eine Frau oder etwas vollkommen anderes sein. Mann kann die Identität eines Bienenstocks annehmen. Ähnlich, wie frühere Medien an Raum und Zeit gebundene soziale Schranken überwanden, scheint das neueste computervermittelte Kommunikationsmedium nun auch die Grenzen der *Identität* zu überwinden. Wir, 'die Kinder von McLuhan' überall auf der Welt, die mit dem Fernsehen und mit Telefonverbindungen ohne die Hilfe des 'Fräuleins vom Amt' aufgewachsen sind, scheinen unsere Zeit – sei es mit Minitel in Paris, mit kommerziellen Computer-Plauderdiensten in Japan, England oder den Vereinigten Staaten oder mit interkontinentalen Internet-Revieren wie den MUDs – damit zu verbringen, *so zu tun, als wären wir eine andere Person* oder sogar vorzugeben, wir wären gleichzeitig mehrere andere Menschen.«

(Howard Rheingold, Die virtuelle Gemeinschaft, 1994)

Telepräsenz, wie sie für das Fernsehen meist nur als künftiges Ideal eines Bildes verstanden wird, das uns umfassender und realistischer umgibt, wird hier bereits durch eine Form der Tele-Existenz und des Tele-Sozialen überholt. Bei jetzt schon existierenden Virtual Reality-Spielen können sich bereits vier oder fünf Menschen gleichzeitig an verschiedenen Orten in einer simulierten 3D-Umwelt aufhalten, in verschiedene Rollen mit entsprechenden animierten Masken schlüpfen, unter denen man für die anderen erscheint, und gegeneinander oder miteinander spielen. Der Reiz scheint ähnlich wie beim Telefon oder *e-mailing* darin zu bestehen, ein anderer sein zu können, sich eine Wunschidentität zuzulegen; nur erlaubt es die Zukunft der Virtual Reality-Technik auch, sich einen anderen Körper zu geben, und nur dieser ist den Mitspielern sichtbar. Man hat die Begegnung in Echtzeit, möglicherweise auch bald über die audiovisuelle Ebene hinaus den Körperkontakt durch taktile Simulation und Stimulation, aber man ist frei von den Beschränkungen, die die reale body-to-body Begegnung und überhaupt die Identifizierung mit sich selbst beinhaltet.

Diese Form der Tele-Existenz ist freilich nicht notwendig auf eine simulierte Umwelt angewiesen, denn mit der Möglichkeit, durch Telemotorik und Telepräsenz etwa die Bewegungen eines Roboters zu steuern und mit den sensorischen Apparaturen seines »Fernlings« sich in einer fernen oder gefährlichen Umwelt zu orientieren, ließe sich das prinzipiell auch im wirklichen Raum realisieren. Die Forschung etwa im Bereich der militärischen, medizinischen oder nuklearen Technik entwickelt im Moment diese Möglichkeiten.

Der englische Künstler Paul Sermon hat mit der Performance *Telematic dreaming* eine einfache, aber eindringliche Version der Tele-Existenz vorgestellt – von vielen als Tele-Petting belächelt. An zwei unterschiedlichen Orten befindet sich jeweils eine Matratze. Über ihr sind Videokameras angebracht, die durch ein Telekonferenzsystem, ergänzt durch Mikrofone und Lautsprecher, über ein ISDN-Netz miteinander verbunden wurden. Die Bilder beider Kameras werden an beiden Orten aufeinander projiziert: An einem Ort wird das Bild des anderen direkt auf das Bett projiziert, während Sermon am anderen Ort dieses Bild auf einem großen Screen sehen kann. Um die heikle intime Situation, die die Matratze provoziert, etwas zu vereinfachen, kann Sermon mittels einer Blue Box das Bild der beiden Videokameras mit zusätzlichen Videos überlagern. Sie sollen Träume von ihm darstellen und ein Gespräch mit dem Telepartner erleichtern, den Sermon bittet, näher zu kommen, sich womöglich neben ihn zu legen, um einander zu »berühren«. Obwohl sich hier natürlich die Körper nicht berühren können,

sondern nur die Bilder, durchbricht diese Inszenierung eines Zweikanal-Fernsehens die gewohnte Distanz und führt die Nähe vor, die auch in der virtuellen Welt möglich ist.
Doch auch diese telematische Installation findet, da sie ja als Kunstereignis auf Öffentlichkeit zielt, in einem öffentlichen Raum statt. Man könnte selbstverständlich den Künstler hier in der Rolle desjenigen sehen, der die kulturelle Akzeptanz der Tele-Existenz herstellt, also die Rolle eines Werbeagenten für die dahintersteckende Industrie übernimmt. Die jeweiligen Zuschauer jedenfalls lassen die Scheu vor dieser ungewohnten Situation einer Tele-Begegnung oder einer Tele-Verführung auf dem Bett nicht vergessen. Sobald diese Situation, der Öffentlichkeit in einem Massenmedium vergleichbar, jedoch in eine private umkippt, wenn also interaktives Fernsehen wie Telefonieren mit wildfremden, sich vielleicht zufällig im elektronischen Raum begegnenden Menschen möglich und bezahlbar wird, dann wird sich dieser Raum mit Leben füllen, gleichgültig ob man nun über die Formen dieser Tele-Existenz begeistert ist oder darin nur eine weitere Flucht aus der Wirklichkeit sieht.

Aktivierung des Zuschauers

Es verschafft uns immer weniger Befriedigung, und wir bringen immer weniger Geduld auf, etwas, das uns nicht nur Zeit kostet, sondern auch die Art der Rezeption vorgibt, über lange Strecken hinweg passiv zu rezipieren – für manchen Kulturtheoretiker bekanntlich Anlaß zur Klage. Noch viel extremer als Texte, die wir in Eigenregie und oft gegen den Willen des Autors durchblättern können, sind Filme zeitlich als Sequenz geordnet. Sie erzählen, ineinander verkettet wie ein mechanisches Räderwerk, Geschichten mit Anfang und Ende, deren Struktur wir uns unterwerfen müssen, wenn wir nicht zum nächsten Angebot zappen, sobald eine Spur von Langeweile oder Desinteresse aufkommt. Das ist nicht nur beim Radiohören oder Fernsehschauen so, sondern auch bei Museumsbesuchen, Vorträgen oder bei der Lektüre. Ebenso wie wir durch Beschleunigung die räumliche Entfernung minimieren wollen, wollen wir keine kontinuierlichen Geschichten mehr, sondern eher Fragmente, die Aneinanderreihung von dekontextualisierten Ereignissen oder Informationsblöcken, deren Sinn oder zumindest deren Verknüpfung wir erst durch die Geste des Samplens konstruieren. Wir sind immer weniger dazu geneigt, Zuschauer oder Zuhörer zu sein, wir wollen partizipieren, eigenmächtig handeln, zumindest direkt angesprochen werden, was selbstverständlich keineswegs heißt, daß dadurch mehr Freiheit, Kreativität oder wirkliche Individualität entstünde. Vielen reicht es eben schon und immer noch, in einem Rundfunksender anzurufen und Hallo zu sagen, in einer Fernsehshow aufzutreten, ein Videoband einzureichen oder in einem Computerspiel irgendeine Figur durch vorgegebene Welten und Probleme zu steuern.

Selbstverständlich wird das digitale Fernsehen die Programmstrukturen des Fernsehens verändern, das sich in seiner herkömmlichen Form etwa auf aktuelle Nachrichten oder Life-Sendungen wird konzentrieren müssen, ansonsten aber vermutlich eher wie ein Supermarkt organisiert sein wird, von dem man bestimmte Sendungen – im Angebot oder aus dem Archiv – gegen Gebühren zu einer beliebigen Zeit abrufen und zuhause abspielen kann. Einschaltquoten könnten dann genauer ermittelt werden, eventuell nicht nur auf einen ganzen Film bezogen, sondern auch in der Hinsicht, bei welchen Szenen oder Themen Wanderungsbewegungen stattfinden. Würde man die Daten, die man aus der Benutzung von Unterhaltungsangeboten erstellen kann, mit jenen verbinden, die jeder im Netz hinterläßt, wenn er Informationen abruft, kommuniziert oder etwas via Tele-Shopping sich anschaut oder einkauft, so ließe sich eventuell, mit allen damit implizierten Problemen, ein Programm noch näher an den Publikumswünschen ausrichten, und die Werbung könnte gezielter eingesetzt werden. Doch änderten solche Verschiebungen noch nichts Grundsätzliches an der Art des Angebotes und dem fortschreitenden Grad der Spezialisierung von Sendern auf bestimmte Programmangebote für Benutzer, die im wesentlichen passiv zuhören und zusehen, auch wenn sie vielleicht 200, 300 oder gar 400 Programme empfangen und sich durch sie hindurchzappen könnten.

Durch die fortschreitende, vom Pay-TV schon vorbereitete und in

Tele-Shopping in Amerika: Der »Home-Shopping-Club« empfängt täglich 100 000 telefonische Bestellungen von Zuschauern für Waren, die in TV-Spots angepriesen werden.

Computernetzen gebräuchliche enge Verbindung zwischen Information und Bezahlung wird sich die Spezialisierung weiter verstärken. Sie hat wahrscheinlich nicht nur negative Folgen; denn wenn nicht mehr die Werbung oder eine generelle Gebühr ein Programm finanzieren, das nachträglich Zuschauerquoten ausgesetzt wird, sondern jemand im Bewußtsein dessen ein Programm anschaltet, daß er gezielt dies oder jenes sehen will und nur dafür auch bezahlt, dann könnte es durchaus sein, daß die Erwartung an einzelne Sendungen höher wird, sich also die Qualität etwa von Nachrichten zum Besseren hin verändert, und daß die Unterhaltung andere Formen annimmt, die eine wirkliche Interaktivität implizieren und daher außerhalb der Formen herkömmlicher Massenmedien stattfinden.

Es gibt jedenfalls in vielen Bereichen einen Sog, den distanzierten Zuschauer und Zuhörer immer weiter in das mediale Geschehen, in die Medienwirklichkeit hineinzuziehen, was letztlich heißt, daß der Benutzer nicht mehr nur Abnehmer, Rezipient oder Konsument eines massenmedialen Produktes ist, sondern in das System als aktives und vor allem individuiertes Element integriert ist. In den Künsten etwa stützt man sich auf Installationen, in denen sich der Zuschauer bewegt, die Kinos blähen die Bilder auf und setzen den Betrachter einem ebenso aufdringlichen Ton aus, Game-Shows, Reality-TV, Talk-Shows und andere Unterhaltungssendungen versuchen, indem sie dem Gesetz der Abweichung von der Normalität genügen, immer neue Repräsentanten der Zuschauermenge ins Medium zu holen, während die Intensivierung und auch Brutalisierung des Dargestellten ihn fesseln soll. Computerprogramme lassen ebenso wie Hypermedien den Benutzer aktiv Verknüpfungen von Datenmengen herstellen. Cyberspace schließlich holt, als Fortsetzung von Panorama und Sensorama, den Zuschauer auch als Akteur sensomotorisch in die Szene, indem die Apparaturen ihm auf die Haut rücken und möglicherweise auch unter die Haut gehen, wenn in die Rückkopplung mit dem System nicht nur Augen- und Körperbewegungen, sondern auch andere körperliche Daten wie Hautwiderstand oder Ableitungen vom EEG eingehen. Solche reaktionsfähigen Umgebungen könnten, gestützt durch **KI-Systeme** etwa auf der Basis von neuronalen Netzen, durchaus lernfähig sein, also die Art der Interaktion verstärken, die einem Benutzer am liebsten ist. Die Zielrichtung interaktiver Medien ist einerseits, dem Benutzer eine immer umfangreichere Palette an Informationen jeder Art durch Schnittstellen zur Verfügung zu stellen, die stets an Bedienerfreundlichkeit zunehmen und keine distanzierende Brechung mehr wie eine Tastatur, ein Joystick oder eine Maus besitzen. Andererseits wird der

Benutzer immer weiter durch diese Rückkopplung dem System integriert, das auf ihn möglichst individuell reagieren soll.

⊖ **Künstliche Intelligenz**, oder kurz **KI**, ist im weitesten Sinn die Beschäftigung mit Intelligenz als einem Zusammenwirken verschiedener informationsverarbeitender Fähigkeiten. Ein erster Definitionsversuch der KI auf der Dartmouth-Konferenz vom Sommer 1956 formulierte: »Ausgangspunkt der Erörterung soll die Annahme sein, daß sich alle Aspekte des Lernens bzw. sämtliche Eigenschaften der Intelligenz so präzise beschreiben lassen, daß ihre Simulation möglich ist.« Dementsprechend versucht die KI eine Großzahl von Intelligenzleistungen nachzubilden und sie auf Computer zu übertragen. **KI-Systeme** sind z.B. computerunterstütze Systeme für Spracherkennung, Lehr- und Lernsysteme, Expertensysteme, aber auch freibewegliche Roboter. Nach dem von Alan Turing vorgeschlagenen sog. Turing-Test darf ein System dann als intelligent angesehen werden, wenn es einem Menschen glaubhaft machen kann, selbst menschlich zu sein. Zwei Verfahren haben sich gebildet, mit denen man versucht, dem Computer Intelligenz zu geben: der Top-down- und der Bottom-up-Ansatz. Vertreter der ersten Methode versuchen das Gehirn nachzubilden, indem sie eine Vielzahl von Prozessoren zu einem **neuronalen Netz** verbinden; Anhänger der Bottom-up-Methode glauben mit der Entwicklung von Computerprogrammen, die die Gehirntätigkeit nachahmen, den besseren Weg gefunden zu haben.

Ermöglichung von Immersion

Dieser Sog, die Position des distanzierten Zuschauers einzuziehen, ist nichts Neues, er ist vermutlich so alt wie die Entdeckung von Illusionstechniken. Mit Bilderzeugungsapparaturen, beginnend bei der camera obscura, dem Realismus in der malerischen Perspektive, dem Panorama, der Fotografie und schließlich Film, Video und Fernsehen hat er sich jedoch noch stärker als Sehnsucht herausgebildet, während mit dem Computer, ergänzt durch Tastatur und Bildschirm, die erste Technik entstand, mit der man direkt in eine Datenmenge eingreifen kann. Schon lange aber, bevor der Computerwissenschaftler Ivan Sutherland in den sechziger Jahren die technischen Anforderungen eines *ultimate display* ausformulierte, das man als Ursprung der Virtual Reality-Technologie betrachten kann, oder in den fünfziger Jahren der Filmemacher und Erfinder Morton Heilig sein Sensorama oder sein Erfahrungskino, das Empfindungen in einer Vielzahl von Sinnesmodalitäten stimulieren sollte, noch mit analoger Technik vorstellte, entstand in Gegenwart des Films der Wunsch nach einer Art Cyberspace. Man lese etwa nur eine Beschreibung des Films, die **Béla Bálazs** bereits 1938 geschrieben ⊕ hat, um feststellen zu können, daß die Erwartungen an den Film sich gleichzeitig als Mängelliste, als Vorschein einer neuen Technik verstehen lassen, die den Menschen so weit wie möglich in eine künstliche Wirklichkeit eintaucht.

⊕ »Die Welt eines Gemäldes ist unnahbar und ohne Eingang, auch dann, wenn ich es in der Hand halte. Und die Welt der Szene (in einem Theater) ist ebenso geschlossen und unnahbar, wenn ich meinen Sitzplatz auf der Bühne selbst habe oder die Bühne mitten in den Zuschauerraum hineinreicht. Denn die Isoliertheit und Distanz im Bewußtsein besteht darin, daß ich in den Raum der Handlung nicht eintreten kann, mich nicht unter die Figuren mengen kann, nicht innerhalb der Komposition eines Kunstwerkes erscheinen kann... Der Film hat dieses Prinzip der alten räumlichen Künste... zerstört. Die bewegliche Kamera nimmt mein Auge, und damit mein Bewußtsein, mit: mitten in das Bild, mitten in den Spielraum der Handlung hinein. Ich sehe nichts von außen. Ich sehe alles so, wie die handelnden Personen es sehen müssen. Ich bin umzingelt von den Gestalten des Films und dadurch verwickelt in seine Handlung. Ich gehe mit, ich fahre mit, ich stürze mit – obwohl ich körperlich auf demselben Platz bleibe.« (Béla Bálazs, 1938)

Bei Bálazs handelt es sich nicht eigentlich um den Wunsch, mit dem System zu interagieren, denn er kannte selbstverständlich weder den Begriff noch die ihn stützende Technik, sondern es geht ihm um die sicherlich beeindruckendere Möglichkeit der **Immersion** – gegenwär- ⊖ tig der schillernde, geradezu inflationär gebrauchte Leitbegriff in der Diskussion über die neuen Medien und vielleicht die Zukunft der interaktiven Medien im Bereich der Unterhaltung.

⊖ Die **Immersion**, das Eintauchen in eine künstliche Welt, hier mit den sensorischen Schnittstellen des Auges und des Gehörs und der dadurch möglichen mentalen Akzeptanz des In-Seins, bricht mit dem herrschenden Ideal des außenstehenden Beobachters einer Szene, das sich ästhetisch und epistemologisch vermutlich nur als Überhöhung der verfügbaren Illusionstechnologie herausgebildet hat.
Das Schlüsselwort der Immersion heißt, in einer Formulierung von Bálazs, *Eingang;* d. h., es ist eine *Tür* in einen anderen Raum erforderlich, durch die der Zuschauer gewissermaßen jene Bühne betreten kann, vor der es keine abgeschatteten Zuschauer mehr gibt. Das Schlüsselwort für die herkömmlichen Bildmedien ist hingegen noch immer das *Fenster*, durch das man lediglich in einen anderen Raum als Beobachter hineinblicken kann, aber daran gehindert ist, ihn auch zu betreten. Zwar

nimmt bereits die bewegliche Kamera das Auge des Zuschauers in das Bild hinein, und ein Rundumton vermag die Illusion herzustellen, daß man sich auch auditiv in ihm befindet, doch ist der Zuschauer weder in die Handlung verwickelt, wie Bálazs meint, noch kann er selbständig darüber entscheiden, was er sehen oder hören will.

Kunst war bis ins letzte Jahrhundert mit der Funktion verbunden, die Darstellung von etwas entweder als Leiter zur Erfahrung von Transzendenz oder als Einblick in eine entfernte Szene wie durch ein Fenster zu inszenieren, während die Möglichkeit, sich anhand der gegebenen sensorischen Stimuli in einer Szene einzufühlen, auf die Aktivierung der Imagination angewiesen war. Erst sie erlaubte es, erleichtert durch gewisse Tricks, etwas als realistisches Bild und mitunter kurzfristig die Illusion als Wirklichkeit zu erleben, also auf die Illusion hereinzufallen. Um das zu bewerkstelligen, mußten geschlossene Räume konstruiert werden, die die gewöhnliche Wirklichkeit abschatten: der Rahmen eines Bildes, das Theater als Bauwerk oder das Sportstadion, eine Kirche oder ein Schloß, das Panorama oder eben der Filmsaal, in dem das Bild projiziert wird, während die Zuschauer im Dunklen sitzen. Das Schauspiel gilt einem allgemeinen Beobachter, der nicht in das Geschehen eingreifen kann, analog der objektiven Erkenntnis, die allgemeine Gesetze formuliert, deren Geltung vom jeweiligen Beobachter unabhängig ist. Der Beobachter ist austauschbar, die Szene in ihrer Struktur oder in ihrem Ablauf fixiert. Das mechanische Zeitalter ist epistemologisch, technisch und ästhetisch durch die Konstruktion von Situationen und Medien beschreibbar, die, klassisch gesprochen, Subjekt und Objekt auseinandertreten lassen, aber gleichzeitig Techniken entwickelt haben, die Objektseite von außen zu manipulieren und die Menschen durch die Konstellation von sensorischen Stimuli mental zu stimulieren, sie als Zuschauer hingegen motorisch und physisch in Distanz zu halten. All das ist altbekannt, wobei gleichwohl interessant sein könnte, wie sich durch Techniken und Medien wissenschaftliche und ästhetische Weltbilder, Erwartungen und Handlungsanweisungen ausbilden.

Mit den immersiven Medien jedoch wird der Beobachter als aktives Element in die Szene integriert, die er gemäß seinen Handlungen verzerrt oder beeinflußt. Im Gegensatz zur wirklichen Welt wird die virtuelle Umwelt im Ganzen responsiv. Das muß natürlich keineswegs heißen, daß er sie auch gänzlich oder gezielt kontrolliert. Schließlich muß das System, mit dem er interagiert, nicht nur die Befehle, die etwa seine Gesten geben, in Echtzeit verarbeiten; um das dreidimensionale Bild entsprechend seiner Position zu verändern, muß er vom System, in dessen Verhalten sich ohne weiteres unvorhersehbare Reaktionen einbauen lassen, dann auch gewissermaßen beobachtet werden. Auch muß das Interface, mit dem der Beobachter mit der Welt verkoppelt ist, ihm keineswegs transparent sein. Wenn wir nur ein gewöhnliches Fernsehbild sehen, so können wir es zwar, je nach den kognitiven Eigenschaften des einzelnen, anders wahrnehmen und interpretieren, wir können es auch dunkler oder heller machen, die Kontraste verstärken, und aufgezeichnet auf einem Videoband, lassen sich die Bilder auch in ihrer Sequenz anders anordnen, aber das Bild selbst verändert sich nicht, wenn wir woanders hinschauen, einen Gegenstand auf ihm berühren oder uns ihm nähern – höchstens sehen wir dann schlechter oder unterlaufen die technisch notwendige Distanz, um eine bestimmte Szene als Simulation oder Illusion wahrnehmen zu können.

Ein erster Schritt auf ein immersives Medium hin bestünde darin, daß der Zuschauer die Kamera selbst steuern würde, was in einer dreidimensionalen Computergrafik ohne weiteres mit einem Datenhandschuh, einem Joystick oder auch mit einer Maus möglich ist. Eine reduzierte Form der Interaktion innerhalb eines gegebenen Programms läge bereits vor, wenn der Zuschauer zumindest eine Wahl zwischen verschiedenen installierten Kameras treffen oder in einem interaktiven und damit verzweigten Film verschiedene Pfade wählen könnte. Bei diesen Beispielen springt jedoch sofort wieder der Umstand ins Auge, daß interaktive Medien nicht mehr auf ein Massenpublikum ausgerichtet sein können, die gleichzeitig dasselbe Bild sehen. Entweder hätte der Zuschauer dann nur die Wahl zwischen wenigen festgelegten Alternativen, oder er müßte sich etwa einem Mehrheitsentscheid beugen, was aber absurd ist. Auf jeden Fall könnte er auf dieser Ebene der Interaktion sich nicht in die Handlung verwickeln oder innerhalb der Komposition eines Kunstwerks erscheinen, um noch einmal Bálazs zu zitieren. Die Wahrnehmung aus der Perspektive der ersten Person, die im Cyberspace möglich ist, oder die individuelle Entscheidung für bestimmte Pfade etwa in einem Hypertext läßt sich nicht verallgemeinern, höchstens um den Preis eines Anachronismus.

Baum oder Rhizom

Den Unterschied zwischen Massenmedien und interaktiven Medien kann man mit zwei Bildern recht gut veranschaulichen. Das eine Bild stellt die Struktur des Kanals dar, durch den Daten geschickt werden, das andere die Art der Nutzung. Und natürlich hängen beide Bilder zusammen. Massenmedien werden an einem Ort produziert, an einem

Zentrum. Man könnte das mit der linearen Prozessierung von Daten in herkömmlichen Computerarchitekturen vergleichen. Nach der Produktion, wie bei einer Zeitung, oder gleichzeitig mit ihr, wie manchmal beim Fernsehen oder Radio, werden die Produkte ungerichtet verschickt, d. h. möglichst weit gestreut. Der Kanal hat im wesentlichen nur eine Richtung. Die Abnehmer können kaufen oder empfangen, nicht aber direkt auf das einwirken oder gar das verändern, was ihnen angeboten wird. Obgleich Video- oder Computerspiele als Modelle des künftigen Mediengebrauchs interaktiv sind, werden sie natürlich in aller Regel ebenso als Produkt verkauft. Das gilt natürlich auch für elektronische Bücher und Hypertexte, schlicht für alle Medien und Träger, bei denen der Benutzer nur aus einem fixierten Programm auswählen kann. Autor, Sender und Benutzer sind strikt voneinander geschieden und voneinander auch durch die Medien unterscheidbar, was übrigens eine wesentliche, vielleicht auch unüberwindliche Barriere zum hier prognostizierten Übergang zu interaktiven Medien darstellen könnte, einmal ganz abgesehen davon, ob die Benutzer tatsächlich aus der passiven und distanzierten Konsumenten- oder Zuschauerposition herauswollen. Die interaktiven Utopien einer freien multimedialen Telekommunikation in offenen Netzen sehen zumindest vor, daß jeder gleichberechtigt Zugang zu den Datenbasen haben soll und dort auch eingreifen kann. Die Möglichkeiten der Veränderung, Löschung oder neuen Verknüpfung von Datenpaketen untergraben aber die Wahrung des Copyrights, zersetzen Urheberschaft und Orginal, erlauben auch vandalistische Zerstörungen. Die Struktur des massenmedialen Kanals jedenfalls gleicht einem Baum mit einem Stamm, dem Zentrum, und vielen sich verzweigenden Ästen, den Empfängern. Die Rückkopplung des Senders mit dem Zuschauer, Leser oder Hörer oder umgekehrt findet in diesem hierarchischen System nicht unmittelbar statt, sondern lediglich durch die Analyse von Einschaltquoten oder Verkaufsmengen, mithin nachträglich.

Welche Struktur müßte hingegen ein wirklich interaktives und immersives Medium besitzen, das mit Massenmedien wie dem Fernsehen oder dem Radio vergleichbar wäre? Es müßte jedenfalls ein Netz existieren, das eine Zweiwegekommunikation so erlaubt, daß jeder zu jeder Zeit online in einem Programm oder virtuellen Raum zumindest individuell navigieren kann. Das Diktat der Zeit: daß eine Sendung nur zu dieser oder jeder Stunde beginnt oder überhaupt abrufbar ist, müßte dabei als Grundvoraussetzung verschwinden. Das erforderliche globale Netz läuft entweder über das Telefonnetz oder muß ähnlich strukturiert sein. In seinem Zentrum steht kein Sender, der Botschaften ausstrahlt, sondern ein »dummes« Vermittlungssystem, durch das zur gleichen Zeit parallel viele Verbindungen zwischen den einzelnen Sendern/Empfängern hergestellt werden können. Als Bild für ein solches System bieten sich die parallel prozessierenden Computerarchitekturen und das Rhizom im Gegensatz zum Baum an: ein System ohne Zentrum, in dem die Kommunikation von einem Nachbarn zum anderen hergestellt wird, in dem das Medium nur ein mehr oder weniger dummes, aber äußerst komplexes Netz zur Zweiwegekommunikation ohne Inhalte ist.

Lange Zeit haben wir auch das Bewußtsein des Menschen in Analogie zu einem linear prozessierenden Computer mit einer zentralen Recheneinheit, also in einer Master-slave-Architektur verstanden. Irgendwie steht dabei am Ende der Informationsverarbeitung eine Art Bildschirm, auf dem die Daten enggeführt, zu einem Bild synthetisiert werden. Das Bewußtsein schaut dann das jeweils in einem Moment errechnete Bild wie ein Fernsehzuschauer an. Heute wissen wir zwar immer noch nicht genau, wie Bewußtsein funktioniert oder wie die massiv parallele Datenverarbeitung im Gehirn ohne ein ersichtliches Zentrum so aufeinander abgestimmt wird, daß Menschen dennoch sich in der Umwelt orientieren und zu Entscheidungen kommen können, aber deutlich ist doch geworden, daß es im Gehirn kein Zentrum und keine Hierarchie, sondern nur eine höchst komplexe und heterarchische Verknüpfung von parallel arbeitenden Netzen gibt.

Der Unterschied für den Benutzer läßt sich auch durch einen anderen Vergleich herausarbeiten, den der Wirtschaftswissenschaftler George Gilder gewählt hat. Massenmedien haben eine ähnliche Struktur wie Massentransportmittel, die zentral organisiert sind. Auch hier gibt es einen Zeitplan, wann welches Verkehrsmittel auf einer bestimmten Route von einem Ort zum anderen fährt, wobei man nur an festgesetzten Orten ein- oder aussteigen kann. Vernetzte Computer gleichen hingegen individuellen Verkehrsmitteln, die nicht zentral organisiert sind, auch wenn bestimmte Regeln einzuhalten und Standards gegeben sind. Mit dem Auto, dem Fahrrad oder zu Fuß kann jeder zu jeder beliebigen Zeit jede im Netz mögliche Route mit beliebigen Unterbrechungen und Abstechern wählen.

Der Computer als Spielzeug

Erfahrung mit Interaktivität gibt es bislang nicht im Fernsehen, sondern im Umgang mit dem Computer: Computerspiele, Text- oder Grafikprogramme, Hypertexte, elektronisches Buch, interaktive Computersimulationen im Bereich von Wissenschaft, Technik, Medizin und Rüstung, und natürlich auch interaktive Computerkunst. Interaktive Medien, das weiß jeder, der sie einmal benutzt hat, der allein schon ein neues Text- oder Grafikprogramm auf seinen Computer installiert hat, fordern zum Spielen heraus. Ein spielerischer Zugang scheint allein schon deswegen notwendig zu sein, weil jedes Programm neue Fertigkeiten verlangt und neue Möglichkeiten bietet, die man erst einmal erkunden muß. Man spielt gegen das Programm. Vermutlich ist sogar der Computer selbst weniger ein Werkzeug denn ein Spielzeug, weil er nicht nur ermöglicht, mittels ungewohnter Schnittstellen durch multimediale Angebote zu navigieren, sondern auch weil man auf digitaler Basis ganz unterschiedliche Welten entwerfen kann. Der Unterschied zwischen einem Textprogramm, einem Flugsimulator oder einem Programm, das explizit als Spiel angeboten wird, ist verschwindend gering. Natürlich denkt jeder, wenn Spiele oder Spielzeuge erwähnt werden, an einen Teilbereich der Unterhaltung und der Unterhaltungsindustrie. Dennoch möchte ich eine Behauptung wagen, die einen erheblichen Unterschied markiert: Mit dem Einzug des Computers als Spielzeug werden sich nicht nur die Form der Anstalten und die Programmangebote des Massenmediums Fernsehen verändern, auch das, was man bislang als Unterhaltung bezeichnet hat, wird mehr und mehr zum Spiel werden. Diese prognostizierte oder, wenn man will, auch prophezeite Veränderung ereignet sich nicht bloß an der Oberfläche der Technik. Sie führt zu neuen Techniken und vor allem zu neuen Schnittstellen zwischen Mensch und Medium, die die bislang gängigen als Teil integrieren. Spiele beurteilt man nicht aus der Distanz des Beobachters, sondern aus dem Grad der Beteiligung, also in welchem Maße sie den oder die Benutzer in ein Geschehen als Handelnde hineinziehen. Daher ist bei Spielen die perfekte Gestaltung des Bildes oder des Tones nicht primär, es kommt vielmehr wesentlich auf den angebotenen Raum der Interaktion und die Gestaltung der Schnittstellen an.

Nähe und Ferne

Ein Massenmedium zeichnet sich dadurch aus, daß es identische Informationen an möglichst viele Empfänger übermittelt. Die Wirkungsmächtigkeit eines Massenmediums scheint aber nicht nur auf der Quantität der Verbreitung, sondern auch darauf zu beruhen, daß die identische Information gleichzeitig von vielen rezipiert wird, wie dies in den Anfängen des Fernsehens bei nur einem Programm besonders eindrucksvoll der Fall gewesen ist. Texte in Form von Büchern, Flugblättern oder Zeitschriften haben vor den elektronischen Medien, die globale Gleichzeitigkeit ermöglichen, als Massenmedien im Sinne einer Massenproduktion gewirkt. Sie sind Ausdruck der industriellen Gesellschaft, weil sie im Gegensatz zu den Beschränkungen der oralen Kommunikation die gleiche Information in vielen Kopien vielen Menschen als Ware zugänglich gemacht haben. Erst unter Bedingungen dieser gleichen Verfügbarkeit und insofern die Kulturtechnik »Lesen« weit verbreitet war, konnte sich vermutlich die Aufklärung und der damit einhergehende Universalismus in Wissenschaft, Politik und Ethik durchsetzen. Das darin schon wurzelnde Ideal, daß viele oder gar alle Menschen gleichzeitig eine identische Information erhalten könnten oder sollten, wurde aber erst von Rundfunk und Fernsehen eingelöst. Der Ausdruck »Volksempfänger« für das Radio macht dies deutlich. Erst diese Medien ermöglichten die Konstitution einer räumlich weit verstreuten, aber gleichzeitig konsumierenden Masse von einzelnen, die untereinander nicht kommunizieren und anonym bleiben. Bereits darin liegt ein immanenter Bezug der Massenmedien zu Propaganda und Werbung, indem sie den unbekannten Empfänger mit Informationen bombadieren, die dann idealerweise von allen verstanden oder aufgenommen werden sollen. Die Sender diktieren die Zeit der Rezeption, was auch heißt, daß der Kern eines so definierten Massenmediums in der Ausnutzung der Gleichzeitigkeit auch zwischen Sender und Empfänger besteht, also etwa in Life-Sendungen.

So gesehen sind Bücher und Zeitschriften noch keine wirklichen Massenmedien, und Aufzeichnungstechniken wie Tonbandgeräte oder Videorecorder haben bereits das Ende der Massenmedien eingeleitet, weil sie wieder eine zeitversetzte und individuellere Rezeption ermöglichen. Die Behauptung, daß die modernen, technisch hochgerüsteten Wohlstandsgesellschaften den Prozeß der Individualisierung oder Partikularisierung vorantreiben, ist nicht neu. In der Tat sind interaktive Medien Mittel von Individuen in einem Raum explodierender Optionen, deren Ethik darauf zuläuft, nicht länger in eine einzige Perspektive eingezwängt zu werden, sondern die Freiheit und das Risiko der innenorientierten Wahl anzubieten. Auch das mag ein Grund dafür sein, warum Computerspiele, insbesondere die *adventure games,* zum verführerischen Objekt werden und gleichzeitig als Paradigma der Lebensweise sowie der Arbeitsanforderungen in der digitalen Welt verstanden werden können. Interaktive Medien machen das Zappen zum Inhalt. Sie fordern die Schnelligkeit des Springens heraus und bestrafen jeden, der sich nicht mobilisieren lassen will. Auch wenn über interaktive und vernetzte Medien die Kommunikation mit anderen keineswegs abgeschnitten wird, so fördern sie doch, allein schon durch ihre Schnittstellen, die Isolierung von der Nahumgebung.

Insofern setzen sie den Trend der anderen Medien und Telekommunikationsmittel fort, an die sich jeder einzeln anschließt: Jeder besitzt einen eigenen Fernseher, ein eigenes Radio, das Telefon verbindet ihn mit weit Entfernten, der Walkman schließt ihn akustisch von der Außenwelt ab. Interaktive und vernetzte Medien werden tiefgreifend in die bereits vorbereiteten Nähe-Verhältnisse eingreifen, zumal sie durch die Einrichtung von Tele-Arbeitsplätzen, durch Tele-Shopping, Tele-Banking, Abrufen von Informationen und anderen alltäglichen Notwendigkeiten für viele auch den Zwang reduzieren werden, nach außen zu gehen. Wahrscheinlich verträgt sich die Individualisierung, die auf Dauer gestellte, innenorientierte Entscheidungsaufforderung, zwischen Optionen zu wählen, nicht mit der dauerhaften Bindung an Orte und an Menschen, mit denen man räumlich nahe zusammenlebt. Anders als in der realen body-to-body Präsenz werden mit den wachsenden Möglichkeiten der Tele-Existenz auch die Erwartungen steigen, nicht auf eine Identität festgelegt zu werden, sondern zwischen den verschiedenen Identitäten ebeno zu zappen wie zwischen den Programmen. Gleichgültig ob es sich nun um Minitel oder andere Netze handelt: Das Spiel mit der Anonymität und der Intimität auf Distanz scheint zu faszinieren.

Prinzipiell lassen sich durch computerunterstützte Fertigung Produkte, die bislang massenhaft in Serie hergestellt wurden, besser auf die Wünsche einzelner zuschneiden. Möglicherweise bricht also unter den Bedingungen computerunterstützter Fertigung und interaktiver Medien ein weiterer Bereich der gesellschaftlichen Öffentlichkeit, einer gemeinsamen Wirklichkeit und der daraus erwachsenden Verbindlichkeit zusammen. Es mag nur ein Ausdruck der Befindlichkeit sein: Auch die öffentlichen urbanen Räume sind sowohl gefährlicher als auch unattraktiver geworden. Mit ihrem Prinzip der Repräsentation und damit mit der Kultur, auch der politischen, in der wir bis vor kurzem noch gelebt haben, teilen sie das Schicksal der Massenmedien. Interaktive Medien jedenfalls stellen keinen Anlaß dar, die alten Utopien wieder hervorzukramen, sie treiben uns weiter hinein in eine unbekannte Zukunft der Synergie von Mensch und Maschinen und von Lebenswelten der Tele-Existenz mit technischen, sozialen und politischen Folgen, die wir noch nicht überblicken können.

Wein ohne Flaschen

Globale Computernetze, Ideen-Ökonomie und Urheberrecht

von John Perry Barlow

In all der Zeit, in der ich nun im Cyberspace herumtappe, blieb an der Wurzel nahezu aller rechtlichen, ethischen, staatlichen und sozialen Fragen, die sich in der virtuellen Welt finden, ein riesiges, ungelöstes Rätsel: das Problem digitalisierten Eigentums. Dieses Rätsel lautet: Wenn unser Eigentum ohne Kosten und ohne unser Wissen unendlich oft reproduziert und augenblicklich an jeden Ort der Welt transferiert werden kann, ohne auch nur unseren Besitz zu verlassen, wie können wir es schützen? Und was kann die fortwährende Neuschaffung und Verbreitung solcher Werke sichern, wenn wir nicht dafür bezahlt werden?

Da wir keine Lösung für diese zutiefst neue Art der Herausforderung parat haben und offensichtlich nicht in der Lage sind, die galoppierende Digitalisierung von all den Dingen, die nicht hartnäckig physischer Natur sind, zu verzögern, segeln wir der Zukunft auf einem sinkenden Schiff entgegen.

Dieses Gefährt, der Kanon von Urheberrecht und Patentgesetzen, wurde entwickelt, um Äußerungsformen und -methoden zu übermitteln, die sich vollkommen von der flüchtigen Ladung unterscheiden, die es nun tragen soll. Das Gefährt ist sowohl von innen als auch von außen leckgeschlagen.

Die rechtlichen Bemühungen, das alte Schiff über Wasser zu halten, nehmen drei verschiedene Formen an: ein wildes Herumgeschiebe der Liegestühle auf Deck, strenge Ermahnungen an die Passagiere, daß sie schwere Strafen zu gewärtigen haben, sollte das Schiff untergehen, und gelassenes Leugnen mit glasigem Blick.

Gesetze zum geistigen Eigentumsrecht können, um digitale Äußerungsformen zu erfassen, ebensowenig geflickt, umgefüllt oder erweitert werden, wie man Gesetze über Grundstücksbesitz umschreiben kann, um Zuweisungen im Spektrum der Sendemedien abzudecken. Wir werden völlig neue, diesen völlig neuen Umständen angemessene Methoden entwickeln müssen.

Die meisten Menschen, die im Software- und Datenbereich arbeiten –

[John Perry Barlow: Farmer, Songschreiber für *Greatful Dead*, Computerjournalist, Mitbegründer der *Electronic Frontier Foundation*.]

Programmierer, Hacker und Netzwerksurfer –, wissen das schon längst. Unglücklicherweise verfügen weder die Firmen, für die sie arbeiten, noch die Anwälte, die diese Firmen anheuern, über genug eigene Erfahrungen mit immateriellen Gütern, um zu begreifen, warum diese so problematisch sind. Sie handeln so, als könne man weiterhin die alten Gesetze anwenden, indem man sie grotesk aufbläht oder sie mit Gewalt durchsetzt. Sie haben unrecht.

In der Geschichte der Urheberrechte und Patentgesetze konzentrierte sich der Besitzanspruch der Denker nicht auf die Ideen, sondern auf deren Ausdrucksformen. Die Ideen selbst wurden – ebenso wie die Fakten über die Phänomene in der Natur – als Eigentum aller angesehen. Man konnte, im Falle des Urheberrechts, Ansprüche auf den exakten Wortlaut erheben, der verwendet wurde, um eine bestimmte Idee zu vermitteln, oder auf die Reihenfolge, in der Fakten dargestellt wurden. Dieser Anspruch wurde erhoben in dem Augenblick, da das »Wort Fleisch wurde«, also da, wo es den Verstand seines Urhebers verließ und in ein physisches Objekt einging, in ein Buch oder in eine Apparatur. Das nachträgliche Erscheinen anderer kommerzieller Medien neben dem Buch änderte nichts an der rechtlichen Bedeutung dieses Augenblicks. Das Gesetz schützte die Äußerung, und das hieß in der Regel, eine materielle Ausdrucksform.

Physisch gewordenen Ausdruck zu schützen hatte den Vorteil der Einfachheit. Das Urheberrecht funktionierte, weil es, Gutenberg ungeachtet, schwierig war, ein Buch herzustellen. Zudem gaben Bücher ihren Inhalt in einem erstarrten Zustand wieder, den nachträglich zu ändern ebenso schwer war wie dessen Reproduktion. Fälschungen herzustellen und zu verbreiten waren in aller Offentlichkeit ausgeführte Aktivitäten – jemanden auf frischer Tat zu ertappen war nicht schwer. Und schließlich besaßen Bücher, anders als frei umherschwirrende Wörter oder Bilder, materielle Oberflächen, auf denen man Urheberrechtsvermerke, Verlegernamen und Preisschilder anbringen konnte.

Für das Patentrecht war diese Konversion von Geist in Materie noch bedeutsamer. Ein Patent war bis vor kurzem die Beschreibung der Form, in die Material gebracht werden sollte, um irgendeinem Zweck zu dienen, oder die Beschreibung des Prozesses, durch den diese Formveränderung erreicht wurde. In beiden Fällen war der konzeptionelle Kern des Patents das materielle Ergebnis. Konnte wegen irgendwelcher materieller Beschränkungen kein nützlicher Gegenstand hergestellt werden, wurde das Patent abgelehnt. Es mußte ein Ding sein, und das Ding mußte funktionieren.

Die Rechte an Erfindungen und Urheberschaft bezogen sich also auf

die Aktivitäten in der physischen Welt. Man wurde nicht für Ideen bezahlt, sondern für die Fähigkeit, sie in die Realität umzusetzen. Was in der Praxis bedeutete, daß der Wert in der Umsetzung lag, nicht im umgesetzten Gedanken. Mit anderen Worten: Man stellte die Flasche unter Schutz, nicht den Wein.
Jetzt aber, wo die Informationen in den **Cyberspace** eindringen, in die ⊖ ursprüngliche Heimat des Geistes, verschwinden diese Flaschen. Mit dem Aufkommen der Digitalisierung ist es möglich, alle vorherigen Speicherformen durch eine Metaflasche zu ersetzen: komplexe und höchst variable Muster aus Einsen und Nullen.

⊖ Die seit 1989 schwelende Debatte, was **Cyberspace** denn nun sei, eine »konsensuelle Halluzination«, gespeist von den Träumen der Science-fiction, oder die neue Form der Intersubjektivität, die entsteht, wenn der Computer ans Telefonnetz geht, hat John Perry Barlow für sich umfassend so entschieden: »Cyberspace is that place you are in when you are talking on the telephone.« Demnach waren wir alle schon »im« Cyberspace, dessen Erlebnis dadurch gekennzeichnet ist, mit jemandem, der physisch nicht anwesend ist, im selben Raum zu kommunizieren. Die Verknüpfung von Computer und Telekommunikation bedeutet so nur eine Erweiterung der Cyberspace-Erfahrung, die bereits mit der Installierung des Telefonnetzes, spätestens aber mit der Möglichkeit der Direktwahl gegeben ist. Ob mit zunehmender Digitalisierung der Rede vom Cyberspace aber überhaupt noch eine, sei es technoimaginäre, sei es intersubjektive Erfahrung virtueller Räumlichkeit korrespondieren muß, läßt sich bezweifeln. Aber auch dafür hat Barlow vorgesorgt, mit einer zweiten Definition des Cyberspace, die ebenfalls zu einem geflügelten Wort geworden ist: »Cyberspace ist, wo Ihr Geld ist.«

Selbst die physisch-digitalen Flaschen, an die wir uns gewöhnt haben – Floppy Disks, CD-ROMs und andere kleine, einschweißbare Einzelverpackungen – werden nach und nach verschwinden, je mehr Computer sich ans globale Netzwerk anschließen. Nicht jede Computereinheit auf dem Planeten wird jemals an Internet angeschlossen sein, aber das Netz verdoppelt sich von Jahr zu Jahr, und es steht zu erwarten, daß es zum Hauptmedium der Informationsübertragung wird, und letztlich vielleicht zum einzigen Medium überhaupt.
Ist das erst einmal eingetreten, dann werden alle Güter des Informationszeitalters – all die Ausdrucksformen, die früher in Büchern, Filmen oder Zeitungen steckten – entweder als reiner Gedanke existieren oder als etwas dem Gedanken sehr ähnliches: Stromschwankungen, die mit Lichtgeschwindigkeit durchs Netzwerk zischen und die man am Ende

als leuchtende Pixel oder Klangübertragungen erhält, die man aber im ursprünglichen Sinn des Wortes nicht »besitzen« kann.

Man könnte argumentieren, daß Informationen immer noch irgendeine physische Manifestation erfahren, auf gigantischen Festplatten eines weit entfernten Anbieters zum Beispiel, aber dabei handelt es sich um Flaschen, die für den einzelnen Anwender keine makroskopisch greifbare Form annehmen.

Manche werden argumentieren, daß wir es seit der Erfindung des **Radios** mit unverschlossenen Informationen zu tun haben. In der Geschichte des Rundfunks jedoch gab es bisher keine geeignete Möglichkeit, die Sendungen aus dem elektromagnetischen Äther einzufangen und sie in einer Qualität zu reproduzieren, die der der handelsüblichen Flaschen ebenbürtig ist. Das hat sich erst in letzter Zeit geändert, und es ist sehr wenig getan worden, rechtlich oder technisch auf diese Veränderung einzugehen.

Die Digitalisierung macht natürlich auch vor dem **Radio** nicht halt, dessen Technik seit der Einführung des Hörfunks eigentlich keine großen Sprünge gemacht hat und vor allem, anders als beim Fernsehen, keine regionalen Unterschiede aufweist. Mit der wenig beachteten Digitalisierung der Hörfunktechnik aber werden auch ganz andere Nutzungsmöglichkeiten und Programmangebote des Radios denkbar wie

— weltweites Satelliten-Radio für den mobilen Empfang mit einer kreditkartengroßen Antenne;
— »Radio on demand« z. B. in Computernetzen;
— »Pay-Radio«: Abrufung kostenpflichtiger Angebote über einen Kartenleser;
— Radio-Shopping: Direktmarketing per Radio mit Bestellmöglichkeit;
— Verknüpfung von Radioprogrammen mit Datendiensten, z. B. von Autofahrerradio mit Systemen für die Verkehrsinformation und -steuerung.

Die Modelle eines gesponsorten Radios weisen Mängel auf. Von Werbeträgern oder Regierungen unterstützt zu werden, beeinträchtigt fast unweigerlich die Qualität der gelieferten Ware. Außerdem wird das Direktmarketing das Modell des durch Werbung finanzierten Radios nach und nach aus der Welt schaffen.

Der Rundfunk hat uns noch eine andere Zahlweise für ein virtuelles Produkt beschert: die Honorare, die die Sendeanstalten den Song-Schreibern über Organisationen wie ASCAP (American Society of Composers, Authors and Publishers) und BMI (Broadcast Music Incorporated) zukommen lassen. Als Mitglied der ASCAP kann ich allerdings ver-

sichern, daß es sich hier nicht um ein ausbaufähiges Modell handelt. Die Überwachungsmethoden erbringen allerhöchstens Annäherungswerte. Es gibt keine doppelte Buchführung bei den Einnahmen. Es funktioniert einfach nicht.
Ohne die alten, auf dem physischen Ausdruck von Ideen basierenden Methoden, und solange es keine wirkungsvollen neuen Modelle für non-physische Übertragungswege gibt, wissen wir nicht, wie wir zuverlässig eine Entlohnung für geistige Arbeit gewährleisten können.
Zu alledem bedrohen die wachsenden Schwierigkeiten, die existierenden Urheberrechte und Patentgesetze durchzusetzen, bereits den wahren Ursprung geistiger Eigentumsrechte – den freien Gedankenaustausch.
Soll heißen: Wenn die vorrangige Handelsware in einer Gesellschaft dem gesprochenen Wort derart ähnelt, daß sie davon kaum noch zu unterscheiden ist, und wenn die traditionellen Methoden des Schutzes von Besitzansprüchen nicht mehr funktionieren, bringt der Versuch, das Problem mit weiter gefaßten und mit stärkerem Nachdruck durchzusetzenden Maßnahmen zu lösen, unweigerlich eine Bedrohung der Redefreiheit mit sich. Die größte Beschränkung unserer zukünftigen Freiheiten wird also möglicherweise nicht vom Staat ausgehen, sondern von den juristischen Abteilungen der großen Firmen, die sich darum bemühen, gewaltsam zu schützen, was nicht länger praktikabel, effizient oder durch allgemeinen gesellschaftlichen Konsens geschützt werden kann.
Als Thomas Jefferson und seine aufklärerischen Kollegen das System entwarfen, aus dem sich das amerikanische Urheberrecht entwickelte, lag ihnen nicht vorrangig am Profit, sondern daran, die weite Verbreitung von Ideen zu sichern. Profit war nur der Treibstoff, der Ideen in die Bibliotheken und in die Köpfe ihrer neuen Republik tragen sollte. Bibliotheken erwarben Bücher, belohnten also die Autoren für ihre Mühen, Ideen zusammenzutragen. Diese Ideen, die sich anders nicht hätten zähmen lassen, standen dann der Öffentlichkeit frei zur Verfügung. Welche Rolle aber werden die Bibliotheken spielen, wenn es keine Bücher mehr gibt? Wie soll die Gesellschaft die Verbreitung von Ideen entlohnen, wenn sie nicht für die Ideen selbst bezahlt?
Um die Sache noch weiter zu verkomplizieren, gibt es neben dem Verschwinden der physischen Behälter, dem Schutz des geistigen Eigentums, den Umstand, daß die Digitaltechnologie auch die Rechtsprechung der physischen Welt auslöscht und diese durch die ungebundenen und möglicherweise auf ewig gesetzlosen Wellen des Cyberspace ersetzt.

Im Cyberspace begrenzen weder nationale oder örtliche Barrieren noch Strafmaßnahmen den Ort des Vergehens. Schlimmer noch: Es gibt keinerlei klare kulturelle Abkommen, die definieren, was denn eigentlich ein Straftatbestand sei. Ungeklärte grundsätzliche Unterschiede zwischen westlichen und asiatischen Vorstellungen hinsichtlich geistigen Eigentums spitzen sich nur noch zu, wenn viele Transaktionen in beiden Sphären stattfinden, und dennoch, auf gewisse Weise, in keiner von beiden.

Selbst unter räumlich fest umgrenzten digitalen Umständen sind Rechtsprechung und Verantwortlichkeit nur schwer in den Griff zu bekommen. Eine Gruppe von Musikverlagen reichte letzten Herbst Klage gegen CompuServe ein, weil dieses Netzwerk seinen Benutzern erlaubte, Kompositionen in Bereichen abzuspeichern, zu denen andere möglicherweise Zugang haben. Da aber CompuServe praktisch kaum Kontrolle über die Flut von Bits haben kann, die zwischen seinen Abonnenten fließen, ist es möglicherweise auch nicht dafür verantwortlich zu machen, diese Werke unrechtmäßig »veröffentlicht« zu haben.

Vorstellungen von Besitz, Wert, Eigentum und der Natur des Reichtums selbst ändern sich, seit die Sumerer keilförmige Zeichen in feuchten Ton drückten und es Korn in Speichern nannten, tiefgreifender denn je. Nur wenigen ist klar, wie tiefgreifend dieser Wandel ist, und die wenigsten unter ihnen sind Anwälte oder Beamte.

Jene, die diese Veränderungen wahrnehmen, müssen Antworten auf die juristische und gesellschaftliche Verwirrung finden, die auftreten wird, wenn die Bemühungen, die neuen Formen von Eigentum mit den alten Methoden zu schützen, offenkundig immer fruchtloser und deshalb immer verbissener werden.

Vom Schwert zum Wort zum Bit

Im Augenblick stürzt sich die Menschheit darauf, eine Weltwirtschaft zu schaffen, die sich vor allem auf Waren stützt, die keinerlei materielle Form annehmen. Dabei eliminieren wir möglicherweise jegliche vorhersagbare Verbindung zwischen dem Schöpfer und einer gerechten Entlohnung für die Nützlichkeit oder das Vergnügen, das andere an dieser Arbeit finden.

Ohne diese Verbindung und ohne einen diesen Verlust ausgleichenden grundlegenden Bewußtseinswandel bauen wir unsere Zukunft auf Streitereien, endlose Prozesse und institutionalisierte Zahlungsvermeidung, der nur mit roher Gewalt beizukommen ist. Vielleicht kehren wir wieder zu den 'bösen alten Tagen des Besitzes' zurück.

In den dunkleren Tagen der menschlichen Geschichte war Besitz und Vermögensverteilung großenteils eine militärische Frage. »Eignerschaft« war denen sicher, die über die übelsten Mittel, ob Fäuste oder Armeen, verfügten und den stärksten Willen hatten, sie auch einzusetzen. Eigentum war das göttliche Recht von Schurken.
Gegen Ende des ersten Jahrtausends erzwang das Auftauchen von Händlerschichten und Landadel die Entwicklung eines ethischen Verständnisses zur Lösung von Besitzstreitigkeiten. Im Mittelalter begannen aufgeklärte Herrscher, wie in England Heinrich II., diese ungeschriebenen Gewohnheitsrechte durch Niederschrift kodifizieren zu lassen. Diese Gesetze galten nur lokal, was aber weiter nichts hieß, da sie auf Immobilien und Grundbesitz ausgerichtet waren, einer Form von Eigentum, die per definitionem lokal ist.
Dies galt, solange die Landwirtschaft der Ursprung des Wohlstandes war; aber mit dem Aufkommen der industriellen Revolution begann die Menschheit sich ebensosehr um die Mittel wie um die Zwecke zu kümmern. Werkzeugen kam ein neuer sozialer Wert zu, und dank ihrer Weiterentwicklung war es möglich, sie in großen Mengen zu vervielfältigen und zu vertreiben.
Um diese Weiterentwicklung zu fördern, wurden in den meisten Ländern des Westens Urheberrechts- und Patentgesetze geschaffen. Diese Gesetze widmeten sich der schwierigen Aufgabe, geistigen Errungenschaften Zugang zu jener Welt zu ermöglichen, in der sie eingesetzt werden und in die Köpfe anderer dringen konnten, während sie den Erfindern für das Wertschöpfungspotential einen Ausgleich sicherten. Die gesetzlichen und praktischen Systeme, die aus solchen Anforderungen erwuchsen, basierten allerdings auf physischen Ausdrucksformen.
Da es heute jedoch möglich ist, Ideen von einem »Gehirn« aufs andere zu übertragen, ohne sie jemals physisch werden zu lassen, fordern wir Besitzansprüche an den Ideen selbst, nicht nur an deren Ausdrucksform. Und da es gleichermaßen möglich ist, nützliche Werkzeuge zu schaffen, die niemals irgendeine physische Form annehmen, sind wir dazu übergegangen, Abstraktionen, Sequenzen virtueller Ereignisse und mathematische Formeln zu patentieren – ein abstrakterer und mobilerer Besitz läßt sich nicht denken.
In manchen Bereichen bleiben die Eigentumsrechte derart vage, daß der Besitz wieder einmal denen zufällt, die die größten Armeen aufstellen können. Mit dem einzigen Unterschied, daß die Armeen diesmal aus Anwälten bestehen.
Mit der Drohung, ihre Gegner mit einem endlosen Fegefeuer von Pro-

zessen zu überziehen, dem gegenüber manche den Tod vorziehen würden, erheben sie Anspruch auf jeden Gedanken, der irgendeinem Hirn innerhalb des Firmenkonsortiums, dem sie dienen, gekommen ist. Dabei tun sie so, als seien diese Gedanken völlig unabhängig von allem vorherigen menschlichen Denken aus heiterem Himmel aufgetaucht. Und sie geben vor, daß das Nachdenken über ein Produkt ebenso wichtig sei wie die Herstellung, der Vertrieb oder der Verkauf.
Was zuvor als allgemeine Ressource der Menschheit galt, verteilt über die Köpfe und Bibliotheken dieser Welt, und somit eher den Naturgesetzen ähnelte, wird nun eingezäunt und beurkundet. Als habe sich eine neue Klasse von Unternehmen gebildet, die behaupten, ihnen gehöre die Luft.

Was ist zu tun? Es mag zwar eine grimmige Freude sein, auf dem Grab von Urheberrecht und Patentgesetz zu tanzen, doch damit wird das Problem keineswegs gelöst, vor allen Dingen dann nicht, wenn so wenige eingestehen wollen, daß der Inhalt des Sargs eine Leiche ist, und so viele versuchen, mit Gewalt aufrecht zu erhalten, was nach allgemeinem Konsens nicht mehr aufrechterhalten werden kann.
In einer vollkommeneren Welt wären wir vielleicht weise genug, ein Stillhalteabkommen über Prozesse, Gesetzgebungen und internationale Verträge in diesem Bereich zu schließen, bis wir einen klareren Blick auf die Begriffe und Bedingungen von Unternehmungen im Cyberspace hätten. Im Idealfall ratifizieren Gesetze bereits entwickelten gesellschaftlichen Konsens. Es handelte sich bei ihnen also weniger um einen *Contrat Social* als vielmehr um eine Reihe von Memoranden, die nur den kollektiven Willen zum Ausdruck bringen, der aus Millionen zwischenmenschlicher Handlungen erwachsen ist.
Die Menschen halten sich allerdings noch nicht lang und nicht in ausreichender Breite im Cyberspace auf, um einen *Contrat Social* entwickelt zu haben, der den merkwürdigen neuen Bedingungen in dieser Welt gerecht werden könnte. Gesetze, die noch vor einem Konsens erlassen wurden, bevorzugen die wenigen bereits Etablierten, die sie durchsetzen können, und nicht die Gesellschaft als Ganzes.
Gesetz und allgemeine gesellschaftliche Praxis klaffen in diesem Bereich jedoch in gefährlichem Maße auseinander. Die Gesetze gegen die unlizensierte Reproduktion von kommerzieller Software sind klar und streng – nur beachtet sie keiner. Gesetze gegen Softwarepiraterie sind praktisch nicht durchsetzbar, und sie zu übertreten ist allgemein Usus, so daß sich nur eine kleine Minderheit, ob aus Angst oder schlechtem Gewissen, bemüßigt fühlt, sich an sie zu halten.
Wenn eine derart tiefgreifende Diskrepanz zwischen Gesetz und gesell-

schaftlicher Praxis auftritt, ist es kaum jemals die Gesellschaft, die sich anpaßt. Die Praxis der Softwareverleger, gegen den schnellen Strom allgemein akzeptierten Verhaltens ein paar deutliche Exempel zu statuieren, ist so offenkundig willkürlich, daß das Gesetz nur noch weniger akzeptiert werden wird.

Ein Teil der weitverbreiteten Mißachtung der Software-Urheberrechte entspringt dem Versagen der Legislative, die Bedingungen zu begreifen, für die diese Rechte geschaffen wurden. Die Annahme, daß das Rechtssystem, das auf der physischen Welt basierte, in einem Bereich angewendet werden kann, der wie der Cyberspace fundamental anders ist, ist ein Irrtum, für den alle, die Geschäfte machen, zahlen werden.

Wenn wir weiterhin annehmen, daß der Wert einer Ware bei geringer Verfügbarkeit steigt, wie das bei physischen Gegenständen der Fall ist, dann werden wir Gesetze schaffen, die der Natur von Informationen, die in vielen Fällen ihren Wert durch Verbreitung erhöhen, diametral entgegen stehen.

Je mehr Anwälte, Waffen und Gelder die großen Unternehmen investieren, um die eigenen Rechte zu schützen oder jene der Opponenten zu umgehen, desto schneller wird ihre Fähigkeit zur Entwicklung von neuen Technologien zum Stillstand kommen, weil jeder Schritt, den sie machen, sie nur noch tiefer in den Sumpf gerichtlicher Kriegsführung treiben wird.

Der Glaube an die Gesetze wird für High Tech-Firmen keine effektive Strategie sein. Das Recht paßt sich durch einen stetigen Zuwachs und mit einer Geschwindigkeit an, die nur von der Geologie unterboten wird. Technologie hingegen treibt in riesenhaften Sprüngen voran. Die Bedingungen in der realen Welt werden sich weiterhin mit atemberaubender Geschwindigkeit verändern, und das Recht wird mehr und mehr hinterherhinken und immer widersprüchlicher werden. Ein Zwiespalt, der sich vielleicht niemals überwinden lassen wird.

Vielversprechende Unternehmen, die sich auf rein digitale Produkte stützen, werden entweder in einem Lähmungszustand verharren oder ihre Eigentümer werden sich weiterhin mutig und vorsätzlich weigern, das Eigentumsspiel überhaupt zu spielen.

In den Vereinigten Staaten findet man bereits eine sich entwickelnde Parallelwirtschaft, vor allem unter kleinen, schnell arbeitenden Unternehmungen, die ihre Ideen dadurch schützen, daß sie sie schneller auf den Markt bringen als ihre größeren Konkurrenten, die den Schutz ihrer Ideen auf Furcht und Strafverfolgung stützen.

Vielleicht werden diejenigen, die Teil des Problems sind, sich in den Gerichtssälen unter Quarantäne stellen, während diejenigen, die Teil

der Lösung sind, eine neue Gesellschaft bilden, die anfänglich auf Piraterie und Raubkopiererei beruht. Es ist durchaus möglich, daß keinerlei neue Gesetze zum Schutz des geistigen Eigentums entstehen, wenn das gegenwärtige System kollabiert ist, ein Zusammenbruch, der unausweichlich scheint.
Irgend etwas aber wird geschehen. Schließlich treiben die Menschen ja Geschäfte. Wenn eine Währung bedeutungslos wird, blüht der Tauschhandel. Wenn Gesellschaften sich außerhalb ihrer Gesetze entwickeln, schaffen sie ihre eigenen ungeschriebenen Regeln, Praktiken und ethischen Systeme. Die Technologie wird vielleicht Gesetze abschaffen, aber sie bietet auch Methoden, um die schöpferischen Rechte wiederherzustellen.

Eine Taxonomie der Information

Was wissen wir eigentlich über Informationen und ihre natürlichen Verhaltensweisen? Was sind die grundsätzlichen Charakteristika ungebundener Schöpfung? Wie unterscheidet sie sich von früheren Formen von Eigentum? Wie viele unserer bisherigen Annahmen bezogen sich tatsächlich auf das Behältnis statt auf dessen mysteriösen Inhalt? Welche Unterarten gibt es, und wie eignen sie sich für eine Kontrolle? Welche Technologien sind von Nutzen, neue virtuelle Flaschen herzustellen, um die alten physischen zu ersetzen?
Ihrer Natur nach ist Information immateriell und schwer zu definieren. Grundlegende Phänomene wie Licht oder Materie bieten genug Raum für Widersprüchlichkeiten. Es ist äußerst hilfreich, Licht sowohl als Teilchen als auch als Welle aufzufassen; eine Vorstellung von dem, was Information ist, mag aus dem abstrakten Zusammenspiel ihrer verschiedenen Eigenschaften erwachsen, die man mit drei Aussagen beschreiben kann:
Information ist eine Aktivität.
Information ist eine Lebensform.
Information ist eine Beziehung.

1. Information ist eine Aktivität

Information ist ein Verb, kein Substantiv.

Information, von ihrem Behältnis befreit, ist offensichtlich kein Ding. Eigentlich geht es um etwas, das in der Interaktion zwischen Hirnen, Gegenständen oder anderen Informationseinheiten geschieht.
Gregory Bateson sagte unter Bezug auf Claude Shannons Informationstheorie, »**Information ist ein Unterschied, der einen Unterschied aus-**

macht«. Information existiert also nur im »Delta«. Die Schaffung dieses ⊕ Unterschieds stellt eine Aktivität innerhalb einer Beziehung dar. Information ist eine Aktion, die Zeit beansprucht, kein Zustand, der physischen Raum beansprucht wie Waren. Information ist der Schlag, nicht der Ball, der Tanz, nicht der Tänzer.

⊕ »Was wir tatsächlich mit **Information** meinen – die elementare Informationseinheit –, ist ein *Unterschied, der einen Unterschied ausmacht,* und er kann einen Unterschied ausmachen, weil die Nervenbahnen, auf denen er reist, ihrerseits mit Energie versorgt werden. Die Nervenbahnen sind darauf vorbereitet, erregt zu werden. Es besteht jedoch ein wichtiger Kontrast zwischen den meisten Informationsbahnen innerhalb und außerhalb des Körpers ... Wenn ich mit dem Hammer auf einen Nagel schlage, wird ein Impuls auf seine Spitze übertragen. Es ist aber eine irreführende Metapher, zu sagen, daß das, was in einem Neurit reist, ein 'Impuls' ist. Man könnte es zutreffend als 'Nachricht von einem Unterschied' bezeichnen.

Gewöhnlich denken wir, die äußere 'physische Welt' sei irgendwie von einer inneren 'geistigen Welt' getrennt. Ich glaube, daß diese Unterteilung auf dem Kontrast in der Codierung und Übertragung innerhalb und außerhalb des Körpers beruht.

Die geistige Welt – der Geist – die Welt der Informationsverarbeitung – ist nicht durch die Haut begrenzt.« (Gregory Bateson, Ökologie des Geistes)

Information wird erfahren, nicht besessen.

Selbst wenn sie in irgendeiner statischen Form, wie ein Buch oder eine Festplatte, eingeschlossen ist, bleibt Information etwas, das einem zustößt, da man sie im Geiste aus einem Speichercode entschlüsselt. Ob nun soundsoviel Gigabits pro Sekunde oder soundsoviel Wörter in der Minute: Das eigentliche Dekodieren ist ein Prozeß, der vom und im Verstand vollzogen werden muß, ein Prozeß, der Zeit in Anspruch nimmt.

Vor ein paar Jahren fand sich im *Bulletin of Atomic Scientists* ein Cartoon, der dies wunderschön erläutert. In der Zeichnung hält ein Straßenräuber einem Brillenträger, der so aussieht, als habe er eine Menge Informationen in seinem Hirn gespeichert, eine Waffe unter die Nase. »Her mit Ihren Ideen«, fordert der Bandit, »aber ein bißchen plötzlich.«

Informationen müssen sich bewegen.

Von Haien sagt man, sie ersticken, wenn sie nicht schwimmen, und nahezu das gleiche gilt für Informationen. Informationen, die sich nicht bewegen, existieren nur noch als Möglichkeit – zumindest, bis man ihnen wieder Bewegungsfreiheit gibt. Aus diesem Grunde ist die in Bürokratien so weit verbreitete Praxis des Informationshortens besonders deutlich ein falsch gedachtes Artefakt der auf dem physischen Erscheinungsbild beruhenden Systeme.

Informationen werden durch Vervielfältigung übertragen, nicht durch Vertrieb.

Die Weitergabe von Informationen verläuft also anders als die Verbreitung physischer Waren. Informationen bewegen sich eher wie etwas aus der Natur und nicht wie etwas aus der Fabrik. Sie können miteinander verkettet sein wie fallende Dominosteine oder im fraktalen Gitter wachsen wie Schneeblumen auf einer Fensterscheibe, aber man kann sie nicht wie Gegenstände versenden, es sei denn, sie sind in Gegenständen eingeschlossen. Informationen ziehen nicht einfach weiter; sie hinterlassen eine Spur.

Der zentrale ökonomische Unterschied zwischen Informationen und physischem Besitz liegt darin, daß Informationen transferiert werden können, ohne die Hand des ursprünglichen Besitzers zu verlassen. Wenn ich Ihnen mein Pferd verkaufe, kann ich hinterher nicht mehr darauf reiten. Wenn ich Ihnen verkaufe, was ich weiß, wissen wir es beide.

2. Information ist eine Lebensform

Information will frei sein.

Diese elegante Umschreibung des Offensichtlichen, die sowohl die natürliche Neigung von Geheimnissen widerspiegelt, erzählt zu werden, als auch die Tatsache, daß Geheimnisse fähig sind, so etwas wie Neigungen zu besitzen, wird allgemein Stewart Brand zugeschrieben.

Richard Dawkins, der englische Biologe und Philosoph, schlug den ⊖ Begriff **Meme** vor; er meint damit sich selbst replizierende Informationsmuster, die sich in den Ökologien des Verstandes verbreiten, ein Reproduktionsmuster, das denen von Lebensformen sehr ähnlich ist.

⊖ »Beispiele für **Meme** sind Melodien, Gedanken, Schlagworte, Kleidermoden, die Art, Töpfe zu machen oder Bögen zu bauen. So wie Gene sich im Genpool vermehren, indem sie sich mit Hilfe von Spermien und Eizelle von Körper zu Körper fortbewegen, verbreiten sich Meme im Mempool, indem sie von Gehirn zu Gehirn überspringen, vermittelt durch einen Prozeß, den man im weitesten Sinn als Imitation bezeichnen kann.

Wenn jemand ein fruchtbares Mem in meinen Geist einpflanzt, so setzt er mir im wahrsten Sinne des Wortes einen Parasiten ins Gehirn und macht es genau auf die gleiche Weise zu einem Vehikel für die Verbreitung des Mems, wie ein Virus dies mit dem genetischen Mechanismus einer Wirtszelle tut ... Und dies ist nicht einfach nur eine Redeweise – das Mem etwa für den 'Glauben an das Leben nach dem Tod' ist tatsächliche viele Millionen Male physikalisch verwirklicht, nämlich als eine bestimmte Struktur in den Nervensystemen von Menschen überall auf der Welt.« (Richard Dawkins, Das egoistische Gen, 1976)

Ich denke, daß es sich in jeder Hinsicht um Lebensformen handelt, nur daß diese Meme nicht an Kohlenstoffatome gebunden sind. Sie reproduzieren sich, sie interagieren mit ihren Umgebungen und passen sich ihnen an, sie mutieren, sie bestehen weiter. Sie entwickeln sich, um die Nischen ihrer jeweiligen Umgebung zu füllen, welche in diesem Fall die Weltbilder und Kulturen ihrer Wirte, also unsere, darstellen.

Biologen wie Dawkins argumentieren durchaus plausibel, daß Lebensformen auf Kohlenstoffbasis nichts anderes als Informationen sind; und wie das Huhn nur des Eies Mittel ist, ein weiteres Ei zu erschaffen, ist das ganze biologische Spektakel nur Mittel der DNS, weitere identische Informationsstränge zu reproduzieren.

Information repliziert sich in die Lücken des Möglichen.

Wie die DNS-Helix, sind auch Informationen gnadenlos auf Expansion bedacht und suchen stets nach neuen Gelegenheiten, ihren Lebensraum zu erweitern. Und wie in der auf Kohlenstoff aufgebauten Natur sind die robusteren Organismen ungeheuer anpassungsfähig, wenn es darum geht, neue Lebensbereiche zu finden. Genau wie die gemeine Stubenfliege sich in nahezu jedes Ökosystem auf diesem Planeten eingeschlichen hat, so hat sich auch das Mem vom »Leben nach dem Tod« in den meisten Köpfen (oder Psycho-Ökologien) eine Nische gefunden. Je universeller eine Idee, ein Bild oder ein Lied »klingen kann«, desto mehr Köpfe wird es besiedeln und auf Dauer bewohnen. Die Ausbreitung eines wirklich widerstandsfähigen Stückes Information zu unterbinden ist so einfach, wie Killerbienen an einer Grenze aufzuhalten.

Information will sich verändern.

Wenn es sich bei Ideen und anderen interaktiven Mustern von Information tatsächlich um Lebensformen handelt, dann kann man davon ausgehen, daß sie sich ständig verwandeln, um sich ihrer Umgebung besser anzupassen. Und das geschieht fortwährend.

Für lange Zeit jedoch haben sich unsere statischen Medien, ob nun in Stein geritzt, als Tinte auf Papier oder als Farbe auf Zelluloid, dem evolutionären Impuls widersetzt und so die Fähigkeit des Autors, das Endprodukt vorzubestimmen, noch bestärkt. Doch wie schon in der mündlichen Überlieferung gibt es bei der digitalisierten Information keine »letztgültige Fassung«.

Digitalisierte Information, von keinerlei Verpackung behindert, ist ein steter Prozeß, der eher den sich ständig wandelnden Geschichten der Vorzeit ähnelt als irgend etwas, das in Folie eingeschweißt werden kann. Vom Neolithikum bis zu Gutenberg (von den Mönchen abgesehen) wurde Information mündlich weitergereicht und veränderte sich bei jedem neuen Erzählen (oder Singen). Für die Geschichten, die früher unser Verständnis von der Welt bestimmten, gab es keine autorisierten Fassungen. Sie paßten sich der jeweiligen Kultur an, in der sie sich wiedererzählt fanden.

Weil es nie einen Augenblick gab, in dem die Geschichte zu Schrift erstarrte, wurde das »moralische« Recht der Geschichtenerzähler am Besitz einer Geschichte weder geschützt noch anerkannt. Von einem Geschichtenerzähler zum andern durchlief sie die Geschichte, und vielleicht nahm sie eine andere Form an. Bei unserer Rückkehr zu kontinuierlicher Information können wir davon ausgehen, daß die Bedeutung der Autorschaft abnimmt. Kreative Menschen werden sich wieder in Demut üben müssen.

Jazzimprovisationen, Sketchen, Pantomimen oder nicht aufgezeichneten Rundfunkübertragungen fehlt die von der Verfassung vorgeschriebene Fixierung als »Schrift«. Ohne an irgendeinem Punkt der Veröffentlichung fixiert worden zu sein, wird das wandelbare Werk der Zukunft eher diesen sich ständig anpassenden und verändernden Formen ähneln und sich daher jenseits des Geltungsbereichs von Urheberrechten aufhalten.

Pamela Samuelson, Urheberrechtsexpertin, berichtet darüber, daß die Länder des Westens sich völlig legal die Musik, die Formgebungen und die biomedizinischen Schätze von Ureinwohnern aneignen können, ohne die Herkunftsstämme dafür zu entlohnen, da diese Stämme weder »Autoren« noch »Erfinder« sind.

Bald jedoch werden Informationen in einem gemeinsamen Akt der Jäger- und Sammlerstämme des Cyberspace geschaffen werden. Unser arrogantes, rechtlich einwandfreies Abtun der Rechte der »Primitiven« wird sich schon bald ins Negative verkehren.

Information ist eine verderbliche Ware.

Von den Klassikern abgesehen, ähneln Informationen landwirtschaftlichen Produkten. Ihre Qualität sinkt im Laufe der Zeit und mit wachsender Entfernung vom Herstellungsort. Doch ist der Wert höchst subjektiv und von äußeren Bedingungen abhängig. Die Zeitungen von gestern sind für den Historiker von hohem Wert. Tatsächlich werden sie immer wertvoller, je älter sie werden. Andererseits kann für einen Börsenmakler die Information über ein Ereignis, das vor mehr als einer Stunde stattgefunden hat, bereits völlig unbedeutend sein.

3. Information ist eine Beziehung

Bedeutung besitzt Wert und ist einzigartig.

In den meisten Fällen messen wir Information aufgrund ihrer Bedeutung einen Wert bei. Der Ort, an dem Informationen sich aufhalten – der heilige Augenblick, wenn Übertragung zu Empfang wird –, ist ein Bereich mit vielen sich ständig verändernden Charakteristiken und Nuancen, der vollkommen abhängig ist von der Beziehung zwischen Sender und Empfänger und der Intensität ihrer Interaktion.

Jede dieser Beziehungen ist einzigartig. Selbst in den Fällen, da der Sender ein Rundfunkmedium ist und es keine Rückmeldung gibt, verhält sich der Empfänger nie völlig passiv. Informationen zu empfangen ist ein ebenso kreativer Akt, wie sie zu erzeugen.

Der Wert des Gesendeten hängt davon ab, in welchem Ausmaß der einzelne Empfänger über die Rezeptoren – gemeinsame Terminologie, Aufmerksamkeit, Interesse, Sprache, Paradigmen – verfügt, die notwendig sind, um zu bestimmen, was vom Empfangenen von Bedeutung ist.

Verständnis ist ein entscheidendes Element, das bei dem Versuch, Information in eine Ware zu verwandeln, immer häufiger übersehen wird. Daten, das können alle möglichen Fakten sein, nützlich oder nicht, verständlich oder nicht, von ursächlicher Bedeutung oder irrelevant. Computer können die ganze Nacht ohne menschliche Hilfe neue Daten ausspucken, und diese Ergebnisse können als Informationen angeboten werden. Ob sie tatsächlich Informationen enthalten, ist eine andere Frage. Nur ein menschliches Wesen kann die Bedeutung erkennen, die Informationen von Daten unterscheidet.

Im ökonomischen Sinne des Wortes handelt es sich also bei Informationen um Daten, die durch ein bestimmtes menschliches Hirn hindurchgegangen sind und innerhalb dieses mentalen Umfelds als bedeutungsvoll erkannt wurden. Was für den einen Information, ist für den anderen lediglich eine Ansammlung von Daten. Für einen Anthropologen dürften meine genauen Aufzeichnungen über die Verwandtschaftsmuster bei den Tasaday von größter Bedeutung sein. Für einen Banker in Hongkong jedoch dürften sie kaum als Daten zu erkennen sein.

Vertrautheit ist von höherem Wert als Seltenheit.

Bei physischen Gütern gibt es einen direkten Zusammenhang zwischen Seltenheit und Wert. Gold ist wertvoller als Weizen, obwohl man es nicht essen kann. Bei Informationen ist es, wenn auch nicht immer, genau umgekehrt. Die meisten Informationsgüter nehmen an Wert zu, je häufiger es sie gibt. Vertrautheit ist in der Welt der Informationen ein wichtiger Gesichtspunkt. Es wird sich häufig zeigen, daß die Nachfrage nach einem Produkt steigt, wenn es verbreitet wird.

⊖ Bei **Shareware** hat das zwar nicht immer funktioniert; aber man könnte argumentieren, daß es einen Zusammenhang gibt zwischen dem Ausmaß, in dem kommerzielle Software raubkopiert wird, und der verkauften Stückzahl. Häufig kopierte Software wie *Lotus 1-2-3* oder *WordPerfect* wird zum Standard und profitiert vom Gesetz des steigenden Umsatzes, das auf Vertrautheit beruht.

⊖ **Shareware-Programme** (von engl. *share:* Anteil) gibt es für jeden Computer-Aufgabenbereich. Manches Shareware-Programm kann durchaus mit kommerziellen Programmen mithalten. Was die Shareware von der bekannten und meist teuren Software großer Unternehmen unterscheidet, ist der Vertriebsweg.
Shareware-Programme dürfen installiert und ausprobiert werden, ohne zunächst für sie zu bezahlen. Erst wenn die Entscheidung getroffen ist, die Shareware weiter im Einsatz zu behalten, hat der Benutzer seinen Anteil zu entrichten.
Shareware findet sich in jeder Mailbox. Darüber hinaus haben sich einige Firmen darauf spezialisiert, Shareware-Programme zu kopieren und per Diskette zu versenden. Der Besteller bezahlt in diesem Fall lediglich die Kopiergebühr, die nicht mit der Benutzungsgebühr verwechselt werden darf. Ähnlich liegt der Fall beim Kauf von PC-Fachbüchern, denen Shareware beiliegt. Auch hier ist im Preis zumeist nicht die Benutzungsgebühr für die Shareware enthalten, sondern nur die Kosten für das Buch und den Datenträger.
Der Autor der Software hingegen bekommt sein Geld zumeist erst, wenn der Benutzer seines Programms sich bei ihm registrieren läßt.

Ohne Frage hat *Grateful Dead,* die Band, für die ich Rock 'n' Roll-Songs schreibe, ihre Popularität ungeheuer gesteigert, indem sie die Songs frei verfügbar machte. Seit den frühen Siebzigern haben wir den Leuten erlaubt, unsere Konzerte mitzuschneiden; statt daß dies die Nachfrage nach unserem Produkt senkte, sind wir nun die größte Konzertattraktion in den USA, eine Tatsache, die zumindest teilweise auf der Popularität beruht, die diese Aufnahmen hervorgerufen haben.
Zwar erhalte ich für die Millionen von Kopien meiner Songs, die aus den Konzerten stammen, keine Tantiemen, aber ich habe keinen Grund zur Klage. Tatsache ist, niemand außer *Grateful Dead* kann ein

Grateful-Dead-Stück spielen; wenn man also die Erfahrung sucht und nicht ihr dünnes Abziehbild, dann heißt es eine Eintrittskarte kaufen. Mit anderen Worten: Der Schutz unseres geistigen Eigentums erwächst aus dem Umstand, daß wir die einzige Echtzeitquelle dafür sind.

Exklusivität besitzt Wert.

Das Problem bei einem Modell, das das Verhältnis von physischer Knappheit und Wert auf den Kopf stellt, liegt darin, daß der Wert einer Information sehr stark von ihrer Knappheit abhängt. Exklusiver Besitz bestimmter Fakten macht sie wertvoller. Wenn jeder die Bedingungen kennen würde, die einen Aktienkurs in die Höhe treiben, wäre diese Information wertlos.

Auch hier wieder ist Zeit der kritische Faktor. Ob diese Art von Information allen zugänglich ist, ist gleichgültig. Entscheidend ist, unter den ersten zu sein, die über sie verfügen, und dementsprechend zu handeln. Große Geheimnisse bleiben normalerweise nicht geheim, aber vielleicht bleiben sie es lange genug, um ihrem ursprünglichen Besitzer von Nutzen zu sein.

Standpunkt und Autorität sind von Wert.

In einer Welt sich ständig verändernder Realitäten und widersprüchlicher Landkarten werden diejenigen Kommentatoren am besten entlohnt, deren Karten das jeweilige Gebiet am besten zu erfassen scheinen und die somit in der Lage sind, Ergebnisse vorhersagbar zu machen.

Bei Informationen ästhetischer Art, ob nun Dichtung oder Rock 'n' Roll, sind die Menschen bereit, das neue Produkt eines Künstlers unbesehen zu erwerben, allein auf Grundlage der Tatsache, daß ihnen ein früheres Werk eine angenehme Erfahrung war.

Zeit ersetzt Raum.

In der physischen Welt hängt der Wert stark vom räumlichen Besitz, von räumlicher Nähe ab. Man besitzt einen materiellen Gegenstand, wenn er sich innerhalb gewisser dimensionaler Grenzen befindet. Die Fähigkeit, sofort, ausschließlich und ganz nach Gutdünken mit dem umzugehen, was sich innerhalb dieser Grenzen befindet, ist das Recht des Besitzers. Die Beziehung zwischen Wert und Seltenheit ist räumlich begrenzt.

In der virtuellen Welt wird der Wert von der zeitlichen Nähe bestimmt. Ein Informationsprodukt ist im allgemeinen wertvoller, je näher der Erwerber dem Zeitpunkt der Schöpfung kommt, es geht also um eine zeitliche Begrenzung. Viele Arten von Informationen fallen im Wert, je mehr Zeit vergangen ist oder je öfter sie reproduziert werden. Die Relevanz nimmt ab, je mehr sich das Territorium, das sie kartografiert haben, verändert. Das Hintergrundrauschen und der Bandbreitenverlust nehmen zu, je weiter sich die Information von ihrem Ursprungszeitpunkt entfernt.

Grateful Dead vom Band zu hören ist also schwerlich dieselbe Erfahrung, wie bei einem *Grateful-Dead*-Konzert dabeigewesen zu sein. Je näher man den Stromschnellen des Informationsflusses kommt, desto größer sind die Chancen, darin ein akkurates Abbild der Wirklichkeit zu finden. Im Zeitalter leichter Reproduzierbarkeit werden sich die abstrakten Informationen allgemeiner Erfahrungen von ihren Ursprungsaugenblicken ausbreiten, um jeden zu erreichen, der sich dafür interessiert. Aber es ist ein leichtes, den Zugang zur eigentlichen Erfahrung des gewünschten Augenblicks, ob nun K.O.-Schlag oder Gitarrengriff, auf diejenigen zu beschränken, die für ihr Dabeisein bereit sind zu zahlen.

Schutz durch Ausführung.

In dem Nest, aus dem ich komme, gibt kein Mensch irgend etwas auf Ideen. Man wird danach beurteilt, was man aus ihnen macht. Wir werden feststellen, daß im Zeitalter der Beschleunigung Handeln der beste Schutz für jene Entwürfe ist, aus denen physische Produkte werden. Oder wie Steve Jobs es einmal gesagt hat: »Wahre Künstler verkaufen.« Der große Gewinner ist normalerweise derjenige, der als erster auf den Markt kommt (und genug Organisationskraft aufbringt, in Führung zu bleiben).

Während wir uns aber immer stärker auf Informationshandel konzentrieren, scheinen viele von uns zu glauben, daß Originalität allein schon ausreicht, Wert zu schaffen, der, gestützt auf die passende rechtliche Grundlage, eine stete Entlohnung verdient. Tatsächlich jedoch ist der beste Schutz geistigen Eigentums, ihm entsprechend zu handeln. Es genügt nicht, zu erfinden und sich das patentieren zu lassen; man muß auch erneuern. Jemand behauptet, er habe den Mikroprozessor vor *Intel* patentieren lassen. Das kann sein. Wenn er es tatsächlich geschafft hätte, vor *Intel* Mikroprozessoren auf den Markt zu bringen, würden seine Ansprüche weniger hohl klingen.

Information trägt den Lohn in sich.

Es ist eine Platitüde zu behaupten, Geld sei Information. Mit Ausnahme von Krügerrands, den zerknüllten Scheinen in der Hosentasche fürs Taxi und dem Inhalt jener Koffer, die die Drogenbarone angeblich mit sich herumschleppen, existiert in der informatisierten Welt das meiste Geld als Einsen und Nullen. Der globale Geldfluß strömt durchs Netzwerk, veränderlich wie das Wetter. Es ist offensichtlich, daß Informationen zur Schaffung modernen Reichtums ebenso fundamental geworden sind wie Land und Sonnenlicht es früher einmal waren.

Weniger offensichtlich ist das Ausmaß, in dem Informationen eigenen Wert annehmen, nicht als Mittel der Bereicherung, sondern als Objekt. Ich denke, das ist schon immer der Fall gewesen, wenn auch nicht so deutlich. In der Politik und an den Universitäten lagen Einfluß und Information schon immer eng beieinander.
Während wir aber immer häufiger Informationen mit Geld bezahlen, beginnt uns aufzugehen, daß der Erwerb von Information durch Information blanker ökonomischer Tausch ist; man braucht das Produkt erst gar nicht in Währung umzurechnen. Das mag für jene, die eine klare Buchführung lieben, eine Herausforderung sein, denn einmal von Informationstheorie abgesehen, sind die Umtauschkurse von Informationen viel zu ungenau, um sich bis aufs Komma genau festlegen zu lassen.
Vieles von dem, was ein Mittelschicht-Amerikaner erwirbt, hat wenig mit seinem Überleben zu tun. Wir kaufen Schönheit, Prestige, Erfahrung, Bildung und all die anderen obskuren Freuden des Besitzens. Viele dieser Dinge kann man nicht nur in immateriellen Begriffen ausdrücken, man kann sie auch mit immateriellen Mitteln erwerben.
Dann sind da noch die unerklärbaren Freuden der Information selbst, die Freude am Lernen, Wissen und Lehren; das merkwürdige gute Gefühl von Information, die in einen dringt und von einem ausgeht. Mit Ideen zu spielen ist eine Freizeitbeschäftigung, für die die Menschen eine Menge Geld auszugeben bereit sind, wenn man sich den Markt für Bücher und Seminare ansieht. Wir würden wahrscheinlich noch mehr für diese Freuden bezahlen, wenn es nicht so viele Gelegenheiten gäbe, für Ideen mit anderen Ideen zu zahlen.
Das erklärt einen Großteil der freiwillig geleisteten Arbeit, die die Archive, Newsgroups und Banken der Datennetworks füllen. Deren Bewohner arbeiten nicht »umsonst«, wie weithin angenommen wird. Sie werden mit etwas entlohnt, das mit Geld nichts zu tun hat. Es handelt sich um eine Ökonomie, die nahezu ausschließlich auf Informationen basiert.
Vielleicht wird daraus einmal die wichtigste Handelsform unter Menschen. Wenn wir weiter darauf beharren, Ökonomien auf einer strikt monetären Basis aufzubauen, liegen wir möglicherweise vollkommen falsch.

Bezahlung im Cyberspace

Wie das Vorangegangene mit den Lösungen der Krise des geistigen Eigentums zusammenhängt, habe ich bisher kaum anzudenken versucht. Die Paradigmen geraten durcheinander, wenn man sich Information mit anderen Augen ansieht – wenn man erkennt, wie wenig Information mit Gußeisen oder Schweinebäuchen gemein hat, und wenn man sich die dahintorkelnden Travestien der Gerichtsbarkeit vorstellt, die sich übereinander türmen, wenn wir Informationen so behandeln, als existierten diese Unterschiede nicht.

Ich glaube, diese Türme aus veralteten Platitüden werden im Laufe des nächsten Jahrzehnts nur noch ein Häufchen qualmender Asche sein; wir Bergleute in den Minen des Geistes haben keine andere Wahl, als uns auf andere Systeme zu verlassen, und zwar auf solche, die funktionieren.

Ich finde die Aussichten nicht einmal so düster, wie manche Leser dieser Jeremiade glauben mögen. Es werden sich Lösungen anbieten. Die Natur hat eine tiefe Abneigung gegen das Vakuum, der Kommerz ebenfalls.

⊖ An der **Electronic Frontier Foundation** fand ich immer faszinierend, wie sehr sie dem amerikanischen Westen des 19. Jahrhunderts darin ähnelt, daß sie soziale Einrichtungen, die sich aus den jeweiligen Umständen entwickeln, solchen vorzieht, die von außen aufgezwungen werden.

⊖ Die Gründung der **Electronic Frontier Foundation** (EFF) geht auf eine Initiative von John Barlow und Mitchell Kapor zurück, der in den achtziger Jahren mit der Softwarefirma Lotus Milliarden umgesetzt hatte. Anlaß war die »Operation Sun Devil«, bei der mehr als 150 FBI-Agenten und andere Polizei- und Sicherheitskräfte Jagd auf Daten-Diebe bzw. solche, die sie dafür hielten, machten, weil ein angeblich entwendetes Dokument im Internet kursierte, das Teile des Programmcodes von Apple enthalten sollte. Wie sich später herausstellte, konnte das besagte Dokument für einen relativ geringen Preis bei der Firma selbst erworben werden, so daß seine Veröffentlichung im Netz eher einem harmlosen Vergehen gleichkam. »Die Electronic Frontier Foundation wird rechtliche Auseinandersetzungen finanziell unterstützen oder führen, um zu zeigen, daß der Secret Service Eingriffe in die Meinungs- und Publikationsfreiheit vorgenommen … und sich generell willkürlich, repressiv und verfassungswidrig verhalten hat«, heißt es in einem der ersten, von Barlow verfaßten Manifeste. »Ferner werden wir mit … anderen Organisationen zusammenarbeiten, um die Öffentlichkeit und die Politik darüber zu informieren, was bei Einschränkungen der Freiheit im Cyberspace auf dem Spiel steht.« In diesem Sinne tritt Kapor, Vorsitzender der EFF, im Rahmen der amerikanischen Diskussionen um den Information Superhighway für »wirklich interaktive Medien« statt nur Einbahnstraßen vom Sender zum Empfänger ein.

Bis der Westen in diesem Jahrhundert vollständig besiedelt und »zivilisiert« wurde, erwuchs Ordnung aufgrund ungeschriebener Gesetze, die in ihrer Flexibilität eher allgemeinem Recht als starren Regeln ähnelten. Ethik war wichtiger als Gesetze. Verständnis ging über Gesetze, die sowieso kaum durchzusetzen waren.

Ich glaube, daß das Recht, so wie wir es kennen, entwickelt wurde, um die Interessen zu schützen, die sich in den beiden ökonomischen »Wellen« entwickelten, die Alvin Toffler in *The Third Wave* so genau aufgezeichnet hat. Die Erste Welle nahm ihren Anfang in der Landwirtschaft und verlangte Gesetze, die den Besitz der wichtigsten Produktionsquelle, Land, regelten. In der Zweiten Welle wurde die Manufaktur zur ökonomischen Antriebsfeder, und die Struktur des modernen Rechts entwickelte sich um die zentralisierten Institutionen, die Schutz für ihre Kapitalreserven, Arbeitskräfte und Maschinen verlangten.

Diese beiden ökonomischen Systeme verlangten nach Stabilität. Ihre Gesetze waren so angelegt, daß sie Veränderungen widerstanden und eine gewisse Gleichmäßigkeit der Verteilung innerhalb eines relativ statischen sozialen Umfelds sicherten. Die Nischen mußten beschränkt werden, um die Vorhersagbarkeit zu garantieren, die für Landbau und Kapitalbildung notwendig ist.

In der Dritten Welle, in die wir nun einsteigen, ersetzen Informationen in großem Umfang Land, Kapital und Maschinen. Informationen fühlen sich in einer veränderlichen und anpassungsfähigen Umgebung am wohlsten. Die Dritte Welle wird also aller Wahrscheinlichkeit nach eine fundamentale Verschiebung der Ziele und Methoden des Rechts mit sich bringen, die weit mehr Bereiche betreffen als nur jene Paragraphen bezüglich geistigen Eigentums.

Das »Terrain« – die Architektur des Netzwerks – wird viele der Zwecke erfüllen, die in der Vergangenheit nur mit rechtlichem Druck durchgesetzt werden konnten. Es wird also in einer Umgebung, die mit den Worten des *Electronic-Frontier*-Mitbegründers John Gilmore »Zensur als Fehlfunktion betrachtet« und verbotene Ideen einfach umleitet, unnötig sein, per Verfassung das Recht auf Meinungsfreiheit zu garantieren.

Vielleicht wird es natürliche Regulationsmechanismen geben, um die sozialen Brüche auszugleichen, vergleichbar den rechtlichen, sie zu korrigieren. Im Netzwerk werden diese Unterschiede von einem kontinuierlichen Spektrum, das gleichzeitig verbindet und trennt, überspannt.

Firmen, die mit Informationen handeln, werden trotz ihres massiven Festhaltens an den alten Rechtsstrukturen bald herausfinden, daß ihre zunehmende Unfähigkeit, sich vernünftig mit technologischen Fragen auseinanderzusetzen, nicht in Gerichtssälen kuriert wird, welche nicht in der Lage sind, Urteile zu fällen, die vorhersagbar genug sind, um Langzeitunternehmungen zu schützen. Jeder Rechtsstreit wird so, je nach dem Ausmaß der richterlichen Ratlosigkeit, zu einem Russischen Roulette.

Nichtkodifiziertes, anpassungsfähiges Recht, so *fast loose and out of control* es sein mag und darin anderen neu auftretenden Formen ähnelt, wird an diesem Punkt wohl eher so etwas wie Gerechtigkeit bringen. Tatsächlich kann man bereits heute neue Praktiken entstehen sehen, die den Bedingungen des virtuellen Handels angepaßt sind. Die Lebensformen der Information entwickeln Methoden, um ihre fortlaufende Reproduktion zu sichern.

Ein Beispiel: Wenige beachten Wort für Wort, was in winziger Schrift auf kommerziellen Diskettenhüllen von denjenigen, die die Umschläge öffnen, lang und breit gefordert wird. Dennoch ist die Softwareindustrie ein äußerst gesunder Zweig der amerikanischen Wirtschaft.

Wie das? Weil die Menschen letzten Endes die Software kaufen, die sie wirklich benötigen. Wenn ein Programm erst einmal zum wichtigen Arbeitsmittel geworden ist, dann will man die neueste Version davon, die beste Unterstützung, die neuesten Handbücher, alle Privilegien, die mit dem Eigentum einhergehen. Solche praktischen Überlegungen werden immer wichtiger, da keinerlei Gesetze mehr greifen, wenn man für etwas bezahlen soll, was man sehr leicht auch umsonst haben kann. Ein Teil der Software wird sicherlich aus ethischen Gründen gekauft, und sei es nur aus der abstrakten Erkenntnis heraus, daß es sie bei Nichtkauf nicht länger geben wird. Ich denke, daß die Wirkungslosigkeit des Rechts mit ziemlicher Sicherheit zu einem kompensierenden Wiederauftreten der Ethik als Ordnungsprinzip der Gesellschaft führen wird.

Die Entlohnung für *soft products* wird vor allem von praktischen Erwägungen geleitet werden: nach ihrem Wert, und danach, wie sie durch Technologie verändert und geschützt werden können.

Beziehungen und ihre Mittel

Ich glaube, es gibt eine Kernvorstellung, mit der wir diesen sich ständig verändernden Handel erfassen können: Informationsökonomie wird eher auf Beziehungen und weniger auf Besitz beruhen, weil es keine Objekte mehr gibt.

Ein bereits existierendes Modell für die zukünftige Nutzung von geistigem Eigentum ist die Echtzeitübertragung, eine Form, die es derzeit nur im Theater, in der Musik, bei Vorlesungen und in der Pädagogik gibt. Dieses Konzept könnte auf einen Großteil der Informationsökonomie ausgeweitet werden, von mehrfach besetzten Seifenopern bis hin zu Börsenanalysen. In diesen Fällen würde der kommerzielle Austausch etwa dem Verkauf von Eintrittskarten zu einer Dauershow ähneln, statt dem Erwerb von einzelnen Vorführungen des dort Gezeigten.

Das andere bereits existierende Modell ist natürlich die Dienstleistung. Ganze Berufssparten – Ärzte, Anwälte, Berater, Architekten usw. – werden jetzt schon für ihr geistiges Eigentum entlohnt. Wen kümmern Urheberrechte, wenn er Honorare bezieht?

Tatsächlich war dies bis zum Ende des 18. Jahrhunderts das Modell für einen Großteil dessen, was heute unter das Urheberrecht fällt. Vor der Industrialisierung von Erfindung schufen Schriftsteller, Komponisten, Künstler und andere ihre Werke in den privaten Diensten eines Auftraggebers. Wenn es keine Gegenstände mehr gibt, die in großen Stückzahlen vertrieben werden können, werden Kreative zu einem ähnlichen Arbeitsverhältnis zurückkehren; mit der Ausnahme, daß sie nicht einen, sondern viele Auftraggeber haben werden.

Es gibt bereits Firmen, die die Informationsware, die sie herstellen, lancieren und offen anbieten, statt sie Stück für Stück eingeschweißt zu verkaufen oder sie in irgendwelche Geräte einzubauen.

3DO, Trip Hawkins neue Firma zur Schaffung und Lizensierung von Multimedia-Tools, ist dafür ein Beispiel. *3DO* hat nicht vor, irgendeine kommerzielle Software oder Geräte zu produzieren. Statt dessen soll sie als eine Art private, Standards setzende Körperschaft fungieren und zwischen Software- und Geräteentwicklern vermitteln, die die Lizenznehmer sein werden. *3DO* soll die Öffentlichkeit für die Beziehungen zwischen einem breiten Spektrum von Einzelpersonen herstellen.

Ob man sich nun als Dienstleister oder als Künstler versteht: Der zukünftige Schutz geistigen Eigentums wird von der Fähigkeit abhängen, die Beziehung zum Markt zu kontrollieren – eine Beziehung, die wachsen und gedeihen wird.

Der Wert dieser Beziehung wird in der Qualität der Vorführung, der Einzigartigkeit des Standpunkts, dem Wert der Expertise, der Bedeutung für den Markt und in der Fähigkeit des Marktes liegen, auf diese Dienste schnell, einfach und interaktiv zurückgreifen zu können.

Direkte Interaktion wird in der Zukunft einen hohen Schutz für geistiges Eigentum darstellen. Niemand weiß, wie viele Softwarepiraten legale Kopien eines Programmes erworben haben, um irgendeinen Kaufnachweis erbringen und den Herausgeber um technischen Rat bitten zu können, aber ich nehme an, die Zahl ist recht hoch.

Die gleiche Form von Kontrolle wird sich auch auf die Frage-und-Antwort-Beziehung zwischen Fachleuten (oder Künstlern) und denen, die ihren Rat suchen, ausweiten lassen. Zeitungen, Magazine und Bücher werden dadurch gestützt werden, daß ihre Abonnenten in der Lage sind, den Autoren direkte Fragen stellen zu können.
Interaktion wird selbst dann, wenn es keine Autoren mehr gibt, eine finanziell nutzbare Ware sein. Wenn immer mehr Menschen sich ans Netzwerk anschließen und ihre Informationen immer häufiger direkt beim »Erzeuger« abfragen – ungefiltert von den zentralisierten Medien–, werden sie versuchen, dieselbe interaktive Fähigkeit der Realitätsbefragung zu entwickeln, die ihnen früher nur die Erfahrung »am eigenen Leib« gewährte. Echtzeitanschluß an diese weit entfernten »Augen und Ohren« wird erheblich leichter zu begrenzen sein als der Zugang zu statischen Bündeln gespeicherter, aber leicht reproduzierbarer Information.
In den meisten Fällen wird die Kontrolle auf der Zugangsbeschränkung zu den neuesten Informationen basieren. Es wird darum gehen, die Zugangsberechtigung zu definieren, das Ereignis, den Darsteller und die Identität des Kartenkäufers, Definitionen, die sich in der Technologie, nicht in den Gesetzen niederschlagen werden. In den meisten Fällen wird die Technologie der Kryptographie diese Definitionen übernehmen.

Kryptoflaschen

Die Kryptographie wird das »Material« sein, aus denen die Mauern, Grenzen – und Flaschen – des Cyberspace geformt werden.
Natürlich gibt es Probleme mit der Kryptographie, ebenso wie mit jeder anderen, rein technischen Methode des Eigentumsschutzes. Mir ist es immer so vorgekommen, als ob man sein Allerheiligstes um so eher zum Angriffsziel macht, je mehr Sicherheitsmaßnahmen man zu seinem Schutz ergreift. Ich stamme aus einer Gegend, in der die Leute die Wagenschlüssel stecken lassen und nicht einmal Schlüssel zu ihren eigenen Häusern besitzen, und ich bin fest davon überzeugt, daß der beste Verbrechensschutz eine Gesellschaft ist, deren Ethik intakt ist.
Ich muß zwar zugeben, daß dies nicht die Art von Gesellschaft ist, in der die meisten von uns leben, aber ich glaube, allzu großes Vertrauen in die Barrikaden wird dazu führen, daß das Gewissen – da Einbruch und Diebstahl immer mehr als Sport und immer weniger als Verbrechen angesehen werden – verkümmern wird. Im digitalen Bereich tritt dies bereits in den Aktivitäten der Computerhacker auf.

Des weiteren möchte ich argumentieren, daß die ursprünglichen Bemühungen, digitales Urheberrecht durch Kopierschutz zu erlangen, nur zu der augenblicklichen Situation beigetragen haben, in der ansonsten ethisch denkende Computerbenutzer keinerlei moralische Skrupel haben, Raubkopien von Software zu besitzen.

Statt also unter frisch Computerisierten ein Gefühl von Respekt für die Arbeit ihrer Kollegen zu entwickeln, führte die frühe Einführung von Kopierschutzmechanismen zu der unterschwelligen Botschaft, daß das Knacken eines Softwarepakets einem irgendwie auch das »Recht« gibt, es zu benutzen. Viele, die nicht von ihrem Gewissen, sondern nur von ihren technischen Fähigkeiten geleitet wurden, lebten bald in dem Gefühl, das, wobei sie nicht ertappt würden, auch tun zu dürfen. Dies wird weiterhin ein Schwachpunkt bei der Verschlüsselung des digitalisierten Handels sein.

Es ist auch daran zu erinnern, daß der Markt in vielen Bereichen Kopierschutz ablehnt. Viele der Bemühungen, auf Kryptographie basierende Schutzmechanismen einzusetzen, werden dasselbe Schicksal erleiden. Die Menschen werden es nicht akzeptieren, wenn ihnen die Arbeit mit dem Computer erschwert wird, ohne daß sie irgendeinen Nutzen davon haben.

Allerdings ist die Verschlüsselungstechnik bereits von gewissem Nutzen. Nachdem mehrere kommerzielle Satellitenfernsehanbieter in letzter Zeit stärkere Verschlüsselungen ihrer Angebote eingeführt haben, schoß die Zahl neuer Kunden in die Höhe. Und dies trotz des boomenden Schwarzhandels mit Decoder-Chips.

Die Verschlüsselung als umfassende Lösung bringt ein weiteres Problem mit sich: Sobald etwas von einem Lizenznehmer entschlüsselt worden ist, kann es massiv reproduziert werden. In manchen Fällen dürfte die Reproduktion nach der Entschlüsselung kein Problem darstellen. Viele Informationsgüter verlieren im Laufe der Zeit stark an Wert. Das einzige Interesse an diesen Produkten mag darin bestehen, zu jenen zu gehören, die den Schlüssel zum sofortigen Zugriff erworben haben.

Software wird immer modularer werden, und die Verbreitung wird direkte Kanäle wählen; dabei wird sich die Software in direkter Interaktion mit dem Benutzer verändern. Unregelmäßige Upgrades werden in einen konstanten Prozeß schrittweiser Verbesserungen und Anpassungen übergehen, manche davon von Menschenhand, manche durch genetische Algorithmen. Raubkopien von Software könnten zu statisch werden, um noch von Wert zu sein.

Selbst bei Bildern, bei denen die Informationen statisch bleiben sollen,

könnte die unverschlüsselte Datei immer noch mit einem Code versehen sein, der sie auch weiterhin auf vielerlei Arten schützen könnte. In den meisten Szenarien, die ich mir vorstellen kann, bliebe die Datei dank einer permanent eingebauten Software, die die Umgebung »erkennen« und mit ihr in Interaktion treten kann, »lebendig«. Die Datei könnte zum Beispiel einen Code enthalten, der den Prozeß des Kopierens erkennen und die Selbstzerstörung auslösen könnte.
Andere Methoden könnten der Datei die Möglichkeit geben, durch das Netzwerk »nach Hause zu telefonieren«, den eigentlichen Besitzer anzurufen. Die fortwährende Funktionstüchtigkeit von Dateien könnte periodisches »Zufüttern« von digitalem Geld erfordern, das dann an ihre Autoren weitergegeben wird.
Natürlich hören sich Dateien, die in der Lage sind, unabhängig stromaufwärts zu korrespondieren, ganz ungemütlich nach dem **Morris-Internet-Wurm** an. »Lebende« Dateien besitzen eine ziemlich starke Virenqualität. Zudem tauchen, wenn jedermanns Computer mit digitalen Spionen vollgepackt wäre, auch noch ernsthafte Fragen nach der Privatsphäre auf.

Der **Morris-Internet-Wurm** hat seinen Namen von Robert T. Morris, der 1988 ein Experiment startete, bei dem sog. Hintertürchen in einem Unix-Befehl dazu benutzt wurden, um ein sich selbst reproduzierendes Programm ins Internet einzuschleusen. Das Experiment geriet außer Kontrolle und blockierte Hunderte von Workstations in den gesamten USA.
»Die heute schon gegebene Verbreitung von Dienstprogrammen im Netz läßt den Schluß zu, daß sich zukünftig ein ganzes Ökosystem von informationssuchenden Robotern im Netz ausbreiten wird. Noch sind diese Programme Robotern oder, besser gesagt, *Automaten* ähnlicher als lebenden Wesen; mehr und mehr aber werden Automaten konzipiert, die aus der Biologie bekannte Verhaltensweisen einsetzen. Die 'Würmer', die ganze Netze attackieren können, und die 'Viren', die Computeranwender plagen, sind bösartige Spielarten dieser Entwicklung. *Knowboter* [Roboter, die auf dem Bildschirm als grafisches Symbol erscheinen und auf der Suche nach Informationen das Netz durchlaufen] und *Rosebud* [experimentelles Dienstprogramm in Gestalt eines persönlichen Nachrichtenblatts, das wie ein Knowbot funktioniert] sind gutartige Spielarten. In der Umgebung eines heterogenen, an keine bestimmte Form gebundenen Netzes werden mit Sicherheit beide Abarten auftreten.«
(Howard Rheingold, Virtuelle Gemeinschaft, 1994)

Die Kryptographie wird allerdings Schutztechnologien ermöglichen, die sich in dem schon immer existierenden, wahnsinnigen Wettstreit

zwischen Schlüsselmachern und Schloßknackern rasant entwickeln werden.
Kryptographie wird aber nicht nur beim Schutz Einsatz finden. Sie ist auch der Kernpunkt bei der Frage nach digitalen Unterschriften und nach dem oben erwähnten digitalen Geld, zwei Bereiche, die, wie ich glaube, für den zukünftigen Schutz geistigen Eigentums von zentraler Bedeutung sein werden.
Ich glaube, daß das allgemein eingeräumte Scheitern des Shareware-Modells weniger mit Unehrlichkeit als damit zu tun hat, wie lästig es ist, für die Shareware zu bezahlen. Wenn der Zahlungsprozeß automatisiert werden kann, was **digitales Geld** und digitale Unterschrift ermöglichen würden, dann, glaube ich, werden die Softwareschöpfer einen erheblich größeren Fang mit dem Brot machen, das sie auf die Wasser des Cyberspace gestreut haben.

⊖ Es gibt viele Ideen für **digitales Geld**, mit dem man im Cyberspace bezahlen kann; grundsätzlich zeichnen sich zwei Formen ab: Computerkonten oder Geld auf Chipkarten. Während die First Virtual Bank, eine Partnerin von General Motors, ihr System an herkömmliche Kreditkarten koppelt, propagieren Firmen wie Digicash oder Cybercash frei fließende Bit-Währungen für das Internet.
»Der Kunde im Internet kauft nicht mehr beim Händler um die Ecke, sondern beim günstigsten der Welt«, so David Chaum, Erfinder der Digitalwährung Ecash. Ecash sei Katalysator zur Schaffung eines ganzen Marktes im Cyberspace. Einkäufe mit sehr wenig Geld, sog. »Micro-Payments«, würden möglich, sollten sich die elektronischen Transaktionskosten als sehr billig erweisen.
Zuvor ist aber noch das Problem der Verschlüsselung zu lösen. Laut *Focus* ist das Programm des Computerwissenschaftlers Chaum »genial einfach«: »Der Käufer fordert elektronisch mit Hilfe einer verschlüsselten Kundennummer bei seiner Hausbank Geld an. Das Finanzinstitut sendet ihm den Betrag ebenfalls als verschlüsselte Zahlensequenz über das Netz. Verknüpft mit seiner persönlichen Sicherheitsnummer kann der Besitzer das nun gültige Geld im Internet ausgeben. Die Software des Händlers versichert sich automatisch bei der Bank, ob die Bits echt sind. Ein kleiner goldener Zähler auf dem Monitor zeigt, wie das elektronische Geld abfließt.«

Vor allem wird den Herstellern ein Großteil der Kosten erspart bleiben, die jetzt beim Vermarkten, Herstellen, Verkaufen und Vertreiben von Informationsprodukten anfallen, egal, ob es sich nun um Computerprogramme, Bücher, CDs oder Filme handelt. Das wird die Preise senken und die Zahlungsmoral verbessern.

Es gibt jedoch ein grundsätzliches Problem bei einem System, das für jeden Zugriff auf eine bestimmte Ausdrucksform eine Zahlung verlangt. Es widerspricht dem ursprünglichen Jeffersonschen Ziel, dafür zu sorgen, daß die Ideen allen offenstehen, ganz gleich, wie ihre wirtschaftliche Lage auch aussieht. Mir ist bei einem Modell unwohl, das den Zugriff nur den Reichen vorbehält.

Eine Ökonomie der Verben

Die zukünftigen Formen und Schutzmechanismen von geistigem Eigentum entziehen sich zu diesem frühen Einstieg ins virtuelle Zeitalter noch unserem Blick. Dennoch kann ich wohl ein paar einfache Aussagen treffen (oder wiederholen), die, wie ich vermute, in fünfzig Jahren nicht allzu dumm klingen werden.

— Wenn es die alten Gefäße nicht mehr gibt, ist alles, was wir über geistiges Eigentum wissen, falsch. Wir werden alles darüber vergessen müssen. Wir werden Information betrachten müssen, als hätten wir das Zeug noch nie gesehen.

— Die Schutzmechanismen, die wir entwickeln werden, werden stärker auf Ethik und Technologie basieren als auf Gesetzen.

— Verschlüsselung wird die technische Grundlage für einen Großteil des Schutzes geistigen Eigentums darstellen (und sollte aus vielerlei Gründen in größerem Umfang zugänglich gemacht werden).

— Die Ökonomie der Zukunft wird auf Beziehungen und weniger auf Eigentum basieren. Sie wird kontinuierlich verlaufen, nicht so sehr in Sprüngen.

— In den kommenden Jahren wird ein Großteil menschlicher Kommunikation virtuell und nicht physisch sein, wird nicht aus Dingen bestehen, sondern aus dem, woraus die Träume sind. Handel in der Zukunft wird sich in einer Welt vollziehen, die mehr aus Verben als aus Substantiven besteht.

Umsteigen auf Hypertext

Hypertext
Über das Schicksal von Büchern
von Vilém Flusser

Einst, zur alten Zeit (die angeblich auch gut war), sah die Sache ungefähr so aus: Jemand (in der Folge Autor genannt) schrieb ein Manuskript und sandte es an einen Verleger. Nach einer Wartezeit von einigen Wochen erhielt der Autor sein Manuskript per Post zurück mit dem Vermerk, es habe dem Verleger zwar gut gefallen, passe aber leider nicht ins gegenwärtige Programm und müsse daher mit großem Bedauern abgelehnt werden. Das war zu erwarten, denn Verleger sind ja Vorrichtungen zum Verlegen des Wegs zwischen Autor und Leser. Daraufhin sandte der Autor sein Manuskript an einen anderen Verleger und wiederholte dies so oft, bis die Manuskriptseiten Eselsohren bekamen. Schließlich fand sich ein mutiger Verlag, der mit großem Bedenken und einigen Restriktionen den Text herauszugeben bereit war. Es folgte eine schleppende Korrespondenz zwischen Verleger und Autor, in deren Verlauf in den Wortlaut, den Duktus, die Sequenz und die Bedeutung des Textes eingegriffen wurde. Der Autor wagte nicht, sich gegen die Vergewaltigung seines Textes zur Wehr zu setzen, um die Veröffentlichung nicht in letzter Minute in Frage zu stellen, litt aber unter jedem Eingriff wie unter einem Schlage des Schicksals: *habent sua fata libelli*, Bücher haben ihre Schicksale.

Dann endlich erschien das Buch, allerdings unter einem vom Autor nicht beabsichtigten, aber von ihm widerwillig dennoch autorisierten Titel. Die Zahl der gedruckten Exemplare war seitens des Autors nicht einwandfrei festzustellen. Eine ganze Reihe dieser Exemplare wurde kostenlos an Zeitungen, Zeitschriften und ähnliche Instanzen verteilt in der Hoffnung, sie mögen das Buch kritisieren. Einige weitere Exemplare erhielt der Autor, damit er sie unterschrieben an seine Freunde verteile. Jetzt aber ging es vor allem darum, daß Buchläden das Buch bestellen und womöglich in ihren Auslagen ausstellen mögen. Der Verkauf ging jedoch sehr zögernd vor sich, weil das Buch zu einem ungünstigen Zeitpunkt auf den Markt gekommen war: Einerseits führte man irgendwo irgendeinen Kolonialkrieg, der die Aufmerksamkeit der literarischen Welt absorbierte, und andererseits war gerade eine literarische Autorität gestorben, und die Buchläden mußten sich diesem (profitablen) Ereignis widmen. Der Autor litt unter diesem Mißerfolg wie unter den Schlägen des Schicksals: *habent sua fata libelli.*

Schließlich beginnen die Verkäufe dennoch in Lauf zu kommen, und die ersten Zeitungsnotizen erscheinen. Zuerst nur Kurzmeldungen mit Fehlern im Buchtitel und im Namen des Autors, aber dann längere Besprechungen des Werkes. Zwar gehen die Meinungen der Kritiker weit auseinander, aber eines ist ihnen allen gemeinsam: Sie gehen auf die Thesen des Autors nicht ein, sondern besprechen nur Dinge, die in seinen Augen nur Nebensachen berühren. Es ist daher gleichgültig, ob die Kritiken günstig oder ungünstig sind; ob eher gehässig oder leutselig gewogen oder gar anhimmelnd bewundernd: Sie gehen nach Ansicht des Autors am Wesen des Textes vorbei. Dies und die vielen Mißdeutungen erwecken in ihm den Zweifel, ob die Kritiker seinen Text überhaupt richtig gelesen haben oder ob er selbst durch Undeutlichkeit oder schlechten Stil daran Schuld trägt. Er zuckt unter den Schlägen: *habent sua fata libelli.*

Und jetzt tritt etwas ein, das sich der Autor nicht hätte träumen lassen: Die Zeitungsartikel werden häufiger und länger, Zeitschriften nehmen das Thema auf, und Radio und Fernsehen berichten darüber (obgleich die Mißverständnisse und falschen Interpretationen dadurch eher noch ärger werden). Der Autor beginnt, zu Vorträgen eingeladen, zu Beiträgen in Zeitungen und Zeitschriften aufgefordert zu werden, in Rundfunk und Fernsehen bekannt zu werden. Nur er allein weiß allerdings, daß es sich dabei um einen Irrtum handelt, daß ihm sein eigener Text ein Schnippchen geschlagen hat und daß er nun dabei ist, ihm über den Kopf zu wachsen, ein Eigenleben zu führen und ihn, den Autor, dorthin mitzureißen: *habent sua fata libelli.*

So war das einst, ist im Grunde immer noch so und wird es voraussichtlich noch eine Weile lang bleiben. Aber daneben beginnt sich die Sache neu und folgendermaßen zu gestalten: Jemand (in der Folge namenlos zu bleiben) hält irgendwo einen Vortrag. Dieser wird auf Band aufgenommen, numerisiert und in einen Computer gefüttert. Dieser Computer verfügt über ein Programm, das ihm gestattet, sogenannte Hypertexte zu fabrizieren. Das heißt: Unter den Text des Vortrags werden verschiedene Ebenen gezogen, und dazwischen wird eine Reihe von Stufen gebaut, die dem Benutzer gestatten, von Ebene zu Ebene zu schreiten. Zugleich verfügt jede Ebene über Fenster, durch die der Benutzer hineinsehen kann, aber auch befähigt wird, etwas hineinzufügen. Das schaut dann etwa so aus: Der Redner erwähnte in seinem Vortrag den Satz: *habent sua fata libelli.* Der Benutzer kann von da aus in ein tieferes Stockwerk gehen, um dort die Quelle dieses Zitats zu ersehen. Das kann in einem tieferen Stockwerk zur Einsicht in eine Landkarte des imperialen Rom und einem noch tieferen zu einem Überblick über die Geschichte des römischen Imperiums führen. In jedem der so erreichten Stockwerke kann der Benutzer eingreifend seine eigenen Kommentare fügen und dann die so kommentierte Botschaft an weitere Benutzer leiten. Dadurch entsteht ein Schneeballeffekt, im Verlauf dessen der Hypertext immer gewaltigere Proportionen annimmt, wobei die ursprüngliche Vortragsebene längst in Vergessenheit geraten ist, um von Kommentaren und Gegenargumenten überwältigt zu werden: *habent sua fata libelli.*

Tatsächlich war der Vortrag ja nur ein Vorwand: Er diente als Haken, an welchem in der These alle menschliche Literatur überhaupt aus dem Keller gezogen wird, um daran angehängt zu werden.* Der Exautor ist überflüssig. Eine Million Schimpansen werden zufällig notwendigerweise mit der Zeit (in einigen Milliarden Jahren) alle vergangenen und künftigen Texte in Schreibmaschinen tippen und derartige Hypertexte erzeugen. Das ist nur eine Frage der Schnelligkeit des Tippens. Diese künftige automatische Literatur hat noch keinen Namen. Man sollte sie HSFL nennen, abgekürzt für *habent sua fata libelli.*

[Vilém Flusser reagierte mit diesem 1991 entstandenen Text auf die Vorführung des sog. *Flusser Hypertextes,* den die Projektgruppe *Elektronisches Buch* am Forschungszentrum Karlsruhe als Hypertext-Prototyp angefertigt hatte. Der nachstehende Beitrag von Bernd Wingert »Die neue Lust am Lesen« erläutert die Entstehung und Struktur dieses Prototyps, dem die Transkription eines Vortrags von Vilém Flusser an der Universität Karlsruhe zugrundeliegt.]

Die neue Lust am Lesen?
Erfahrungen und Überlegungen zur Lesbarkeit von Hypertexten[1]
von Bernd Wingert

Hypertext als Konzept

Hält man sich an die genaue deutsche Sprechweise, dann ist »Hyper-Text« – wie Hyper-Schall – ein Konzept, das eine Mauer durchbrechen will, ein Konzept, das die normale, und das heißt auf einer rudimentären Ebene: »lineare« Abgefaßtheit von Text überholen, hinter sich lassen und zu neuen Formen der Textorganisation vorstoßen will. Tatsächlich ist das Konzept in seiner Frontstellung gegen das Überkommene, eben gegen lineare Texte, gegen als Fließtext geschriebene Artikel, gegen Bücher, noch am klarsten. Das Programm lautet: Löse den Text in seine Bestandteile auf und organisiere diese Teile neu; verbinde die Teile untereinander mit Fäden, computertechnisch: **links**, und organisiere das Ganze als mehr oder weniger geordnetes Netz.

Hypertexte sind also im Gegensatz zur strengen und unter Umständen hoch verdichteten Textur herkömmlicher Texte eher Collagen aus Textstücken; es sind eher Assemblagen aus unterschiedlichem medialen Material wie Text, Bilder, Ton- und Filmsequenzen; es sind Arrangements, lose gefügte Anordnungen, bei denen die Frage nach einem Anfang, einem Ende oder einem Zentrum überflüssig zu werden scheint, bei denen freilich die Frage des Zusammenhangs, der Kohärenz des Ganzen, zum alles überschattenden Problem werden kann. Hypertexte sind eine der möglichen Formen, aus dem »linearen Code« auszubrechen und das Wissen neu zu organisieren:

»Sollte das Buch funktionelleren Gedächtnissen weichen, dann wird man die in ihnen gelagerten Informationen mit weit raffinierteren Methoden als jenen des Aufschlagens und Blätterns zum Vorschein bringen. Eine ganze Wissenschaft und Technik betreffs dieser Methoden ist im Entstehen« – so Vilém Flusser in *Die Schrift* im Kapitel über »Bücher« und an dieser Stelle zum »Blättern« (S. 99 f).[2]

Wie andere Ausführungen zeigen, hat Flusser hier eher an die Dokumentationswissenschaften und insbesondere an Expertensysteme sowie »künstliche Intelligenzen« gedacht als an Hypertexte. Tatsächlich

[Bernd Wingert ist Mitarbeiter am Kernforschungszentrum Karlsruhe und dort vor allem mit der Technikfolgen-Abschätzung von Informationstechnologien befaßt.]

beschreibt er aber im Kapitel »Umcodieren« die zentrale Idee von Hypertext, ohne den Begriff zu gebrauchen. Da das Konzept hier so gut getroffen ist, sei ein weiteres und längeres Flusser-Zitat aufgenommen, das auf die Zeit zielt, wenn »die gesamte Weltliteratur bereits digital umcodiert« sein wird:

»Der künftige 'Leser' sitzt vor dem Schirm, um die gelagerten Informationen abzurufen. Es geht nicht mehr um ein passives Auflesen (Aufklauben) von Informationsbrocken entlang einer vorgeschriebenen Zeile. Es geht vielmehr um ein aktives Knüpfen von Querverbindungen [*links*, wie wir heute sagen] zwischen den verfügbaren Informationselementen. Es ist der 'Leser' selbst, der aus den gelagerten Informationselementen die von ihm beabsichtigte Information überhaupt erst herstellt. Bei dieser Informationsproduktion verfügt der 'Leser' über verschiedene Knüpfmethoden, die ihm von der künstlichen Intelligenz vorgeschlagen werden...« (S. 150).

Nun könnte man dagegen besserwisserisch einwenden, daß die Ergebnisse der Retrievalforschung zeigen, daß dieses Verknüpfen von Informationen so einfach auch wieder nicht ist oder daß bei der Informationssuche der schwierigere Teil darin liegt, aus der Fülle der Angebote die für eine Frage geeignete Datenbank herauszufischen als die Fragen selbst zu formulieren.[3] Aber Flusser hat in der Richtung, die er angibt, sicher recht. In der Tat ist das im Zitat beschriebene Konzept eines weltweiten Archiv-, Zitier- und Publikationssystems die zentrale Idee von Ted Nelson, dem wir im übrigen den Terminus Hypertext verdanken. Das Hypertext-Konzept war bei Flusser also schon in seinen wesentlichen Zügen angedacht und wurde anläßlich einer Demonstration im Mai 1991 wieder virulent.[4]

Da Beispiele von Hypertexten noch dargestellt werden, kann diese allgemeine Einführung hier abgebrochen werden. Doch seien die beiden konstitutiven Hypertext-Prinzipien als Merkposten festgehalten:

1. Der funktionale Kern eines Hypertextes ist der semantisch eingebettete computergestützte Verweis.

2. Die für Hypertexte zentrale Organisationsidee ist die eines Netzwerkes; und insoweit dieses für die Organisation der Inhalte selbst verwendet wird, kann man von einem »starken« Hypertext sprechen. Alle anderen Formen – inkl. des Flusser-Hypertextes – die zwar das eine oder andere Merkmal, aber nicht die zentrale Organisationsidee verwenden, sind dagegen eher »schwache« Hypertexte.

Hypertexte laufen also – das dürfte schon deutlich geworden sein – auf neue Formen des Lesens hinaus, insbesondere auf das Lesen von Strukturen.

Lesen als Problem: Ergebnisse eines Medienvergleichs

Wie gestaltet sich nun das Lesen von Hypertexten konkret? Um das Problembewußtsein des Lesers bzw. der Leserin zu schärfen, möchte ich ein Ergebnis aus unserer Forschungsarbeit darstellen, in deren Kontext auch der Flusser-Hypertext entwickelt wurde.[5]

Da in der Hypertext-Community so viel von den neuen Freiheiten des Lesens in Hypertexten geschwärmt wird, haben wir uns drei Bücher vorgenommen, die es gleichzeitig als Hypertexte gibt. Der Reiz dieses Medienvergleichs lag u. a. darin, daß alle drei Autoren zu den Promotoren der Hypertext-Idee gerechnet werden können. Alle drei vertreten die starke Hypothese; ihre Hypertexte lassen sich also als Versuche ansehen, dem allgemeinen Konzept wie der speziellen Theorie gerecht zu werden. Es waren dies:

– Ted Nelsons *Literary Machines,* das schon als Buch als eine Art Hypertext abgefaßt worden war und nachträglich als Hypertext (mit der Software *Guide*) implementiert wurde;

– David Jonassens Lehrbuch über *Hypertext/Hypermedia;* hier ist das Buch eher der Abdruck des Hypertextes (dieser in *HyperCard* programmiert);

– und Jay David Bolters *Writing Space,* wobei hier Buch und Hypertext nicht mehr in einem 1:1 Verhältnis stehen, sondern der Hypertext eine eigenständige Textform sein sollte (dies in *Storyspace* programmiert).[6]

Das methodische Vorgehen war streng medienvergleichend, was bedeutete, zunächst ein Hypertext-Kapitel zu lesen, dann dieses Kapitel im Buch, dann im Buch das nächste Kapitel, dann dieses wieder im Hypertext, bis zumindest die Hälfte als Hypertext gelesen war. Textexzerpte, Beobachtungen, Zeiten usw. wurden in einem begleitenden Protokoll säuberlich festgehalten. Ohne auf die Struktur und Funktionalität der drei Anwendungen im einzelnen einzugehen (es sind drei deutlich unterschiedliche Architekturen), sei das Ergebnis dieser Evaluation in Form je eines Fazits vorgestellt.[7]

Zu Nelsons *Literary Machines:*[8]

»Das wirkliche Hypertextexperiment ist das Buch. Der hier vorliegende elektronische Hypertext dagegen macht keinen Sinn. Der einzige Vorteil liegt darin, daß Hypertextlektüre und Exzerpieren am Computer integriert werden konnten [über die Zwischenablage]. Weder aktives Lesen noch das Verfolgen sinnvoller Textbezüge gestattet dieser Hypertext. … Nicht das Bildschirmlesen und nicht *Guide* sind grundsätzlich unerträglich, aber dieser phantasielose Hypertext ist furchtbar langweilig …«

Zu Jonassens *Hypertext/Hypermedia*:[9]
»Dies ist ein von den Inhalten typisches, von der Aufbereitung außergewöhnliches Hypertext-Buch, das durch seinen Fokus auf eine bestimmte Sorte von Lerntheorien interessant wird. Es erlaubt einen sehr knappen, schnellen Überblick, eine tiefergehende Diskussion sollte der Leser nicht erwarten. Das Buch läßt sich vielleicht in zwei bis drei Stunden bewältigen, der Hypertext – unter Mühen und Wehen – in vielleicht der doppelten Zeit. Bezogen auf den Hypertext schreibt Jonassen auf der Introduction-Karte: »Try it; you'll like it!« Die Antwort darauf kann nur lauten: »I tried it, and I didn't like it!«

Zu Bolters *Writing Space* erkannte ich selbst vier Faktoren, die dazu beitragen, daß dieser Hypertext nicht funktioniert:
— die visuelle Armut der Karten- und Textgestaltung;
— der Mangel an Link-Semantik und der fast völlige Verzicht auf Orientierungsmittel;
— die teils extreme Verknappung der Texte, die dann zum Plakativen tendieren und damit reiz- und ankerlos werden;
— eine etwas zu starke Vernetzung der Teile mit der Folge enttäuschender Lektüre-Erfahrung der Art: »Kenn' ich ja schon!«

Diese ernüchternden Resultate zeigen, daß es lehrreich sein kann, Hypertexte beim Wort zu nehmen – wenn man das so noch sagen kann. Damit ist klar: Das Lesen von Hypertexten kann wirklich ein Problem sein.

Was heißt »lesen«?

Um das Problem des Lesens von Hypertexten noch stärker herauszuarbeiten, benötigen wir einen Begriff des Lesens, der analytisch genügend scharf ist, der sich aber nicht am Textlesen, am Buchstabenentziffern allein orientieren darf. Denn es liegt ja die Hypothese vor, daß Hypertexte eine andere Art des Lesens erfordern. Und diese andere Art kann nicht mit begrifflichem Rüstzeug aus dem Textzeitalter erschlossen werden. Es geht damit um ein methodisches Problem, das Neue zu beschreiben, ein Problem, das Flusser immer wieder kommentiert hat, z. B. im Kapitel »Umcodieren«: »Denn warum eigentlich sollte man das Kommende beschreiben wollen – wie dies der vorliegende Essay zu tun verzweifelt bemüht ist? Es beschreiben wollen heißt, es ins alte Denken hineinzwingen wollen ...« (S. 148).
Schaut man sich das Begriffsfeld »Lesen« an, dann fällt sofort auf, in

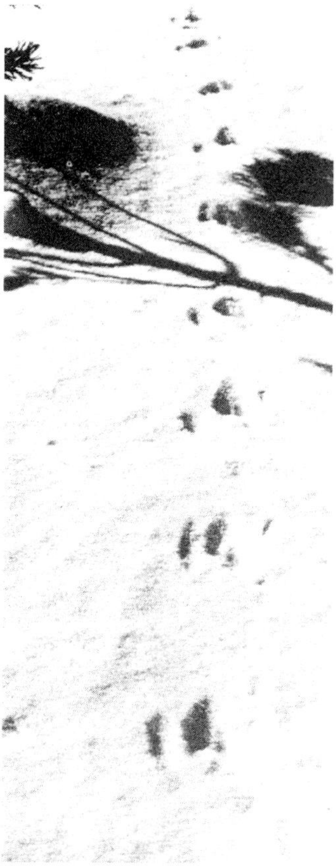
Pfotenspuren im Schnee lesen

welch mannigfachen Kontexten wir von Lesen sprechen, ja wie »Buch« und »Lesen« zu einer allgemeinen Metapher geworden sind, bis hin zur »Lesbarkeit der Welt« (Blumenberg 1986). Ich schlage vor, wir prüfen den Begriff des Lesens an einer Situation, für die wir vermutlich alle keine Experten sind, nämlich am Beispiel des Spurenlesens. Der Leser bzw. die Leserin stelle sich vor: Sie machen in einer frisch verschneiten Landschaft einen Spaziergang und entdecken im Schnee eine Spur. Sie sehen, da ist etwas. Sollten wir bereits dieses Sehen, Wahrnehmen, Identifizieren als »Lesen« bezeichnen? Wohl nicht.

Gehen Sie einen Schritt weiter, konkret einen Schritt näher auf diese Spur hin, und Sie erkennen, es ist keine Hufspur, sondern der Abdruck von Pfoten, von Vorder- und Hinterläufen. Sie würden nun diese Pfotenspur einer Kategorie zuordnen und Ihr Verdacht würde etwa auf eine Wieselspur fallen. Sie hätten also diese Spur klar zugeordnet. Sollten wir nun diese Kategorisierung und Zuordnung »Lesen« nennen? Schon eher, aber es scheint noch etwas zu fehlen.

Sie bücken sich nun und untersuchen diese Spur näher und Ihnen fallen z. B. ungleich tiefe Abdrücke auf sowie weitere Merkmale und nun – denke ich – »lesen« Sie, daß es sich bei dieser kennzeichnenden Paarspur (die Hinterläufe gehen in die Spur der Vorderpfoten) um die eines Wiesels handelte, das – wie die Eindrücke rechts zeigen – eine Maus quer im Fang (der Schnauze) trug, so daß Vorder- und Hinterteil beim Springen des Wiesels wippten und Marken im Schnee hinterließen.[10]
Erst in diesem differenzierenden Erkennen und »Ausdeuten« von einzelnen Momenten dieser Fährte oder »Fußschrift« entfaltet sich der Lesebegriff voll und ganz. Lesen ist, eng an diesem Beispiel bleibend, ausdeutendes Bemerken differenzierender Merkmale; es geht also, in der geübten Form, über das bloße Wahrnehmen und Kategorisieren von Zeichen hinaus auf eine dritte Ebene.[11]
Wir lesen in der Pfotenspur Merkmale des Tieres in seiner Situation. Wir lesen in einem Text die Bilder, sozusagen hinter dem Text den Argumentationsgang des Autors oder sogar die unbeabsichtigte Selbst-

beschreibung des Autors. Lesen ist – nach entsprechender Übung und Verinnerlichung – »Gedanken zu sich nehmen«[12], es kann ein sehr direktes Verhältnis zum Gegenstand bedeuten. Lesen heißt also nicht nur Buchstaben und Wörter verlautlichen, Text entziffern, sondern das darin Eingekleidete, eben Argumente, Gedanken, Positionen, so zu erkennen, als sei der Text gar nicht da. Diesen transzendierenden Bezug auf ein Weiteres kennen wir alle aus dem selbstvergessenen Lesen, wenn wir uns nicht in einem Text, sondern in einer Geschichte aufhalten.
Auf unser Problem des Lesens von Hypertexten übertragen, bedeutet dies dann, daß nicht nur die einzelnen Bestandteile eines Hypertextes wie Textstücke, Bildmaterial usw. gelesen werden müssen, sondern daß vor allem die Anordnung selbst, die Struktur »sprechend«, informativ sein muß. Die Lesbarkeit von Hypertexten bezieht sich also im wichtigen Kern auf die Frage nach der Lesbarkeit von Strukturen. Dem ist noch nachzugehen.

Bei einem Beitrag über Lesen, exemplifiziert an einem zu einem Hypertext umgebauten Flusser-Text, bietet es sich an, nachzulesen, wie sich Flusser selbst über das Lesen geäußert hat. Denn wer sich mit dem Herausbilden der neuen Codes befaßt, die »nicht mehr gelesen, sondern auf andere Art entziffert sein wollen« (S. 77), der kommt am Lesen nicht vorbei.
Es gibt in der »Schrift« zahlreiche Stellen, in denen über das Lesen gesprochen wird, und es gibt zwei Kapitel, das 10. über »Lesarten« und das 11. über »Entzifferungen«, in denen es zentral um Lesen geht. In »Lesarten« heißt es:
»Man kann nach zwei Methoden lesen: nach Kriterien (man weiß, was zu picken ist) oder wahllos. Die erste Methode heißt 'Kritik', die zweite meint das englische Wort 'to read', das 'raten' bedeutet. Hühner sind kriteriös: Sie picken nach dem Kriterium 'freßbar/unfreßbar'. Aber solch ein Kriterium verhindert bei Hühnern das Schreiben: Sie fressen die Körner – anstatt sie zu fädeln« (S. 79). Wenn die Grundbedeutung von Lesen darin liegt, etwas herauszuklauben, dann ist nach Flusser auch das Schreiben nur eine »Lesart« (S. 82), nämlich das Auffädeln von Buchstaben zu einer geordneten Zeile. Flusser geht nun diesen beiden Lesarten des kriteriösen Lesens und des wahllosen Auflesens nach, identifiziert letztere Lesart mit der sog. »wertfreien« Methode der Wissenschaft (die sich als verkappt kriteriös entpuppt) und bringt dann eine dritte Lesart ins Spiel, indem er das »to read« nun mit »erraten«, als Puzzle legen übersetzt.
»Diese neue Lesart beginnt sich gegenwärtig herauszukristallisieren:

die Lesart des 'Komputierens'« (S. 85). Und später: »Das erratende Lesen gibt einem sinnlosen 'Urtext' Sinn. Es handelt sich dabei um eine Umkehrung der Bedeutungsvektoren: Der Leser entnimmt dem Gelesenen nicht mehr einen Sinn, sondern er ist es, der dem Gelesenen einen Sinn gibt« (S. 85).[13] Dieser Leser – so im Kapitel »Umcodieren« (S. 151) – tritt aus dem geschichtlichen Zeitstrom heraus. »Er steht darüber, um seine eigenen Zeitströme zu knüpfen. Er liest nicht mehr eine Zeile entlang, sondern er spinnt seine eigenen Netze.« Flusser hat hier, ohne konkret an Hypertexte zu denken oder über sie zu sprechen, eines der zentralen Theoreme der Hypertext-Diskussion formuliert: Hypertext als eine Chance zu einem individualisierenden, aktiv selektierenden und damit lesergesteuerten Lesen. Diese These wird etwa von Landow (1992) oder auch von Bolter (1991) vertreten. Unsere Evaluation hat allerdings gezeigt, daß es damit seine Tücken hat.

Im Kapitel »Entziffern« setzt Flusser an Ziffern als »leere Behälter« für Inhalte an und unterscheidet drei Varianten des Entzifferns von Text: »das vorsichtige Auseinanderfalten, das hastige Überfliegen und das mißtrauische Nachschnüffeln. Man kann die erste die 'kommentierende', die zweite die 'folgsame' und die dritte die 'kritische' nennen…« (S. 88). Alle drei Entzifferungsarten sind mögliche Modelle für Hypertexte. Wir werden sehen, daß der Flusser-Hypertext alle drei Lesarten erlaubt.

Mit einem letzten Zitat möchte ich meinen Flusser-Exkurs beenden: »Die Ziffern liegen nicht einfach um uns herum wie Schöpflöffel oder Becher, sondern sie liegen zu Systemen geordnet, weil es nämlich beim Klauben von Körnern wichtig ist, spezielle Behälter für spezielle Körnertypen zu haben. Solche Ziffernsysteme haben Regeln, die das Verhältnis zwischen den Ziffern ordnen. Man nennt diese Systeme 'Codes'« (S. 86). Obwohl zu einem präzisen technischen (!) Begriff von Code gehört, daß das zugrundeliegende Alphabet vollständig spezifiziert ist, könnte man in unserem Zusammenhang auch einen weicheren Codebegriff zulassen, um vor-literarische und nach-literarische Leseprozesse abzudecken. Wenn »Code« ein mehr oder weniger geordnetes Zeichensystem ist, das – mehr oder weniger – stabil auf Phänomene angewandt wird, dann spricht nichts dagegen – was seit Menschengedenken getan wird –, auch das Lesen aus der Hand oder das Lesen aus Knochen als »Lesen« zu bezeichnen. Lesen wäre so gesehen fortlaufendes De-codieren.[14]

Auf unser Problem des Lesens von Hypertextstrukturen angewandt läuft dies auf die Forderung hinaus, struktur-informative visuelle Codes zu entwickeln.

Der Flusser-Hypertext

Nach soviel Theorie und begrifflicher Arbeit komme ich endlich zum Flusser-Hypertext als eines konkreten Beispiels. Ich werde mich anhand einiger Abbildungen auf einige wenige Merkmale beschränken.[15] Abbildung 2 zeigt die »Titelseite« des Hypertextes, die unter den Tasten mit kurzen Erläuterungen versehen ist. Zur Veranschaulichung ist das Feld »Motto« ausgeklappt. Das gewählte Motto trifft einen sensiblen Kern dieses Hypertextes, denn tatsächlich basiert der dem Hypertext zugrundeliegende Text auf einem Seminarvortrag in unserem Institut (am 2. 3. 89), dieser »Text« ist aber – genau genommen – das Transkript der mündlichen Rede! Unter »Bildnachweis« würde der Leser im übrigen erfahren, daß die verwendete Aufnahme einem Vortrag Flussers an der Universität Karlsruhe entstammt.

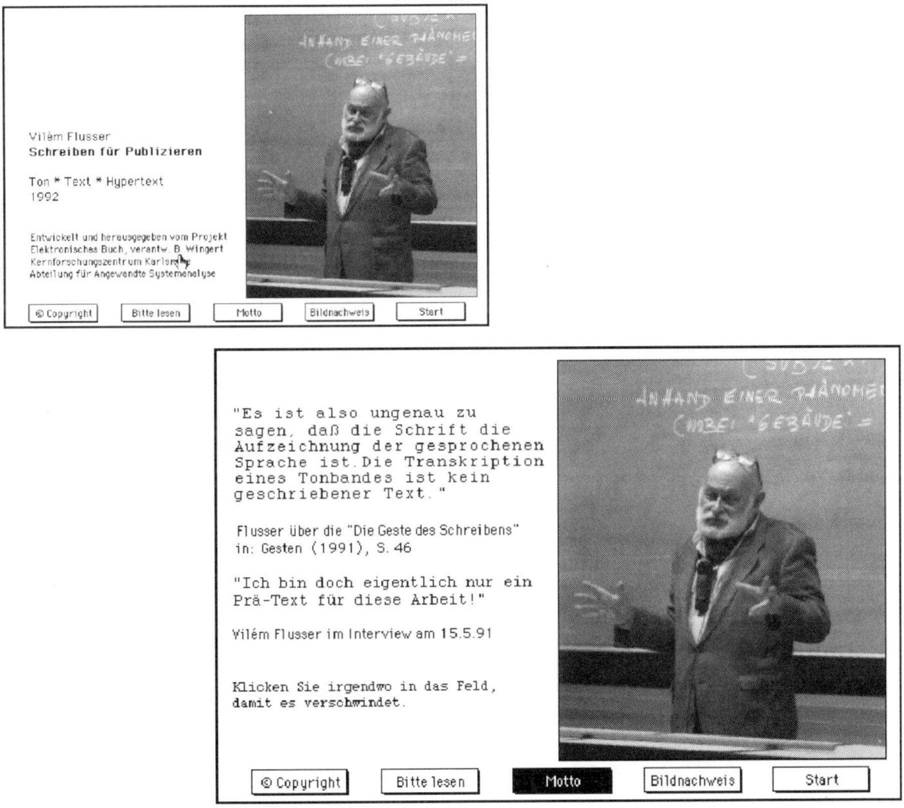

Abb. 2: Titelzeile des Flusser-Hypertextes mit ausgeklapptem Feld »Motto«

Der Dreh- und Angelpunkt des Hypertextes ist die nach »Start« auftauchende »Startkarte« (Abbildung 3). Sie stellt an die Lesbarkeit bereits einige Anforderungen, weil sie – in einem Bild – dreierlei zeigen soll: sie ist erstens eine Art Inhaltsverzeichnis, indem sie die einzelnen Teile des

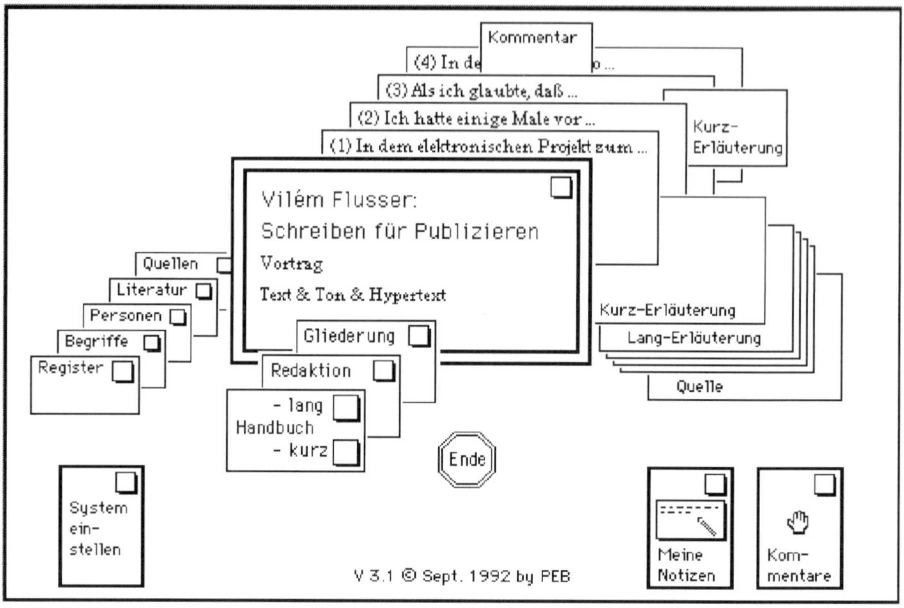

Abb. 3: »Startkarte« als Dreh- und Wählscheibe

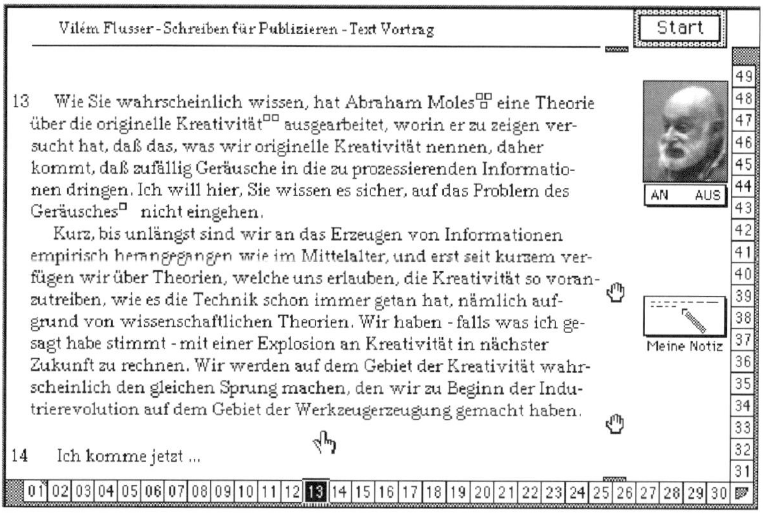

Abb. 4: Vortragstext zur Textziffer 13

Hypertextes darstellt (wie die diversen Register, die einführenden Bemerkungen etwa unter »Redaktion«); sie ist zweitens das zentrale Auswahlmenü, eine Wählscheibe, insofern alle Teile von hier aus zugänglich sind; und sie soll drittens Struktur und »Bauweise« des Hypertextes veranschaulichen, so etwa darin, daß der »zentrale« Vortragstext in der Mitte plaziert ist, dem an bestimmten Stellen ein erläuternder Apparat »unterlegt« ist; daß die »einführenden« Bemerkungen (inkl. Handbuch) »davor«, das »erschließende« Register am Rande erscheint usw.

Die Startkarte wäre also ein Beispiel, um eine Struktur »lesbar« zu machen.
Abbildung 4 zeigt die Vortragskarte »13«, also den dreizehnten Textabschnitt, in dem Flusser auf Abraham Moles zu sprechen kommt. Der Leser kann in den Apparat gelangen, indem er die bei Moles plazierten kleinen Quadrate anklickt. Die drei Quadrate bei »Moles«, die zwei bei »originelle Kreativität« und das eine Quadrat bei »Geräusches« signalisieren dem Leser, wieviele Ebenen des Apparates vorhanden sind (der maximal drei Ebenen umfassen kann, nämlich Kurz-Erläuterung, Lang-Erläuterungen, Quellentext, was im folgenden ausgeführt wird). Bei den Händchen, dem Symbolwert einer Hand nachempfunden, mit der man sich bei einer Diskussion zu Wort meldet, finden sich Kommentare der Zuhörer beim Vortrag bzw. der Leser des Transkriptes; bei »meine Notiz« kann der Leser eigene Notizen anlegen; mit »AN« unter dem Flusser-Photo den »Ton« »anschalten«.

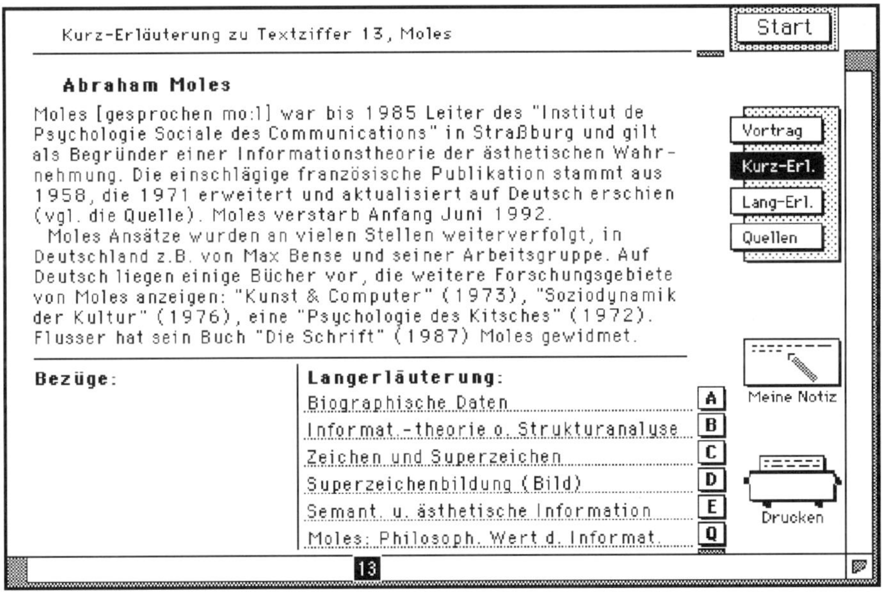

Abb. 5: Kurz-Erläuterung zu Abraham Moles

Abbildung 5 gibt die »Kurz-Erläuterung« zu »Moles« wieder, also eine erste kurze Erläuterung, gleichzeitig aber auch das Verzeichnis der nachfolgenden Karten mit den »Lang-Erläuterungen« (vgl. A, B, C...) und das Vorhandensein eines Quellentextes (»Q«). Schließlich zeigt die Abbildung 6 die Karte »A« dieser Lang-Erläuterungen, bei den im Vortrag genannten Personen typischerweise mit einem Bild.
Die Karten mit dem Quellentext sind ähnlich wie die hier gezeigte aufgebaut und bringen keine neuen Strukturelemente mehr. Nach diesem

Abb. 6: Erste Karte der Lang-Erläuterungen zu Abraham Moles

kurzen Durchgang dürfte deutlich geworden sein, daß der Flusser-Hypertext drei Angebote macht: a) Man kann den Text bzw. das Transkript »lesen« und ihn sich mittels der eigenen Notizen »kommentierend« aneignen; b) man kann dem Redner zuhören und seinem Argumentationsgang »folgen«; c) man kann schließlich Rede bzw. Text »kritisch« befragen, die Erläuterungen studieren, den Quellen (innerhalb wie außerhalb des Hypertextes) nachgehen oder die »Bezüge« prüfen. Also drei Angebote, zugleich drei unterschiedliche Entzifferungsarten.

Hypertext als Leseaufgabe – drei Beispiele

Nachdem eingangs gezeigt wurde, wie markant die praktische Leseerfahrung mit Hypertexten der postulierten Theorie widersprechen kann, und nun anhand des Flusser-Hypertextes klar wurde, wie ein Hypertext aussehen kann (selbstverständlich ist das nicht die einzig mögliche oder legitime Struktur), soll im folgenden konkretisiert werden, welche Leseaufgaben Hypertexte stellen. Wir beschränken uns auf drei Beispiele, die »Lesbarkeit« je unterschiedlich entziffern.

a) Verweiszeichen und Lesermodellierung:

Gehen wir noch einmal zu Abbildung 4 zurück, die den Vortrag zu Textziffer 13 wiedergibt. Auf die Bedeutung der kleinen Quadrate wurde schon hingewiesen; sie signalisieren eine Verbindung (**link**) dieser

Stelle zu einer nachfolgenden Erläuterung; operativ sind es Tasten (**buttons**), die einen neuen Bildschirm aufmachen.

Bei der Plazierung, operativen Festlegung und visuellen Gestaltung dieser Zeichen hat man es mit beiden Leseproblemen zu tun, sowohl mit der »legibility«, also der Entzifferbarkeit dieser Zeichen, als auch mit der »readability«, also ihrer Verständlichkeit und ihrem operativen Sinn. Bei der »legibility« dieser Zeichen geht es darum, sie lesbar, leicht erkennbar zu halten, aber auch in gewisser Weise unauffällig, unaufdringlich. Wir hatten früher eine andere Lösung, nämlich Sternchen. Damit wird leicht klar, daß drei hintereinander gereihte Sternchen*** den Text sehr viel stärker sprengen als diese Zeichen, die ja als Muster gelesen werden können. Je auffälliger, aufdringlicher aber diese Zeichen gestaltet werden, desto mehr wird der Leser dieses Textes aufgefordert, an dieser Stelle den Vortrag zu verlassen und eben in den Apparat zu gehen. Das bedeutet, man führt mit solchen Zeichen – stärker als bei traditionellen, passiv auf der Seite liegenden Fußnoten – ein starkes zentrifugales Moment in den Leseprozeß ein: »Sieh' doch die Erläuterung an!« So wird der Leser anders gegängelt und auf neue Weise modelliert. Ein weiteres Moment dieser Modellierung ist die Förderung einer bestimmten Erwartungshaltung, daß nämlich sogleich verfügbar ist und sofort erklärt wird, was eventuell nicht verstanden wurde. Bei der empirischen Erarbeitung von Fragen an den Text (aus denen dann die zu kommentierenden Vortragsstellen gewonnen wurden), wurde denn auch prompt diese Erwartung formuliert, daß an jenen Stellen, wo Flusser sagt, er könne das hier nicht mehr erörtern, der Hypertext nachhelfen möge. Diese Erwartung bedeutet, daß der von einem Apparat umstellte Text des Autors geöffnet und in den Sumpf der bisherigen Diskurse wieder hinabgezogen wird. Diese Möglichkeit von Hypertexten, die mühsam dem bisherigen Diskurs abgerungenen Worte des Autors wieder an diesen Diskurs zurückzubinden, hat Flusser bei der ersten Demonstration des Hypertextes sofort erkannt.[16] Es wäre denn auch technisch gesehen überhaupt kein Problem, in den Hypertext als eine weitere Ebene sämtliche Originaltexte Flussers mit aufzunehmen.

b) Implizite Beziehungsnetze und das Problem der Unübersichtlichkeit:

Die zweite Leseaufgabe sei an einer Stelle verdeutlicht, an der Flusser über »Code« spricht, wozu die Kurz-Erläuterung in Abbildung 7 angeboten wird. Im linken unteren Feld gibt es unter »Bezüge« vier Einträge. Hier weisen wir den Leser auf verwandte Stellen des Vortrages hin, also auf die TZ 10 »Transcode«, 14 »linearer Code«, 24 »Bildcode« und 42

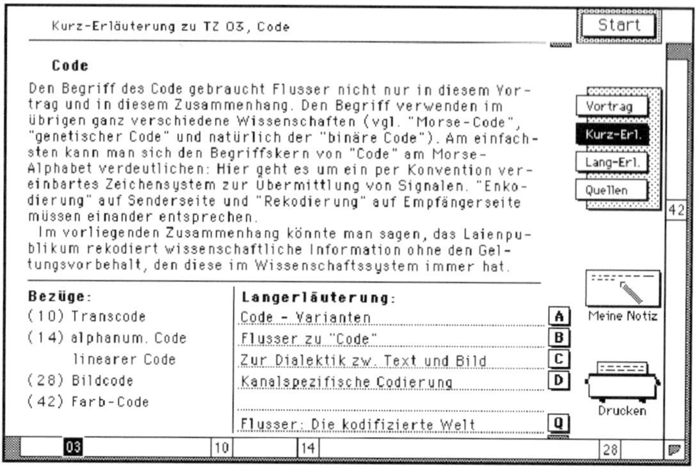

Abb. 7: Kurz-Erläuterung zu »Code«, TZ 3, mit den »Bezügen«

»Farb-Code«. Der Leser hat über die Textziffern am Rande die Möglichkeit, zu diesen Stellen direkt hinzuspringen.

Nun könnte man vermuten, daß diese fünf Stellen nicht die einzigen sind, an denen Flusser den Begriff Code verwendet. Diese Vermutung erweist sich als richtig! Wenn das Programm von Hypertext darin besteht, diese impliziten Verweise explizit und direkt verfügbar zu machen, dann wäre es nur konsequent, eben alle (!) diese Stellen nachzuweisen. Das habe ich einmal durchgeführt und das Ergebnis zeigt die nachfolgende Abbildung 8:

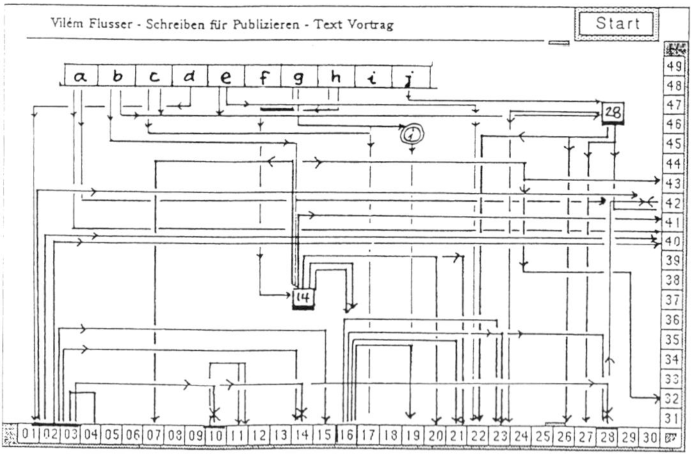

Abb. 8: Netzwerk der »Bezüge« zu »Code«, wenn alle expliziten und impliziten Verweise dargestellt würden.

Es läßt sich unschwer sehen, daß dieses Netzwerk von Bezügen nicht mehr lesbar ist; es ist nicht mehr handhabbar, und es ist auch nicht mehr informativ! Und dabei sind hier erst die Bezüge zu einem einzigen der zentralen Konzepte des Vortrags kartiert. Auf den Begriff gebracht bedeutet dies also, daß die Struktur so reichhaltig wird, daß sie sich vor den Text, um den es doch gehen sollte, schiebt. Ja, ironisch genug: Hypertext, als Programm und Explizierungsmethode, erzeugt aus einem gegebenen Text eine derart ausufernde Struktur, daß sie den Ausgangstext zudeckt.[17]

c) Lesbarkeit von Strukturbildern:

Mein drittes Beispiel ist eine weitere Variante zur Lesbarkeit von Strukturen. Noch einmal dient uns die »Startkarte« (Abb. 3) als Vorlage. Diese Übersicht ist der Versuch, nicht nur die Inhalte dieses Hypertextes darzustellen, sondern auch die Bauweise zu verdeutlichen. Dieser Aspekt der Lesbarkeit einer strukturanalogen Darstellung wurde schon erläutert.

Das Bauprinzip dieses Hypertextes ist, noch stärker vereinfacht, also eine T-Struktur: Der fortlaufende Text des Vortrages – bzw. der Ton – sollte nur an ganz bestimmten, ausgewählten Stellen durch einen kommentierenden Apparat abgestützt werden. Und zwischen den Säulen dieses Apparates sollte ein »Quersteigen« nicht erlaubt sein; der Leser muß auf die Vortragsebene zurück. In dieser »Architektur« ist damit eine eigene Dramaturgie versteckt, deren Botschaft lautet: »Gehe zurück zum Zentrum, denn der Vortrag ist das Zentrum!«

Man hätte diesen Hypertext auch anders bauen und damit implizit eine andere »Dramatisierung« des Stoffes vornehmen können. Dies sei abschließend in einer Variante demonstriert.

Alle Vortragskarten wurden mit einem Kurztitel versehen, zum jeweiligen Inhalt wurde ein Abstract geschrieben und die im Apparat auftauchenden Begriffe mit einem Sternchen gekennzeichnet. Das Ganze wurde als »Storyspace« eingerichtet.[18] Es wäre nun folgendes möglich (s. Abb. 9):

— zuerst sieht man den Titel (»Schreiben f. Publ.«) und neben »Paratexte« und »Vorbemerkung« die sieben Abschnitte des Vortrages; [a]

— wir schlagen »Schreiben f. Publ.« auf und sehen dann die dazugehörigen acht Vortragskarten; [b]

— wir öffnen eine dieser Karten (»13 orig. Kreat.«) und können das Abstract mit den erläuternden Begriffen lesen; [c]

— von hier aus könnte man auf die nächste Ebene des Originaltextes gelangen.

Bei einer solchen hierarchischen und thematischen Strukturierung würde das Moment des fortlaufenden Vortrags viel weniger betont; die

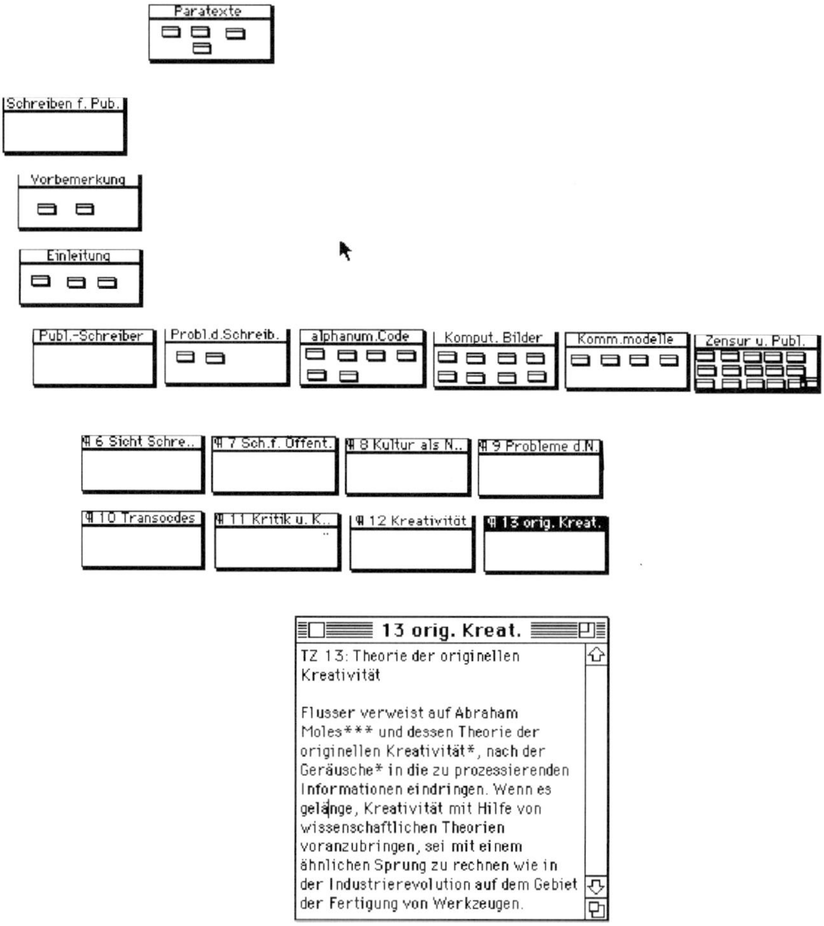

Abb. 9: Der Flusser-Hypertext als Storyspace

Sicht auf den Text wäre mehr die von Blöcken und »Netzen« von Themen.

Selbstverständlich könnte man auch hier alle Karten aufschlagen und als großes engmaschiges Netz anordnen. Über die Lesbarkeit einer solchen Struktur dürfte man sich nach dem bisher Gesagten wiederum keine Illusionen machen.

Ausblick

Die Erfahrungen und Überlegungen, die bisher zur Lesbarkeit von Hypertexten berichtet und dargestellt wurden, dürften das Problem verdeutlicht haben; gleichwohl sind sie kein Ersatz für eigene Leseerfahrungen. Solche lassen sich auch in ganz anderen Kontexten machen, z. B. in der Kunst.

Selbstverständlich sind die hier dargestellten Überlegungen kaum mehr als ein Ausschnitt. Noch eine ganz andere Seite dieser Leseproblematik wird aufgeschlagen, wenn wir an Beispiele von »interactive fiction« denken, etwa an »Afternoon« von Michael Joyce (1987). Dessen dramaturgisches Schema besteht darin, das (in der Geschichte) zentrale Ereignis durch eine Vielzahl von Pfaden vor dem Leser zu verstecken, so daß das Lesen zu einem Puzzle wird, zu einem nicht nur aktiven, sondern auch operativen Rekonstruieren. Text und Geschichte werden hier mit Hilfe der operativen Struktur des Hypertextes gegeneinander ausgespielt. Das erzeugt eine gewisse Spannung, die aber – nach meinen Leseerfahrungen – nur ein Stück weit trägt. Ob die Portionierung des Textes und die Zerstückelung der Erzählfäden als de-konstruktive Ideen tragen, ist m. E. zumindest zweifelhaft.

Hat man derart offene und an jeder Stelle zugängliche Hypertext-Strukturen vor sich, dann bedarf es keiner großen Phantasie sich auszumalen, wohin das Problem driftet. Wird in solchen Strukturen überhaupt noch gelesen? Wäre dies nicht auch ein Verlust? Am Ende des Kapitels »Dichtung« heißt es bei Flusser (S. 78):

»Was wir befürchten, wenn wir das Ende des alphabetischen Schreibens und dessen vollendetster Form erwarten, ist der Untergang des Lesens, d. h. des kritischen Entzifferns. Wir befürchten, daß in Zukunft alle Botschaften, insbesondere die Wahrnehmungs- und Erlebnismodelle, unkritisch hingenommen werden, daß die informatische Revolution die Menschen in unkritisch permutierende Empfänger von Botschaften, also in Roboter verwandeln könnte.«

Literatur:

Bang, P.; Dahlström, P.: Tierspuren [BLV Bestimmungsbuch]. München: BLV Verlagsgesellschaft 1977 (3).

Blumenberg, H.: Die Lesbarkeit der Welt. Frankfurt a.M.: Suhrkamp 1983 [stw 1986].

Böhle, K.; Riehm, U.; Wingert, B.: Vom allmählichen Verfertigen elektronischer Bücher. Karlsruhe: Forschungszentrum Karlsruhe 1995.

Bolter, J. D.: Writing Space. The Computer, Hypertext, and the History of Writing. Hillsdale (N.J.): Lawrence Erlbaum 1991.

ders.: Writing Space (Hypertext) 1990 .

Flusser, Vilém: Die Schrift. Hat Schreiben Zukunft? Göttingen: Immatrix 1987 (2).

ders.: Hypertext. Über das Schicksal von Büchern. In: NZZ Folio (Die Zeitschrift der Neuen Zürcher Zeitung) Nr. 10 vom Oktober 1991, S. 35–36.

Grissemann, H.: Pädagogische Psychologie des Lesens und Schreibens. Lernprozesse und Lernstörungen. Bern: Huber 1986.

Hannemann, J.; Thüring, M.: What matters in developing interfaces for hyperdocument presentation? In: Schuler, W.; Hannemann, J.: Workshop on Methodological Issues on the Design of Hypertext-based User Interfaces. Workshop am IPSI der GMD, 13.–14. Juli 1993, Proceedings, o. S.

Jonassen, David H.: Hypertext/Hypermedia. Englewood Cliffs: Educational Technology Publications 1989 (Buch mit Diskette).
Joyce, M.: Afternoon, a story. Cambridge, MA: Eastgate Systems 1987 (Hypertext).
Landow, George P.: Hypertext. The Convergence of Contemporary Critical Theory and Technology. Baltimore: The Johns Hopkins Univ. Press 1992.
Mechsner, F.; Glück, G.: Was passiert beim Lesen? In: Magazin der Süddeutschen Zeitung Nr. 41 vom 11. 10. 1991, S. 12–21.
Nelson, T. H.: Literary Machines (Ausgabe 87.1. vom Autor); als Guide-Hypertext, Version 87.1 für Macintosh. Bellevue (W. A.): Owl International 1987.
Riehm, U. u. a.: Elektronisches Publizieren. Eine kritische Bestandsaufnahme. Heidelberg: Springer 1992.
Wingert, B.: Äußerer und innerer Hypertext: Eine notwendige Differenzierung, verdeutlicht am Flusser-Hypertext. In: NfD 44 (1993), S. 29–36.
Wingert, B.; Böhle, K.; Riehm, U.: «TRO» prototype – text – exit. Drei Bücher und Hypertexte im Medienvergleich. In: Hartwagner, G.; Iglhaut, S.; Rötzer, F. (Hrsg.): Künstliche Spiele. München: Boer 1993, S. 144–166.

Anmerkungen:

1 Überarbeitete Fassung des Vortrags auf dem Vilém-Flusser-Symposium in Antwerpen, 28. 10.–31. 10. 1993. Dem dortigen heterogenen Teilnehmerkreis angepaßt – und den LeserInnen dieses Bandes vermutlich auch nicht unangenehm – wird im folgenden keine Fachdiskussion i. e. S. geführt. Es geht mir vielmehr um die Vermittlung eines Problemverständnisses.

2 Alle folgenden Zitate stammen ebenfalls aus »Die Schrift« (1987) und werden nur noch mit den entsprechenden Seiten zitiert.

3 Vgl. zu einem kurzen Überblick über wichtige Ergebnisse dieser Retrieval- und Benutzerforschung das Kapitel 5 in Riehm u. a. (1992).

4 Bei diesem Besuch in Robion zeigte ich M. und Mme. Flusser die erste Version des Hypertextes sowie die ersten neu gestalteten Seiten der ansehnlicheren zweiten Version.

5 Konkret handelt es sich um das Projekt Elektronisches Buch (PEB), welches wir mit einer Teilfinanzierung durch den BMFT von 1989 bis 1991 durchführten und in dem neben dem Flusser-Hypertext zwei weitere Prototypen entwickelt wurden. Beteiligt waren neben d. Verf. Knud Böhle und Ulrich Riehm. Es gibt zu PEB sowohl eine deutsche als auch eine englische Projektdarstellung als Hypertext (für Macintosh wie für Windows-PCs), die beim Verf. angefordert werden kann.

6 *Guide*, *HyperCard* und *Storyspace* sind drei Varianten von Hypertext-Software mit einem je typischen Ansatz. Das Grundkonzept bei *Guide* kann in einer Art Faltmechanismus gesehen werden. So könnte diese Fußnote hier durch Klick auf den entsprechenden »note button« geöffnet werden und in einem kleinen Fenster über dem vorstehenden Text zum Vorschein kommen. *HyperCard* ist die auch für den Flusser-Hypertext verwendete Software, die seit 1987 von Apple den Geräten kostenfrei beigegeben wurde. Hier sind Karteikarten das Grundprinzip, die beliebig gestapelt, untereinander verbunden, je anders formatiert usw. werden können. Der Ansatz von *Storyspace* ist wieder anders; das zentrale Konzept sind hier »Schreibräume«, die ineinander geschachtelt und untereinander »verlinkt« werden können. Dieses Prinzip wird später noch demonstriert.

7 Es gibt zu dieser Arbeit für Interessierte einen internen Bericht, der angefordert werden kann. Eine kürzere Fassung enthält Wingert u. a. (1993).

8 Diese Evaluation stammt von Knud Böhle.

9 Diese Evaluation von Ulrich Riehm.

10 Da selbst kein Fährtenleser, entnahm ich dieses Beispiel einem Buch: »Tierspuren« von Bang/Dahlström 1977.

11 Dieses Moment der variierenden Deutung läßt sich auch aus einem textorientierten Lesebegriff gewinnen, z. B. Grissemann: »Lesen ereignet sich in ständig variierenden Erfassungen von Wortbildern und Wortsegmenten [ohne Hervorh.]« (1986, S. 41). Für eine kurze Orientierung über den aktuellen Forschungsstand zum Lesen vgl. Mechsner und Glück (1991). Lesen Sie die nachfolgende Zeile von mieb etlahnl red gnungienA eid gireiwhcs eiw ,nehes eiS dnu sknil hcan sthcer Lesen sein kann (nach Grissemann).

12 So eine Spontandefinition von Irene Jochum.

13 Dem aufmerksamen Leser ist sicher nicht entgangen, daß hier ein Begriff von Lesen vorliegt, der auf die Sicherheit des Entzifferns nicht mehr baut und den Glauben aufgegeben hat, daß »hinter den Zeichen« noch etwas stünde (vgl. bei Flusser die Stelle im Anschluß an das obige Zitat). Doch müssen sich ein eher phänomenaler und ein erkenntniskritischer Lesebegriff nicht widersprechen. Die beiden von mir herausgestellten Momente der variierenden Ausdeutung und des sicheren Herauslesens der Inhalte finden sich auch bei Flusser, wenn er in »Entzifferungen« wieder näher am Text-Lesen analysiert (vgl. S. 87).

14 Aufschlußreich, daß nach Aussagen zeitgenössischer Handleser und Kartenlegerinnen ein »Lesemodell« im eigentlichen Sinne gar nicht mehr in Anspruch genommen wird. Der Prozeß dieses Entzifferns wird vielmehr von den Praktikern als ein Wiedergeben der von einem Klienten mitgebrachten Spannungen und Kräfte verstanden, während kritische Experimente belegen, daß die tatsächlichen Prozesse eher einem Modell des Selbstlesens gehorchen, indem »sich jeder aus einer geschickten Mixtur das Passende herausklauben kann«; vgl. hierzu Bettina von Kleists Artikel (»Die Sorge: Was wird mir passieren?«) in der Frankfurter Rundschau vom 31.7.93.

15 Leider ist der Flusser-Hypertext noch nicht öffentlich zugänglich, doch ist geplant, ihn zusammen mit anderen Anwendungen auf einer CD-ROM zu publizieren. Im übrigen wird in Kürze eine ausführliche Darstellung dieser Prototypen sowie eine eingehende Auswertung unserer Entwicklungserfahrungen vorliegen, vgl. Böhle u. a. 1994.

16 Eine durchaus ungemütliche Vorstellung, wie in Flussers Artikel im Magazin der NZZ nachgelesen werden kann (hier abgedruckt S. 109 ff.).

17 Vielleicht ist dies ein anderes Beispiel dafür, daß eine Programmatik nie allzu ernst genommen werden sollte. Auch herkömmliche Texte werden, zu wörtlich gelesen, unverständlich. Muß diese Textvergessenheit (Textolatrie; s. S. 90) durch eine »Relatiolatrie« ergänzt werden? In der Fachdiskussion wird dieses Problem der Lesbarkeit von Netzdarstellungen, insbesondere wenn es sich um aktivierbare »graphische Browser« handelt, eher als Problem der Übersichtlichkeit denn des Lesens thematisiert; vgl. etwa Hannemann, Thüring (1993).

18 *Storyspace* verwendet als Leitkonzept keinen Klappmechanismus wie *Guide* oder Karteikarten wie *HyperCard*, sondern – wie der Name nahelegt – »spaces«, die man – wie russische Puppen – ineinander schachteln kann.

Elektronisches Publizieren

von Enno Rey

Unter »Electronic Publishing« wird weithin die Verbreitung (und damit »Publikation«) von traditionell den Medien Buch oder Zeitschrift vorbehaltenen Inhalten auf Diskette oder CD-ROM verstanden. Gelegentliche Versuche, Disketten als Buchsubstitut zu nutzen, scheitern jedoch im allgemeinen an deren zu geringer Speicherkapazität, die sie für professionelle Anwendungen ungeeignet und gleichzeitig für Privatnutzer zu aufwendig in der Handhabung machen. Auch komplett auf Diskette vorliegende Publikationen werden daher in der Regel nur parallel zum Buch veröffentlicht.[1] CD-ROMs hingegen eignen sich zwar aufgrund ihrer hohen Speicherkapazität (momentan 650 MB) für Nachschlagewerke, Kataloge oder zur Erfassung kompletter Jahrgänge von Zeitungen oder Zeitschriften und bieten Vorteile wie geringes Volumen oder integrierte Such-Software, sind dafür aber (bislang) nicht kopierbar, sondern auf einen technisch und finanziell aufwendigen Herstellungsvorgang (das sogenannte Brennen) angewiesen. Beide Medien bedürfen immer noch physikalischer Träger, die hergestellt und distribuiert werden müssen, mithin eine Art Verlegerfunktion erfordern. Viel interessanter für Autoren wie Nutzer erscheint da die »virtuelle Publizierung« von Elaboraten jeglicher Art durch Einbringung ins große, weltumspannende Netz der Computer. Betrachten wir den größten Verbund:

Das Internet

Daran sind mehr als zwei Millionen Rechner (vor allem Universitäten, Forschungseinrichtungen, Bibliotheken), d.h. momentan ca. 25 Millionen Nutzer, angeschlossen. Brendan P. Kehoe, Autor eines Standardwerks über das Internet, zufolge verdoppelt das Netz seine Größe alle sechs Monate.[2] Der Zugang zu Diensten im Internet ist wegen des nicht-kommerziellen Anspruchs im allgemeinen kostenfrei. Jeder angeschlossene Nutzer kann an Diskussionslisten teilnehmen, in die sich ein fester Stamm von Usern, durch ein gemeinsames Interesse verbunden, eingeschrieben hat, und so automatisch mit Neuigkeiten dazu versorgt werden. Weiterhin gibt es sogenannte E-Journals, elektronische Zeitschriften, die abonniert werden können – der Abonnent erhält dann regelmäßig ein Inhaltsverzeichnis mit Kurzfassungen der Beiträge samt entsprechender Dateinamen – und auf deren Inhalte auch über netzweite Such- und Abfragedienste zugegriffen werden kann. Schließlich werden in NewsGroups »alle Artikel zu einem bestimmten Thema auf verschiedenen Rechnern, die wiederum über den gesamten Erdball verstreut sein können, zusammengefaßt und gespeichert«.[3] Durch die dezentrale Organisation des Internet (und damit Unabhängigkeit von den Ressourcen/Steuerungsmechanismen einer Zentraleinheit) und das Fehlen jeglicher Art von Zensur – die Ermahnung einiger Teilnehmer von ALT.TASTELESS, die sich bei den Katzenfreunden von REC.PETS.CATS »eingeschlichen« hatten und diese dort mit ihren Vorstellungen von Katzenliebe konfrontierten, gehört zu den Ausnahmen – kann hier jeder Nutzer jede Art von Inhalt (der nicht nur aus Text bestehen muß) einspeisen oder abrufen. Generell würde jede Art von »Bücherverbrennung« im Internet auf Schwierigkeiten stoßen, da die militärischen Ursprünge des Internet auf die Intention zurückgehen, ein effektives, dezentrales Computernetz zu realisieren, das den Ausfall eines oder mehrerer seiner Teilsysteme verkraftet, ohne zusammenzubrechen. Welche Auswirkungen hat nun diese neue Art von Informationsvermittlung auf das Medium Buch, seine Herstellung (das Verlagswesen) und Distribution (den Buchhandel)? Das soll hier abrißartig untersucht werden.

Demokratisierung

Maier/Wildgruber fragen: »Wozu der Umweg über die Verlage? Warum stellen die Forscher ihre Publikationen nicht direkt den Bibliotheken zur Verfügung? Ist ein Text einmal auf einem an das Netzwerk angeschlossenen Computer gespeichert, so kann er allen Netzwerkbenutzern zugänglich gemacht werden. Gegenüber den traditionellen Publikationskanälen sind die Produktions- und Vertriebskosten minimal. Der Vertrieb stellt das geringste Problem dar: eine Nachricht an die entsprechende Newsgroup, und schon weiß die gesamte vernetzte Welt von der tollen neuen Publikation. Im Endeffekt kann jedermann seinen eigenen Verlag betreiben. Er kopiert einfach die entsprechende Datei in einen öffentlich zugänglichen Speicherbereich, schon ist dieser Text 'veröffentlicht'.«[4]

Bedenkt man, daß auch die äußere Form solcher Publikationen mit Hilfe des Desktop-Publishing (DTP) gestaltet werden und auch diese optische Zusatzinformation mittlerweile durch plattformübergreifende

Standards übertragen werden kann, vermag jeder Autor auch gleichzeitig Setzer zu spielen: »Heute wird das persönliche Buch im DTP technische Wirklichkeit. Nun trägt der Autor selbst die editorische Verantwortung (Schreiben und Typographie bilden erstmals eine Einheit).«[5] Dieses Phänomen skizziert auch Thomas Lehr in seinem Roman *Zweiwasser oder Die Bibliothek der Gnade*, dessen Titel beinahe programmatisch anmutet und dessen Entstehung zeitlich parallel zur ablaufenden Entwicklung kein Zufall sein kann.* In der dort beschriebenen, von einem anonymen Mäzen gestifteten Spezialbibliothek sollen alle Werke, »die keinen Verlag gefunden haben« gesammelt, (mit elektronischer Hilfe) archiviert und öffentlich verfügbar gemacht werden, handle es sich um »Tagebücher, verschmähte Enzyklopädien, Waschzettel, Abhandlungen, Träume, Spruchsammlungen, Witze, Pamphlete, Romane«.[6] Ganz wie das Internet soll diese Bibliothek der Gnade für jedermann, gleich zu welcher Tageszeit, zugänglich sein. »Auf Verlangen erhielt man eine mit neuartigen Reproduktionstechniken blitzschnell hergestellte Kopie jeder beliebigen Arbeit kostenlos ausgehändigt«[7] – die »aus der unauslotbaren Tiefe der Rechner [!]«[8] kommt. Weitsichtig erkennt Lehr aber auch die negativen Auswirkungen dieser ungefilterten Publikations-Flut: den

Wegfall jeglicher Selektion

Wenn keine Filterung der Publikationen durch Verlage respektive ihre Lektoren stattfindet, steht der Informations- oder Zerstreuungssuchende vor einer unorganisierten und schier unüberschaubaren Datenmenge. Das oben erwähnte Beispiel zeigt, daß es einerseits nur schwerlich gelingen wird, sich Schund aus den Weiten des Internet vom Leibe zu halten. Andererseits wird der gesamte Umfang der darin vorhandenen Daten trotz verschiedener Dienste wie Gopher, WAIS (Wide Area Information Servers) oder WWW (World Wide Web), die bei der Informationssuche (z. B. anhand von Hypertext-Verbindungen) behilflich sein sollen (und es auch sind), nie erfaß- oder abrufbar sein. Lehr: »Mit dem unaufhaltsamen Anwachsen der Gnadenbibliothek ... spitzte sich der Konflikt zwischen der althergebrachten Lese- und Schreibkultur auf der einen Seite und der anarchischen Flut der Freien auf der anderen Seite zu. Die Beliebtheit der Gnadenbibliotheken verkleinerte die Absatzchancen des selektierenden Verlagswesens drastisch ... Energisch wies man auf die eigene Bedeutsamkeit hin. Die Flut einzudämmen, aus dem Strom aus Höchstem und Tiefstem, aus

*Den Epilog dieses Romans finden Sie auf S. 152 ff.

Geschmiere, Mittelmäßigem, Dilettantischem, Widerwärtigstem ... die wenigen Fische herauszuangeln, die der Lesemühe wert seien, müsse als undankbares und edles Geschäft hoch geachtet werden. Die Lektoren erschienen als nahezu herkulische Figuren im gewaltigen Mist der Manuskripte.«[9] Maier/Wildberger gewinnen dem jedoch auch einen positiven Aspekt ab: »Für die etablierten Verlage ergeben sich hier Möglichkeiten, ihre angestammte Rolle auch im elektronischen Medium einzunehmen und sogar auszubauen. Durch die niedrigeren Produktions- und Vertriebskosten des elektronischen Mediums können mehr Ressourcen für die Qualitätssicherung aufgewendet werden. Außerdem kann für die Qualitätssicherung mehr Zeit aufgewendet werden, weil das elektronische Publikationsmedium nicht an Erscheinungstermine gebunden ist und Artikel auch einzeln veröffentlicht werden können ... Während bei gedruckten Publikationen im Revisionsprozeß übersehene Fehler sich durch eine ganze Auflage ziehen, können elektronische Publikationen viel leichter korrigiert und auch aktuell gehalten werden. Neuauflagen sind jederzeit möglich, es muß nicht erst einmal ein Bestand an Büchern verkauft werden.«[10]
Neben solchen technischen Vorteilen könnten sich für Verlage auch neue Aufgabengebiete erschließen, die in Selektion und Zusammenfassung bzw. Aufbereitung über das Internet zugänglicher Daten bestünden (was sind Fernsehprogramme bzw. die sie editierenden Sender, die auch nicht durch Entwicklungen wie *Pay per View* oder *Video on Demand* überflüssig gemacht werden, anderes?). Und wer wäre dafür besser geeignet als schon entsprechend geschulte und darin erfahrene Lektoren bzw. die mit entsprechenden Marktforschungsdaten ausgestatteten Verlage? Gemeinhin wird dieser Aspekt seitens der Verlage allerdings sträflich vernachlässigt.

Autorschaft und Copyright

Auch eine weitere klassische Verlagsaufgabe, das Wahrnehmen und Schützen der Rechte eines Autors, wird durch das Medium Datennetz ausgehöhlt. Da jede im Netz verfügbare Datei beliebig von Dritten (eigentlich: Zweiten) verändert, ergänzt oder als Teil einer anderen irgendwo wieder auftauchen kann, wird eine eindeutige Zuordnung »Urheber – Werk« fast unmöglich – »Demonstrating authorship is more difficult, if not impossible, with dynamic digital electronic media. The information is online, and thus in a permanent state of flux. Who should be rewarded, and for what particular contributions?«[11] Norbert Bolz bemerkt: »Wo alles Geschriebene in Datenbanken aufgeht und

dort von anderen Schreibern wiedergebraucht werden kann, entstehen unautorisierte, nämlich autorenlose Texte, die sich gleichsam im Lesen schreiben.«[12] Er wendet aber ein: »Doch auf absehbare Zeit wird es schon deshalb noch 'Autoren' geben, weil die kapitalistische Spezifikation des Projekts Textgesellschaft auf dem Copyright bestehen muß. Piraterie wird zum Schlüsselproblem.«[13] Letzteres sehe ich ähnlich, glaube aber nicht, daß Copyright-Ansprüche technisch oder urheberrechtlich (s.o.) nachvollziehbar sein werden können. Das französische Kunstmagazin NOV'ART fragt zwar: »Peut-on repérer de nouveaux auteurs dans ce champ [la création multimédia 'sur les autoroutes de l'information']?«[14], bemerkt jedoch selbst, daß der Autor-Begriff »peut sembler paradoxal dans ce contexte«.[15] Publikationen sind im Internet nie abgeschlossen (das oben erwähnte Standardwerk über das Netz heißt nicht zufällig »Zen und die Kunst des Internet«) und nie eingleisig wie Bücher, sondern eher ein Ergebnis von »lecture-réécriture« (NOV'ART) oder einer kollektiven intellektuellen Produktion. Das muß aber weder der »Qualität« der »Netz-Diskurse« noch der Kommunikation der Teilnehmer zum Nachteil ausschlagen; hatte doch das Buch als Wissensvermittlungsmedium den Leser irgendwann auf sich fixiert, mithin von seiner Umwelt isoliert: »Nach der Einführung und der raschen Ausbreitung des Buchdrucks in Europa hat es noch Jahrhunderte gedauert, bis die Gesellschaft und ihre Transformation als unabhängig von der Interaktion unter Anwesenden aufgefaßt werden konnten. Erst um etwa 1800 kann man dieses Umdenken feststellen.«[17]
Jetzt wird das Buch »wieder in ein textum aufgelöst.«[18]

Das Medium Buch – seine Zukunft

»Der Konsument des Buches ist ein Leser«, schreibt Wolfgang Heinold, um mit einem Zitat des ehemaligen Vorstandsmitglieds der Bertelsmann AG, Ulrich Wechsler, fortzufahren: Und dieser »wird sich auch in 50 Jahren nicht mit einem Fernseher in die Sofaecke kuscheln oder eine Widmung in eine Bildplatte ritzen. Und auch in 50 Jahren wird es niemandem gelingen, zwischen zwei Bildschirmseiten ein Edelweiß zu trocknen«. Ich wende hier ein: Man kann es sich aber dann (online!) vorlesen lassen – in gewünschter Stimmlage und Modulierung! Und der Sekundärnutzen von Büchern, der im Edelweiß-Trocknen oder in dekorativen Bücherwänden (moderne Variante: »Ich hab' jetzt 200 Megabyte Schiller auf meinem Rechner«) besteht, sollte hier nicht diskutiert werden. Maier/Wildberger dagegen prognostizieren: »Die Erfindung und Ausbreitung von Computernetzen wie dem Internet könnte ähnlich grundlegende Veränderungen wie die Erfindung des Buchdrucks auslösen, insbesondere in den Wissenschaften, die ja besonders stark auf Gutenbergs Erfindung aufbauen. Viele der uns vertrauten wissenschaftlichen Institutionen sind tief in der von Gutenberg geschaffenen Welt verwurzelt: Bibliotheken, der Zwang zum Publizieren, die Autorität des gedruckten Wortes und die daraus abgeleitete der wissenschaftlichen Verlage und der Herausgeber wissenschaftlicher Zeitschriften, Autorenschaft, Copyright. Sie alle werden sich an die von der elektronischen Kommunikation verursachten Änderungen anpassen müssen, oder sie laufen Gefahr, von der Welle der Neuerungen hinweggespült zu werden. Vielleicht werden uns schon bald Druckereien ebenso archaisch erscheinen wie die Säle voll schreibender Mönche des Mittelalters.«[20] Seit langem existiert im Internet das sog. *Project Gutenberg,* in dem Werke der Weltliteratur, wegen des erloschenen Copyrights hauptsächlich Klassiker, darunter das gesamte Werk Shakespeares sowie die Bibel und der Koran, erfaßt sind. Bis zum Jahr 2001 soll ihre Zahl 10000 überschreiten. Literaturstudenten beispielsweise können weiterhin unter LIBRARY.DARTMOUTH.EDU den kompletten Text der *Göttlichen Komödie* mit allen Kommentaren aus mehr als 600 Jahren abrufen. Eine ältere Ausgabe der *Internet Yellow Pages,* die auch nur einen kleinen Ausschnitt des ständig wachsenden Angebots katalogisieren, weist unter der Rubrik LITERATURE: TITLES 45 Einträge (darunter die *Aeneis* in Latein), unter LITERATURE: AUTHORS 19 Einträge (u.a. Dickens, Poe, Shakespeare) auf. Hier werden aber nur Inhalte eines lange bestehenden Mediums unverändert in ein neues adaptiert (ein an Epochenschwellen häufig zu beobachtendes Phänomen). Die weitergehende Frage müßte hingegen lauten, ob »das Informationsverarbeitungssystem Buch der Komplexität unserer sozialen Systeme nicht mehr gewachsen«[21] ist.

Literatur:

Norbert Bolz, Am Ende der Gutenberg-Galaxis. Die neuen Kommunikationsverhältnisse, München (Wilhelm Fink Verlag), 1993.

Michel Foucault, Die Ordnung des Diskurses, Frankfurt am Main (Fischer Taschenbuch), 1991.

Wolfgang Ehrhardt Heinold, Bücher und Büchermacher. Was man Verlagen und Verlegern wissen sollte, Heidelberg (Hüthig Verlagsgemeinschaft), 1993.

P. Hilts, Through the Electronic Copyright Maze, in: Publisher's Weekly, Juni 1992.

Brendan P. Kehoe, Zen und die Kunst des Internet, München (Prentice Hall), 1994.

Thomas Lehr, Zweiwasser oder die Bibliothek der Gnade, Berlin (Rütten & Loening), 1992.

Niklas Luhmann, Soziologische Aufklärung Bd. V, Opladen (Westdeutscher Verlag), 1975.

Gunther Maier/Andreas Wildberger, In 8 Sekunden um die Welt. Kommunikation über das Internet, Bonn (Addison-Wesley), 1994.
Frank Ogden, The last Book You'll Ever Read and Other Lessons From the Future, Toronto (MacFarlane Walter & Ross), 1993.

Anmerkungen:

1 Frank Ogden 1993.
2 vgl. Brendan P. Kehoe 1994.
3 Gunther Maier/Andreas Wildberger 1994, S. 49.
4 Ebd., S. 134.
5 Norbert Bolz 1993, S. 198.
6 Thomas Lehr 1992, S. 347.
7 Ebd., S. 348.
8 Ebd.
9 Ebd., S. 351.
10 Maier/Wildberger 1994, S. 134.
11 P. Hilts 1992, S. 35–37.
12 Bolz 1993, S. 223.
13 Bolz 1993, S. 213.
14 NOV'ART le journal d'ART 3000, no. 14 juin–septembre 1994, S. 2.
15 Ebd. S. 7.
16 vgl. Michel Foucault 1991, S. 20 f.
17 Niklas Luhmann 1975. S. 121.
18 Bolz 1993, S. 192.
19 Wolfgang Ehrhardt Heinold 1993, S. 282.
20 Maier/Wildberger 1994, S. 132.
21 Bolz 1993, S. 203.

Die elektronische Revolution und ihre Auswirkungen auf Verlage und Bibliotheken

von Heinz Hauffe

Korf ist fassungslos, und er entflieht,
wenn er nur Europens Bücher sieht.
Er versteht es nicht, wie man
zentnerschwere Bände leiden kann.
Und ihm graut, wie man dadurch den Geist
gleichsam in ein Grab von Stoff verweist.
Geist ist leicht und sollte darum auch
leicht gewandet gehen nach Geisterbrauch.
Doch der Europäer ruht erst dann,
wenn er ihn in Bretter 'binden' kann.
Christian Morgenstern, Palmström (1910)

Die Rolle der Verlage und Bibliotheken in der Informationskette

Verlage und Bibliotheken sind traditionellerweise wichtige Glieder in der Informationskette »Autor – Verlag – Agentur/Buchhandel – (Bibliothek) – Leser«. Dem war nicht immer so: Noch vor 300 Jahren, zu Zeiten eines Gottfried Wilhelm Leibniz, der als Bibliothekar, Philosoph und Universalgelehrter in Hannover wirkte, standen fast alle Gelehrten Europas miteinander in regem direktem Briefwechsel. Der Umstand, daß seit der Renaissance die Zahl der Gelehrten und Wissenschaftler in geometrischer Progression zunahm (und noch zunimmt) und daß ihr Gedankenaustausch von öffentlichem Interesse schien, führte gegen Ende des 17. Jahrhunderts zur Gründung der ersten Zeitschriften: 1665 des *Journal des Savants* in Paris und der *Philosophical Transactions* in London, 1682 der *Acta Eruditorum* in Leipzig und 1688 der ersten Zeitschrift in deutscher Sprache namens *Monats-Gespräche,* ebenfalls in Leipzig. Viele dieser Organe trugen anfangs deutlich die Merkmale eines veröffentlichten Briefwechsels.

Die Gutenbergsche Revolution bestand in einer radikal effektiveren und rationelleren Verbreitung von Informationen auf dem Medium Papier. Heute befindet sich ein weiteres Medium, nämlich das elektronische, so rapide auf dem Vormarsch, daß bereits vielfach von einer zweiten Gutenbergschen Revolution die Rede ist. Und es kommt nicht von

[Beitrag zum Kolloquium »Bibliotheksnetze und elektronische Medien – Herausforderung für Verlage und Bibliotheken«, Bielefeld 1994; der Autor ist Bibliothekar an der Universitätsbibliothek Innsbruck.]

ungefähr, daß ein innovatives Projekt, von dem noch die Rede sein wird, den Namen *Gutenberg* trägt. Elektronische Bücher und Zeitschriften vermehren sich explosionsartig, und die Wissenschaftler aller Welt sind miteinander »intervernetzt«. Ersetzen nun die elektronischen Diskussionsforen im Internet die Zeitschriften? Reduziert sich die Informationskette schlicht und einfach auf »Autor – Leser«? Werden nun Verlage und Bibliotheken in der Informationskette an den Rand gedrängt oder müssen sie ein neues Rollenverständnis aufbringen, eine neue Identität definieren? Werden neue Kooperationsformen zwischen Bibliotheken wie regionale oder überregionale Verbünde, die die einzelnen Bibliotheken als virtuell erscheinen lassen, hierauf Einfluß nehmen können? Wir wollen im folgenden versuchen, hierauf eine Antwort zu geben; zunächst sei jedoch der Hintergrund des Informationsflusses vom Informationsproduzenten zum -konsumenten näher beleuchtet.

Der Informationsproduzent

Das fast an Spitzweg erinnernde Bild vom Schriftsteller oder Wissenschaftler, der vor der Schreibmaschine mit eingespanntem Papier sitzt, dieses dann mit Tippex bearbeitet oder in den Papierkorb wirft, ist mehr oder weniger passé. Heute bedient er sich eines Textverarbeitungssystems, montiert womöglich Passagen früherer Arbeiten in sein neues Manuskript, holt sich aus seiner persönlichen Literaturdatenbank am PC, in die er z.T. Ergebnisse von Online Recherchen elektronisch hineinkopiert hat, das passende Literaturverzeichnis dazu und formatiert dieses per Knopfdruck nach den Richtlinien des Verlags. Dann schickt er dieses dem Verlag entweder auf Diskette oder gleich über die Leitung. Dieser gestaltet das Layout, baut es – wenn es sich um einen Aufsatz für eine Zeitschrift handelt – in diese ein und veranlaßt per computergesteuertem Lichtsatz (zum Großteil: noch!) dessen Ausgabe auf Papier.

Elektronische Zeitschriften und Zeitungen als ASCII-Dateien*

»Noch« heißt, daß zwar das Medium Papier nach wie vor von einem wirtschaftlichen Gesichtspunkt aus gesehen eine zentrale Rolle spielt, daß aber daneben und zunächst parallel dazu das elektronische Me-

***ASCII** (American Standard Code for Information Interchange): einfachstes Textformat (für jedes Zeichen gibt es einen Zahlencode), enthält weder Formatierungen noch Laute.

dium sich immer stärker durchsetzt.[1] Betrachten wir zunächst, nachdem wissenschaftliche Bibliotheken im Schnitt etwa 60% ihres Erwerbungsbudgets für Periodika ausgeben, die Situation auf diesem Sektor. Ein Blick in »Fulltext Sources Online«[2], wo an die 4000 Titel wie ABA *American Criminal Law Review* bis *Yachting* aufgelistet sind, vermittelt einen ersten Eindruck (und dabei sind das nur die bei den etablierten Hosts* aufliegenden Zeitschriften im Volltext, ein kleiner Bruchteil im Vergleich zu den über internationale Rechnernetze verfügbaren Titeln). Selbst den *Playboy* gibt es im Volltext in der Datenbank »Magazine ASAP« bei BRS und Dialog. BRS erlaubt mit dem Link**-Kommando nach der Identifizierung eines gewünschten Artikels in Medline elegant den Sprung in die über 100 weltweit führende biomedizinische Zeitschriften umfassende *Comprehensive Core Medical Library,* aus der für $ 0,99 der dazugehörige Volltext ausgedruckt werden kann.
Produkte dieser Art stammen allesamt aus Verlagshäusern, in denen die herausgebrachten Texte in maschinenlesbarer Form vorliegen, so etwa auch die Inhaltsverzeichnisse wissenschaftlicher Zeitschriften, die damit dem Endverbraucher direkt, nicht über den Umweg Datenbankhersteller und -anbieter, angeboten werden können. Ein Beispiel hierfür ist das *Springer Verlag Journals Preview Service* des Springer-Verlags Heidelberg: Von 30 biomedizinischen Zeitschriften können Inhaltsverzeichnisse, Überschriften und Abstracts der wissenschaftlichen Originalarbeiten drei bis sechs Wochen vor Erscheinen der gedruckten Zeitschrift elektronisch abgerufen werden. Mit einer E-Mail an »Svjps@Dhspri6.Bitnet«, die nur das Wort »help« beinhaltet, erhält der Interessent weitere Informationen über diesen Service.
Daneben bieten die etablierten Hosts auch jede Menge Tageszeitungen an: Seit Dialog vom amerikanischen Medienkonzern Knight Rider aufgekauft wurde, ist dort das Angebot an online verfügbaren amerikanischen Tageszeitungen auf über 40 gestiegen; seit derselbe Konzern zu Beginn 1993 auch Data-Star erworben hat, wird auch hier verstärktes Augenmerk auf europäische Tageszeitungen im Volltext gelegt. Auch andere Hosts wie Genios/APA engagieren sich auf diesem Sektor. Soweit, so gut. Elektronische Tageszeitungen dieser Art werden jedoch ihre gedruckten Pendants nicht verdrängen können, solange die Anschaltzeit (bei Dialog $ 96 pro Stunde) und die überspielten Texte (bei Dialog $ 0,50 pro Artikel) kostenpflichtig sind: Für eine 10-minütige Recherche mit einem Ergebnis von 10 Artikeln kann man sich

***Host**: Über Datenleitung erreichbares Computersystem (host=Wirt), auf dem Mailboxservices oder Datenbanken angeboten werden.
****Link**: Verknüpfung.

locker das Monatsabonnement der betreffenden Zeitung leisten. Auch Zeitungen auf CD-Rom, deren Titelzahl bereits in die Dutzende geht, sind aus Gründen mangelnder Aktualität kein Ausweg; vielmehr wäre ihre Montage in einem LAN* zu wünschen, in das der Verleger gegen ein Honorar inklusive Campuslizenz täglich die neueste Ausgabe überspielt und aus dem die Leser – eventuell gegen eine vertretbare Kopiergebühr – die gewünschten Artikel ziehen können.
Keine Probleme dieser Art ergeben sich bei Produkten nicht-kommerzieller Hersteller wie Universitäten, Berufsvereinigungen etc. Im »Listserv@Aearn« sind zur Zeit 4466 Diskussionslisten und elektronische Zeitschriften verzeichnet, deren Unterschiede oft verschwimmen. Jeder Internet-Benutzer kann diese Produkte völlig kostenlos abonnieren, indem er dem betreffenden Listserver eine Meldung der Form »Subscribe Liste Vorname Nachname« schickt.
Alle diese Zeitschriften sind ordentlich mit einer ISSN versehen und dürfen mit expliziter Erlaubnis der Herausgeber von Bibliotheken katalogisiert, dem Bestand abonnierter Zeitschriften einverleibt und den Benutzern bereitgestellt werden, sei es elektronisch im LAN oder (aus)gedruckt auf Papier.

Elektronische Zeitschriften und Zeitungen als Faksimiles

Bisher war stillschweigend nur von Texten die Rede, die in ASCII codiert sind. Man kann sie nun entweder nur am Bildschirm lesen, oder sie schnell und schlampig mit einem Matrixdrucker auf Endlospapier ausdrucken, oder man kann sie in die Textverarbeitung laden, editieren und etwas besser lesbar per Laserdrucker auf Papier ausgeben, allerdings ohne Graphiken, Fotos, Tabellen und ohne die professionelle und übersichtliche Schriftbildgestaltung, wie sie der verwöhnte Leser gedruckter Zeitschriften bislang aus »leseergonomischen« Gründen goutiert hat. Auch wenn man der Ansicht sein mag, der Informationsgehalt eines ASCII-Volltextartikels sei – mit einigen Abstrichen – derselbe wie der seines gedruckten Pendants, auch wenn ASCII-Texte den Vorteil der allgemeinen und geräteunabhängigen Verfügbarkeit haben, das Non-Plus-Ultra Elektronischen Publizierens ist das noch nicht. Es wird darin bestehen, daß das Dokument elektronisch faksimiliert in professionellem Layout zur Verfügung steht.[3]
Produkte wie ADONIS oder *Business Periodicals Ondisk,* beide elektronische Ausgaben von je ca. 500 Zeitschriften in Faksimileform, bedienten

* **LAN**: Local Area Network, lokales Rechnernetz.

sich zunächst des Mediums CD-ROM. Der Umstand, daß ein Text als Pixelmuster wesentlich mehr Speicherplatz benötigt als ein in ASCII codierter Text, läßt das Medium CD-ROM jedoch sehr klein erscheinen: Pro Jahr fallen an die 50 Scheiben an, und eine Bibliothek, die ein derartiges Produkt abonniert, muß entweder einen eigenen Diskjockey einstellen oder alle zwei Jahre eine marktgängige Jukebox mit 100 Plätzen und einem Laufwerk kaufen. Es liegt auf der Hand, daß diese Konfiguration nicht netzwerkfähig sein kann. Es gäbe zwar bereits Jukeboxes mit etwa 800 Plätzen und 16 oder mehr Laufwerken, doch die Software, die mehreren simultanen Benutzern im Netz die Abfrage dieser CDs ermöglichen soll (die also »wissen« muß, daß z.B. das Juniheft 1993 der Zeitschrift für Rheumatologie auf der CD Nr. 358 zu finden ist, die gerade im Laufwerk Nr. 11 liegt und gleichzeitig von zwei Benutzern abgefragt wird), gibt es noch nicht und wird es wohl noch länger nicht geben.

Vielversprechender ist wieder der Rückgriff auf die guten alten Massenspeicher, auf die auch in einem LAN ohne Probleme zugegriffen werden kann. Ein innovatives Projekt in dieser Richtung heißt *Right Pages,* das derzeit AT&T Bell Laboratories zusammen mit dem Springer-Verlag New York entwickelt. Letztes Jahr wurde es unter dem Titel *Red Sage* an der University of California in San Francisco getestet, dieses Jahr sollen 1000 europäische Teilnehmer Erfahrungen mit *Right Pages* in einem WAN* sammeln.[4] Nach Aufruf des Systems sieht der Benutzer am Bildschirm die vom gedruckten Medium her gewohnten Titelseiten von 30 Zeitschriften – ähnlich dem Angebot in einem Bibliotheksregal – und hat dann die Möglichkeit, eine bestimmte Ausgabe auszuwählen. Darauf kann er das Inhaltsverzeichnis ansehen, »blättern« oder einen gewünschten Artikel direkt ansteuern, lesen und ganzseitige Ausdrucke machen (einschließlich graphischer Abbildungen und Fotos), die im Schriftbild den gedruckten Originalen entsprechen. Daneben besteht die Möglichkeit, ein persönliches Interessensprofil einzugeben, worauf das System alle erfaßten Zeitschriften auf in Frage kommende Artikel durchsucht. Wird ein solcher Beitrag gefunden, erhält der Benutzer über E-Mail eine Meldung. Sobald dann *Right Pages* eingeschaltet wird, sind die gefundenen Artikel bereits markiert und leicht zu finden. Es gibt auch Hypertext-Funktionen, die den Benutzer in die Lage versetzen, von bestimmten Referenzen im Text – z.B. zu einer Graphik auf einer anderen Seite oder zu einer Fußnote – direkt dorthin zu springen. Die Projektbetreiber sehen nicht nur Vorteile für den Benutzer, sondern auch für Bibliotheken und Verlage: z.B. geringere Kosten für Lager-

***WAN**: Wise Area Network, Fernnetz.

plätze, Erleichterung bibliographischer Auskünfte, leichtere Wiederbeschaffung verlorener oder vergriffener Exemplare, Papier- und Druckersparnisse. Auch detaillierte Marktinformationen sind damit rasch verfügbar: Eine Analyse dessen, welche Artikel am meisten, welche ganz oder nur in Teilen gelesen werden, ermöglichen in direkter Rückkopplung eine strategische Modifikation der Publikationsphilosophie des Verlags.

Elektronische Bücher

Elektronische Bücher lassen sich ebenso wie elektronische Zeitschriften unterscheiden in solche, die als reine Texte in ASCII codiert vorliegen und solche in faksimilierter Form. Fortschrittliche Verlage sind bereits jetzt technisch in der Lage, aus ihrer laufenden Produktion, deren Standbein immer noch das gedruckte Buch ist, elektronische Bücher in beiden Varianten zu liefern. Noch ist der Markt klein genug, daß das Medium CD-ROM nicht – wie oben im Falle der Zeitschriften erwähnt – aus allen Nähten zu platzen droht. Der Markt ist deswegen noch überschaubar, weil speziell Multimedia-Produkte praktikablerweise nur auf besseren, d. h. schnelleren PCs laufen: So ist etwa selbst ein mit 33 MHz getakteter 386er PC zu langsam, um etwa Landkarten aus der *Digital Chart of the World* oder der *World Climate Disc* zu zoomen. Diese Restriktionen verbieten noch, Multimedia-CDs in einem Netz anzubieten, wo sich noch jede Menge 286er PCs oder ältere tummeln.

Doch wer weiß, wie die Marktlage aussehen wird, wenn die Firma Cyrix Corporation auch den 586er Chip alias Pentium mit seinen 66 MHz geklont und damit einen Preissturz ausgelöst haben wird? Wie auch immer, die *Random House Encyclopedia* erzielt bereits heute mehr Umsatz aus ihrer CD-Version als aus der gedruckten Ausgabe, und der Verlag erwartet in drei bis fünf Jahren einen Gleichstand im Umsatz der gesamten Verlagsproduktion aus beiden Medien.[5] Restriktionen dieser Art gibt es beim »kleineren Bruder« der CD-ROM, dem »electronic book« nicht, einer Scheibe von 8 cm Durchmesser und einer Kapazität von 200 MB, was ca. 100000 DIN-A4-Seiten oder 30000 Graphiken entspricht. Am Markt sind derzeit (schon oder nur?) einige wenige Dutzend deutschsprachiger Titel erhältlich, vor allem Lexika, Wörterbücher, Nachschlagewerke oder Reiseführer aus den Häusern Bertelsmann, Duden, Langenscheidt oder Rheinbaben. Gelesen, angeschaut und zum Teil auch gehört werden solche elektronische Bücher mit dem Sony Data Discman, einem taschenbuchgroßen, etwa 600 Gramm leichten Kästchen mit LC-Display, Tonwiedergabe und Tastatur, das bereits ab DM 800 zu haben ist und gleichzeitig auch als Notizbuch oder Kalender dient. Stanislaw Lems Vision von der Bibliothek in der Aktentasche[6], Ende der siebziger Jahre noch absolute Utopie, ist heute Wirklichkeit. Die Aktentasche ist übrigens ein privates Accessoir; elektronische Bücher sind also eher für den Endverbraucher gedacht, höchstens für kleinere Bibliotheken mit Platzproblemen. Trotz der funktionellen Vorteile dieser Produkte gegenüber ihren gedruckten Pendants (man denke etwa an den automatischen Sprung zu einem Siehe-auch-Verweis in einem Lexikon), werden Großbibliotheken erst zögernd bereit sein, Dutzende von Discmans für ihre Leser bereitzustellen.

Soviel zu elektronischen Büchern, die aus laufenden Verlagsproduktionen stammen. In ganz anderen Größenordnungen bewegen sich jedoch jene ehrgeizigen Projekte, im Zuge derer ganze Bibliotheksbestände gescannt (und möglicherweise auch digitalisiert) werden sollen. So plant die Columbia University Law Library, pro Jahr 10000 Bücher aus einem Gesamtbestand von 750000 durch gescannte digitalisierte Versionen zu ersetzen; im Rahmen des *American Memory Project* der Library of Congress werden derzeit tausende Bücher digitalisiert und online oder auf CD-ROM zur Verfügung gestellt. Michael Hart, der Betreiber des Projekts *Gutenberg* an der University of Illinois, möchte bis zum Jahr 2001 zehntausende Bücher der Weltliteratur digitalisieren und über Internet kostenlos zur Verfügung stellen.[7] Schon heute kann man die Entwicklung dieses Projekts verfolgen, indem man an »Listserv@uiucvmd« die Meldung »Subscribe Gutnberg [sic!] Vorname Nachname« schickt. Die *Library of the Future* mit Volltexten von 950 Werken der Weltliteratur auf CD-ROM, wo man mit der Frage »Philosophy same Theology« unter anderem auch die berühmte »Habe-nun-ach«-Stelle aus Goethes *Faust* findet, nimmt sich daneben nett und klein aus. Die Bibliothèque de France in Paris arbeitet an einem System namens PLAO (*Poste de lecture assisté par ordinateur*): Aus 150000 digitalisierten Dokumenten soll sich der Leser auf eine Workstation mit einem Gigabyte Speicher seine persönliche Bibliothek laden können, darunter nicht nur Bücher aus dem Besitz der Bibliothèque de France, sondern auch solche, die über ein Netzwerk aus anderen Quellen besorgt werden.[8]

Elektronische Bibliotheken und ihre Verbünde

Wir sind nun unversehens beim nächsten Glied der Informationskette, den Bibliotheken gelandet, die sich mittlerweile, besonders wenn als »virtuell« betitelt, modern vorkommen. Zugegeben, dieses Attribut klingt modisch und zukunftsorientiert, doch in unserer nüchternen Gegenwart sind nur die OPACs* virtuell, d. h., es kann von ihrem Standort abgesehen werden, die Bibliotheken selbst und die allermeisten ihrer Bücher sind aber durchaus noch real. Zwar kann man sich heute in Sekundenschnelle in einen von hunderten Online-Katalogen der ganzen Welt einloggen und dort stöbern – womöglich von der grünen Wiese aus mit einem Laptop samt Funktelefon auf den Knien –, doch was passiert, wenn man nun akkurat und konkret ein Buch aus der University Library of Illinois haben will, das noch nicht digitalisiert und in Europa nicht vorhanden ist? »Yes, we have the book, it's in our virtual department in Ulan Bator, if it's in. You can go there and pick it up, if you like«, lautete ein sarkastischer Kommentar hierzu.[9] Selbst die Beschaffung eines Buchs aus einer anderen Bibliothek innerhalb eines Landes wie Österreich ist noch ein dornenvoller und Geduld erfordernder Weg.

Elektronische Bestellung realer Zeitschriftenartikel

Die Beschaffung von Kopien von Zeitschriftenartikeln firmiert traditionellerweise immer noch unter dem Titel »Fernleihe«, obwohl die von auswärts beschafften Dokumente dem Leser nicht mehr geliehen, sondern entweder geschenkt oder verkauft werden, und das manchmal nicht gerade billig. Benutzer großer wissenschaftlicher Bibliotheken, die über einen beträchtlichen Zeitschriftenbestand verfügen, mögen sich glücklich schätzen: Für sie ist Fernleihe die dritte Wahl, nach der Einsicht in die am Ort vorhandene Zeitschrift und, wenn der Aufsatz neueren Datums ist, der Direktbestellung beim Autor. Hierzu werden oft vorgefertigte Separata-Anforderungskarten verwendet, die z.T. auch computerunterstützt durch Produkte wie die Current Contents ausgedruckt oder gleich per E-Mail an den Autor geschickt werden.

Wenn diese beiden Arten der Beschaffung von Originaldokumenten versagen, bleibt die Fernleihe, ein oft steiniger Weg. Doch nicht mehr so steinig wie zu Zeiten, da es noch keine überregionalen Zeitschriftenkataloge (auf Mikrofiche oder online) wie ZDB oder ÖZDB gab: Dadurch kann das gewünschte Dokument direkt bestellt werden, der ehedem gefürchtete Fernleihleitweg, der Monate in Anspruch nahm, trocknet aus. Und die Alternativen für auf normalem Weg nicht beschaffbare Dokumente mehren sich: Einmal gibt es die nun schon etablierten *Document Ordering*-Systeme der diversen Hosts, die jedoch eigentlich nur eine Umgehung des Postwegs bedeuten, auf den der Bestellschein geschickt wird; für Länder mit unzuverlässigen und gerne

***OPACs**: Online-Benutzerkataloge zu Bibliotheken.

streikenden Postdiensten sicher wichtig. Daß derlei Dienste eher nur ausnahmsweise in Anspruch genommen werden, hat zwei Gründe: Erstens verfügten bis vor nicht allzu langer Zeit nur die Informationsvermittlungsstellen der Bibliotheken über Datenleitungen nach außen und wären vor dem CD-ROM-Boom personell überfordert gewesen; zweitens liegen die Kosten oft über der Schmerzgrenze: Wenn etwa der BIOSIS Document Express für einen zu faxenden 15 Seiten starken Artikel satte DM 100,– verlangt, scheint die Preis-Wert-Relation doch stark verschoben.
Eine zweite Alternative dagegen wird mit Sicherheit Furore machen: UnCover, eine Datenbank mit mehr als 4 Millionen bibliographischen Zitaten von Artikeln ab 1988 (nur zu geringem Teil mit Abstracts) aus 14000 Zeitschriften und einem Zuwachs von 750000 Zitaten pro Jahr. UnCover wird von der Colorado Alliance of Research Libraries (CARL) angeboten, ist via Internet über die Adresse »pac.carl.org« erreichbar und hat vor allem einen Service angeschlossen, der dem Endbenutzer über eine bemerkenswert logische und Irrtümer ausschließende Benutzerführung erlaubt, Originale zu bestellen, die innerhalb von 24 Stunden gefaxt werden. Die Kosten sind nicht niedrig, aber angemessen: Zu einer Grundgebühr von $ 8,50 kommt eine zwischen $ 1 und $ 20 variierende »Copyright Fee«. Abgerechnet wird über Kreditkarte (Visa, American Express oder MasterCard); man kann aber auch ein Konto eröffnen.

Elektronische Bestellung elektronischer Dokumente

Wenn sich UnCover hierzulande herumspricht, steht dessen Überlastung zu befürchten. Es ist also zu hoffen, daß ähnliche Systeme vor allem auch in Europa in Angriff genommen werden. Voraussetzung hierfür sind Anlagen, die es gestatten, die Dokumente direkt aus der gedruckten Unterlage ohne Umweg über einen Kopierer zu verschicken, wie etwa bei *Jason,* dem Express-System für die Bestellung und Lieferung von Zeitschriftenaufsätzen in Nordrhein-Westfalen[10], oder bei *Ariel,* einem Originalbestelldienst der Research Libraries Group.[11] In *Ariel* wird ein Dokument gescannt, komprimiert und via Internet an eine andere Bibliothek gesandt, die es dann dekomprimiert und per Laserprinter ausdruckt oder einfach als File zur Verfügung stellt. 17 skandinavische Bibliotheken haben *Ariel* bereits installiert. Eine Zusammenarbeit von *Ariel* mit ADONIS, wodurch das Medium Papier total umgangen wird, ist im Gespräch. *Jason, Ariel* und andere Dienste dieser Art sind zu neu, um einer abschließenden Würdigung unterzogen werden zu können. Erwähnt sei nur noch *Article Express International,* eine

Firma, die in Compendex und EI Page One nachgewiesene Artikel scannt und dem Kunden über Internet schickt. Dieser benötigt hierzu eine unter Windows laufende Software namens XpressNet, mit der er sich den gewünschten Artikel als Pixelmuster via ftp* holen kann. Bisher war zumeist noch die Rede von auf Papier gedruckten Artikeln, die dann elektronisch beim Interessenten ankommen. Was aber, wenn sich die Lieferanten, seien es Verlage, sonstige private Firmen oder Bibliotheken – wie oben angedeutet – dazu durchringen, elektronische Bibliotheken zusammenzustellen, deren Inhalte dann auf Anfrage über die Leitung gejagt werden? Oder die in einem LAN installiert werden? Oder in einem WAN? Bibliotheken und die EDV-Zentren der Universitäten werden noch enger zusammenarbeiten müssen, um jene hunderte Gigabyte Speicherplatz zur Verfügung zu stellen, die hierfür erforderlich sind. Juristen sind gefordert, lizenzrechtliche Fragen zu klären, denn das Urheberrecht verfällt erst 70 Jahre nach dem Tod eines Autors, einem Zeitraum, aus dem doch der Großteil der nachgefragten Dokumente stammt. Werke der Weltliteratur, wie sie das Projekt *Gutenberg* anvisiert, sind hiervon freilich ausgenommen.

Ausblick

Ted Nelsons Idee von *Xanadu,* das eine weltweite Vernetzung von Hypermedia-Systemen (ein »Universe of Documents« oder *Docuverse*) vorsieht, nimmt langsam konkrete Formen an.[12] Ich habe oben versucht, die sich ändernden Rollen der Glieder der Informationskette inklusive Verlage und Bibliotheken zu skizzieren. Wenn diese ihre Rollen verantwortungsbewußt wahrnehmen, werden sie sich gegenseitig zum Wohle der informiert sein wollenden Gesellschaft in einer Art Rückkopplungsprozeß befruchten. Die Verlage und die Autoren selbst werden weiterhin das elektronische Medium forcieren, und die Bibliotheken sind gefordert, so sie nicht zu musealen Refugien verkümmern wollen, die Herausforderung anzunehmen und echte »clearing-houses of information« zu werden. Und ihre Aufgaben wären vielseitig: Wenn ich eingangs erwähnt habe, daß im 17. Jahrhundert gelehrte Briefwechsel wegen ihres öffentlichen Interesses mit ein Anlaß für die Gründung von Zeitschriften waren, so mutet es heute seltsam an, wenn man als Ergebnis einer Suche mit Veronica** in all den Gophers*** Einblick in

***ftp** (file transfer protocol): regelt die Dateiübertragung zwischen Computersystemen.
****Veronica**: ein Volltest-Suchdienst in Internet.
*****Gopher**: menügesteuertes Werkzeug, um im Internet Texte und Informationen zu recherchieren.

die E-Mail Korrespondenzen wildfremder Leute gewinnt, allerdings in völlig unübersichtlicher, ja chaotischer Anordnung. Barry Mahon stellte kürzlich die Frage: »There will be do-it-yourself information based on document objects on distributed networks managed by the user with professional support by –?« und beantwortete sie wie folgt: »It will be the job of the information professionals and industry to be in a position to satisfy that requirement«.[13] Informationsfachleute sind u. a. auch in Bibliotheken angesiedelt, die gefordert sind, Ordnung in diesem Wildwuchs zu schaffen, Thesauri einzubringen, existierende Normen durchzusetzen oder neue zu schaffen. Es gilt, die Ärmelschoner abzulegen.

Anmerkungen:

1 Vgl. Hauffe, Heinz: »Elektronische Zeitschriften und ihre Inhaltsverzeichnisse – einige Streiflichter«. Online-Mitteilungen Nr. 46. Juni 1993: 25–30 (beigebunden an: Mitteilungen der VÖB 46 (1993), Nr. 2).

2 Orenstein, Ruth M. [ed.]: Fulltext Sources Online (Needham Heights, 1994).

3 Vgl. Böllmann, Elisabeth: »Über die elektronische Zukunft der unselbständigen Literatur«. Mitteilungen der VÖB 45 (1992), H.3/4: 93–96; und Hauffe, Heinz: »Elektronisches Publizieren aus der Sicht eines Verlegers«. Mitteilungen der VÖB 45 (1992), H.3/4: 101–103).

4 »Electronic journal trials grow«. Information World Review No. 80, 4/1993: 1–2 und »Red Sage reaches Europe«. Information World Review No. 88, 1/1994: 2.

5 Kendall, Roben: »The Paperless Book – Publishers scramble for digital rights«. PC Magazine 1993, Dec. 21: 29.

6 Lem, Stanislaw: Transfer (Frankfurt am Main, 1976) p. 82f.

7 Gilster, Paul: The Internet Navigator. (New York 1993) p. 233–235.

8 Pettenati, Corrado: »What is a Virtual Library?«. ELAC 17th Library System Seminar »The Virtual Library« (Graz, 1993) p. 145–163.

9 Laegreid, Jan Arve: »A Virtual Library – an SR Network or how to get to Ulan Bator«. ELAC 1993 p. 201–206.

10 Summann, Friedrich: »Express-System für die Bestellung und Lieferung von Zeitschriftenaufsätzen«. Mitteilungen der VÖB 47 (1994), H.2: 67–74.

11 Eskola, Pirkko: »Experiences in using the Internet in a Technical Information Service«. Online Information 93. 17th International Online Information Meeting 1993, Proceedings (Oxford 1993) p. 477–483.

12 Nelson, Ted: Literary Machines (San Antonio 1981). Cf. Hauffe, Heinz: »Die informierte Gesellschaft und ihr Gedächtnis«. Die wissenschaftliche Bibliothek – Traditionen, Realitäten, Perspektiven. Festschrift für Oswald Stranzinger zum 65. Geburtstag (Innsbruck,1990) p. 273–289.

13 Mahon, Barry: »Where is 'here' and where do we go from here?«, Online Information 93, p. 1–8.

Ein verhängnisvolles Erbe

von Christoph Drösser

Mit der Entdeckung, wie man alle Arten von Informationen in die Sprache der Computer übersetzt, schien ein altes Menschheitsproblem endlich gelöst: das der Archivierung. Würde man Text, Bild und Ton nur digitalisieren, also in Bits und Bytes verwandeln, und mit ihnen den Rechner füttern, ließen sie sich unbegrenzt lange aufbewahren. Ganz im Gegensatz etwa zu biologisch Abbaubarem wie Papier. So müssen bereits viele Bücher der vergangenen 150 Jahre mit aufwendigen chemischen Verfahren gerettet werden, weil sich das säurehaltige Papier auflöst, auf das sie gedruckt wurden.

Doch welche Enttäuschung! Auch die scheinbar ewig haltbaren Bits und Bytes sind vergänglich, bleiben sie doch stets an ein unvollkommenes, verletzliches Medium gebunden – jene Datenbänder zum Beispiel, die zur Archivierung und Protokollierung verwendet werden. Im Lauf der Zeit zersetzt sich der Kleber, der die magnetisierbare Schicht am Kunststoffband festhält. Außerdem kann jeder einfache Magnet die Daten ins digitale Nirwana befördern. Dazu kommt, daß kleine Fehler auf Computer-Datenträgern ungleich größere Auswirkungen haben als solche auf Ton- oder Videobändern: Während bei letzteren ein Stück fehlerhaft magnetisierten Bandes lediglich bewirkt, daß die Aufzeichnung des Mozartkonzerts oder des *Terminator* einen Aussetzer hat, kann die Zerstörung der entscheidenden Bits auf einem Datenträger bedeuten, daß alle gespeicherten Texte, Graphiken und Tabellen zu Datenmüll werden.

Fachleute nehmen an, daß die magnetischen Speichermedien nicht länger als zehn Jahre für die Unversehrtheit der Daten garantieren können. Optischen Medien wie CDs wird eine Lebensdauer von dreißig Jahren zugemessen – rein theoretisch natürlich, denn die Silberscheiben existieren erst zu kurze Zeit, als daß man eine Probe darauf machen könnte. Angegriffen werden können CDs etwa durch die Farbe, die für den Aufdruck verwendet wird.

Aber die physikalische Flüchtigkeit der Speichermedien ist nicht das einzige Problem der Archivierung von Daten. Die Informationen auf einem schriftlichen Dokument sind jedem zugänglich, der die Schrift

[Der Autor ist Mitarbeiter der Wochenzeitung *Die Zeit.*]

lesen und die Sprache verstehen kann. Wie komplex hingegen das Problem der Entzifferung von Datenträgern sein kann, beschrieb der amerikanische Informatiker Jeff Rothenberg für die Januar-Ausgabe 1995 der Zeitschrift *Scientific American* an einem fiktiven Beispiel: Seine Enkel finden im Jahr 2045 eine CD-ROM. Ein beiligender Brief erläutert, daß die Silberscheibe ein Dokument enthält, das ihnen den Weg zu Großvaters unermeßlichem Vermögen weist.

Die Schatzsucher der Zukunft, so Rothenberg, werden einige Schwierigkeiten zu überwinden haben, selbst wenn Großvaters CD die Jahrzehnte ohne Schaden überstanden hat. Zunächst müssen sie ein Gerät finden, auf dem sie die Scheibe abspielen können – CD-ROMs werden in fünfzig Jahren so veraltet sein wie heute Edisons Schallzylinder. Wenn sie einen CD-Player auftreiben und es sogar gelingt, ihn an den Computer anzuschließen, haben sie schon den ersten wichtigen Schritt geschafft: Sie können auf den »Bitstream« zugreifen, also auf jene Folge von Nullen und Einsen, in denen die Information codiert ist. Der Computer der Zukunft wird allerdings mit den Bits nicht viel anfangen können, denn er muß wissen, wie viele dieser Bits zu einem Byte gehören, also wie viele Bits es braucht, um ein einzelnes Zeichen zu definieren, etwa den Buchstaben A.

Weiterhin muß der Computer der Zukunft über ein kompatibles Betriebssystem verfügen; das Problem dabei ist, daß in fünfzig Jahren selbst Microsoft es aufgegeben haben wird, die frühen DOS-Versionen zu unterstützen. Schließlich muß der Rechner das Programm kennen, mit dem Opa das Dokument verfaßt hat. Selbst wenn der so vorausschauend war, Betriebssystem und Software (verbotenerweise) ebenfalls auf die CD-ROM zu packen – die Chips der Zukunft werden mit deren Code nicht viel anfangen können. Die letzte Zuflucht der verzweifelten Enkel wird daher wahrscheinlich ein Computermuseum sein, das noch über einen der veralteten Rechner aus dem vergangenen Jahrtausend verfügt.

Da man sich nicht zu jedem Datenträger den passenden Computer ins Regal stellen kann, besteht die Arbeit der Archivare digitaler Informationen vor allem aus Kopieren: Kopieren aus Angst vor physikalischem Datenverlust, Kopieren von obsolet gewordenen Datenträgerformaten auf aktuelle, Übertragen von Dokumenten auf neuere Softwareversionen, möglichst ohne Verlust von Information. Das ist nicht nur mühsam, sondern auch teuer: Michael Wettengel, beim Bundesarchiv in Koblenz für die Archivierung elektronischer Daten zuständig, berichtet etwa von einer Firma, die für die Umwandlung einer Datenmenge von 12 Gigabyte von alten auf neue Bildplatten den stolzen Betrag von

130 000 Mark verlangt hat. Daher muß bei diesen Kopierorgien notgedrungen aussortiert und die heikle Frage beantwortet werden: Was ist wichtig und was nicht?

Digitale Archäologie ist freilich kein Fall für zukünftige Generationen, sondern muß oft schon heute geleistet werden – manchmal vergeblich. So berichtet etwa der Informatiker und bekannte Hacker-Jäger Clifford Stoll in seinem neuen Buch *Silicon Snake Oil*, daß es bereits heute nicht mehr gelinge, jene Daten zu lesen, die die NASA 1979 auf ihrer Saturn-Mission gesammelt habe. Obwohl alle *tapes* bestens erhalten seien, gebe es keine Lesegeräte mehr dafür. Besser erging es da den Mitarbeitern des Bundesarchivs, die das Erbe der DDR aufzuarbeiten haben, das im Zuge der Wiedervereinigung in bundesdeutsche Hände gefallen ist. Die für ihren Sammeleifer bekannten ostdeutschen Staatsdiener hatten auf ihren Magnetbändern auch Brisantes gespeichert: etwa die Sammlung der »Grenzzwischenfälle«, den »Zentralen Kaderspeicher« mit Angaben über 331 980 Funktionäre, den »Strafgefangenen- und Verhaftetenspeicher«; lauter Daten, die bisher erst teilweise entschlüsselt werden konnten.

Die archäologischen Mühen werden zwar dadurch erleichtert, daß die Elektronikindustrie der RGW-Länder weitgehend die IBM-Technik abgekupfert hatte, so daß die Bänder relativ leicht gelesen werden können. Probleme haben die Bundesarchivare jedoch mit den sich auflösenden ORW-Magnetbändern, mit undokumentierter Software von längst abgewickelten Mitarbeitern und mit Daten, die mit unbekannten Verfahren komprimiert wurden. So sind einige physikalisch gerettete Dateien wertlos, weil niemand etwas mit ihnen anfangen kann.

Die deutschen Beamten gelten gemeinhin als konservativ und papierverliebt. In der öffentlichen Verwaltung werden immer noch alle Vorgänge schriftlich erfaßt, mit Hilfe komplizierter Rundläufe verteilt und von Hierarchen paraphiert. »Ab einer gewissen Gehaltsstufe besteht die Selbstbestätigung eines Beamten darin, mit Buntstiften Marginalien an die Papiere seiner Hintersassen zu malen«, spöttelt Carsten Müller-Boysen vom schleswig-holsteinischen Landesarchiv.

Bei diesem System geht es jedoch nicht nur um das Selbstwertgefühl von Papierkriegern – eine nachvollziehbare Aktenführung ist auch von politischer Bedeutung. »Der Stand einer Sache muß jederzeit aus den Akten ersichtlich sein«, schreibt die Gemeinsame Geschäftsordnung der Bundesministerien vor. Michael Wettengel hebt die Bedeutung solcher Vorschriften hervor »Dies sind keine staubigen und überholten bürokratischen Konventionen, sondern vielmehr Voraussetzungen für die Wahrung zentraler Bürgerrechte.« Dies gelte besonders für das Recht auf Akteneinsicht, das den Bürger vor Behördenwillkür schützen soll.

Noch sorgt also die gute alte Papierform für Übersichtlichkeit im Behördendschungel. Aber es ist nur eine Frage der Zeit, bis auch dort »elektronische Akten« zum Alltag werden. Heute besteht die digitale Archivierung noch meist im Einscannen von Papierdokumenten und der Speicherung auf optischen Datenplatten, aber bald werden auch die Verwaltungen der Verlockung der Netzwelt nicht mehr widerstehen können – die Regierungs-Datenautobahn Bonn-Berlin ist schon geplant. Bald könnten Akten elektronische Dokumente sein, die Bezüge zu Daten auf möglicherweise weit entfernten Rechnern haben: eine Vision für die Verfechter »flacher Hierarchien« und moderner Organisationsstruktur, aber ein Alptraum für die Archivare, die aus diesem Geflecht das für die Nachwelt Erhaltenswerte herausfiltern sollen.

In Zukunft sind also Richtlinien dafür notwendig, welche Informationen gespeichert werden müssen und welche nicht. Auch die Frage, wie man zwischen »offizieller« und »informeller« Information unterscheiden kann, ist noch ungelöst: Ist der Festplatteninhalt im PC eines Mitarbeiters dessen Privatsphäre, oder muß er ihn behandeln wie ein amtliches Dokument? Das ist nicht nur eine akademische Frage. Seit einigen Jahren schon zieht sich in den USA ein Rechtsstreit über die Frage hin, ob die Mitarbeiter eines Präsidenten am Ende von dessen Amtszeit ihre elektronische Post löschen dürfen – oder nicht. Immerhin sind Oliver Norths dunkle Geschäfte mit dem Iran dadurch aufgeflogen, daß seine vermeintlich vernichtete E-Mail immer noch im Computersystem gespeichert war.

Bei den traditionellen, »linearen« Medien war die Frage der Archivierung hauptsächlich eine Frage von wichtig und unwichtig und von verfügbaren Regalmetern. Zeitungsarchive reichen Jahrzehnte zurück, und selbst das Geflimmer des Fernsehens ist relativ lückenlos dokumentiert, jedenfalls seit es die magnetische Aufzeichnung gibt. Bei Computernetzen hingegen stellt sich das Problem viel grundsätzlicher. Ein Blick auf das World Wide Web zeigt, daß Informationsnetze, an denen rund dreißig Millionen Menschen teilnehmen, keine protokollierbare Geschichte haben – ihr Zustand ändert sich von Moment zu Moment, Rechner kommen dazu oder gehen vom Netz. Selbst eine tägliche elektronische Archivierung aller angeschlossenen Rechner könnte den gigantischen Informationsfluß nur lückenhaft erfassen. Im Zeitalter der Digitalisierbarkeit und damit der Speicherbarkeit aller Informationen zeigt sich ein paradoxes Phänomen: Der Cyberspace hat kein Gedächtnis.

Die Bibliothek der Gnade

von Thomas Lehr

Die Bibliothek der Gnade wurde im Jahre 1997 gegründet. Ihr Stifter wurde nie namentlich bekannt. Was ihn dazu bewogen hatte, sein kaum ermeßliches Vermögen in den Dienst der Ungerühmten zu stellen, blieb der Spekulation überlassen. Für die Forschungen der Nachzeit stand der Untergang des Projekts am Ausgangspunkt der Überlegungen. Die Lehrmeinung festigte sich, das fatale Ende der Bibliothek habe von Beginn an in der Absicht des Mäzens gelegen, und es ginge nur noch darum, den Grund zu offenbaren, der dem großen Initiator die Unmenge sinnloser Arbeit und die aufs Äußerste gesteigerte Enttäuschung Tausender und Abertausender so erstrebenswert erscheinen ließ. Noch Jahrzehnte nachdem die Verwaltungsgebäude, die riesigen Hallen, die unterirdischen Archive, die Lagertürme und notdürftig errichteten Zwischendeponien zerfallen oder verkauft waren, schrieb man auf höchstem und populärem Niveau über die Motive des auf ewig verborgenen Gründers, auch wenn diese Flut der Einzelergießungen schon wieder der Institution bedurft hätte, die sie im nachhinein zu enträtseln suchte.

Ob nun des erzieherischen Zwecks halber, ob um eines kosmischen Gelächters willen – in sämtlichen Zeitungen erschien eines Novembertages 1997 die gleiche Annonce. Es sei, hieß es dort, eine Spezialbibliothek geschaffen worden. Ihr Ziel bestünde in der Sammlung, Archivierung und dem öffentlichen Zurverfügungstellen all derjenigen Werke, die keinen Verlag gefunden hatten. Arbeiten jeder Art und jeglichen Umfanges seien willkommen. Die Bibliothek mache keine Unterschiede. Tagebücher, verschmähte Enzyklopädien, Waschzettel, Abhandlungen, Träume, Spruchsammlungen, Witze, Pamphlete, Romane – was auch immer in Schriftform vorliege und gedemütigt sei, es fände nun seinen Ort und seine Signatur. Die Arroganz des Zeitgeistes und die Verachtung, mit der die Profitgier und ihre Schergen alles bestraften, was ihnen nicht dienlich erscheine, müsse durchbrochen werden. Jedes eingereichte Manuskript werde mit Freuden angenommen und zugleich einer konservatorischen Behandlung unterzogen, um es für die späteren Jahrhunderte und deren klügeres Urteil haltbar zu machen.

[Auszug aus dem Roman *Zweiwasser oder Die Bibliothek der Gnade* (Berlin, 1993)]

Jederman habe, Tag und Nacht, Zutritt zur Bibliothek. Auf Verlangen erhielte man eine mit neuartigen Reproduktionstechniken blitzschnell hergestellte Kopie jeder beliebigen Arbeit kostenlos ausgehändigt. Modernste Computertechnologie mit ausgeklügelten Retrievalsystemen ermögliche den uneingeschränkten Zugriff auf die Bestände, in sämtlichen Sprachen der Welt. 200 hochqualifizierte und bestens bezahlte Fachkräfte, Verschlagworter, Systematisierer, Übersetzer, Buchbinder, EDV-Leute, Organisatoren und Administratoren, Magaziner und selbst Graphologen zur Entzifferung schwer lesbarer Handschriften seien rund um die Uhr im Einsatz. So entstünde ein einzigartiges, absolut wertfreies zweites Gehirn der Menschheit, das Schattenarchiv der unerwünschten Publikationen, das an Umfang und Vielfalt wohl bald die offiziell gehorteten Schätze der durch Drucklegung Privilegierten übertreffen werde.

Allein im Gründungsjahr der Bibliothek gingen 214 567 Manuskripte ein. Die Einsender und oft auch gerührten persönlichen Überbringer erhielten sogleich die Zugangsnummer ihres Werkes auf einem silbernen Kärtchen überreicht, und kurz darauf ging ihnen ein Schreiben mit einer Kopie der vollständigen Titelaufnahme im elektronischen Katalog zu.

Wer nach einigen Wochen oder Monaten sichergehen wollte, daß man seine Arbeit auch gewissenhaft verwaltete, hatte die Möglichkeit, sich unter die ständig zunehmende Zahl der Benutzer zu mischen, sich anonym an einen der bereitstehenden Bildschirme zu setzen – und im Knopfdrücken erschien aus der unauslotbaren Tiefe der Rechner eine strahlende Illumination in beliebig einstellbaren Farben, die ihn als Verfasser und sein Geisteskind als unverrückbaren Baustein in der Mauer der ehemals Unbekannten nachwies. Mit einem weiteren Knopfdruck konnte der Auftrag zur Erstellung einer Kopie weitergeleitet werden.

Es ist kein Geheimnis, daß sich gerade in den Anfängen der Bibliothek die Mehrzahl der Benutzer aus Autoren rekrutierte. Scheinbar gelassen durchstreiften sie die freundlichste Sachlichkeit und barmherzige Liebe zur Literatur verheißenden Säle, ließen sich vor einem Terminal nieder und recherchierten dort so oft und ausgiebig nach sich selbst, bis sie sich vollständig über ihr Vorhandensein beruhigten. Ausrufe des Wohlbehagens und Seufzer der Verzückung mischten sich. Manch einem wurde gar das Glück zuteil, mitansehen zu dürfen, wie ein Wildfremder sich sein Werk unter Hunderttausenden heraussuchte und als druckfrische Kopie zum Lesen empfing.

Aus der unbeschwerten Anfangszeit stammte denn auch die Bezeichnung Bibliothek der Gnade. Ein dankbarer Besucher hatte sie mit Autolack auf die Außenmauer nahe dem Eingang gesprüht. Die Presse griff die Wortschöpfung auf und nach einigem Zögern sogar das Fernsehen. Bald war der ursprüngliche Name der Institution, ein bescheidenes Akronym, vergessen. Die Autoren übernahmen die Bezeichnung, das Publikum, die Mitarbeiter. Obwohl die Dienstanweisung für alle Angestellten bestand, nach außen hin den offiziellen Titel zu verwenden, war man bald gezwungen, den populären Namen zu gebrauchen, um Anrufer oder Korrespondenten nicht zu verwirren.

Probleme rein finanzieller Natur bahnten sich im zweiten Jahr an. Aber noch bevor die Leitung der Bibliothek eine Krisensitzung einberufen konnte, erhielt man einen Scheck in wunderbarer Höhe. Und so geschah es in all den folgenden Jahren. Wer an dem Willen des Mäzens gezweifelt hatte, das Projekt fortzuentwickeln, zog sich kleinmütig zurück. Rasch erweiterte man den Archivierungsraum um das Dreifache. Neue Katalogisierer, Schreibkräfte, Spezialisten aller Arten und Couleur wurden angeworben. Ein mächtiger Zweitrechner in massiver Paralleltechnologie beseitigte auf weit absehbare Zukunft die Befürchtung, man könne die Flut der eingehenden Manuskripte nicht mehr bewältigen. Die Bibliothek der Gnade bestand um der Flut willen, und ihre Tore wurden täglich weiter geöffnet.

Obwohl das Verhältnis des unsichtbaren Geldgebers zu der Institution ideal genannt werden mußte, dem Traum aller Menschen und Behörden gemäß, bedingungslos, ohne Vorschriften und Erwartungen, versorgt zu werden, stellte sich mit der Zeit ein gewisses Bedürfnis nach verläßlichen Regelungen ein. Das Gründungsstatut (oder eine verblaßte Kopie davon, das Original war nicht aufzutreiben) umriß lediglich die Aufgabe des gezielt wahllosen Sammelns und Archivierens und die Pflicht, jedem Besucher den verlangten Titel nachzuweisen oder als Kopie auszuhändigen. Für die allmählich erst entdeckten internen wie externen Schwierigkeiten gab es keine Vorschrift.

Man fragte sich zum Beispiel, wie mit Büchern zu verfahren sei, die als unerwünschtes Werk aufgenommen waren, nun jedoch plötzlich auf dem Markt erschienen. Der Verdacht bestätigte sich, daß gewisse Verlage routinemäßig ihre Lektoren zum Einsatz in die Bibliothek schickten, um ohne den unangenehmen Kontakt mit aufdringlichen Schreiberlingen sich anonym aus dem großen Pool zu bedienen. War damit ein Ziel erreicht oder ein Prinzip verraten? Der Grundsatz der Öffentlichkeit mußte eingehalten werden, auch für die bald sogenannten 'Eintreiber' der Verlage, die durch außergewöhnliches Recherche-Geschick an den Terminals auffielen.

Eine salomonische Entscheidung der Direktion – kurz nach Eröffnung der ersten Zweigstellen – löste das Problem durch die 'Erste Bestandsteilung'. All diejenigen Werke, die den Weg zum Markt gefunden hatten, blieben als Ehemalige im Archiv. Sie wurden aber separat gestellt und im Computersystem durch die Veränderung des Erfolgs-Bits (1 für original unerwünscht, 0 für gedruckt) gekennzeichnet. Man entließ einen führenden Mitarbeiter, der mit der Behauptung, eher ginge ein Kamel durch ein Nadelöhr, als daß ein PA in den Hallen der Gnade verbliebe, viel Konservierflüssigkeit aufrührte.

Die Bezeichnung PA für alle zum kommerziellen Satz gelangten Bücher fand bald Einzug in den allgemeinen Sprachgebrauch. Spätere Nachschlagewerke, selbst die eindeutigen PA unter ihnen, taten sich mit der Herleitung des Ausdrucks schwer. Der Streit darüber, ob der Name der vom Begehren des Marktes getroffenen Werke sich nun auf das französische Parvenue (PArvenue) oder das englische Print Access (vielleicht gar Print Aggression) zurückführen ließ, versank jedoch in der Fülle der weiteren ungeregelten Problemfälle.

Mit dem unaufhaltsamen Anwachsen der Gnadenbibliothek, deren vollautomatisierte Zweigstellen wie fruchtbarer Same auf die Länder fiel, spitzte sich der Konflikt zwischen der althergebrachten Lese- und Schreibkultur auf der einen Seite und der anarchischen Flut der Freien auf der anderen Seite zu. Die Beliebtheit der Gnadenbibliotheken verkleinerte die Absatzchancen des selektierenden Verlagswesens drastisch. Eine Reihe von Kampagnen wurde lanciert, hinter denen kaum verborgen einige große Namen der Verlegerei standen, wie KNÜPPEL & RUCH, VAERSSEN, GROESCHEN, BERTHOLD und LICHTENBRINK, Namen, die unverrückbar in die Lust- und Alpträume all derer eingebrannt sind, die einmal der Krankheit des Schreibens verfielen. Man bediente sich der üblichen Klaviatur willfähriger und schlecht bezahlter Ex-Germanisten in den Feuilletons, um Argumente gegen die Gnadenbibliothek anzuhäufen, in einer Abwandlung der Carollschen Maxime, wer das Geschwätz bezahle, der habe die Macht. Energisch wies man auf die eigene Bedeutsamkeit hin. Die Flut einzudämmen, aus dem Strom aus Höchstem und Tiefstem, aus Geschmiere, Mittelmäßigem, Dilettantischem, Widerwärtigstem und so weiter die wenigen Fische herauszuangeln, die der Lesemühe wert seien, müsse als undankbares und edles Geschäft hoch geachtet werden. Die Lektoren erschienen als nahezu herkulische Figuren im gewaltigen Mist der Manuskripte, die eigene Profitsucht als wahre Liebe zur Literatur.

Nachdem etliche bekannte Autoren, im Eingedenken ihrer frühen Kränkungen, und sogar zwei verdienstvolle Verleger Protest erhoben hatten, änderte man die Stoßrichtung der Kampagne. Im Verbund mit kirchlichen Stellen, konservativen Zeitungsredaktionen und Partei-

funktionären wies man auf die unglaubliche Menge von Schund und Schmutz hin, die die Gnadenbibliothek mit äußerster Sorgfalt verwaltete.
In der Tat gab es einen bestimmten Prozentsatz von Titeln, bei deren Einarbeitung selbst langgedienten Bibliothekaren der Atem stockte. Hunderte von Pamphleten, die *Mein Kampf* fortsetzten, Anleitungen zum Bombenbau, Aufforderung zur Vergiftung aller Rentner, rassistisches Geschmiere, die anonymen Bekenntnisse von Kinderschändern, Vergewaltigern und Lustmördern wurden so getreulich verwahrt, wie geniale, aber vom Kommerzgeist verkannte Schöpfungen und die zur Millionenzahl herangewachsenen kleinen Arbeiten kleiner Leute, die ohne den besserwisserischen Filter von Durchschnittskritikern und anderen Ladenschwengeln des Literaturbetriebs ihr Publikum fanden.
»Gott kennt keine Verachtung, und unsere Institution folgt dem göttlichen Prinzip!« rief einer der Gnadendirektoren in einem der zahlreichen Prozesse der Kulturkampfzeit aus.
Am Ende einer fast zehnjährigen juristischen und publizistischen Auseinandersetzung kam es zur 'Zweiten Bestandsteilung'. All diejenigen Manuskripte, die zum Gegenstand eines Schund-, Rassismus- oder Pornographievorwurfs geworden waren, erhielten Einträge in der neu erschaffenen Kategorie $ 1032; sie gab schlicht eine namentliche Liste all der Personen und Institutionen wieder, die sich gegen die Weitergabe des betreffenden Werkes ausgesprochen hatten. Auf diese Weise konnte sich jeder Benutzer über die hypothetische Zensur des ihn interessierenden Werkes ins Bild setzen und dann frei seine Leseentscheidung fällen.
Da die Bibliotheken der Gnade, inzwischen aus keinem Dorf mehr wegzudenken, keine kommerziellen Absichten verfolgten und mittlerweile die Zurverfügungstellung eines Manuskriptes juristisch als Weitergabe einer privaten Mitteilung an Privatleute definiert war, schienen die meisten Gefahren gebannt, die das neue System der Schriftkommunikation ernstlich bedroht hatten.
Eine Absprache mit dem Verlagswesen, die darin bestand, Werke mit auf Null gesetztem Erfolgsbit (Seller beziehungsweise PA) zwar noch im Original zu halten, aber vom kostenlosen Kopierverfahren auszuschließen, leitete endlich die Epoche der friedlichen Koexistenz ein. Der Markt fand sich mit einem kleineren Kontingent zurecht. Der Reiz der Gnadenbibliotheken als Gegenstück verringerte sich zu einer gewissen Alltäglichkeit. Kulturforscher bestätigten ein auffallend gestiegenes Niveau des kommerziellen Sektors, da man sich jederzeit kostenlos mit Durchschnittsware versorgen konnte. Durch den Literaturbetrieb gei-

sterte schließlich der Begriff der 'Neuen Zärtlichkeit', worunter man nicht eine empfindsame Schreibmethode verstand, sondern die gestiegenen Bemühungen der Verleger um Autoren, die wenig materiell interessiert waren und zu den NOPAS abzudriften drohten. Bei KNÜPPEL & RUCH soll es gar einige Zeit den Brauch gegeben haben, jeden Manuskripteinsender zu einem steuerlich abzugsfähigen Arbeitsessen zu bitten.

Weiterhin übernahm allein die Zentrale der Gnadenbibliotheken, auch Mater Libraria genannt, die Aufgabe der Konservierung und des Hortens aller Bestände. Über das heilvoll vernetzte Computersystem wurden die Recherchen geführt, und auf den Knopfdruck eines Benutzers in irgendeinem Teil der Welt hin, steckten unermüdliche Hände das Original in den fabrikhallengroßen Reproduktionsautomaten, der die Kopien mit elektronischer Post in Sekundenschnelle um den Erdball jagte.

Im Jahre 2014 verfügte man über einen Bestand von 143 000 000 Schriftstücken. Mehr als dreihundert Gebäude am Standort der Mater Libraria waren zu Archiven umfunktioniert. Der beträchtliche Wirtschaftsfaktor, den die Gnadenbibliotheken darstellten, obgleich ihre Finanzierung geradewegs aus dem Nichts zu erfolgen schien, schützte sie besser als jedes Argument vor weiteren Angriffen. Wer die Arbeitsplätze bietet, der hat die Macht, könnte man in einer weiteren Version des bereits zitierten Satzes anmerken. Papierhersteller und Baufirmen, Architekten, Innenausstatter, Unternehmen für Datenverarbeitung und Telekommunikation hingen auf Gedeih und Verderb von der Gnadenbibliothek ab, die ihrem zwanzigjährigen Jubiläum entgegensah, ganz zu schweigen von dem riesigen hauseigenen Mitarbeiterstab. Weiterhin trug man Liebesbriefe und Gedichte, abgelehnte Artikel und von Mißachtung schwer verwundete Romane, wie Aussatz behandelte Lyrikbände und wissenschaftliche Arbeiten, Fragmente, lose Zettel, in einigen Fällen sogar einzelne Sätze, die einem genial dünkten, wenn auch nicht fortsetzbar, durch die offenen Flutschleusen der Mater Libraria. Weiterhin archivierte und dokumentierte das weltweite Gnadensystem jedes ihm anvertraute papierne Herz. Aufgenommen und verteilt zu werden, sich durch die erdumspannenden Netze und die Gehirne der Mitmenschen bewegen zu können, konserviert wie ein Pharao der Nachwelt erhalten zu sein, war kein Privileg mehr, sondern der Alltag von Millionen. Gründliche Untersuchungen bewiesen neben dem therapeutischen auch den demographischen Nutzen der Gnadenbibliothek, denn mit der Gewißheit eines jeden, einen Teil von sich in die Zukunft hinüberzuretten, sank auch das Bedürfnis nach Fortpflanzung segensreich ab.

Der schwarze Tag der Gnadenbibliothek wurde der 9. November des Jahres 2027. Manche bezeichneten ihn makaber als 'Dritte Bestandsteilung', andere und die meisten als infernalisches Jüngstes Gericht über das Millionenarchiv der Eitelkeiten. Einer der professionellen Verlagseintreiber sah plötzlich anstelle eines mühsam recherchierten Romantitels ein grelles horizontales Flackern auf seinem Bildschirm. Er glaubte zunächst an einen Defekt des Terminals, an dem er gerade saß, und wechselte zum Nachbargerät. Die Wiederholung der Suchanfrage lieferte nicht noch einmal den waagerechten Lichtblitz, sondern gleichsam dessen Resultat: ein kleines Flämmchensymbol, das innerhalb einer Seite mit Titelkurzanzeigen das ausgelöschte Werk ersetzte. Noch ehe der Eintreiber das Experiment wiederholen oder eine Meldung an die Bibliotheksangestellten machen konnte, traf ein zweites Werk der Blitz, und ein zweites Flämmchensymbol erschien an seiner Stelle. Der Eintreiber stieß einen Ruf der Überraschung aus – der aber nur noch ein Element eines Chores von Flüchen, unartikulierten Lauten und Hilferufen bildete, der sich nun in der Hauptterminalhalle der Mater Libraria erhob. Überall, auf jedem der eingeschalteten Bildschirme, verschwanden in Abständen von wenigen Sekunden Buchnachweise auf die gleiche spektakuläre Art. Ein wahres Löschgewitter setzte ein, das die im düsteren Novemberlicht liegende Haupthalle mit ihren weiten Glasfronten erhellte, und es schien kein Ende finden zu wollen, obwohl niemand mehr eine Tastatur zu berühren wagte. Die Besucher standen in erschrockenen Gruppen um die Geräte und die EDV-Abteilung bald darauf kopf, zunächst natürlich mit einem Virus rechnend, das vom selektierenden Verlagswesen eingeschleust worden war.

Als die Nachricht eintraf, daß nicht nur in der Zentrale, sondern in einigen, in zahlreichen, ja anscheinend in jeder der weltweit angeschlossenen Zweigstellen das gleiche Schauspiel sich ereignete, wußte man sich nur noch mit der Abschaltung des Zentralcomputers zu behelfen. Die Bildschirme in der Haupthalle der Mater Libraria erloschen, in den Zweigstellen der Region, des Landes, und schon flog der Impuls der Dunkelheit via Satellit über die Meere; es war, als sterbe ein gewaltiges und gutes Lebewesen, universell und notwendig wie die Luft.

Eine Stunde nach der Abschaltung der Zentraleinheit wurde der Direktor der Mater Libraria dringend ans Telefon gebeten. Er wollte den Anruf zunächst nicht entgegennehmen, da er in einem Haufen wüst debattierender Computerspezialisten steckte. Als man ihm jedoch mitteilte, die Leiterin der Archive sei am Apparat, änderte er seine Meinung. Ihr von einem Doppelkinn unterfuttertes, üblicherweise eisern gelassenes Gesicht zitterte wie ein Pudding. »Sie verschwinden! Überall!« stieß sie hervor.

»Wer? Was? Wie?« brüllte der Direktor.

Anstelle einer Antwort richtete die Archivleiterin die Kameralinse des Bildtelefons auf die Regale in ihrem Rücken.

»Was soll das? Was verschwindet?«

Der Direktor sah das gewohnte Bild, Regalböden über Regalböden, unterteilt in Tausende gleichartiger Metallfächer, die die eingesandten und konservierten Werke beherbergten. Die sogenannten Magazinaffen, paviangroße Roboter, die auf eine Bestellung hin durch die Gänge des Archivs schossen, um das verlangte Buch zur Reproduktionsabteilung zu befördern, hingen wie bei jeder Routineabschaltung still und starr im komplizierten Drahtnetz ihres Leitsystems.

»Achten Sie auf irgendeine Stelle, schauen Sie eine Zeitlang hin!« quäkte die Archivarin.

Schon wollte der Direktor sie für übergeschnappt erklären und sich in die hochkritische Konferenz der EDV-Experten zurückbegeben, als ihm das erste PLOP-Erlebnis zuteil wurde. Es fand sich in der tragischen Folgezeit kein besserer Terminus als der der 'Verploppung' für das, was sich vor ungläubigen Augen, in Hunderttausenden von Regalen und Archivschränken, zum Teil gar in den Händen der Reproduktionstechniker abspielte: Wie in einem dummen Märchenfilm, begleitet von einem unvergeßlichen Plop-Geräusch, verschwand ein Buch – in der Luft, in ein Unsagbares hinein, von einer Sekunde auf die andere, ohne Wiederkehr. Plop – und ein weiteres Stahlfach leerte sich. Plop – und der Magazinaffe, der eben noch ein dickleibiges Werk in zehn Meter Archivhöhe gehalten hatte, kippte infolge der verschwunden Balance kopfüber hinab, erstaunt mit seinem grünen Roboterauge blinzelnd.

Das ganze Ausmaß der Katastrophe wurde noch am gleichen Tag sichtbar. Die Computerspezialisten stellten fest, daß auf den zahlreichen Sicherungskopien, den optischen und magnetischen Speicherplatten, auf denen sie den kostbaren Datenbestand vervielfacht hatten, exakt der gleiche Schwund zutage trat, der im laufenden System und unter den physikalischen Exemplaren der Titel verzeichnet werden mußte. Es gab keine Erklärung. Es gab kein Gegenmittel. Die Verploppung in den Magazinen erreichte eine solche Frequenz, daß man ohne Lärmschutz keinen der Gänge mehr betreten konnte. Testversuche mit einzelnen Terminals, die man im Beisein hochkarätiger Experten anschaltete, zeigten eine solch rasende Folge von Blitzen, daß man bei längerem Hinsehen zu erblinden drohte.

Weder die Hoffnung, das Verschwinden beschränke sich auf einen bestimmten Teil des Bestandes, noch die, den Vorgang eine Zeitlang geheimhalten zu können, erfüllte sich. Achtundvierzig Stunden nach Beginn der Vernichtungsaktion hatte sich mehr als ein Drittel der Gnadensammlung verflüchtigt, und die Stadt, die mit der Mater Libraria bedeutend und reich geworden war, glich einem Tollhaus. Zehntausende von Autoren, den Schock eines mit kerzenflammenähnlichen Symbolen gespickten Bildschirms in den Knochen, blockierten die Zufahrtsstraßen. In den öffentlichen Parkanlagen rauften die Dichter sich gegenseitig die Haare. Fassungslos weinend, brachen ganze Schreibwerkstätten auf den Bürgersteigen zusammen. Nachdem bekannt geworden war, daß rechtzeitig aus dem Magazin entfernte Werke nicht verploppten, kam es zum Aufbrechen sämtlicher bekannter Sammlungsstellen. Polizeieinheiten, die die Direktion in Verkennung der Sachlage zum Schutz angefordert hatte, wurden überrannt. Schlägereien, Tumulte, Massenhysterien in den unterirdischen Gängen und den höchsten Stockwerken der Archivwolkenkratzer kosteten Dutzende von Menschenleben. Der Bibliotheksleitung blieb schließlich nichts anderes übrig, als die verwegensten Angestellten und sämtliche noch intakte Magazinroboter dazu zu verwenden, den Inhalt der Sammlungen auf die Straßen zu schaufeln, tagelang, bis eine meterhohe Papierflut den Asphalt bedeckte.
Eine Woche später erlosch der letzte Titel der einst so gewaltigen Sammlung der Gnadenbibliothek vom Schirm und machte dem verhaßten symbolischen Flämmchen Platz.
Nur durch konzentrierte Armeeinsätze hatte man die Massen aus der Stadt treiben und die Brände, die so überaus reichliche Nahrung auf den Bürgersteigen fanden, löschen können. Feuerwehrtrupps und Sanitäter kämpften sich durch den Qualm und suchten letzte Brandherde und Verschüttete. Demonstrationen all der arbeitslos gewordenen, in die Zehntausende zählenden Angestellten der Gnadenbibliotheken wurden weltweit verboten und mit Wasserwerfern und Gummiknüppeln aufgelöst.
Die Leere der von der Verploppung heimgesuchten Hallen konnte aber auch die einsetzende Schulddiskussion nicht mehr füllen. Wegen der offensichtlich übernatürlichen Vorgänge bei der Buchbeseitigung schied für jeden vernünftigen Menschen ein Anschlag des Verlagswesens aus. Man war im Grunde ratlos und aus diesem Grunde äußerst beredt. Jedoch warf kein Essay, keine Anklage, keine der zahlreichen Untersuchungskommissionen Licht in das Dunkel des Verlöschens.
Dann, man schrieb bereits das Jahr 2029, wies ein bis dato unbekannter

Journalist namens Aquarius darauf hin, daß in einem gewissen Sinne all die verschwundenen Titel noch existierten. Man brauche sich nur an eines der noch funktionstüchtigen Terminals zu setzen. Sämtliche einmal aufgenommenen Titel seien präsent, auch wenn das System bei ihrem Aufruf stets das gleiche Flämmchen anzeige. Also bedürfe es nur einer gewissen religiösen Zuversicht. Die Gnade, die jedem zuteil werde, könne letztlich keine Unterschiede kennen! Und um das zu zeigen, die Literatur nur als Beispiel genommen, habe der unauffindbare Mäzen die ganze Tragödie inszeniert.

Selbstverständlich wurde dieser Auffassung von vielen Seiten widersprochen. Sie bildet jedoch den Ausgangs- und, wie es scheint, auch den Fluchtpunkt der bis heute anhaltenden Diskussion über Sinn und Untergang des Projekts. Nach wenigen Monaten schon gelangte das klassische Verlagswesen zu seiner alten Blüte zurück. Die Eintreiber wurden entlassen, und man verringerte die Anzahl der Lektoren wieder auf das einst übliche absolute Minimum. Das Computernetz der Gnadenbibliothek wurde von einigen internationalen Großbanken übernommen, die Zweigstellen von Videoläden und Gemüsehändlern aufgekauft.

Allein die Mater Libraria blieb als Tagungs- und Ausstellungsort erhalten, aus der gewissen Ehrfurcht gläubigeren Zeiten gegenüber, die auch die gothischen Kathedralen und ägyptischen Pyramiden gerettet hat. In einem der verwahrlosten Seitenflügel des gewaltigen Gebäudes glüht dort bis heute, wartungsfrei und ohne einer von außen herangeholten Energie zu bedürfen, das Gehirn des alten Parallelrechners, der einmal die ganze Welt versorgte. Ein einziges Regal steht in unmittelbarer Nähe. Es mag an eine Kapelle erinnern, an das unverständliche Ritual einer exotischen Kultur, wenn noch etliche Male am Tag ein junger Mensch, ein Kind, ein Greis oder ein altes Mütterlein mit einem Papierbündel unter dem Arm den verstaubten Raum betritt. Der letzte Magazinaffe schwingt sich auf ein Zeichen der Bereitwilligkeit hin an einem quietschenden Drahtseil herab. Seine Klaue nimmt mit gut programmiertem Bedacht das Werk des Bittstellers aus dessen Händen und befördert es hoch, an eine ganz bestimmte Stelle im Regal. Nach kurzer Zeit kann der Gast das Verploppen hören und beobachten, wie ein Blitz über den letzten Bildschirm huscht. Dann leuchtet auch sein Flämmchen im System, und er mag darauf hoffen, daß der größte Verleger sich seiner erbarmt.

Eingänge in den Cyberspace

Einführung in den Cyberspace

von Stefan Bollmann

Wie häufiger zu beobachten – und in diesem Fall mit hintersinniger Bedeutung – fiel das Wort einem Schriftsteller ein. William Gibson, ein junger expatriierter, in Kanada lebender Amerikaner, spazierte an den Spielsalons auf der Granville Street in Vancouver vorüber, als ihn etwas an der Art und Weise seltsam berührte, wie die Spieler über den leuchtenden Bildschirmen hingen. »An der körperlichen Intensität ihrer Haltung konnte ich sehen, in welch atemloser Anspannung sich die Kids befanden. Es war wie eine Feedback-Schleife, mit Photonen, die aus den Bildschirmen in die Augen der Kids traten, Neuronen, die ihre Körper, und Elektronen, welche die Videospiele durchströmten. Diese Kids glaubten ersichtlich an den Raum, den die Spiele projizierten.«

Das Bild ließ Gibson nicht los. Er hatte nicht viel Ahnung von Videospielen und Computern – den Roman, mit dem ihm der Durchbruch gelang, *Neuromancer* (1984), schrieb er (wie übrigens bis zuletzt auch der Medienphilosoph Vilém Flusser seine avancierten Texte) auf einer alten mechanischen Schreibmaschine –, aber er kannte Leute, die Ahnung hatten. Und jeder, der viel mit den Maschinen umging, kam schließlich dazu, beinahe wie einen Glaubensartikel die Realität dieser imaginären Welt zu akzeptieren. »Sie entwickelten einen Glauben daran, daß sich hinter dem Schirm eine Art von tatsächlichem Raum befindet«, sagt er. »Einen Ort, den man nicht sehen kann, aber man weiß, er ist da.«

Gibson nannte diesen Ort »Cyberspace« und verwandte ihn als Schauplatz seiner früheren Romane und Short stories. In seiner Literatur ist Cyberspace eine computergenerierte Landschaft, in die sich seine Figuren einklinken – manchmal indem sie Elektroden direkt an Implantate in ihrem Hirn anschließen. Was sie sehen, wenn sie dorthin gelangen, ist eine »graphische Wiedergabe von Informationen aus den Banken sämtlicher Computer im menschlichen System« – große Warenhäuser und Wolkenkratzer von Daten. An einer Schlüsselstelle von *Neuromancer* beschreibt Gibson den Cyberspace folgendermaßen: »Eine konsensuelle Halluzination, täglich erlebt von Milliarden Berechtigter in allen Ländern, von Kindern zur Veranschaulichung mathematischer Begriffe ... Unvorstellbare Komplexität. Lichtzeilen in den Nicht-Raum des Verstandes gepackt, gruppierte Datenpakete. Wie die fliehenden Lichter einer Stadt ...« In Gibsons Cyberspace gibt es »Cowboys« – mittlerweile würde man von »Cybernauten« sprechen –, die die ungeheuren Datenwelten durchqueren, die Gibson die »Matrix« nennt, um die globale Infrastruktur für Datenkommunikation und -verarbeitung zu bezeichnen, die das Fundament dieses neuen Universums bildet. Dabei scheinen sich »Matrix« und »Cyberspace« wie z. B. »Internet« und »World-Wide Web« (WWW) zueinander zu verhalten: Verweist die erste Bezeichnung auf die physikalische Seite des globalen Netzwerks, eine gigantische Masse von Kabeln und Computern, so bezeichnet WWW einen Informationskorpus, eine multimediale Wissensbank.

Der erste Interpret, der Gibsons Science-fiction-Ausdruck »Cyberspace« als ein Synonym für die heutige Verknüpfung von Computertechnologie und Telekommunikation übernahm, war John Perry Barlow. Barlow beharrte darauf, daß Cyberspace als eine qualitativ neue Welt betrachtet werden sollte, als eine »Grenze«. Laut Barlow konnte die Welt der elektronischen Kommunikation, wie sie nun durch den Computer-Bildschirm einsehbar wurde, sinnvollerweise nicht länger als ein Wirrwarr von Hightech-Kabeln betrachtet werden. Statt dessen war sie zu einem Ort, einem Platz, einem »Technotop« geworden, der nach einer Reihe neuer Metaphern, neuer Regeln und Verhaltensmuster verlangte. Der Ausdruck, wie ihn Barlow gebrauchte, traf den richtigen Ton, und sein Begriff von »Cyberspace« wurde von *Time, Scientific American,* Datenschützern, Hackern und selbst bestallten Wissenschaftlern aufgegriffen. Mittlerweile ist »Cyberspace« wohl zu einer dauerhaften sprachlichen Bildung geworden.

Dennoch kennzeichnet dieses Wort eine eigentümliche Unschärfe, ja Zweideutigkeit. So wird »Cyberspace« sowohl zur Bezeichnung einer künstlichen Welt verwandt, wo Menschen in einem Datenraum navigieren (wie es z. B. jeder Internet-Benutzer macht) als auch zur Benennung jener ultimativen Mensch-Computer-Schnittstelle, wie sie durch die Medientechnologie der Virtuellen Realität geschaffen werden soll.

»Stellen wir uns ein Bildsystem vor, das uns völlig umschließt und dreidimensionale Bilder erzeugt, mit scheinbar vorhandenen Objekten, die wir anfassen und manipulieren sowie mit Händen und Fingern spüren können. Stellen wir uns weiter vor, wir würden in diese künstliche Welt eintauchen und sie aktiv durchstreifen, statt sie nur von einem festen Standpunkt aus auf einer flachen Leinwand, einem Fernsehschirm oder einem Computerdisplay anzustarren. Denken wir uns, wir wären zugleich die Schöpfer und die Konsumenten unserer künstlichen Erfahrung. Wir selbst können die Welt, die wir sehen, hören und fühlen, mittels einer Geste oder eines Wortes umgestalten. Das ist keine Fiktion. Die *head-mounted displays* (HMDs), die dreidimensionalen Computer-

bilder, die Eingabe- und Ausgabe-Einheiten und die Computermodelle, aus denen ein VR-System besteht, ermöglichen es uns heute, in eine künstliche Welt einzutauchen, in sie einzugreifen und sie zu verändern.« (Howard Rheingold, Virtuelle Welten, S. 17 f.)
Nach einer Definition von Jaron Lanier soll »virtuell« heißen, daß etwas nur als elektronisches Bild existiert, aber sonst keine konkrete Gegenständlichkeit besitzt. Im Fall von Daten- und Kommunikationsnetzen scheint der virtuelle Raum des Cyberspace unsere Beziehung zu anderen Menschen auf einer neuen Ebene nachzuformen; im Fall der VR-Technologie hingegen scheint dies mit unserer Beziehung zur Welt der Dinge zu geschehen. Natürlich lassen sich Verknüpfungen beider Cyberspace-Dimensionen vorstellen, wie dies beispielsweise bei Tele-Kooperation der Fall ist. Dennoch scheint keine der beiden Dimensionen einfach auf die jeweils andere zurückführbar zu sein. So ist zwar wohl richtig, daß die Interaktion mit einem Computer nicht dem Modell des Dialogs mit einem anderen Menschen folgt, sondern dem der Erforschung einer Welt, aber diese Welt selbst (als Cyberspace) ist ein Stadium in der Entwicklung dessen, was Popper die »*Welt 3*« genannt hat: die Welt der objektiven, intersubjektiven und symbolischen Strukturen, von denen viele rein informationeller Natur sind. Insbesondere bei neo-romantischen Apologeten der VR-Technologie gewinnt man dagegen den Eindruck, daß sie den Cyberspace mit der von Popper so genannten »*Welt 2*« identifizieren: der subjektiven Welt des Bewußtseins mit seinen Intentionen, Gefühlen, Gedanken, Träumen, Erinnerungen, kurz einer präsymbolischen, imaginären Welt.
Darum ging es dem Kern nach auch in der von der Agentur Bilwet in ihrem Beitrag erwähnten Debatte von 1989/90 zwischen den beiden Cyberspace-Fraktionen, aus der – wie man von heute aus feststellen kann – als Etappensieger der Barlowsche Vorschlag hervorgegangen ist, mit Cyberspace die neue Form von Interaktivität und Intersubjektivität zu bezeichnen, die entsteht, wenn der Computer mit dem Telefonnetz verbunden wird. Da aber einmal die zwei Seiten der einen Medaille Cyberspace existieren und die VR-Technologie neben Virtuality Cafés, Cybersex und Cyberparks auch weniger unterhaltsame Übungen hervorgebracht hat, werden im folgenden beide Seiten unter der Parole »Kurs auf den Cyberspace« gleichberechtigt abgehandelt: das Datennetz wie die VR-Technologie. Und um *eine* Medaille handelt es sich dennoch; denn beide Phänomene sind Kinder der kybernetischen Revolution, die mit dem Namen Norbert Wiener verbunden ist und wie nur wenige Revolutionierungen der Wissenschaft ihren eigenen Tod als Disziplin überlebt hat – indem sie in alle einwanderte.

Datennetze

von Jürgen W. Brückmann

Vorbemerkung

In einem ersten Teil beschreibt dieser Aufsatz die populärsten privaten und kommerziellen Netze, die einem Datenreisenden zur Verfügung stehen. Zu Anfang steht die Darstellung der technischen Voraussetzungen, danach wird jedes relevante Netz kurz charakterisiert und vorgestellt. Anglizismen – meist technischer Natur – sollen keine Verwirrung stiften, sondern einen Erstzugang zu solchen Netzen erleichtern. Im zweiten Teil findet eine Bestandsaufnahme statt, die diese spezielle, elektronische Möglichkeit der Kommunikation in den kulturellen Kontext stellt. Die Bedeutung von Kommunikation soll deutlich gemacht und ihre Umsetzung im Datennetz charakterisiert werden. Die Möglichkeiten des »neuen Mediums«, aber auch Gefahren, die durch die Nutzung oder deren Folgen entstehen, werden dargestellt. Erste empirische Untersuchungen über Nutzer und deren Motivation stehen in einem dritten Teil im Mittelpunkt. Diese Untersuchungen können nicht nur auf die Nutzung von Datennetzen beschränkt sein, da die technisch strukturierte Welt des Computers schon mit dem Einschalten beginnt. Unter einer Vielzahl von Anwendungen sind Datennetze nur eine kommunikative Ausnahme.

Technische Voraussetzungen

Marathon, 490 vor Christus:
Nach dem Sieg der Athener über die Perser überbringt ein Läufer die Siegesbotschaft von Marathon nach Athen. Die Anstrengung des mehrstündigen Laufs über 42,2 Kilometer kostet den Läufer das Leben.

Die Informationsweiterleitung bis in die entlegensten Gebiete der Erde ist im Zeitalter der elektronischen Medien wesentlich leichter geworden. Um an den heutigen Datennetzen teilzunehmen, ist ein Marathonlauf nicht notwendig, denn die eigentliche Verbindung zwischen dem individuellen Computer und dem Datennetz besteht schon: die Telefonleitung. Um die digitalen Computersignale allerdings in übertragungsfähige analoge Signale umzuwandeln, ist ein **Modem** notwendig, welches entweder extern (eigenes Gehäuse und Stromversorgung) oder intern (nutzt Computersteckplatz und Stromversorgung) mit dem Computer über eine serielle Schnittstelle zu verbinden ist. Dann wird das Modem mit einem Telefonkabel an die Leitung angeschlossen. Die Steuerung des Modems erfolgt durch eine spezielle Software, dem Terminalprogramm. Nach der Konfiguration von Hard- und Software ist nur noch die Nummer einer Mailbox, des BTX oder einer anderen Onlinedatenbank zu wählen. Nach kurzem Freizeichen sollte sich das Modem am anderen Ende der Leitung mit einem Geräusch melden, welches an einen defekten Anlasser am Auto erinnert. Doch statt eingeschränkter Mobilität ist dieses Klangereignis ein Beleg für ein gelungenes »Connect«: Die Verbindung zu einem anderen Computersystem oder Datennetz ist geglückt.

Das Modem (**Mo**dulator/**Dem**odulator)
Die Telefonleitung kann keine digitalen Signale aus dem Computer übertragen: sie müssen erst moduliert werden. Das entfernte Modem (Mailbox) wandelt diese analogen Signale wieder in computerlesbare digitale Signale um. Schnelle Modemgeräte übertragen 14 400 bits pro Sekunde (ca. 1 Megabyte/15 min.). Geeignete Software vorausgesetzt, ist es mit den meisten Geräten ebenso möglich, ein Fax zu versenden oder zu erhalten. Von der Telekom sind nur postzugelassene Modemgeräte im Betrieb erlaubt.

Die Mailbox

Der elektronische Briefkasten (Mailbox) in der Region seines Wohnortes wird die erste Station des Datenreisenden sein. Nach dem oben genannten Klangereignis wird auf dem eigenen Bildschirm eine Bestätigung der Verbindung angezeigt. Jetzt muß der Name (oder auch das Pseudonym) angegeben werden. Eine Paßwortabfrage verhindert, daß eine fremde Person Zugriff auf die Box erhält. Beim ersten Besuch in einer Mailbox müssen im Benutzerantrag (**Userform**) Name, Adresse und Telefonnummer eingetragen werden. Diese Daten werden vom Mailboxbetreiber (**SysOp = System Operator**) auf ihre Richtigkeit überprüft. Erst danach kann der Nutzer (**user**) die erweiterten Funktionen einer Mailbox verwenden. Die Zugriffsrechte auf (fast) alle Funktionen der Box inklusive des Schreibens in einem Netz oder des Kopierens von Software (**Download**) sind hierarchisch geordnet. Anfänger besitzen ein niedrigeres 'Level' als erfahrene User. Im Laufe der Zeit und auf Anfrage wird jeder wohlgesonnene SysOp die Zugriffsrechte erhöhen.

In den lokalen Bereichen einer Box (**Local areas**) ist es möglich, Kontakt mit Usern der Box aufzunehmen, sei es, um gebrauchte Hardware zu verkaufen, um Freizeitaktivitäten mit anderen Usern zu planen oder Hilfe in bestimmten computerspezifischen Fragen zu suchen. Diese öffentlichen Nachrichten (**public mails**) sind für alle anderen User zugänglich. Private Post, die nur der Adressat zu Gesicht bekommen sollte, ist ins private Postfach desjenigen zu schreiben. (Trotzdem: Der SysOp sieht und hört alles ...)

Größere Verbreitung findet die Nachricht durch Schreiben in den Netzbereichen (**Net areas**). In den Zeiten, in denen die Box nicht erreichbar ist (**offline**), werden die Netznachrichten (**Netmails**) automatisch weitergeleitet. Nur wenige Stunden nach der Frage, ob z. B. graue Katzenhaare eher Allergien auslösen als schwarze, kann ein Katzenfreund aus Chicago, Rom oder Nowosibirsk die Antwort geben. Nach dem nächsten Nachrichtenaustausch (**Poll**) der Mailboxen wird diese Antwort zur Verfügung stehen. Zwei der bekanntesten Netze, die über eine private Mailbox erreichbar sind (**Fido**, **Internet**), werden später näher beschrieben.

Hat die angewählte Mailbox mehrere Anschlüsse, ist meist schriftliche Kommunikation in Echtzeit (**Onlinekonferenz**, **Chat**) mit den anderen gegenwärtig präsenten Usern möglich. Die Nachrichten bei bestehender Verbindung einzugeben (**Online schreiben**) ist allerdings im Vergleich zum Senden eines offline (zuhause, außerhalb der Box) geschriebenen Textes teurer (Gebühren) und längst nicht so effektiv (Zeit). Ein Onlinespiel (von Schiffe-Versenken bis Multi-Player-Strategie) gegen den entfernten Computer oder einen anderen User ist zwar sehr reizvoll, wird aber ebenfalls die nächste Telefonrechnung in die Höhe treiben.

Außer dem Kommunikationsbereich mit Lokal- und Netzbereich ist der Dateibereich (**File area**) einer Mailbox interessant. Hier ist es möglich, sich die verschiedenste Software über die Leitung in den eigenen Rechner zu »kopieren« (**Download**), oder Dateien, die für die Allgemeinheit von Interesse sein können, zur Box zu schicken (**Upload**). Von Hilfsprogrammen über Spiele, von exotischen Treibern und Anti-Viren-Programmen bis zu Schmuckschriften ist hier alles vertreten. Zu beachten ist nur, daß keine kommerzielle Software geschickt wird: Nur Programme, die ausdrücklich kopiert werden dürfen (**Shareware**, **Public Domain**, **Freeware etc.**), sind erlaubt.

Die Zahl der privaten Mailboxen ist in den letzten Jahren immens gestiegen. Trotz relativ hoher Kosten eines SysOps für die Hardware und steigender Telefonrechnungen erfreut sich diese Art der Kommu-

nikation steigender Beliebtheit. Die Preissenkungen im Hardwarebereich verbunden mit der Möglichkeit, immer leistungsfähigere, schnelle Modems mit immer einfacher zu bedienender (Terminal-)Software einzusetzen, hat im privaten Bereich zu einem Boom im DFÜ-Bereich (**Datenfernübertragung**) geführt.
Der Nimbus des gesetzlosen Hackers, der sich in fremde, verbotene Systeme »einklinkt«, Daten stiehlt oder unbrauchbar macht, hat sich durch die größere Öffentlichkeit verflüchtig; trotzdem wird die mittlerweile zur (Sub-)Kultur gewandelte Mailbox-Szene häufig kritisiert.
Drei gängige Vorurteile oder Befürchtungen sollen hier kurz erläutert werden:

Die Raubkopien

»Die Mailbox: illegale Quelle kommerzieller Software«

Das Kopieren und die Weitergabe kommerzieller Software ist verboten und wird in zunehmendem Maße strafrechtlich verfolgt. Der gesellschaftliche Schaden, der durch Vervielfältigung von Originalsoftware entsteht, ist laut Softwareindustrie enorm. Mailboxen werden hierfür oft mitverantwortlich gemacht. SysOps, die einen solchen zweifelhaften »Service« anbieten, werden schnell entdeckt. Ihnen stehen strafrechtliche Konsequenzen und hohe Schadensersatzforderungen ins Haus.[1] Die Hemmschwelle und das Risiko der Entdeckung sind merklich gestiegen. Die Qualität »alternativer«, kopierbarer Software, die in den jeweiligen Vollversionen kostengünstig zu erwerben ist, steigt weiter an. Auch der Preisverfall auf dem kommerziellen Softwaremarkt trägt dazu bei, daß nur eine verschwindend geringe Zahl von Mailboxen Raubkopien in speziellen Dateibereichen anbietet.

»Schmuddelige« Bilder

»Mailboxen bringen Schmuddelsex in Umlauf. Vor allem Kinder und Jugendliche können frei an bestimmte Bilder und Animationen gelangen.«

In speziellen Dateibereichen, die meist mit der Kennzeichnung »ab 18« versehen sind, findet man in wenigen Boxen »erotische« Bilder und Animationen. Die digitalisierten Bilder und kurzen Filmausschnitte werden oft dazu benutzt, die Unmoral der gesamten privaten Mailboxsysteme darzustellen. Um den Zugriff auf diese speziellen Bereiche zu erhalten, ist eine zusätzliche Altersprüfung des Users durch den SysOp notwendig. Wegen der Fülle von Informationen und Möglichkeiten einer Mailbox machen diese Bereiche aber nur einen unbedeutenden

Anteil einer Box aus. Trotzdem sind sie »stark frequentiert«. Auf das Vorurteil angesprochen, »Schmuddelsex« zu verbreiten, äußerte sich der SysOp einer größeren Box im Rhein-Neckar-Raum, der anonym bleiben möchte, in einem privaten Gespräch: »Warum soll meine öffentliche Mailbox moralischer sein als die Realität? In einer Mailbox spiegelt sich die Gesellschaft wider.«

Die Neonazis – »Herren der Mailboxen«?

»In Mailboxen tummeln sich ungestraft propagierende Neonazis.«

Einige rechtsextreme Organisationen nutzen die Datenfernübertragung, um Logistik und Planung der Aktivitäten ihrer Organisation zu realisieren. Diese Mailboxen sind miteinander beispielsweise im sogenannten »Thule-Netz« (nicht mit Fido-, Internet o. ä.) verbunden. Es gibt von juristischer Seite Probleme, Verantwortliche dieser Mailboxen und Netze zu belangen, da die Interpretation der Nachrichten und Mitteilungen in der Mailbox zur strafrechtlichen Verfolgung schwer zu sein scheint.[2] Boxen dieser Art, deren Telefonnummern nur »Eingeweihten« bekannt sind, entlarven sich schon durch ihre Namen: »Widerstand BBS« oder »Germania« zeugen von neofaschistischer Gesinnung. Die Integrität der eher progressiv eingestellten User »normaler« Mailboxen wird durch dieses leidige Phänomen des Rechtsextremismus nicht berührt. Die Mailboxdiskussionen über dieses Thema in den öffentlich zugänglichen Bereichen zeigen das. Im Telekom eigenen Datex-J/BTX System bot die »NPD« längere Zeit einschlägige Foren an. Selbst hier konnte der Verfassungsschutz bis dato noch keine ausreichenden Beweise sammeln, um eine strafrechtliche Verfolgung einzuleiten, die u. a. mit dem Ausschluß der rechtsextremen Organisationen aus den Computernetzen verbunden wäre.

Private Netze

Das Fido-Netz

Das Fido-Netz ist ein weltweites Amateur-Computer-Netzwerk. Tom Jennings programmierte 1984 eine Mailboxsoftware, die es ermöglicht, private Briefe von Mailbox zu Mailbox bis zum Destinationsort weiterleiten zu lassen (Netmail). Vorteile von elektronischen Briefen gegenüber herkömmlichen, per Post versandten Briefen sind die geringeren Kosten und die schnellere Nachrichtenübermittlung. Zur Realisierung öffentlicher, weltweit vernetzter Diskussionsrunden bedurfte es noch eines Zusatzes. Alle Briefe zu einem bestimmten Thema sollten gesam-

melt und mit den Mailboxen des Netzes ausgetauscht werden, damit jede Box auf dem neuesten und vollständigen Stand der Diskussion war. Seit 1985 gibt es diese sogenannte EchoMail. Die Weiterleitung und Verteilung der Nachrichten verläuft heute über ca. 17 000 Knoten (**Nodes**), in Deutschland über ca. 500 Nodes.
In einer streng hierarchischen Organisation, die den Datenfluß untereinander gewährleisten soll, wählen die einzelnen SysOps einer Mailbox in einer Konferenz den höhergestellten Koordinator. Moderatoren, die die EchoMails betreuen, weisen User, die allzu barsche oder beleidigende Nachrichten schreiben (Flames) zurück. Die zwei »Gebote« im Fido-Netz sind:

Du sollst andere nicht exzessiv verärgern.
Du sollst nicht zu leicht verärgert sein.

Außerdem führen Briefe, die einen Straftatsbestand erfüllen, zum Ausschluß des Users aus dem Netz (»er wird exkommuniziert«). Gründe für den Ausschluß sind z. B. »volksverhetzende, rassistische Propaganda, unsittliche Angebote und Angebote illegaler Disketten-Kopien.«[3]
Ca. 70 Prozent der öffentlichen Foren des Fido-Netzes haben computerspezifische Themen, in den übrigen 30 Prozent befassen sich User u. a. mit:

165 Greenpeace
171 Medizin allgemein
173 Sport
175 Wissen der Welt
176 Witze
178 Satellitenanlagen
184 Telefon & Telekom
186 Politik/Diskussionen
193 Antifaschismus
200 Internat. Diskussionen
202 Kino & Filme
206 HiFi & Anlagen
207 Recht & Gesetz
212 Mitfahrgelegenheiten
218 Umweltthemen
222 Schule
224 Urlaub
230 Chemie
237 Kontakte USA <-> Europa
238 Frauen
240 Jokes (engl.)
241 Eltern & Kinder
242 Kochen & Küche
246 Magie & Zauberei
250 Rätsel
253 Frust !?!?
255 Bücher & Schriftsteller
259 Kirche
262 Chauvie's :-)
268 Gay's
269 Fahrräder & -fahren
277 Gerichtsurteile.

Diese Auswahl stellt nur einen kleinen Auszug aus dem Gesamtangebot an Foren dar. Der Vergleich mit den Kleinanzeigen in Zeitungen drängt sich auf.

Das Internet

Das Internet ist ein Netz von Computern, die über das TCP/IP Protokoll (techn. Übertragungskonventionen zur Regelung von Kommunikationsgeräten) kommunizieren. Es ist ein Sammelbecken verschiedener nationaler und internationaler Netze und entstand aus dem ARPA-NET des amerikanischen Verteidigungsministeriums, welches 1969 vier Computer miteinander verband. Seit 1972 schlossen sich viele Forschungseinrichtungen weltweit an. Über 2 Millionen Rechner beteiligen sich alleine in Deutschland am Internet, weltweit ca. 28 Millionen. In Deutschland werden seit 1993 Mailboxen mit dem Internet vernetzt. Die Zahl der User verdoppelt sich zur Zeit alle 7 Monate.

Eine Reihe von Onlinedatenbanken stehen dem User im Internet zur Verfügung: etwa zu Geographie, Molekularbiologie, Geschichte, Mathematik, Landwirtschaft, Sozialwissenschaft und Astronomie. Forschungsarbeiten, die nicht in Buchform erscheinen, können im Internet »veröffentlicht« werden. Informationen zu allen Sparten findet man in ca. 7000 verschiedenen Foren. Die Steuerung im Netz wird durch das Betriebssystem UNIX realisiert.

Verbindungen zu gleichartigen Netzen (**Bridges**) wie Usenet, einem angegliederten Nachrichtennetzwerk, dem auch WELL[4] zuzuordnen ist, bestehen ebenso wie Verbindungen zu Fremdnetzen (**Gateways**) wie CompuServe oder dem Fido-Netz. Die Umgangsformen (**Netiquette**) sind ähnlich ausgeprägt wie im Fido-Netz. Immer mehr Raum nimmt die Medienkunst im Internet ein: Individualität und Kreativität sollen dem Internet den richtigen Anstrich geben. Für Studenten einer Fakultät in der altehrwürdigen University of Cambridge wird ein ganz besonderer »Service« geboten. Ob sich ein Gang zur Uni überhaupt lohnt, zeigt sich, wenn man durch das Internet die Uni anwählt und der Füllstand der videoübewachten Kaffeemaschine angezeigt wird.

Mit Hilfe von Hypertext-Technologie und weiteren multimedialen Elementen entstehen immer mehr Online-Zeitschriften (z. B.: *Hotwired*). Da Kommerz im Internet allerdings abgelehnt wird, müssen sich die Herausgeber mit »Sponsoring« statt Werbung zufrieden geben.

Kommerzielle Datennetze

Außer der Möglichkeit der Kommunikation bieten die kommerziellen Datennetze eine Vielzahl von Informationsmöglichkeiten zu verschiedensten Sachbereichen. Aus einem schlichten Datennetz wird ein »Online-Dienst«, der z. B. Zugänge zu nationalen und internationalen Datenbanken (Wirtschaft, Soziologie etc.) gegen Entgelt bereitstellt.

Alles Wissen der Welt – so die Intention der Betreiber und Befürworter des »Information Highway« – soll für jedermann in Sekunden abrufbereit sein. Längst beginnt sich durch die Fülle von Informationen ein neues Berufsfeld zu etablieren: der **Infobroker**. Er soll die konkrete ⊖ Information aus dem »Datendschungel« filtern und bereitstellen. Einige große kommerzielle Datennetze sollen hier vorgestellt werden.

⊖ Pfadfinder im Daten-Dschungel: der **Infobroker** (zu deutsch: Informationsvermittler):
»Wichtigstes Arbeitsinstrument des Infobrokers sind Informationsdatenbanken, die er mittels Computer und Datenleitung abfragt. In Online-Datenbanken bereiten Fachinstitute, Experten und Datenbankanbieter das Wissen der Welt in strukturierter Form auf. Weltweit bereits über 6 000 Datenbanken enthalten Informationen zu nahezu jedem Fachgebiet. Markt- und Produktübersichten, technische Daten und Rechtsinformationen, Forschungsergebnisse und vieles andere können dort mit sogenannten Retrieval-Sprachen recherchiert werden. Gute EDV-Kenntnisse, sicherer Umgang mit Telekommunikationsnetzen und versierte Kenntnisse in den Retrievalmethoden gehören zur »technischen« Grundbildung des Infobrokers.
Die eigentlich anspruchsvolleren Anforderungen werden allerdings beim kreativen Einsatz von Recherchestrategien gestellt. Wie man an die richtige Information herankommt, ist mehr eine Frage des inhaltlich-fachlichen als des technischen Know-Hows. Auch Erfahrung bei der Entscheidung, welche Datenbanken die geforderten Daten enthalten können, wird von einem Infobroker erwartet. Das Wissen um den ökonomischen Wert von Informationen, Präsentationsgeschick und intelligentes Marketing helfen dabei, die unterschiedlichen potentiellen Zielgruppen zu erreichen.« (Rainer Moitz, Info-Broker in Bremen)

Der Datex-J/BTX Dienst

Der nationale Bildschirmtext-Dienst der Telekom ist erst allmählich für die private Nutzung interessant geworden. Erst erleichterte Zugangsbedingungen (z. B. kostenloser 'Gast'-Zugang) und verbesserte Nutzungsmöglichkeiten ('Home Banking') ließen die Anwenderzahlen steigen.
Der seit 1983 bestehende Bildschirmtext besitzt heute ca. 670 000 angemeldete Anschlüsse, die Zahl der 'Gast'-User ist unbekannt. Um BTX uneingeschränkt nutzen zu können, muß man bei der Telekom ein Nutzungskennwort und ein persönliches Kennwort beantragen. Die Inanspruchnahme zusätzlicher kostenpflichtiger BTX-Dienste, wie etwa der Zugauskunft, der aktuellen Telefonauskunft und dem »Schwätzchen

mit Sheila: Sie wartet auf Dich!«, wird unterschiedlich hoch in Rechnung gestellt. Die Abrechnung erfolgt mit der monatlichen Telefonrechnung. Die Liste der in BTX anzuwählenden Anbieter ist lang. Bestellungen bei großen Katalogversandhäusern können über BTX genauso getätigt werden wie Buchungen von Flügen und die Suche nach einem neuen Auto. Eine interessante Möglichkeit im Bildschirmtext ist das **Home Banking**. Falls die jeweilige Bank im BTX anbietet und einen **Useraccount** (Zugriffsrecht auf das eigene Konto durch Geheimcode) einrichten kann, ist es rund um die Uhr möglich, von zuhause aus Überweisungen zu tätigen, Kredite zu beantragen oder auch nur einfach den Kontostand einzusehen. Die Nutzung dieses Service ist mit dem 'Gast'-Zugang möglich, die Kosten bleiben gering (nur Telefongebühren zum Ortstarif).

Trotz aller Bemühungen wurde der Bildschirmtext bis heute nicht zu einem kommerziellen Erfolg für die Telekom. Gründe dafür könnten im überhöhten Angebot sogenannter »erotischer Dienste« wie Onlinegesprächen mit Gleichgesinnten oder Werbung von Prostituierten liegen, wie auch in der mäßig realisierten und durch langsame Modem- oder Terminalzugänge (bis 2400 bps) nur schleppend übertragenden graphischen Oberfläche.

Die Telekom hofft in Zukunft durch das neue ISDN-Netz (**Integrated Services Digital Network**), das Übertragungsraten mit einer Geschwindigkeit von 64 kbit/s ermöglicht, auf Innovationen im Bereich Datennetze und Datenleitungen. Die Erweiterung auf europäische Bildschirmtext-Dienste (wie **Minitel** in Frankreich) ist in Planung.

CompuServe

Ein weiteres kommerzielles Datennetz ist CompuServe. In Deutschland nutzen ca. 100 000 Anwender (weltweit 2,4 Mio.) meist aus beruflichen Gründen diesen Service. Der Zugang zu CompuServe erfolgt durch die Anwahl der Netzwerk-Knoten u. a. in Hamburg, München oder Frankfurt. Nach Eingabe der Kennung NUI (**Network User Identification**) hat man Zugang zu fast allen großen Computer- und Softwareherstellern, die Hilfen anbieten, neueste Treiber kopierbereit zur Verfügung stellen oder Bestellungen entgegennehmen. News aus aller Welt sind durch die angeschlossenen Nachrichtenagenturen erfahrbar. Der SPIEGEL bietet die Möglichkeit, schon am Samstag die einzelnen Artikel der Montagausgabe zu studieren und mit den Redakteuren in einem speziellen SPIEGEL-Forum in Kontakt zu treten. Ob man die aktuelle Wetterkarte zum Selbststudium auf die eigene Festplatte kopiert oder in

einer Wirtschaftsdatenbank schmökert: über 1000 verschiedene Dienste stehen zur Verfügung. Die Kosten hierfür sind unterschiedlich hoch, was sich in der monatlichen Kreditkartenabrechnung niederschlägt, die in US-Dollar erfolgt. Der monatliche Grundbetrag für die Basisdienste beträgt $ 8.95. Zusätzlich zu den Kosten für die Telekom schlagen die Sonderdienste je nach Anbieter noch einmal unterschiedlich zu Buche. Wählt man eine Modemgeschwindigkeit >2400 bps, kommt ein weiterer Zuschlag hinzu.
Wegen der aufwendigen Menüführung und der komplexen Bedienungsstruktur ist der Kauf des CIM (**CompuServe Information Manager**) zu empfehlen. Um alle Möglichkeiten des Onlinedienstes optimal und komfortabel nutzen zu können, wurde diese Menüoberfläche geschaffen, welche aber noch einmal $ 25 zusätzlich kostet.
Außer an den genannten kostspieligen Diensten kann man hier wie in anderen Mailboxsystemen auch an einer regen Kommunikation teilnehmen. Diskussionsrunden können belebt und elektronische Briefe an andere Anwender verschickt werden. Der »CB-Simulator« bietet außerdem auf einem speziellen Kanal die Möglichkeit, eine »erotisch angehauchte« Kommunikation mit anderen Nutzerinnen und/oder Nutzern aus aller Welt zu führen. Ein kräftiger Aufpreis für diesen »Service« kann aber auch hier die Freude schnell trüben.

Da das Anbieten von kommerziellen Onlinediensten und Netzwerken lukrativ und zukunftsträchtig zu sein scheint, drängen immer mehr Anbieter auf diesen Markt. Selbst der Softwaregigant Microsoft plant in nächster Zeit aktiv am **Information-Superhighway** teilzunehmen. Die größten Anbieter und deren Betreiber sind in folgender Liste[6] aufgeführt:

Name	**Betreiber**	**Zahl der Anschlüsse** (ca.)
Datex-J	Deutsche Telekom	670 000
Compuserve	H&R Block	2,4 Mio. weltweit
Internet	nichtkomm. Netzwerk	>28 Mio.
America Online	America Online Inc.	1 Mio.
Prodigy	IBM, Sears/Roebuck	2 Mio.
E-World	Apple Computer	50 000
Genie	General Electric	100 000
Delphi	News Corp. (R. Murdoch)	140 000
Minitel	France Telécom	6,5 Mio. (in Frankr.)
Interchange	Ziff-Davis Verlagsgruppe	Test: 77 000 Interessenten

Ob der Information Superhighway »bildend und demokratiefördernd« wirkt, wie es der amerikanische Vize-Präsident Al Gore proklamiert, oder ob es sich hier um eine »Einweg-Unterhaltungsautobahn«[7] handelt, die den Profit einschlägiger multilateraler Betreiber und Großunternehmen steigert, ist im Moment noch nicht abzusehen. Die Beachtung der Konkurrenz, des Inhalts und der Verbreitung von privaten, nicht- kommerziellen Netzen und kommerziellen Online-Diensten wird für zukünftige Analysen dieses Mediensegments wichtig sein.

Die elektronische Agora

oder der Versuch der Einbindung von Telekommunikation in einen sozialen und gesellschaftlichen Kontext

Die essentielle Bedeutung von Kommunikation

Im antiken Griechenland war der Marktplatz, die **Agora**, ein Ort, an dem sich die Bürger trafen, um in Volksversammlungen politische Meinungen auszutauschen.[8] Aber auch zu regelmäßigen persönlichen und privaten Gesprächen diente dieses Forum. Für den Aufbau der griechischen Demokratie war die Agora unabdingbar.

»Der griechische Marktplatz, die **Agora**, als Zentrum des Dorfes, der Polis, ist das Thema und zugleich der Ort der sokratischen und nachsokratischen Philosophie und somit eine der Wurzeln unseres Denkens. Es ist ein Platz, der dem Austausch dient, und das in einem doppelten Sinn dieses Wortes. Betrachtet man den griechischen Marktplatz als Modell für dialogische Kommunikation, so wird man ihn heute in elitären Kreisen, etwa in Ausstellungen, wissenschaftlichen Laboratorien usw. wiedererkennen. Das Klima der Theorie, das Publizieren von Privatem und sein Austausch, die Suche nach Leitfäden für Entscheidungen und die Suche nach Wahrheit können in solchen geschlossenen Kreisen festgestellt werden.

Die Kommunikationsrevolution hat jedoch auf der Ebene der Masse den Dialog durch Ausarbeitung der Massenmedien vernichtet und auf der Ebene der Elite in kleine geschlossene und daher entfremdete Kreise zerrieben. Man kann sich aber fragen, ob und, wenn ja, in welchem Maß **Netzstrukturen** wie das Telefon und die Post in den Dienst jenes Aspekts des Dialogs gestellt werden können, der in den traditionellen Medien zu kurz kommt. Das Charakteristische der Netzstruktur ist, daß jeder Partner des Dialogs mit jedem anderen verbunden ist und das Fehlen einer Mitte das Interesse vom Thema ablenkt und dem dialogischen Prozeß selbst zuwendet. Man geht auf den Markt, um etwas zu tauschen, aber man telefoniert, um mit jemandem zu sprechen. Es eröffnet sich hier ein gewaltig großes Feld für künftige Forschung. Ein Sokrates des Telefonnetzes ist gefordert.« (Vilém Flusser, Kommunikologie)

Heute haben die Medien mehr und mehr die Aufgaben eines 'Marktplatzes' für die Kommunikation übernommen. Nachrichten werden in kürzester Zeit an die entlegensten Orte der Welt überbracht. Unbestritten ist die Notwendigkeit der Kommunikation zum Erhalt und zur Modernisierung einer Demokratie. Erst die **Vernetzung** von verschiedenen individuellen Forderungen, Meinungen oder Vorstellungen der Bürger definiert den Begriff der Öffentlichkeit, die sich – im optimalen Falle – in Wechselwirkung mit den »Regierenden« einer repräsentativen Demokratie befindet.
Während diese angesprochene Makroebene die soziale Notwendigkeit (und Erwünschtheit) von Kommunikation belegt, zeigt sich in einer mikrostrukturellen Analyse individueller Kommunikation eine elementare, fast biologische Notwendigkeit des einzelnen Menschen, in Kontakt mit anderen zu treten. Dieser Kontakt muß real und substantiell auf die Bedürfnisse des Individuums abgestimmt sein. Von der »Vermittlung seines Leibes« ausgehend, interagiert der Mensch mit »Gegenständlichkeiten und Ereignissen«, die sich als Widerstände überwinden lassen, oder »unüberwindliche Schranken«[9] bilden. Zur Bestimmung der »alltäglichen Wirklichkeit der Lebenswelt« ist u. a. notwendig, daß das Individuum »in Wechselbeziehung und Wechselwirkung« mit seinen Mitmenschen treten kann und daß es sich als Folge davon »mit ihnen verständigen kann«.[10]
Die interaktive, personale Kommunikation – die »Urform« der Kommunikation – ist »nicht rein sprachlicher Akt, sondern geschieht in allen Formen, in denen sich Menschen direkt, d. h. ganzheitlich unter Beteiligung aller körperlich-sinnlichen Wahrnehmungsmöglichkeiten und Ausdrucksmöglichkeiten in den Prozeß des Austausches mit anderen Menschen einlassen«.[11]

Moderne Formen der Kommunikation

Seit Alexander Graham Bell 1876 den Gang zum Patentamt antrat, um mit dem Telefon, dem »magischen Knochen«[12], verbale Kommunikation in Echtzeit über eine große Distanz hinweg möglich zu machen, ist erstmals eine technisch vermittelte Kommunikation möglich. Das Schreiben von Briefen, bis dahin der übliche Weg schriftlicher, zwischenmenschlicher Kommunikation, erhielt starke Konkurrenz, ohne jedoch an Bedeutung zu verlieren. Je nach Bedürfnis oder Anlaß nutzte der Mensch beide Medien parallel. Für einen kurzen, direkten Sprechkontakt erfüllte das Telefon seinen Zweck optimal. Der Wunsch, ausformulierte, beständige (auf Papier) und somit eventuell bedeutendere Nachrichten zu übermitteln, wurde über den Brief realisiert.

Die Entwicklung der elektronischen Nachrichtenübertragung verlief analog zur einer (Hoch-)Technisierung der Gesellschaft, die – in vielen Bereichen verkabelt und vernetzt – den Übergang zur »Informations- und Kommunikationsgesellschaft«[13] vollzog. Der Computer wandelte sich vom reinen industriebezogenen Arbeitsgerät zu einem – durch erweiterte Anwendungsmöglichkeiten angereicherten – Heimcomputer, der individuell ausgerichtet und ausgestattet werden kann. Der »persönliche Computer« (PC), der sogar (für ein Arbeitsgerät untypisch) Einzug in die privaten Wohnzimmer hielt, wird durch den marktspezifischen Preisverfall noch weitere Verbreitung finden. Ein weiterer Grund für diese Entwicklung liegt u. a. in der expansiven Verkaufs- und Entwicklungspolitik der Soft- und Hardwarefirmen, die den Heimanwender als potentiellen Kunden entdeckt haben. Die nötigen Anwendungen, um z. B. Musik mit dem PC zu machen oder Texte qualitativ hochwertiger zu gestalten, werden laufend verbessert. Mittlerweile besitzt fast jeder dritte Haushalt in Deutschland einen Computer.
Ein Merkmal technisch vermittelter Kommunikation ist das Fehlen eines geographischen Ortes als Referenzpunkt. »Raum und Zeit werden in neue Relationen gebracht«[14], so daß Computer-Netzwerke eine neue Ebene der Kommunikation bilden. Durch die gemeinschaftlich genutzten Diskussionsforen wird eine neue Form von Öffentlichkeit gebildet. Nicht der Standort, sondern das gemeinsame Interesse steht im Mittelpunkt der elektronischen Kommunikation, die gleich allen anderen Kommunikationsformen gemeinschaftsfördernd wirkt. Eine »virtuelle« Gemeinschaft entsteht.

Die virtuelle Gemeinschaft

»In virtuellen Gemeinschaften versammelte Menschen tun fast alles, was Menschen im wirklichen Leben auch tun, aber sie sparen ihre Körper aus. Niemand ist da, den man küssen könnte, aber es kann dir auch niemand eins auf die Nase geben.«[15]

Immer beliebter wird der regelmäßige abendliche oder nächtliche **Log-in** in ein Computernetz, um an Diskussionen teilzunehmen oder an »Bekannte«, an Menschen, die Hunderte von Kilometern weit weg leben, zu schreiben und sie z. B. zu fragen, ob der neue Scanner die gewählte Interruptleitung akzeptiert oder der Sohn die Masern gut überstanden hat. Es entstehen Bekanntschaften mit einer wachsenden Vertrautheit, ohne sich jemals zuvor gesehen zu haben. Im Diskussionsbrett (**Bulletin-Board**) **sex.ger** des Fido-Netzes diskutieren Menschen ohne Scheu unter Veröffentlichung ihres Namens über sexuelle Praktiken, Vorlieben oder Probleme. Der Wunsch, beim Eintritt in eine überfüllte Straßenbahn eine solche Diskussion anzuregen, würde wohl in den seltensten Fällen von Erfolg gekrönt sein. Trotz oder gerade wegen der bestehenden Anonymität in einem Datennetz, ist eine scheinbar zwang- und tabulose Kommunikation möglich. Eine typische Nachricht aus dem öffentlichen Forum **sex.ger** (vom Inhalt eher in die Kategorie »harmlos«, »jugendfrei« einzustufen) des Fido-Netzes und ihre implementierte Antwort zeigen die Unbekümmertheit, mit der sich fremde Menschen offen und teilweise humorvoll unterhalten.[16]

```
To: XXX Subject: Re: Todsichere Erektion! Replies: —> #3243
In einer Nachricht vom 17. April 94 schrieb XXX an All:
XXX> Folgendes hat mein Kumpel YYYYY getippert, fuer den Inhalt
dieser Mail, uebernehme ich keine Verantwortung!:
Hast Du noch mehr solcher 'Kumpel'?
XXX> Hallo Sexperten!
XXX> DAS IST EIN ERNSTHAFTER HILFERUF, ALSO ICH WILL KEINE VOR-
PUBERTAEREN XXX> ANTWORTEN DRAUF !!!:
Die sollten eh nicht hier sein...
XXX> Mein Problem:
[...] XXX> jetzt habe ich eine tolle Freundin, die ich wirklich
Liebe — echte Liebe... aber sexmaessig fuehle ich mich gar nicht
so angezogen von ihr
Damit gehst Du am besten zu einem Psychotherapeuten — das meine
ich ernst, denn wenn Du jemand wirklich liebst (wie Du sagst) und
dennoch vergleichst und keinen Sex haben willst, dann hast Du ein
ziemliches Problem...
XXX> So Freunde, wer hat ein totsicheres Mittel um 'IHN' zum ste-
hen zu bekommen? XXX> — alles ist erlaubt, Drogen, Psycho-Kram,
Waesserchen, Kuren.
Das duerfte Dir auch nicht helfen. Wenn etwas im Kopf verkorkst
ist, wird die chemische Loesung recht unbefriedigend sein.
XXX> Also, wer kann helfen ???
Warum tippe ich eigentlich eine Antwort? Nur Kaputte...
s_o, YYY!
... besser ist's zu sein kein Staubkorn...
```

Auf die Originalnachricht kamen ca. 50 andere Antworten, die teils mit Unverständnis, teils mit Humor dem »Problem« begegneten. Doch nicht nur Spaß, Klatsch und Lebenslust charakterisiert die virtuelle Gemeinschaft. Ernsthafte und mehr oder weniger ernstzunehmende politische Diskussionen sind an der Tagesordnung:

```
Isolationshaft war die Folter die die BRD den RAF-Taetern antat
(siehe amnesty-Berichte ab 1975), warum werden eigentlich die
Taeter von rechten Gruppen nicht mit Rasterfahndung, Auto-
bahnsperren, ... gejagt und dann ebenfalls isoliert?
```

```
Wieso gibt es eigentlich faschistische Lehrer (von meinen waren
das mind. 2) aber linke Beamte muessen (oder mussten) gegen einen
"Radikalen-Erlass" kaempfen. Aber wahrscheinlich haben die Rech-
ten geschickterweise noch keine Repraesentanten von diesem
System angegriffen, sondern nur Auslaender, und das tut uns ja
nicht weh ... :((( Schliesslich ist ein Herrhausen viel mehr wert
als irgentein tuerkisches Kind welches verbrennt. Deshalb mues-
sen seine Moerder ja auch mit allen Mitteln die ein "Rechtsstaat"
hat gejagt werden, und wenn gefasst lebenslang in den Bau, waeh-
rend die rechten Moerder nach ein paar Jahren wieder draussen
sind. Gruss Klaus
Fido : x:xxx/yyy
Internet : XXX@yyy
```

Kontroverse Meinungen werden aber nicht immer sachlich ausgetragen (Thema: Straßenblockaden durch Kurden):

```
Das ist der Unterschied zwischen einem Nationalisten und mir: mir
ist es egal, wo die Strasse ist und wer sie besetzt. Ich bin
hoechstens dagegen, dass sowas gemacht wird, aber nicht fuer
bestimmte Leute in bestimmten Situationen.
Aber, da Du weisst, dass Du keinen Grund hast, in der Tuerkei eine
Strasse zu besetzen, kannst Du ja so grosskotzig sein.
YYY> Und wenn du nicht auch schon auf Deinen Teppich geschissen
hast, passt
YYY> das Beispiel nicht............
XX> ...naja, Dir ist das ja zuzutrauen.
Begruendung, Du Arschloch?
Gruss
YYYYY
```

Die Form und der Inhalt der Diskussionen unterscheiden sich in keiner Weise von Diskussionen »realer« Gemeinschaften wie etwa Stammtische etc.

Selbst Fragen und Antworten zu existentiellen Themen (Tod, Geburt, Krankheit) werden via Netz realisiert. Sie werden meist mit der notwendigen Sorgfalt und Sensibilität aufgenommen und beantwortet. Von einem Zustand »sozialer Wärme«, wie ihn Howard Rheingold in WELL erlebt hat[17], kann allerdings in den meisten überregionalen Netzen in Deutschland nur eingeschränkt die Rede sein. Hier überwiegt bis jetzt eine computerspezifische Funktionalität.

Verschiedene kulturelle Einflüsse, wie sie in WELL zu Beginn vorhanden waren, wurden in diese virtuelle Gemeinschaft integriert und zu einem homogenen Gemisch verarbeitet. Die Kultur der *Grateful Dead* Anhänger z. B., mit »großem Gemeinschaftsgefühl«[18] ausgestattet, be-

lebte die damals noch kleine WELL-Gemeinde. Selbst Online-Hochzeiten wurden gemeinsam abgewickelt: Gemeinde in ihrer tiefsten, fast religiösen Bedeutung und ein Geflecht von persönlichen Beziehungen, erreicht durch Diskussion und das Einbringen von individuellen Gefühlen. Eine Feldstudie zu WELL charakterisiert es als eine Gemeinschaft »kollektiven Nutzens« in dreierlei Hinsicht: dem sozialen Nutzen, dem Wissenskapital und dem Gemeinschaftsgefühl. Rheingold erlebte diesen Nutzen in Form entgegengebrachter Freundlichkeit von Fremden, der Beantwortung komplexer Fragen durch andere vernetzte Spezialisten und dem Trost, Mitleid und der Hilfe bei der Krankheit seiner Kinder.[19] Dies schafft einen Gegenpol zur Konkurrenzgesellschaft, indem die Einsicht überwiegt, daß nur im Zusammenwirken aller ein funktionierendes System entsteht, das den Bedürfnissen eines jeden gerecht werden kann.
Virtuelle Gemeinschaften bemühen sich, auch außerhalb eines Datennetzes miteinander in Beziehung zu treten. Die meisten Mailboxen und Netzsysteme bieten Begegnungsmöglichkeiten wie Usertreffs, Feiern oder Kongresse an, um dem bestehenden Wunsch nach »direkter, personaler Kommunikation« zu entsprechen, denn die Gemeinschaften »brauchen manchmal mehr als Wörter auf dem Bildschirm«.[20]

Zu wenig »echte« Kommunikation?

Medienkritiker sehen die »Neuen Medien«, insbesondere den Computer, als eine der Hauptursachen für Kommunikationszerstörung.
Das Zurückdrängen der direkten, personalen Kommunikation durch elektronische, computergestützte Kommunikation habe, so die Kritik, zu einer beginnenden Isolation und Vereinsamung des Individuums geführt. Besonders Personen, die den Computer häufig und in seiner ganzen Bandbreite nutzen, seien von Vereinsamung und Sprachlosigkeit betroffen. Auch die Bilder- und Informationsflut habe durch ihre Vielfalt von visuellen Reizen den Menschen überfordert, was sich in der Qualität und Kontinuität zwischenmenschlicher Beziehungen niederschlage.
Weitere Kritik bezieht sich auf den immer größeren Einfluß der Naturwissenschaften (Informatik, Mathematik) auf das Gemeinschaftsleben und die Ohnmacht des Individuums, diesen Einfluß zu verarbeiten oder gar zu reduzieren.[22] Auch die Möglichkeit der Entmündigung des Menschen durch die Maschinen wird thematisiert.[23] Mit der erweiterten Nutzung von Datennetzen bestehe konkret die Gefahr des **Panopticons**. Das Wort »Panopticon« wurde im 18. Jahrhundert von Jeremy Bentham zur Bezeichnung einer Kombination von Architektur und

Optik kreiert, wie sie in Gefängnisbauten realisiert ist: Für die Gefangenen ist nur die eigene Zelle sichtbar, wohingegen sie insgesamt von einem einzigen Wärter überwacht werden können. Die Gefangenen verhalten sich dementsprechend, als seien sie permanent den Blicken des Wächters ausgesetzt. In seinem Buch *Überwachen und Strafen* hat Michel Foucault das **panoptische Schema** als einen bestimmten Typ der Anordnung von Machtzentren und -kanälen analysiert, welcher die Perfektionierung der Machtausübung ermöglicht.

⊖ »Diese Anlage ist deswegen so bedeutend, weil sie die Macht automatisiert und entindividualisiert. Das Prinzip der Macht liegt weniger in einer Person als vielmehr in einer konzertierten Anordnung von Körpern, Oberflächen, Lichtern und Blicken; in einer Apparatur, deren innere Mechanismen das Verhältnis herstellen, in welchem die Individuen gefangen sind ... Das **Panopticon** ist das Diagramm eines auf seine ideale Form reduzierten Machtmechanismus; sein Funktionieren kann zwar als ein rein architektonisches und optisches System vorgestellt werden: tatsächlich ist es eine Gestalt politischer Technologie, die man von ihrer spezifischen Verwendung ablösen kann und muß.«

(Michel Foucault, Überwachen und Strafen)

Amerikanische Interpreten von Foucault haben das **panoptische Schema** in den neuen Kommunikations- und Informationstechnologien wiederentdecken wollen, die insbesondere in der Form eines ineinander verwobenen elektronischen Netzes eine massive Ausweitung und Ausgestaltung der nun allerdings technologiegestützten Anwendungen erlaubten, die schon Benthams Prinzip nahelegte. Auf der Grundlage der Informationsrevolution würde nicht allein das Gefängnis oder die Fabrik, sondern die Gesellschaft insgesamt als disziplinierende panoptische Maschine fungieren. Jedenfalls ist es mit denselben Kabeln, die heute Informationen in unsere Privatsphäre transportieren, möglich, Informationen von dort aus auch wieder hinauszuschaffen und sie augenblicklich an Leute weiterzuleiten, die Interesse an ihnen haben.

Weitere Punkte der Medienkritik sind:

— Medien fördern Eskapismus. Durch Online-Rollenspiele, in denen man in den Körper, den Geist und die Gefühle anderer, erfundener Personen schlüpfen kann, bestehe die Gefahr von Realitätsverlust.

— Die neuen Medien dienen als Ersatz für zwischenmenschliche Kommunikation.[24] Die Freiheit des Individuums werde »durch einen technischen Ersatzstoff substituiert«.[25]

Anarchie und Alltag

Die privaten »Netze der Bürger« sind von teilweise anarchischem Charakter. Während früher Datennetze nur im militärischen oder wirtschaftlich-industriellen Bereich verwandt wurden, haben Menschen nun diese Form der Kommunikation privat entdeckt, um inoffiziell und unentdeckt mit anderen nicht nur über Landesgrenzen, sondern auch über politische Systeme hinweg zu kommunizieren. Während des Putschversuches in Moskau 1991 war die elektronische Nachricht die einzige Möglichkeit, Informationen aus Moskau zu erhalten und Informationen unzensiert ins Land zu bringen. Oppositionelle in totalitär geführten Staaten sehen in der Nutzung von Computernetzen die einzige Chance, Kontakt mit der Außenwelt zu behalten. Auch wenn keine TV-Nachrichtensendung auf die Probleme aufmerksam macht, wird durch das Einsetzen von E-Mails eine Öffentlichkeit geschaffen. Es erstaunt also nicht, wenn autoritäre politische Systeme die Kommunikation zum Zwecke des Machterhalts kontrollieren: In China beispielsweise ist die private Nutzung von Datennetzen bei hoher Strafe verboten. Trotzdem konnte während der Studentenunruhen in Peking der Informationsfluß zu Organisationen wie Amnesty International mit Hilfe von Datennetzen aufrechterhalten werden.

Die Tatsache, daß die Bürger die gleichen Möglichkeiten technischer Kommunikation besitzen wie die sie Regierenden, trägt ähnlich anarchische Züge. Die sogenannten »Hacker« haben gezeigt, daß technische Kompetenz nicht allein den Regierenden vorbehalten bleibt. Der »Einbruch« in die NASA-Computer hat das bewiesen. Die neue Technologie kann die Bürgerrechte stärken und in Zukunft noch stärker manifestieren: »Von allen politischen Ideen der Computer-Enthusiasten ist keine so faszinierend wie die Vorstellung, daß es die Bestimmung des Computers sei, der modernen Gesellschaft zu Gleichberechtigung zu verhelfen.«[26]

Doch schon in der Nutzung des Computers liegt eine Möglichkeit der Bürger zur Emanzipation: Sie stehen den Vorgaben nicht mehr tatenlos und ohnmächtig gegenüber, sondern können Strukturen, Berechnungen oder Planungen nachvollziehen und simulieren. Komplexe Zinsberechnungen der Geldinstitute können nachvollzogen und in kürzester Zeit auf ihre Richtigkeit überprüft werden.

Das Panopticon kann sehr subtile Gestalt annehmen, wenn beispielsweise an den Schnittstellen eines Netzwerkes, den Servern, nur noch bestimmte Informationen freigegeben werden. Von Meinungsfreiheit kann dann keine Rede mehr sein, und der Manipulation in Richtung auf ein bestimmtes Konsum- oder Wahlverhalten ist Tür und Tor geöff-

net. Wenn sich die Interaktion des Nutzers auf das simple Drücken einer Taste zur Warenbestellung beschränkt, dann kann auch von Gleichberechtigung keine Rede mehr sein.
Agora oder Panopticon: Zwischen diesen beiden Polen bewegen sich die Anwendungsmöglichkeiten von Datennetzen. Wie immer liegt es am Menschen, was er daraus macht. Eine vorbestimmte Funktion, außer derjenigen der technischen Kommunikation, haben Datennetze nicht. Die Technik wird bereitgestellt und genutzt. Mit »Leben« füllen sie nur die Nutzer, die Betreiber und die Inhalte.

»Wie in der Stammkneipe«[27]

Erste empirische Untersuchungen über Nutzer und Betreiber von Mailboxen und Datennetzen

Der »typische« Nutzer eines Datennetzes ist männlich, zwischen 20 und 35 Jahre alt und besitzt langjährige, überdurchschnittliche Kompetenz im Umgang mit Computern. Diese Kompetenz hat er sich zumeist privat angeeignet und nutzt sie im Berufsleben.[28] Mailboxbetreiber (SysOps) weisen fast die gleichen Merkmale auf.[29] In der Regel ist die Nutzung nicht ausschließlich auf die Datenfernübertragung (DFÜ) beschränkt. Textverarbeitung, Programmierung, Hardwarebasteleien und Spiele sind weitere Anwendungen, die von diesem Personenkreis überdurchschnittlich häufig genutzt werden.
Auf die Frage nach dem Zweck von Mailboxen und Netzen werden von Mailboxnutzern fünf Hauptmotive genannt:
— Kommunikation und Kontakt mit anderen Menschen und Nationen;
— Informationsbeschaffung und -austausch;
— gegenseitige Hilfe und Unterstützung;
— Unterhaltung und Spaß;
— Softwareaustausch.[30]
Diese Hauptmotive decken sich fast gänzlich mit dem Gesamtangebot einer Mailbox.
»... Wir gehen ab und zu abends in die Stadt mal ein Bier trinken, diskutieren; nicht nur über Computer, sondern auch über andere Themen. Wenn wir am Samstag weggehen, ist das Thema Computer eigentlich gestorben...«[31]
Entgegen allen Behauptungen, Computernutzer seien kommunikationsfeindlich, ist auffallend, wie stark die Netze zur Kommunikation genutzt werden. Bekanntschaften, die durch Gespräche, Fachsimpeleien und Diskussionen entstehen, werden auch im persönlichen Bereich

weitergeführt, in dem sich dann automatisch eine bestehende Medienzentriertheit der Kommunikation verliert, wie sie sich in den genannten Motivationspunkten zeigt.
80 Prozent der Mailboxnutzer treffen sich mindestens gelegentlich, 33 Prozent regelmäßig. Fast jede Mailbox veranstaltet zumindest unregelmäßig Usertreffen. Im Rahmen dieser Usertreffen können mittlerweile sogar ökologische Aktivitäten (z.B. regionale Verkehrsplanung) und politische Aktionsabende der User stattfinden.
Das komplexe Medium Computer mit den zahlreichen Konfigurations- und Anwendungsmöglichkeiten und den stetigen Neuerungen bedarf eines intensiven Erfahrungsaustausches. Weiterhin können neue, leistungsfähigere Dienstprogramme, die das Arbeiten am Computer effektiver, schneller, ergonomischer oder einfach leichter machen sollen, auf den eigenen Speicher übertragen oder an einen Anwender, den ein spezifisches Problem plagt, zur Hilfestellung gesandt werden ('Softwareaustausch').
»Was ist irreal daran, jemandem einen Brief zu schreiben, oder mich schriftlich in eine Diskussion einzuklinken?«, lautete die Antwort eines Users im Netz während eines Onlinegesprächs auf meine (naiv und neugierig gestellte) Frage: »Findest Du diese Art der Kommunikation irreal?«
Die Renaissance des Briefeschreibens blüht in den Datennetzen. Schnell und unkompliziert werden Nachrichten und Botschaften versandt. In vielen Aussagen wird die entstehende Bekanntheit und Vertrautheit mit der »Stammkneipe« verglichen. Ein Ort, den man gerne spontan besucht, auch nachts, denn »in den Netzen gibt es keine Polizeistunde«[32]. Der nächtliche Besuch ist nicht durch Einsamkeit oder dergleichen motiviert: Die Nachtgebühren der Telekom sind einfach wesentlich preiswerter.

Zusammenfassung

Die Agora, den Marktplatz, gibt es kaum mehr. Kleine Tante-Emma-Läden mußten anonymen Großsupermärkten weichen, in denen Kommunikation kaum möglich ist. Die Großfamilie unter einem Dach ist verschwunden, der Trend zum Single-Dasein wird immer stärker. Kirchenaustritte, schwindende Mitgliederzahlen in Vereinen, Organisationen und Parteien zeugen von einer gesellschaftlichen Einstellung, welche Gemeinschaft der Individualität unterordnet. Auf der anderen Seite steigt die Zahl derer ständig, die über Datennetze kommunizieren. Ist der Computer mit seinen technischen Kommunikationsmöglichkeiten also doch ein Ersatz für fehlende 'Nestwärme'? Ist die virtuelle Gemeinschaft die Gesellschaft von morgen? Wird der Mensch völlig vom Computer determiniert? Zur hinreichenden Beantwortung dieser Fragen fehlt bis jetzt die empirische Forschung. Während mahnende Medienkritiker oft empirisch ungesicherte Aussagen treffen, welche Computernutzer meistens als Karikaturen darstellen, zeichnen Medieneuphoriker (darunter natürlich auch die spezifische Wirtschaft und Industrie) einen Weg in die Zukunft, der den Computer und dessen Anwendungen vor den Menschen und seine tatsächlichen Bedürfnisse stellt. Es darf nicht mehr lange dauern, bis eine Ethikkommission (ähnlich wie zum Thema Genforschung) ins Leben gerufen wird, die sich mit diesen Fragen beschäftigt. Es wäre zu nachlässig, der einen oder anderen Lobby richtungsweisende Kompetenzen in Bezug auf Datennetze, Cyberspace oder Virtual Reality zuzusprechen, ohne sie vorher gesamtgesellschaftlich zu diskutieren. Für einen Diskussionsansatz empfehlen sich die spezifischen Diskussionsbretter im Fidonet oder Internet, in denen sich Menschen schon seit Jahren mit künstlicher Intelligenz, neuronalen Netzen oder den genannten Themen kritisch auseinandersetzen. Die »Netze der Bürger«, der Öffentlichkeit, könnten – themenbezogen – zu einem plebiszitären Element werden, wenn sie nicht in Zukunft ihre Existenzberechtigung durch die kommerzielle Konkurrenz verlieren. Diese hat längst das Netz als neue Marketingstrategie entdeckt und expandiert weiter. Der »Entertainment-Highway«, nicht der »Information-Highway« wäre die Folge.

Literatur zur technischen Information, zur Handhabung der Computerperipherie und zur Orientierung im Netz:

CHIP Special (1995): Anwenderpraxis: »Internet« (incl. 2 CD-ROMs). Würzburg.

Eisenkolb, K., Weickardt, H. (1994): Mit dem Modem unterwegs ..., in: PC-Praxis 4/94.

Grönling, D. (1993): Elektronische Nächte. Die Welt der Mailboxen und Computernetze, Frankfurt am Main.

Hurth, M. et al. (1994): Mailboxführer '94, München.

Heßler, H., Lechbauer, C. (1993): Via Modem – Die Welt am Bildschirm. Eine praxisnahe Einführung, Vaterstetten.

Klau, P. (1993): Das Internet – Weltweit vernetzt, Vaterstetten.

Klau, P. (1994): Das Online-Buch. Telekommunikation mit dem PC, Vaterstetten.

Kortendieck, O., Franke, T. (1994): Internet, Düsseldorf.

Krol, E. (1993): Die Welt des Internet. Handbuch und Übersicht, Bonn.

Lindenau, A., Hocke, P. (1993): Hallo Ahmed – hier ist Freddy. Mailboxen – Einstieg in die elektronische Kommunikation, in: CHIP 8/93, S. 222–227.

Maier, G., Wildberger, A. (1994): In 8 Sekunden um die Welt. Kommunikation im Internet, Bonn, Paris.

M.U.T. (Mensch – Umwelt – Technik e.V., Hrsg.) (1988): Telekommunikation – Nutzungsmöglichkeiten und Probleme: Elektronische Informationsdienste für den Umweltschutz, Hamburg.

Novak, R.G. (1993): K.O. für dubiose Boxen, in: CHIP 2/93.
Moritz, P. (1990): Eine Vision wird Wirklichkeit. Was uns ISDN bringt, in: CHIP 7/90, S. 80–86.
Röck, R. (1993): Mit kameradschaftlichem Gruß. Mailboxnetz für Neonazis, in: CHIP 12/93.
Röck, R. (1994): Keine Zeit zu reagieren. Neue Erkenntnisse über Neonazi-Mailboxen, in: CHIP 3/94.
Schrutzki, R. (1988): Am anderen Ende des Drahtes. Wie man Mailboxbetreiber wird und lernt damit zu leben, in: CHAOS COMPUTER CLUB, Wieckmann (Hrsg.): Das Chaos Computer Buch. S. 212–227, Reinbek.
Sillescu, D. (1991): Das Telekommunikationsbuch, Düsseldorf.
Welzel, P. (1986): Datenfernübertragung, Einführende Grundlagen zur Kommunikation offener Systeme, Braunschweig.
Werle, R. (1990): Telekommunikation in der Bundesrepublik, Frankfurt am Main, New York.

Literatur mit kommunikationstheoretischem und medienanalytischem Schwerpunkt:

Baerenreiter, H. et al. (1990): Jugendliche Computer-Fans, Stubenhocker oder Pioniere?, Opladen.
Eckert, R. et al (1991): Auf digitalen Pfaden. Die Kulturen von Hackern, Programmierern, Crackern und Spielern, Opladen.
Herrmann, T. et al. (1988): Die Verformung von Kommunikationsstrukturen durch ISDN. In: Kitzing, R. et al. (Hrsg.): Schöne neue Computerwelt, S.62–75, Berlin.
Kubicek, H. und Rolf. A. (1986): Mikropolis. Mit Computernetzen in die »Informationsgesellschaft«, Hamburg.
Möller, R. (1990): Der Weg zum »User«, in: Rammert, W. (Hrsg.): Computerwelten – Alltagswelten, S. 144–161, Opladen.
Postman, N. (1991): Das Technopol. Die Macht der Technologien und die Entmündigung der Gesellschaft, Frankfurt am Main.
Rheingold, H. (1994) : Virtuelle Gemeinschaft. Soziale Beziehungen im Zeitalter des Computers, Bonn, Paris.
Schütz, A./Luckmann, T. (1979): Strukturen der Lebenswelt. Band 1 und 2, Frankfurt am Main.
Weizenbaum, J. (1977): Die Macht der Computer und die Ohnmacht der Vernunft, Frankfurt am Main.

Anmerkungen:

1 siehe Novak, R. G. (1993)
2 siehe Röck, R. (1993 und 94).
3 Allgemeine Fido-Policy (1993). In Mailboxen als Text-Datei kopierbar.
4 Rheingold, H. (1993). Die Beschreibung der »virtuellen Gemeinschaft« basiert auf seinen Erfahrungen in WELL.
5 CHIP 1/95, S. 276 ff.
6 Quelle: Der Spiegel, 34/94.
7 vgl. Brandt, Daniel (1994): The »Information Superhighway« and its Discontents. NameBase NewsLine No. 7. Oct–Dec. 1994. Public Information Research. San Antonio. (Veröffentlicht u. a. im Journalism Forum (»Future Media«) von CompuServe.
8 vgl. Rheingold, H. (1993), S. 27 ff.
9 Schütz, A./Luckmann, T. (1979): Band 1. S. 25.

10 ebenda, S. 27 f.
11 Mettler-Meibom, B.: Wie kommt es zur Zerstörung zwischenmenschlicher Kommunikation, in: Rammert, W. (Hrsg.): Computerwelten – Alltagswelten, 1990, S. 65–90.
12 Kindersendung »Catweazle«. Die kritische Haltung einer kauzigen aber liebenswerten, dem technischen Fortschritt mehr als kritisch gegenüberstehenden Zaubererfigur erinnert mich oft an Medienkritiker, die, ohne sich einen fundierten, praktisch orientierten Zugang zur Materie der »Neuen Medien« zu verschaffen, große Bögen um Computer und deren Anwendungsmöglichkeiten machen.
13 Zitat von Christian Schwarz-Schilling, Ex-Postminister, dessen Lieblingsbeschäftigung es gewesen war, Euphorie im Umgang mit den »Neuen Medien« zu verbreiten. Im Umgang mit Medienexperten plädiere ich für die Unterscheidung von Medienhysterikern und Medieneuphorikern.
14 Eckert, R. et al (1990), S. 146 f.
15 Rheingold, H. (1994), S. 14.
16 Die Namen wurden entfernt.
17 Rheingold, H. (1994).
18 ebenda, S. 66.
19 Rheingold, H. (1994), S. 25 f.
20 ebenda, S. 38.
21 vgl. Mettler-Meibom, B., in: Rammert, W. (1990), S. 65–90.
22 Weizenbaum, J. (1978).
23 Postman, N. (1991).
24 Mettler-Meibom, B., in: Rammert, W. (1990), S. 70.
25 Rheingold, H. (1994), S. 38.
26 Rheingold, H. (1994), S. 350.
27 Rheingold, H. (1994), S. 39.
28 Zornemann, P. (1993): Die Region in die Welt führen. Ergebnisse einer Umfrage im Netz, in: Grönling, D: Elektronische Nächte, S. 209–214.
Stegbauer, C. (1990): Telekommunikation im Verborgenen – Private Mailboxen in der Bundesrepublik Deutschland, in: Rammert, W. (1990), S. 174–187.
29 Zornemann, P. (1993), S. 211.
30 Eckert, R. et al. (1990), S. 138.
31 Eckert, R. (1990), S. 147.

Die Zukunft der Demokratie und die vier Prinzipien der Computerkommunikation

von Howard Rheingold

In jüngster Zeit vollzieht sich ein kolossaler Machtwechsel, bei dem es – ungeachtet der obskuren Terminologie, mit der darüber gesprochen wird – in erster Linie um Menschen und ihre Fähigkeit geht, miteinander auf neuartige Weise zu kommunizieren, und nicht um Glasfaserkabel und Multimedia-Geräte. Bei der Revolution, die durch die Erfindung der Druckerpresse ausgelöst wurde, ging es um die Fähigkeit der Menschen, lesen und schreiben zu können, und darum, wozu gebildetere Bevölkerungsteile in der Lage waren (z. B. sich selbst zu regieren), und nicht um die Technik der beweglichen Lettern an sich. Die neue Technik ermöglichte zwar den Machtwechsel, vollzogen wurde er jedoch von den Menschen, die sich des neuen Werkzeugs bedienten, um sich zu bilden.
Man spricht heute sehr viel über »Informations-Superhighways«. Ich verstehe, weshalb man diese Metapher verwendet, doch interessiert mich das nicht. Highways langweilen mich. Menschliche Gemeinschaften sind etwas viel Aufregenderes. Und ich bin davon überzeugt, daß eben dieser Aspekt der Gemeinschaft – die zwischenmenschliche Kommunikation, nicht der Zugang zu Unterhaltung und Information – die neuen Computer-Kommunikationsmedien für die Menschen so attraktiv macht.
Auf meinen Reisen in Nordamerika, Europa und Japan ist mir immer wieder aufgefallen, wie dieselbe Graswurzel-Bewegung, die man heute als virtuelle Gemeinschaft bezeichnet, überall dort aus dem Boden schießt, wo Menschen Zugang zu einem öffentlichen Telekommunikationsnetz und erschwinglichen Desktop-Computern haben. Ich sehe *computer conferencing* als eine potentielle Kraft, damit sich in unserer fragmentierten Gesellschaft wieder so etwas wie ein Gemeinschaftsgefühl entwickeln kann. Die Fähigkeit und die Freiheit der Menschen, ohne jede Beschränkung miteinander kommunizieren zu können, ist meiner Ansicht nach für die Demokratie von genauso grundlegender Bedeutung wie für die Gemeinschaft. Wir müssen die Welt auf eine neue Art und Weise verstehen, und das muß schnell geschehen, wenn wir an-

[Howard Rheingold, Journalist, gibt die Zeitschrift »Whole Earth Review« heraus. Er hat mehrere Bücher veröffentlicht, zuletzt »The Virtual Community«, 1993 (dt. 1994).]

gesichts immer mächtiger werdender Staaten unsere Freiheit nicht gefährden wollen.
Die Macht von virtuellen Gemeinschaften und Computernetzwerken basiert auf vier Besonderheiten der Computerkommunikation:
Erstens, sie ist ein »Viele-an-viele-Medium«.
Zweitens läßt sie die Menschen auf neue Art und Weise miteinander in Verbindung treten.
Drittens wird sich die Macht der Technologie, die diese Gemeinschaften stützt, auch in absehbarer Zeit weiterhin noch potenzieren, indem alle Medien zu digitalen Formen konvergieren.
Viertens und letztens kann der Cyberspace eine Plattform für Innovation werden, so daß Unternehmer neue Anwendungen für das neue Medium entwickeln können. Neue Anwendungen, neue Kulturen, neue Industriezweige, neue Märkte, neuer Wohlstand, neue Macht für größere Gruppen von Menschen können auf einer Plattform entstehen, die für Innovation offen ist.
Ein Viele-an-viele-Medium ist ein Medium, durch das große Gruppen von Menschen mit anderen großen Gruppen von Menschen effektiv kommunizieren können. Ein »Einer-an-viele-Medium« wäre dagegen etwa eine Zeitung oder eine Fernsehstation, wo eine kleine Gruppe von Menschen mit Hilfe teurer Technologie Informationen an eine große Gruppe von Menschen sendet. Die Reporter, Redakteure, Produzenten und Eigentümer dieser Medien fungieren als »Torwächter«, die bestimmen, welche Informationen das Publikum bekommt und welche nicht. Solche Einer-an-viele-Medien sind in der Regel zentralisiert. Um über so ein Medium zu verfügen, braucht man entweder sehr viel Geld, um Sendezeit kaufen zu können, oder einen Trupp von Fallschirmspringern, um den Sender zu besetzen.
Mit einem Computer, einem Modem und einem Telefonanschluß kann jeder als Verleger tätig werden, jeder Schreibtisch kann eine Sendeanstalt sein. Große Gruppen von Menschen können, über die ganze Welt verstreut, über öffentliche elektronische Mailbox-Systeme oder private elektronische E-mail-Systeme interaktiv miteinander kommunizieren, Manifeste publizieren, Debatten führen, sich Zustimmung holen, Aktionen organisieren. Jeder Teilnehmer eines Computerkommunikationsnetzwerkes ist gleichzeitig Informationskonsument und -produzent. Jeder Schreibtisch ist eine Druckerpresse, ein elektronisches Podium, eine Multimedia-Sendeanstalt. Jeder Teilnehmer ist potentiell mit jedem anderen Teilnehmer verbunden. Die Macht der Viele-an-viele-Medien ist radikal dezentralisiert und ist deshalb eine Gefahr für weitgehend zentralisierte Machtstrukturen.

Ein bekanntes Beispiel: Während der Ereignisse am Tiananmen-Platz wurde das politische Potential der Viele-an-viele-Medien auf dramatische Weise offenbar, als dissidente chinesische Studenten via Telefon und Radio Augenzeugenberichte aus China hinausbrachten, sowie durch den weltweiten Gedankenaustausch unter dem Namen »Usenet«. Ich erinnere mich noch, wie ich meinen Computer einschaltete, nicht den Fernsehapparat, wie sich das Netzwerk während der Krise entwickelte und wie die Informationen, die ich über diesen Kanal erhielt, bald viel mehr waren, als ich hätte aufnehmen können.
Auch während der Umsturzversuche am Ende der Gorbatschow-Ära boten solche Netzwerke einen geheimen Kanal, um Nachrichten nach draußen zu bringen und um innerhalb Rußlands den Widerstand zu organisieren. Die Medien griffen für ihre Berichterstattung auf diese »Quellen« zurück. Beim zweiten Umsturzversuch konnte die Tochter eines Online-Freundes aus dem Fenster ihrer Moskauer Wohnung das Weiße Haus aus einer Perspektive beobachten, die die CNN-Kameras nicht hatten; ihre E-mail-Berichte erreichten tausende Menschen, vielleicht sogar noch mehr, in Echtzeit, während die Ereignisse fortschritten. Sie beschrieb das Gefühl, einen Häuserblock vom Artilleriefeuer entfernt in einer Wohnung zu sitzen.
Das grundlegendste Computerkommunikationsmedium, das elektronische Mailbox-System, ist eine lächerlich billige Version dieser Viele-an-viele-Technologie, weil die Entwicklungskosten für andere Anwendungen bezahlt wurden. Es dauerte ein Jahrhundert und kostete Milliarden von Dollar, um die Welt zu einem Telekommunikationsnetzwerk zu verkabeln. Es dauerte ein halbes Jahrhundert und kostete Milliarden von Dollar, um Computer zu entwickeln, die man sich leisten konnte. Heute kann ein zehnjähriges Kind, das 100 Dollar hat, diese zwei Technologien verbinden und hat auf Knopfdruck Zugang zu jeder größeren Universitätsbibliothek der Welt, einer wunderbaren Kanzel und einer Welt voller Verbündeter.
Die zweite Machtquelle dieses neuen Mediums liegt in der Möglichkeit begründet, daß es Menschen miteinander auf bahnbrechende Art und Weise kommunizieren läßt. Ein Schüler in Taiwan, eine Großmutter in Prag, ein Geschäftsmann im Silicon Valley oder in Osaka können sich »treffen« und miteinander über Ökologie oder Astronomie, über Politik oder Kindererziehung, über die neueste Technologie oder Antiquitäten diskutieren. Und aus diesen öffentlichen Verbindungen können persönliche Beziehungen entstehen – über die traditionellen Barrieren wie Geschlecht, Alter, ethnische Zugehörigkeit, Klassenzugehörigkeit, Nationalität oder geographische Distanz hinweg. Aus diesem Verbin-

dungs- und Beziehungsgeflecht können sich Industrien, Märkte und Gemeinschaften entwickeln.

Vergessen wir nicht, daß das Telefon ursprünglich nur für Geschäftszwecke angeboten wurde – und erst auf Grund der Nachfrage seitens der normalen Bürger, die miteinander über alles, nur nicht über Geschäftliches sprechen wollten, sahen sich die Telefongesellschaften gezwungen, eine Dienstleistung anzubieten, die dann den größten Erfolg hatte, nämlich das Telefon als soziales Werkzeug. Somit erfanden die Kunden das Telefonsystem, sobald sie einmal Zugang zur technischen Infrastruktur hatten.

In Frankreich passierte mit den Computerkommunikationsmedien etwas ganz Ähnliches. Die Regierung baute eine landesweit zugängliche Datenbank und Telekommunikationsinfrastruktur auf und gab sechs Millionen Minitel-Terminals ab. Geplant war das System als Einer-an-viele-Medium, das der Bevölkerung Telefonbücher und andere Informationsdatenbanken zur Verfügung stellen sollte. Sehr bald aber wurde das Minitel-System geknackt, und die Kunden konnten miteinander kommunizieren. Michel Landaret, der Leiter des Minitel-Experiments, war, als Kunden begannen, über ein illegales **Chat-Programm** miteinander zu kommunizieren, klug genug, die dahinterstehende Botschaft zu verstehen. Die Chat-Programme wurden schnell zur beliebtesten und lukrativsten Einnahmequelle für France Telecom.

⊖ **Chat** (vom engl.: »Schwatz«): Gesprächsverbindung in einem Netz über Bildschirm und Tastatur; Online-Konferenz. Voraussetzung sind mehrere Telefonzugänge zu einem System – dann können sich mehrere Datenreisende gleichzeitig dort aufhalten und sich z. B. zu einem Chat zusammenfinden, bei dem man sich per Tastatur direkt mit anderen Teilnehmern »unterhält«. Was der Fernschreiber früher nur zwei Schreibpartnern ermöglichte, ist jetzt zwischen drei, sechs oder auch zwei Dutzend möglich.

Internet Relay Chat (IRC) nennt sich ein Dienst im Internet, der die gleichzeitige Kommunikation mit beliebig vielen Teilnehmern ermöglicht. Ein IRC-Benutzer hängt sich an einen der zahlreichen ständig aktiven Kanäle und kann sich dann »live« an der dort gerade laufenden Diskussion beteiligen.

Was diese beiden Geschichten – die Entwicklung des Telefonsystems in Amerika und das Minitel-Unternehmen in Frankreich – zeigen, ist, daß Menschen vor allem Zugang zueinander haben wollen, nicht so sehr zu nackten Informationen. Die Menschen werden Gründe erfinden, um ein Kommunikationsmedium zu benutzen, sobald sie die Werkzeuge haben, eines zu entwickeln.

Als dritte Machtquelle ist das Konvergieren aller anderen Medien zu einem einzigen digitalen Medium zu nennen. Die Leute, die die nächste Hardware-Generation für solche Netzwerke entwickeln, wissen, daß es nur mehr eine einzige Leitung zur Übertragung von Text, Stimme, Video, Graphik und sogar von Computerprogrammen geben wird. All die Diskussionen über »Multimedia« in der Presse und auf teuren Konferenzen zielen möglicherweise in die falsche Richtung. Niemand weiß, was Millionen Menschen zu kaufen bereit sein werden, um von diesem neuen Medium zu profitieren. Vielleicht CD-ROM oder CD-I oder DVI oder die Bildplatte. Niemand weiß das wirklich. Und niemand kennt den Inhalt des Mediums genau.

Eines ist aber sicher: Jede Information, die man auf CD-ROM oder einer Computerdiskette speichern kann, kann über Netzwerke geschickt und in die Märkte und Gemeinschaften integriert werden, die sich rund um die ausschließliche Textform des Mediums entwickeln. Haben diese Netzwerke, außer ein Viele-an-viele-Medium zu sein und die Menschen untereinander zu verbinden, auch noch Multimedia-Fähigkeiten, dann werden die Konsumenten den Inhalt möglicherweise selbst definieren und ihre eigenen Gründe dafür erfinden, weshalb sie sich mit diesen neuen Geräten in die Informationsleitungen einschalten wollen, so wie sie es damals beim Telefon taten. Und das führt uns zur vierten und letzten Machtquelle – dem Potential dieses Mediums, eine Plattform für Innovation zu werden.

Nehmen wir als Beispiel den Apple Computer. Der Erfolg der gesamten PC-Industrie ist darauf zurückzuführen, daß diese kleinen neuen Unternehmen, die in den siebziger Jahren entstanden, etwas taten, was im vollkommenen Gegensatz zu der Marketingstrategie von IBM und der etablierten Computerindustrie stand. Anstatt zu versuchen, einen möglichst großen Marktanteil zu erobern und einen möglichst großen Teil des Marktes auf die eigenen geschlossenen Systeme festzulegen, schuf Apple ein offenes System und wandte sich an Enthusiasten. Bei den ersten Computern ließ man bewußt Leerstellen, so daß Dritte mit neuer Hardware eine Chance zur Aufrüstung der Computer hatten. Es wurden »Prediger« ausgeschickt, die Software-Unternehmen dazu überreden sollten, Programme für Apple Computer zu schreiben, und die dazu notwendigen technischen Spezifikationen wurden nicht zurückgehalten. Überall tauchten Hinterhof-Erfinder auf, die hofften, auf den Erfolgszug von Jobs und Wozniak aufspringen zu können. Viele von ihnen wurden reich dabei. Die Erfinder von VisiCalc, des ersten elektronischen Arbeitsplatts für den Apple II, schufen den ersten echten Markt für Personal Computer. Der Apple II war eine Plattform für Innovationen. Eine einzige dieser Innovationen, das elektronische Arbeitsblatt, löste das enorme Wachstum aus, durch das Apple zu einem Milliarden Dollar schweren Unternehmen wurde. Eine auf einer Plattform für Innovationen aufbauende Industrie gibt den Kunden die Möglichkeit, neue, lukrative Anwendungen für das Produkt dieser Industrie zu entwickeln und davon zu profitieren.

Die Kommunikation unter den Menschen ist der Grundstein jeder demokratischen Gesellschaft. Philosophen wie John Locke und Verfasser von Streitschriften wie Tom Paine waren fest davon überzeugt, daß die Bevölkerung sich selbst regieren könnte, wenn die Menschen genug Bildung und Freiheit besäßen, um miteinander zu diskutieren. Die Selbstregierung der Bürger, nicht der Könige, bestünde nicht nur darin, daß sie in geheimer Wahl ihre Vertreter bestimmen, sondern auch darin, daß sie über die Fragen, die sie angehen, Bescheid wissen und diskutieren können. Das ist »Öffentlichkeit«.

Die Massenmedien, die Einer-an-viele-Medien, vor allem das Fernsehen, veränderten den Diskursmodus zwischen den Bürgern auf eine Art und Weise, die der Demokratie nicht förderlich war. Die Öffentlichkeit wurde zu einer Ware, die man kaufen und verkaufen konnte. Wohlüberlegte Argumente wurden von fesselnden Bildern und emotionalen Soundbites in den Hintergrund gedrängt. Die Menschen kommunizierten immer weniger miteinander, während die Werbeindustrie lernte, wie man Fragen und Kandidaten verpacken und vermarkten muß. Das Spektakel, das Hyperreale, die Verwandlung der Öffentlichkeit in eine Ware, so bezeichnen politische Analysen die Folgen der Dominanz der Massenmedien in den letzten 40 Jahren. Diese Analysen haben zweifellos ihren Wert, doch sie setzen sich nicht mit der hierarchieauflösenden, entmassifizierenden Wirkung von Computerkommunikationsnetzwerken auseinander.

Solange die Viele-an-viele-Medien für die gesamte Bevölkerung zugänglich sind, solange sie erschwinglich, leicht zu handhaben und als Forum für freie Meinungsäußerung gesetzlich geschützt sind, versprechen sie die Wiederbelebung der Öffentlichkeit. Im 16. Jahrhundert wurden die Fundamente der Demokratie gelegt, als die damalige Informationstechnologie, nämlich der Buchdruck, das Veröffentlichungsmonopol der Kirche und der Könige brach. Ein Jahrhundert nach Gutenberg konnten zig Millionen Europäer schreiben und lesen. Auf dieser Fähigkeit gründet die Demokratie. Könnte das einfache Mailbox-System die Druckerpresse der nächsten Revolution sein?

Künstler müssen jetzt klar Position beziehen im Dialog darüber, welche Art von Gesellschaften und Menschen wir durch die Technologien, für

die wir uns entscheiden, hervorbringen. Die erste große Barriere für Künstler, der Zugang zu den Produktionsmitteln, ist inzwischen mit den erschwinglichen Preisen von Desktop-Video, Desktop-Audio und Desktop-Graphik gefallen. Die zweite große Barriere, der Zugang zu den Mitteln für die Verbreitung, ist mit dem explosionsartigen Wachstum der Computerkommunikationsnetzwerke überwunden.
Mit den wirtschaftlichen und politischen Infrastrukturen und den nötigen Technologien verändert sich auch die menschliche Schnittstelle zu den Netzwerken rapide. Die richtige Verwendung der Produktionswerkzeuge war für Künstler bisher auch eine Barriere. Die Netzwerke waren für alle, die keine Computer-Experten waren, zu abstrakt, um sie als künstlerisches Ausdrucksmittel zu sehen. Die jüngsten Ereignisse in der Entwicklung der menschlichen Schnittstelle im Netzwerk werden das aber ändern. Auf meiner letzten Tokioreise zeigte mir mein Freund Joi Ito zum ersten Mal das sichtbare Fenster ins Netzwerk. Was für mich jahrelang nichts als stumme, alphanumerische Abstraktion war, war plötzlich eine erfahrbare Realität.
Auch wenn der Grabstein der Familie Joichi Itos in Iwate die Namen von 27 Generationen trägt, ist Joi zweifellos ein junger Mann des 21. Jahrhunderts. Nach einem späten Abendessen in Roppongi gingen wir in einer der seltenen Schneenächte in Tokio Anfang 1994 in seine Wohnung, um mit dem Netzwerk die Zeit totzuschlagen, bis das Nachtleben in Tokio beginnen würde. Auf dem Bildschirm seines Power-Books erschien eine Seite von Mosaic. Links waren briefmarkengroße Bilder von Galaxien und Popgruppen aufgereiht, daneben Titelzeilen und Untertitel. Bevor er einen Befehl eingab, wußte ich schon, daß ich in eine neue Welt blickte. Ich schoß buchstäblich hoch, als Joi auf das Bild einer Popgruppe zeigte und aus dem Lautsprecher seines Computers Musik kam.
»Ich habe mir Hypertext-Markup-Language gerade selbst beigebracht«, sagte er. Joi bringt sich immer gerade etwas selbst bei, wovon ich noch nie gehört habe. Diese Sprache ist ein Code, mit dem er auf seinem Computer gespeichertes Video-, Graphik- und Textmaterial an zig Millionen Internet-Teilnehmer senden kann.
Ich erinnere mich, wie ich 1984 zum ersten Mal einen Macintosh sah. Ich erinnere mich, wie ich 1985 zum ersten Mal WELL anloggte. Ich erinnere mich, wie mir beim Durchlesen der Namen tausender Newsgroups ganz schwindlig wurde, als ich zum ersten Mal in Usenet hineingekommen war. Inzwischen erkenne ich die Momente, wenn wir von einem technologischen Durchbruch in eine neue Dimension geschleudert werden. Mosaic hatte dieses Flair des Zukünftigen, das man

sofort erkannte. Es könnte die »Killerapplikation« sein – die unerwartete Anwendung einer Technologie, die aus ihr ein Massenmedium machen würde, so wie einst das elektronische Arbeitsblatt für Personal Computer. Es hat auf jeden Fall das gewisse Etwas.

Draußen, in den Straßen von Harajuku, wo Joi Itos Wohnung liegt, folgen die Tokioer Teenager einem durchgeplanten Medienloop: Modedesigner und Geschäfte entscheiden, welche Mode sie im nächsten Monat verkaufen werden, der neue Look wird in genau getimeten Zeitabständen über auflagenstarke Zeitschriften und über Sängeridole an die richtigen Leute gebracht. Joi Ito macht sich dagegen seine eigenen Medien. Die erste Seite von Mosaic sieht genauso aus wie das Inhaltsverzeichnis einer farbigen Illustrierten auf Hochglanzpapier. Menüs weisen den Weg zu persönlichen Informationen über Joi – Multimedia-Selbstporträts. Auf einem Video springt Joi aus einem Flugzeug. Er wollte dann aber höher hinaus.

»Schauen wir uns als erstes einmal den Weltraum an«, sagte Joi und klickte im Menü das Feld »Hubble Pictures« an. Es dauerte einen Augenblick, bis das Bild von einem 15 Zeitzonen entfernten Computer abgezogen wurde. Dann erschien ein detailliertes Farbbild einer fernen Galaxie, das am Morgen vom Hubble-Space-Teleskop auf die Erde gebeamt worden war.

»Was haben wir für Wetter?« Ich wählte eines der kleinen Bilder von verschiedenen Teilen der Erde aus – den Nordpazifik, wo wir uns gerade befanden. In wenigen Sekunden hatte ich am Bildschirm die Wetterlage, die eine Stunde zuvor von einem Satelliten auf die Erde gesandt worden war. Der MTV.COM-Server war auch nicht schlecht. Das ist eine digitale Zweigstelle von MTV im Internet. Ich klickte ein Ikon auf Jois Bildschirm an und stellte damit eine Verbindung her zwischen seinem Computer in Tokio und dem Internet-Stützpunkt von MTV in den USA. Ich sah mir Plattencovers an, hörte mir ein paar Songausschnitte an. Es gab zum Beispiel auch ein kurzes Video von einem VJ (inzwischen ist er wohl ein »EJ«), der zur Musik von Elton Johns *Rocketman* in einem Raumschiff davonzischte.

Joi Itos *Tomogaya* ist ein Net-Zine, eine Multimedia-online-Version eines nur wenig älteren kulturellen Phänomens, das von Gruppen kommt, die Zugang zu Kommunikationstechnologien haben. Die Zines stammten von einer Generation, der die Massenmedien gleichgültig waren. Zinesters machen mit ein paar Freunden eine Jam-Session mit Kopierern und Computergraphikprogrammen, drucken die Sachen dann am Abend am Laserdrucker des Chefs aus und verschicken sie an ein ausgewähltes Kultpublikum.

Joi und seine Net-Head-Freunde haben ihre eigene Vorstellung davon, in welche Richtung die Technokultur geht. Sie spielen mit dem Netzwerk, wie ihre Eltern mit der E-Gitarre spielten. Ich passe aber auf, in welche Richtung sie gehen, denn vielleicht wissen sie etwas darüber, wo wir uns hinbewegen.
Der Kampf um die Form der Netzwerke hat begonnen. Zum Teil ist es ein Kampf um Geld und Macht, aber der Hebel ist immer noch das Verstehen – wenn genug Menschen verstehen, was passiert, können wir, glaube ich, auch etwas bewirken. Ob wir in zehn Jahren in einem Überwachungsstaat oder in einer demokratischen Gesellschaft leben, hängt vielleicht in nicht geringem Maße davon ab, was du und ich heute wissen und tun. Das Ergebnis steht nicht fest. Was aus den Netzwerken wird, hängt immer noch zu einem großen Teil von uns ab. Und wie immer in Zeiten des politischen Chaos, ist jetzt die Verantwortung, die Künstler tragen, besonders groß.

Zugang zum World Wide Web

von Kevin Hughes

Seit fünfzig Jahren haben Menschen von der Vorstellung einer universellen Datenbank geträumt – nicht nur von Daten, die für sie rund um die Welt erreichbar wären, sondern von Information, die leicht mit anderen Informationen zu verknüpfen wäre, so daß ein Benutzer die für ihn wichtigsten Daten schnell auffinden könnte. In den sechziger Jahren wurde diese Idee weiter erforscht und gab Visionen eines Dokumenten-Universums (docuverse) Auftrieb, durch das Menschen hindurchschwimmen können – eine Revolutionierung aller Aspekte der menschlichen Interaktion mit Information, insbesondere auf dem Gebiet der Ausbildung. Nur daß jetzt die Technologie diese Träume eingeholt hat und es ermöglicht, sie im weltweiten Maßstab durchzuführen. Die offizielle Definition beschreibt das World Wide Web als ein Hypermedia-Fernabfragesystem für Informationen mit dem Ziel, generellen Zugang zu einem breiten Universum von Dokumenten bereitzustellen. Das World Wide Web (WWW)-Projekt hat Benutzern von Computernetzwerken ein konsequentes Mittel an die Hand gegeben, auf eine Vielfalt von Medien in vereinfachter Art und Weise zuzugreifen. Unter Verwendung einer populären Software-Schnittstelle mit dem Web mit dem Namen Mosaic hat das Web-Projekt die Weise verändert, mit der Menschen Informationen betrachten und kreieren – es hat das erste wirklich globale Hypermedia-Netzwerk geschaffen.

Was ist Hypermedia?

Hypermedia ist Hypertext mit einem wichtigen Unterschied – Hypermedia-Dokumente enthalten Verknüpfungen nicht nur zu anderen Texten, sondern auch zu anderen Medien – Tönen, Bildern und Filmen. Auch Bilder können zur Verknüpfung mit Tönen oder Dokumenten herangezogen werden. Im folgenden werden einige einfache Beispiele für Hypermedia-Dokumente genannt:

— Sie lesen einen Text in einer fremden Sprache. Sie wählen eine Wendung aus und hören sie daraufhin in landesüblicher Aussprache.

— Sie betrachten den Gebäudeplan einer Firma und wählen ein Büro aus, indem sie einen Raum berühren. Namen und Bilder der Angestellten erscheinen zusammen mit einer Liste ihrer laufenden Projekte.

— Sie sind ein Wissenschaftler, der an der Kühlung von Stahlfedern arbeitet. Zu einer ausgewählten Textstelle in einem Forschungsbericht können Sie sich einen computergenerierten Film über den Kühlvorgang zeigen lassen. Mit der Betätigung einer Schaltfläche rufen Sie ein Programm auf, das thermodynamische Berechnungen ausführt.
— Ein Student, der die Digitalversion eines Kunstmagazins liest, kann sich ein erwähntes Werk ausdrucken oder vollständig zeigen lassen. Handelt es sich um eine Skulptur, kann er einen Film aufrufen, der um die Skulptur herumfährt. Mit einer interaktiven Steuerung kann er an die Skulptur heranzoomen, um Details zu betrachten.

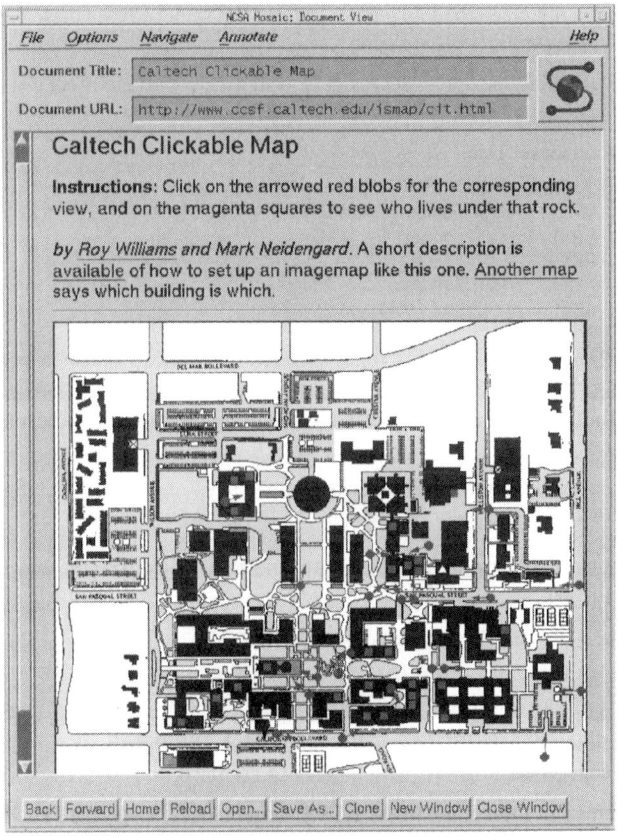

World Wide Web: Anklickbare Karte eines Campus

Obwohl sich das Web erst im Anfangsstadium befindet, funktionieren viele solcher Anwendungen bereits in Echtzeit. Das Web ermöglicht den leichten Austausch von Hypermedia in Netzwerkumgebungen, seien sie so klein wie zwei miteinander verbundene Macintoshs oder so groß wie das weltweite Internet.

Internet ist die allgemeine Bezeichnung zur Beschreibung des riesigen weltweiten Computernetzwerks. Wörtlich meint Internet »Netzwerk der Netzwerke«. Es besteht aus Tausenden von kleineren regionalen Netzwerken, die über den gesamten Globus verstreut sind. Jeden Tag verbindet es ungefähr 15 Millionen Benutzer in über 50 Ländern. Das World Wide Web wird meistens auf dem Internet eingesetzt; beides meint aber nicht dasselbe. Das Web verweist auf den Korpus der Information – ein abstrakter Raum aus Wissen, während Internet die physikalische Seite des globalen Netzwerks meint, eine gigantische Menge von Kabeln und Computern.

Das **Web** begann im März 1989, als Tim Berners-Lee vom Europäischen Forschungszentrum für Teilchenphysik (CERN) dieses Konzept mit der Absicht vorlegte, es als effiziente Form des Informationssharings innerhalb der Organisation zu verwenden. Effiziente Kommunikation war ein langjähriges Ziel von CERN, da dessen Mitglieder in einer Reihe von Ländern ansässig waren.

Der Titel der Vorlage von Tim Berners-Lee lautete »World Wide Web: Proposal for a Hyper Text Projekt«. Laut Neill Randall enthält sie die besten Ausführungen über Hypertext, Hypermedia und das Netz, die überhaupt existieren:
»Die Integration von verschiedenen Systemen bietet einen großen Vorteil, insbesondere dann, wenn es dem Benutzer möglich ist, Verbindungen zu folgen, die von einem Stück Information zum nächsten bringen. Die Schaffung eines Netzes mit Informationsknoten, und nicht mit hierarchischen Bäumen oder geordneten Listen, ist das grundlegende Konzept von Hypertext. Die Texte werden so miteinander verbunden, daß man von einem Konzept zum anderen gehen kann, um schließlich die Information zu finden, die man benötigt. Die Verbindungen innerhalb des Netzwerks werden **Web** genannt. Das Web ist also niemals vollständig, und es ist kaum vorstellbar, daß alle Links, die theoretisch möglich sind, von den Autoren auch gesetzt werden. Die Texte werden Knoten genannt. Der Prozeß, um sich von einem Knoten zum anderen zu bewegen, heißt Steuerung. Die Knoten müssen nicht notwendigerweise auf der gleichen Maschine liegen; Links können auch über einen Rechnerverbund hinausgehen. Knoten können prinzipiell auch Nicht-Textinformationen wie Diagramme, Bilder, Tondateien und Animationen enthalten. Der Terminus Hypermedia ist einfach die Erweiterung der Hypertext-Idee auf die anderen Medien.« (Der gesamte Text der Vorlage von Berner-Lee ist im Web unter der URL-Adresse »http://info.cern.ch/hypertext/WWW/The Project.hmtl« erhältlich.

Monate nach dem ursprünglichen Vorschlag von CERN begann das National Center for Supercomputing Applications (NCSA) mit der Entwicklung einer Schnittstelle zum World Wide Web. Eine der Aufgaben des NCSA besteht darin, der Scientific Community bei der Produktion breit zugänglicher, nicht-kommerzieller Software behilflich zu sein. Ein anderes Ziel ist die Überprüfung technologischer Forschung daraufhin, ob kommerzielles Interesse dafür bestehen könnte. In beiderlei Hinsicht war das Web-Projekt völlig geeignet. Die Software Design Group von NCSA begann an einer vielseitigen, mit mehreren Plattformen kompatiblen Schnittstelle zum World Wide Web zu arbeiten und nannte sie »Mosaic«.

In der ersten Hälfte des Jahres 1993 wurde die erste Version des Web-Browsers von NCSA der Internet-Community zugänglich gemacht. Da vorher Beta-Versionen verbreitet worden waren, hatte sich Mosaic zum Zeitpunkt seiner Veröffentlichung eine starke, wenn auch noch kleine Gefolgschaft erobert.

Auf Grund der großen Zahl traditioneller Betriebssysteme, mit denen es vereinbar war, und dank seiner einfachen Zeigen-Anklicken-Funktionen als Hypermedia-Schnittstelle, wurde Mosaic bald die populärste Schnittstelle zum Web. Zur Zeit gebräuchliche Versionen von Mosaic laufen auf Sun-Computern, Workstations von Silicon Graphics, IBM-kompatiblen Computern mit Windows, Macintosh- und Unix-Computern.

Wie arbeitet das Web?

Das Web funktioniert nach dem populären Client-Server-Modell. Ein Web-Server ist ein Programm, das auf einem Computer läuft, dessen einziger Zweck darin besteht, andere Computer mit Dokumenten zu versorgen, nach denen er gefragt wird. Ein Web-Client ist ein Programm an der Schnittstelle zum Benutzer und seine Funktion ist, Dokumente beim Server anzufordern, wenn der Benutzer nach ihnen verlangt. Weil der Server sehr wenig zu tun hat (er führt keinerlei Berechnungen durch) und nur arbeitet, wenn ein Dokument angefordert wird, nimmt er den Computer, auf dem er läuft, nur geringfügig in Anspruch.

Hier ein Beispiel, wie der Ablauf vor sich geht:

1. Der Benutzer arbeitet mit einem Web-Client (der auch als »Browser« bezeichnet wird) und wählt einen Hypertext-Teil aus, der mit einem anderen Text – »Die Geschichte des Computers« – verbunden ist.
2. Der Web-Client verbindet mit einem Computer, der mit einer Netzwerk-Adresse irgendwo im Internet angegeben ist, und fragt dessen Web-Server nach der »Geschichte des Computers«.

3. Der Server reagiert, indem er den Text und darin eingebundene Medien (Bilder, Töne oder Filme) auf den Bildschirm des Benutzers schickt.

Das World Wide Web setzt sich aus solchen virtuellen Transaktionen zusammen, wie sie zu Tausenden jede Stunde überall auf der Welt stattfinden und die ein Netz von Informationsflüssen entstehen lassen.

Die Sprache, die Web-Clients und -Server benutzen, um miteinander zu kommunizieren, nennt sich Hyper Text Transmission Protocol (HTTP). Alle Web-Clients und -Server müssen in der Lage sein, HTTP zu sprechen, um Hypermedia-Dokumente zu senden und zu empfangen. Deshalb werden Web-Server häufig HTTP-Server genannt.

Der Name »World Wide Web« dient ebenso häufig zur Bezeichnung des gesamten Netzwerks von Servern, die HTTP beherrschen, wie zur Benennung des globalen, bei Verwendung von HTTP zur Verfügung stehenden Informationskorpus.

Die Standardsprache des Web zur Erzeugung und Erkennung von Hypermedia-Dokumenten ist die Hyper Text Markup Language (HTML). Für die Leichtigkeit, mit der sie benutzbar ist, wird HTML weithin gerühmt. Web-Dokumente sind typischerweise in HTML geschrieben und werden gewöhnlich mit dem Suffix ».html« bezeichnet. HTML-Dokumente sind nichts anderes als Standard 7-Bit-ASCII-Dateien mit Formatierungscodes, die Informationen über Layout und Hyperlinks enthalten.

HTML macht Gebrauch von sogenannten Uniform Resource Locators (URLs), um Hypermedia-Links und Links zu Diensten innerhalb eines Dokuments darzustellen. Es ist möglich, beinahe jede Datei oder jeden Dienst auf dem Internet mit einer URL-Adresse darzustellen. Der erste Teil der URL-Adresse (vor den beiden Schrägstrichen) gibt die Zugangsmethode an. Der zweite Teil ist typischerweise die Adresse des Computers, wo die Daten oder Dienste lokalisiert sind. Weitere Teile können den Dateinamen, den Anschluß oder den gesuchten Text in einer Datenbank anzeigen.

Künftige Web-Server werden Möglichkeiten der Verschlüsselung und der Beglaubigung beinhalten – sie werden in der Lage sein, geschützte Daten zu schicken und zu empfangen, und sie werden über mehr Wahlmöglichkeiten verfügen, welche Clients Informationen empfangen und welche nicht. Das wird eine freiere Kommunikation unter den Web-Benutzern erlauben und dafür sorgen, daß sensible Daten privat bleiben.

Virtuelle Realität – Medientechnologie der Zukunft?

von Erik Eichhorn

»Es gibt ein paar praktische Gründe für die Besiedlung des Cyberspace. Sie sind unerfreulicher als die unpraktischen, aber es gibt sie. Der erste Grund wäre, daß dies der nächste logische Schritt in dem Bestreben ist, die Schnittstelle zu beseitigen – die Informationsbarriere zwischen Geist und Maschine.

Über die letzten zwanzig Jahre sind unsere Beziehungen zu diesen magischen Kästen in einem Tempo intim geworden, mit dem nur noch die ständig zunehmende Geschwindigkeit ihrer Prozessoren Schritt halten kann. Von der brutalen Strenge stapelverarbeiteter Lochkarten bis zum schnuckeligen Macintosh ist die Schnittstelle weitaus unkryptischer und weitaus interaktiver geworden.

Einige anscheinend unüberwindliche Barrieren zwischen uns und der Zentraleinheit sind bestehen geblieben. Eine davon war das Tastenfeld, das selbst mit der Graphikschnittstelle und der damit einhergehenden Mäuseplage die wesentliche Schleuse von menschlicher Wahrnehmung zum RAM blieb. Das dünne alphanumerische Rinnsal, das von unseren Fingerspitzen in den Computer tropft, ist ein blasser Abglanz der Gedanken, die es hervorbringen, und erreicht die Zentraleinheit in einer Geschwindigkeit, die in einem grotesken Mißverhältnis zu deren Kau- und Ausspuckkapazitäten steht.

Dann wäre da der Bildschirm selbst. Wiewohl der metaphorische Schreibtisch gegenüber den flimmernden Leuchtdioden des Altair oder selbst dem bernsteingelben Text von DOS eine gewaltige Verbesserung darstellt, ist er nach wie vor platt wie Papier. Die Tiefe der Erfahrung, ihre konkrete Räumlichkeit, hat er nicht im geringsten.

Früher dachte ich immer, diese engen Input-Output-Blenden ließen sich nur mit heroischen Lösungen wie Gehirnimplantaten knacken. Ich glaube, ich war vierzehn, als mir das als die Lösung erschien. Gehirnchirurgie schien mir eine geringfügige Unannehmlichkeit zu sein, wenn man dadurch die Fähigkeit gewinnen würde, sich an *alles* zu erinnern.

Ich schätze, ich wäre nach wie vor bereit, mir einen Cray in den Schädel einbauen zu lassen, aber mein Glaube an die Technik hat seit meinen frühen Jugendjahren abgenommen. Mir ist wohler angesichts der Möglichkeit einer Schnittstelle, die die Kluft zwischen der Tastenbedienung und der neurologischen Festprogrammierung füllt und kein Herumschnippeln im Kortex erfordert. Mit an Sicherheit grenzender Wahrscheinlichkeit ist die Virtuelle Realität genau das.«

(John Perry Barlow)

Die Ursprünge der VR liegen schon über 30 Jahre zurück. 1962 ließ sich Morton Heilig ein multisensorisches 3D-Kino (Sensorama) patentieren. Dieses Sensorama gilt heute als »Vorabversion« moderner VR-Systeme. Diese frühe Technik basierte jedoch noch nicht auf der Computertechnik, es war nur eine Art »Erfahrungskino«. Es sollte Empfindungen in einer Vielzahl von Sinnesmodalitäten hervorrufen. Wer sich eine Sichtbrille aufsetzte, beobachtete den stereoskopischen Endlosfilm einer Motorradfahrt durch New-York, mit Stereo-Sound und Motorradgeknatter. Wenn man die Arme auf das Lenkstangen-Keyboard legte, löste dies simulierte Vibrationen aus. Ein Ventilator bließ einem zudem noch simulierten Fahrtwind und Großstadtgerüche aus einer Aroma-Bank ins Gesicht. Dieser Aspekt des »Erfahrungskinos« wurde von führenden VR-Wissenschaftlern als fundamental angesehen.[1]

Als Begründer des VR-Forschungsprogramms wird Ivan Sutherland angesehen. Er entwickelte 1965 ein computerbasiertes, kinästhetisches Display, das sich an möglichst viele Sinne wenden sollte. Die multisensorische Qualität dieses Displays war von entscheidender Bedeutung und eine wichtige Grundvoraussetzung für eine optimale 3 D-Repräsentation.

1968 wurde der erste Prototyp einer 3D-Brille entwickelt, doch galt diese in den Anfangsjahren als »Damoklesschwert«.[2] Der Benutzer mußte seinen Kopf in einen monströsen Metallapparat stecken, der von der Decke hing. Neben der Verbesserung der Datenbrille hatten die Forscher dieser Zeit noch andere, nicht minder wesentliche Probleme. Vor allem die Verarbeitungsgeschwindigkeit, die Computergrafik und -animation sowie die Robotik mußten noch entscheidend vorangetrieben werden. Dennoch versuchte man bereits damals, den Zuschauer in die Tiefe blicken zu lassen, indem jedem Auge ein jeweils leicht verschobenes Bild vorgesetzt wurde. Als Konkurrenz zu diesen »stereoskopischen Filmen« sah man das »Cinerama«, bei dem drei verschiedene Projektoren dem Zuschauer ein »Weitwinkel-Display« boten. Das projizierte Bild dehnte sich so sehr, daß es beim Betrachter auch Grenzbereiche des Blickfeldes ausfüllte.

Jüngeren Datums ist das »Omnimax-Projektorensystem«, das nach dem gleichen Prinzip funktionierte und die Zuschauer unter einer gigantischen halbrunden Kuppel versammelte, auf die ein vor-verzerrter Film projiziert wurde. Die Zuschauer tauchten dabei förmlich in die Bildumgebung ein.

In der Raumfahrt-Simulation wurde diese Idee vom »Im-Bild-Sitzen« schon seit Jahrzehnten zum Training von Piloten und Astronauten eingesetzt. Auch in der Unterhaltungselektronik und in Lernprogrammen hatte diese Technik Einzug gehalten. »Tour of the Universe« im kanadischen Toronto und »Star-Tours« in Disneyland waren die ersten unterhaltenden Anwendungen von Simulationstechnologie und virtuellen »Display-Environments«.

In den siebziger Jahren jedoch wurde es still um die VR. Lediglich die »Aspen Movie Map« in den späten Jahren dieses Jahrzehnts erregte wieder Aufsehen. In diesem interaktiven System ließen Forscher Spezialkameras auf das Dach eines Autos montieren und von dort Bilder der Stadt schießen. Jede Straße und Häuserecke wurde aufgenommen und später mit Luftaufnahmen aus Hubschraubern und Flugzeugen kombiniert. Zusätzlich wurden noch Bilder von Innenräumen in diese Filmlandkarte mit eingebaut. Den Benutzer plazierte man vor einem druckempfindlichen Bildschirm (**touch screen**) und ließ ihn mit selbstgewähltem Tempo durch Aspen fahren. Er konnte sich nach Belieben eine Route aussuchen.

Erst Mitte der achtziger Jahre – die Computertechnologie war bereits deutlich fortgeschritten – beschäftigte man sich wieder mit diesem Thema. Zu Beginn wurden recht bescheidene VR-Systeme bereitgestellt, dann begann man auch auf diesem Gebiet mit Entwicklungsarbeiten.

Neben Universitäten und der NASA waren insbesondere amerikanische Firmen an der Entwicklung beteiligt. Erste und erfolgreichste Firma auf dem Gebiet der VR war die von Jaron Lanier 1984 gegründete VPL.[3] Diese stellte im wesentlichen Zubehör her, das man für eine Reise in der künstlichen Welt der Computergrafik benötigt. Nicht nur die NASA bezieht inzwischen Laniers Datenhandschuhe, Lizenzen der VPL-Produkte wurden auch an den amerikanischen Spielzeuggiganten »Matell« und an japanische Firmen verkauft. Jaron Lanier steht stellvertretend für die jüngere Generation der kommerziell orientierten VR-Technologen.

Im Jahre der Patentierung des »Sensorama-Hauptmoduls« (1960) geboren, bezeichnet er sich als »Computer-Autodidakt« und nicht als Wissenschaftler.[4]

Die Technik

Um sich in die Bildschirme bzw. in den Computer »hineinzuversetzen«, benötigt man Hardware und Software, die dem Benutzer ein dreidimensionales Bild einer Welt bietet und gleichzeitig auch Interaktion, wie mit Objekten der realen Welt, ermöglicht. » 'Cyberspace' bedeutet einen dreidimensionalen Bereich, in dem kybernetische Rückkopplung und Steuerung stattfindet.«[5] Cyberspace soll dem Betrachter eine Interaktionserfahrung bieten und ihn gleichzeitig in eine andere Welt versetzen, im Unterschied zur bloßen Betrachtung eines Bildes.

Für eine Reise in die »Virtuelle Realität« muß zunächst ein stereoskopisches Bild erzeugt werden, das einem die Illusion gibt, im Cyberspace zu sein. Dieses Bild kann durch zwei kleine Monitore, welche an einem Helm befestigt sind, geschaffen werden. Dieses verändert sich dann mit der Kopfhaltung des Benutzers. Der Helm dient also in erster Linie der optischen Darstellung der virtuellen Welt, im englischen spricht man von »head-mounted-display«. Oftmals wird auch lediglich eine umschnallbare Brille verwendet.

Die Sichtgeräte beinhalten zwei kleine Bildschirme (LCD-Technik), wie wir sie von Laptops oder Miniaturfernsehern kennen. Diese Technik liefert zwar nicht die beste Bildqualität, erlaubt jedoch die Realisierung kleinerer und kompakterer Displays als die Röhrentechnik.

Diese Bildschirme befinden sich unmittelbar vor den Augen des Betrachters und projizieren das Bild direkt auf die Netzhaut. Auf den Schirmen werden zwei leicht unterschiedliche Bilder dargestellt, um dem Betrachter den Eindruck von Dreidimensionalität zu vermitteln.[6] Es entsteht bei ihm ein Gefühl dafür, ob sich Gegenstände näher oder weiter weg befinden. Der optische Eindruck soll nicht nur Höhe und Breite wie beim herkömmlichen Fernseher vermitteln, sondern auch ein Tiefengefühl. Vergleichen kann man diesen Effekt mit dem eines Fernglases: Auch dort erhalten beide Augen separate Bilder, die zu einem Gesamtbild verschmelzen, jedoch ist man bemüht, den »Tunnelblick« des Fernglases in der VR zu vermeiden.

Das gesamte Gesichtsfeld soll also mit dem Display ausgeleuchtet werden. Dadurch entsteht der Eindruck, komplett in der Szene eingetaucht zu sein. »Alles, was seine Augen sehen, sind die vom Rechner erzeugten Bilder auf dem Display«.[7]

Diese Apparatur zur optischen Darstellung der virtuellen Welt ist mit Sensoren für die Messung der Kopfbewegung kombiniert. Eine Methode zur Registrierung basiert auf »niederfrequenten magnetischen Feldern«. Ein am Kopf angebrachter Sender erzeugt diese Felder, die von einem in der Nähe befindlichen Detektor wieder aufgefangen werden. Aus diesen Meßergebnissen läßt sich auf die Kopfbewegung des Betrachters schließen. Diese Informationen benutzt der Rechner zur Anpassung des auf dem Display dargestellten Bildes. Ein Beispiel: Betrachtet eine Person ein Objekt, welches sich in der Mitte des Gesichtsfeldes befindet, und dreht diese ihren Kopf leicht nach rechts, so läßt der Rechner das dargestellte Objekt auf dem Display nach links rut-

schen. Wichtig ist also die Synchronisation zwischen Kopfbewegung und dem optischen Eindruck des vom Rechner dargestellten Bildes.
Bei einigen Systemen wird neben der Bewegung des Kopfes auch die Position der Person im Raum registriert. Eine einfache Methode ist die Ortung mittels Radiowellen. Dabei trägt die Person ein kleines Sendegerät mit Antenne bei sich, das ständig Signale ausstrahlt. Mit den im Raum aufgestellten Detektoren kann der Rechner Signale empfangen und daraus die Position errechnen.
Die Bilder des Displays können durch akustische Eindrücke ergänzt werden, wozu man herkömmliche Kopfhörer benutzt, die im Falle eines Helmes in dessen Innenwände eingearbeitet sind. Je nach dargestellter Szene kann der Rechner über Kopfhörer entsprechende Geräusche, Töne oder Stimmen ausgeben.
In einigen Systemen kann der Benutzer auch verbal mit dem Rechner über ein Mikrofon kommunizieren. Die Schwierigkeit besteht jedoch in der Auswertung der Signale durch den Rechner. Man ist heute noch weit von einer natürlich-sprachlichen Kommunikation und deren Entwicklung entfernt.
Für die Interaktion mit dem Rechner wird in der Regel ein Datenhandschuh benutzt. Es handelt sich dabei meist um einen leichten Nylonhandschuh mit auf dem Handrücken angebrachten Glasfaserkabeln, die, vom Handgelenk ausgehend, bis zu den Fingerspitzen entlanglaufen. Durch diese Fasern strömt Licht, das am Ende von einem Detektor gemessen wird. Ballt man die Hand zu einer Faust zusammen, werden die Glasfaserkabel gebogen, die Lichtleitfähigkeit reduziert sich, und die Rechner messen eine geringe Lichtintensität. Auf diese Weise erhält man Kenntnis über die Stellung der Finger. Zusätzlich werden über magnetische Felder und Sensoren Bewegungen der Hand im Raum gemessen. Dabei werden alle sechs Freiheitsgrade der Bewegung erfaßt: vor und zurück, links und rechts, hoch und runter. Hinzu kommen die entsprechenden Drehbewegungen auf der Stelle.
Die Bewegungen der Finger und der Hand können auf verschiedene Weise zur Steuerung des Rechners benutzt werden: Man kann den Datenhandschuh wie eine Maus am Personal Computer einsetzen, um einen Positionszeiger zu steuern, mit dem man auf Symbole zeigt und so die Funktionen des Rechners auswählt. Diese Vorgehensweise schöpft jedoch die vielseitigen Möglichkeiten eines solchen Gerätes nicht aus. Deshalb wird auf dem Display kein Positionszeiger mehr dargestellt, sondern eine »Computerhand«. Diese sieht wie eine menschliche Hand aus, dargestellt mit den Mitteln einfacher Computergrafik. Die Bewegungen dieser virtuellen Hand folgen den Bewegungen im

Datenhandschuh, indem man diesen öffnet und schließt oder mit dem Zeigefinger nach vorne deutet. Bei dieser Vorgehensweise handelt es sich um eine »intuitive Steuerung« – die Computerhand wird zur eigenen Hand. Um die Objekte der virtuellen Welt zu manipulieren, greift man nach ihnen: Die Hand wird geöffnet, an Objekte herangeführt und dort wieder geschlossen.
An diesem Beispiel der Computerhand, die nach einem Objekt greift, wird der Kern der VR-Technik deutlich: die Synchronisation der verschiedenen Komponenten des Systems und die damit verbundenen Sinneseindrücke des Benutzers. Die Bewegungen der menschlichen Hand im Datenhandschuh und der Computerhand auf dem Display müssen jederzeit aufeinander abgestimmt sein. Dabei sorgt der Computer für die Übereinstimmung, indem er alle Komponenten ansteuert und überwacht.
Die Einzelkomponenten (Display, Kopfhörer, Datenhandschuh, Sensoren) werden erst durch die Rechnerleistung des Computers zusammengeführt. Dieser verbindet sie durch das Empfangen, Auswerten und Aussenden der Signale. Die virtuelle Welt, die der Betrachter erlebt, wird also vom Rechner erzeugt. Alle anderen Teile des VR-Systems sind demnach »nur« Hilfsmittel.

VR im Kontext unserer Lebenswelt

VR nimmt gewisse Tendenzen unserer Lebenswelt und der Forschung auf und verstärkt sie. Dennoch gab es das Ziel der naturgetreuen Simulation bzw. der Darstellung überzeugender fiktionaler Welten schon vorher. »Interaktive Techniken sind schon lange gang und gäbe.«[8] Ein aktives Eintauchen in die Simulation setzen sich jedoch erst VR-Systeme zum Ziel. Der uralte Traum vom zeitweisen Rückzug aus der Realität, die Immersion in eine andere Welt mit berechenbaren Abenteuern wird mit dem Aufkommen virtueller Realität möglich. Der Trend, alleine zu sein, abgeschottet vom grauen Alltag, gelingt in den neuen Systemen. Man befindet sich in einer abgeschlossenen, nach festen Regeln definierten Welt.
VR paßt zu unserer heutigen Lebens- und Gesellschaftssituation, in der zunehmend von »Isolierung« und »Vereinsamung« die Rede ist, verbunden mit dem Trend zur »Erlebnisgesellschaft«. Die Möglichkeiten, die man schon dem Massenmedium Fernsehen nachsagte, bei fast vollständiger realer Immobilität eine absolute Mobilität zu erreichen, treffen auch auf VR zu. So gelangt man beispielsweise in einem virtuellen Gebäude durch die Bewegung eines Fingers in den ersten Stock, oder

man kann Molekülmodelle durchfliegen. Auch kann man sich, ohne sich in der Realität auch nur zu bewegen, auf eine Reise durch ein Modell unseres Körpers begeben. »In Wirklichkeit« aber steht man in einem Raum, ausgestattet mit einem Helm oder einer Brille, speziellen Handschuhen und Kopfhörer.

Phänomene unserer heutigen Technikgesellschaft werden von den neuen VR-Systemen aufgenommen, weitergeführt und präzisiert. Dabei profitiert VR geradezu von aktuellen Entwicklungen. Beim **Eintauchen in die imaginäre Welt** werden nicht neue Empfindungen erschaffen, sondern unsere alten marginalisiert – wie in der realen Lebenswelt, »nur in noch stärkeren Maße«.[9]

»Die beste Parallele zur virtuellen Realität sind nach meiner Erfahrung **psychedelische Drogen**, und tatsächlich wimmelt es im Cyberspace schon von hell begeisterten Acid Heads. Jaron Lanier schmeckt der Vergleich deshalb nicht, weil er sowohl Unruhe stiftet (jetzt wo alle Drogen böse sind) als auch in die Irre führt. Die cyberdelische Erfahrung ist nicht wie ein Trip, aber genauso verlockend, wenn man sie Uneingeweihten beschreibt, und sie drängt einem in der Tat einige derselben Fragen auf, die größtenteils mit der Festigkeit der Wirklichkeit selbst zu tun haben.
Ich glaube, das Bestreben, überzeugende künstliche Wirklichkeiten zu schaffen, wird uns genauso beschämende Lektionen über die Wirklichkeit bescheren, wie die künstliche Intelligenz sie uns über die Intelligenz beigebracht hat – nämlich daß wir keinen blassen Dunst davon haben.
Ich habe das Gefühl, VR wird den Wahn, die Wirklichkeit sei eine feststehende Tatsache, noch weiter bloßstellen. Sie wird uns erneut die nahtlose Kontinuität zwischen der Welt außen und der Welt innen ins Gedächtnis rufen und so dem alten Schwindel mit der Objektivität einen weiteren schweren Schlag versetzen. 'Wirklich', hat Kevin Kelly gesagt, 'wird bald eines der relativsten Worte sein, das wir haben.'« (John Perry Barlow)

Virtuelle Realität und deren Hauptbenutzer

Das Militär

»Als letztes legitimiertes Abenteuer dieser Zeit«[10] ist das Militär immer auf der Suche nach neuen Techniken. So gehen gerade im Mediensektor Entwicklungen auf Militärtechnologien zurück. Beispielsweise läßt sich der Filmkameramechanismus auf den des Maschinengewehrs zurückführen und die HIFI-Technik auf die U-Boot-Ortung.[11]

Auch wenn man VR nicht auf Entwicklungen im militärischen Sektor zurückführen kann, spielt dieser doch eine wesentliche Rolle bei der Verbesserung dieser Technik. So gibt es Projekte, bei denen der Benutzer gleich vier Panzer steuert. Auch Flugsimulatoren und deren Entwicklung spielen dabei eine wesentliche Rolle.

Selbst die Navy benutzt VR für verschiedene Zwecke. So plante sie bereits 1988 ein im Helm integriertes Informationsdisplay, um Zielkennzeichnungssysteme zu testen, die es dem Piloten erlauben, in simulierten Luftkämpfen eine mehr als doppelt so hohe Abschußrate zu erzielen. Der Pilot markiert das anvisierte Ziel durch eine Kopfbewegung und anschließendes Drücken eines Knopfes am Flugzeug-Kontrollknüppel; entsprechend dieser Kopfbewegung stellt der Computer eine Waffenzieleinrichtung ein, und ein Sensor heftet sich an das Ziel.

Aber auch in anderen Bereichen kann VR dem Militär hilfreich sein: So ist eine Simulation fremder Gebiete und Städte möglich, die es zuläßt, lange vor einem militärischen Einsatz eine Invasion zu testen und sich schon zuvor mit dem fremden Terrain vertraut zu machen. Für solche Vorhaben hat die bereits erwähnte »Aspen Movie Map« sehr früh gute Vorarbeit geleistet. Finanziert wurde dieses Programm auch vom amerikanischen Verteidigungsministerium.[12]

Die Forschung

Schon früh hat sich die Raumfahrt, die eine Schnittstelle zwischen Militär und Forschung darstellt, in Form von Simulatoren der Technik der VR bedient.

Auch im Bereich der Chemie könnte sich virtuelle Realität als ein wichtiges Hilfsmittel erweisen. Heute lassen sich auf graphischen Workstations dreidimensionale Bilder der Moleküle erzeugen, die mit Spezialbrillen sichtbar und mit einem Joystick manipuliert werden können. In der virtuellen Realität könnten Chemiker Moleküle direkt anfassen und »begreifen«. Räumliche Drehungsmöglichkeiten und das Ineinandergreifen ließen sich so begreifbar machen.

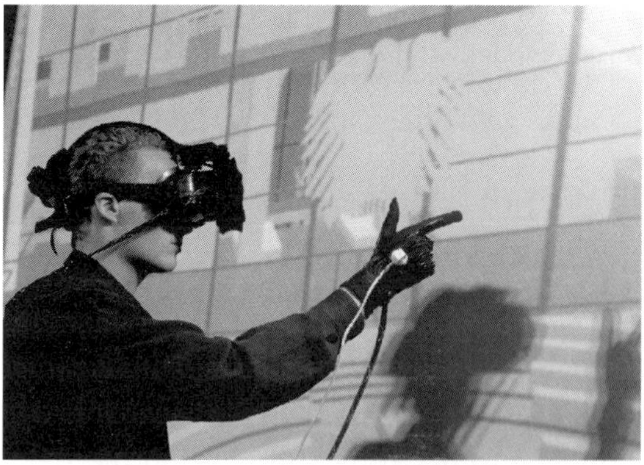

Virtuelle Realität als Simulation urbanen Raums anno 1995: Die Berliner Firma art + com simuliert den aktuellen Planungsstand der neuen Bauten der Hauptstadt in einem digitalen Stadtmodell. (Foto: dpa)

Auch das »Fraunhofer-Institut für Arbeitswirtschaft und Organisation« in Stuttgart besitzt zwei leistungsfähige VR-Systeme. Das eine wird für ergonomische Zwecke der Innenraumgestaltung verwendet, insbesondere bei der Planung von Büros und Arbeitsräumen. Das zweite System des Instituts wird für die Robotertechnologie eingesetzt, um das Arbeitsfeld des Roboters aus dessen Sicht heraus verfolgen zu können. Dies erleichtert die Planung der Arbeitsphasen. Dabei handelt es sich um eine Unterart der üblichen VR-Methoden, die sogenannte »Telepräsenz«: die Wahrnehmung von einer außerhalb des eigenen Körpers befindlichen, beliebig weit entfernten Stelle aus. Beispiel dafür ist neben der Fernsteuerung von Automaten auch die Erforschung von entfernten Planeten.

Auch die Medizin erprobt die Verwendung von VR. So soll auf der Grundlage tomographischer Aufnahmen eine Art dreidimensionaler Plan des Körperinneren von Patienten erstellt werden. Der Chirurg kann den Eingriff im kybernetischen Raum erproben, bevor er sich dem Patienten selbst zuwendet.

Ein Einsatz der VR-Technik ist ebenfalls für didaktische Zwecke denkbar: bei der plastischen Aufbereitung des Lehrstoffs. Man wäre als Beobachter bei der Entstehung des Universums zugegen. Man könnte Kontinente wandern lassen oder Erdbeben in geologischen Schichten verursachen. Oder man flöge durch Räume zwischen Atomen und Molekülen. Ob sich allerdings so veränderte Lernweisen positiv auf das Lernverhalten und den Lernerfolg von Schülern und Studenten auswirken würden, bleibt fraglich.

VR als neue Form der Kommunikation

Innerhalb der Geschichte der menschlichen Kommunikation stellt VR eigentlich nichts Neues dar; allerdings wird die durch Computer hervorgerufene Reduzierung von Kommunikation auf Tastatur und Bildschirm wieder rückgängig gemacht »und Kommunikation wieder auf das menschliche Normalmaß angehoben.«[13] VR ist eine interdisziplinäre Technik, die im wesentlichen darin besteht, die »Mensch-Maschine-Schnittstelle« zu erweitern. Sinnesbereiche des alltäglichen Lebens sollen für den Computer verständlich werden. Dabei spielen »Zeigen« und »Deuten«, zwei wesentliche Gesten des Menschen, eine entscheidende Rolle. Hier setzt die VR-Technologie an. Der mit Sensoren und Bewegungsmeldern bestückte Datenhandschuh gibt dem Computer und seinem Programm zur Gestenerkennung Informationen über Position und Form der Hand weiter. Über eine »Gestenbibliothek« wird eine intensivere und schnellere Interaktion möglich. Die Rückmeldung aus der gestenbasierenden Information erfolgt über die »3D-Visualisierungssysteme« wie Monitorhelme oder Brillen. Die Erkennung von menschlichen Gesten ist der Schlüssel zum VR-Erlebnis.

Der Vorteil des Datenhandschuhs liegt darin, daß der Computer in die Lage versetzt wird, Hand- und Körperbewegungen zu erkennen und umzusetzen. Darin besteht der eigentliche Beitrag der VR-Technologie zur Entwicklung der menschlichen Kommunikation.
Seit der Erfindung des Telegrafs und des Telefons haben neue Kommunikationstechnologien entscheidenden Einfluß auf die Art und Weise menschlicher Kooperation im wirtschaftlichen Sektor ausgeübt. Zunehmend werden dort neue Formen der Zusammenarbeit erprobt. Stichworte dafür sind »Co-Engineering« und »Global-Engineering«. In diesen Bereichen wird auch die VR-Technologie zunehmend an Bedeutung gewinnen.
In einer Gesellschaft, die immer schneller nach neuen Produkten unterschiedlichster Art verlangt, wird es auch immer schwieriger, Entwickler aus unterschiedlichen Bereichen an einen Tisch zu bekommen. Firmen müssen zunehmend international bzw. global agieren und kooperieren. Dies macht einen hohen Aufwand an Mobilität erforderlich und wirkt sich ungünstig auf die Kosten aus. VR ersetzt physische Mobilität durch elektronische Kommunikation. Die verschiedensten Menschen können so an einem beliebigen Ort dieser Erde zusammengebracht werden. Wie bei einer Videokonferenz befinden sich die Beteiligten im gleichen virtuellen Raum; schnelle Datenübertragung mit Datenhelm und -handschuh macht es möglich.
Bei einer Konstruktionsaufgabe zum Beispiel stehen jedem Teilnehmer derselbe Datensatz und dasselbe visuelle Modell in Echtzeit zur Verfügung. Zusätzlich kann man die Gesichter der anderen sehen, Gesten der Zustimmung, Frage oder Ablehnung werden erkennbar. Es wird diskutiert, auf Modelle gezeigt, der Datensatz und das Modell verändert. Neben der Konstruktion dient der Computer so auch der Kommunika-

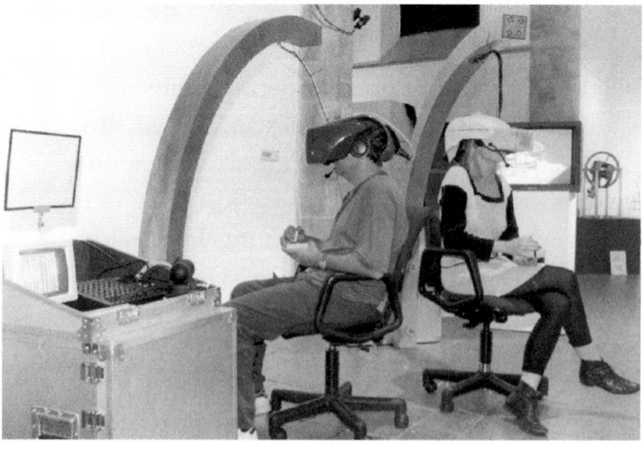

Virtuelle Realität als Kommunikationsmedium anno 1995: Im interaktiven Kunstobjekt »Satori« können sich zwei Personen in einer virtuellen Welt gemeinsam »bewegen« und über Mikrofon miteinander kommunizieren. (Foto: dpa)

tion. »Virtuelle Realitäten sind die erste Kommunikationstechnologie, die auch Körpersprache transportieren kann.«[14]
Auch in vielen anderen Bereichen könnte sich die neue Technologie durchsetzen und positiv auswirken:
— Virtuelle Operationssäle könnten räumlich entfernten Chirugen die Teilnahme an ein und derselben Operation ermöglichen und somit lebensrettend sein.
— VR wäre als neuer Aktions- und Erlebnisraum für Behinderte und alte Menschen denkbar.
— Umstritten ist der Einsatz von virtuellen Schulen mit künstlichen Intelligenzen als Lehrern, in denen sich vergangene Zeiten wiedererwecken oder physikalische Effekte demonstrieren lassen.[15]

VR als Unterhaltungsmedium

Betonen möchte ich zunächst, daß die folgenden Ausführungen lediglich spekulativer Natur sind und es sich überwiegend um Prognosen handelt, da die Entwicklungen in diesem Bereich noch in der Anfangsphase stecken. Wie auch in den meisten anderen Gebieten ist VR hier noch nicht sonderlich fortgeschritten.
Zu Beginn des Jahrhunderts war das Kino eine revolutionäre Neuheit in der bis dahin eher spärlichen Medienlandschaft. Bewegte Bilder zu sehen war eine Sensation, und der Inhalt der Filme spielte weniger eine Rolle. Interessanter war die Tatsache, daß sich diese Bilder bewegten. Über Jahrzehnte hinweg entwickelte sich das Kino, die Technik wurde immer raffinierter. Dem Stummfilm folgte der Tonfilm, der Schwarz-Weiß-Film wurde vom Farbfilm abgelöst.
In den fünfziger Jahren verlor das Kino immer mehr an Bedeutung, mit dem Fernsehen entstand ein neues Medium. Auch dieses durchlebte einige Phasen. Anfang der achtziger Jahre kam die Videotechnik dazu, und kurze Zeit später etablierte sich der Computer.
Am Ende des 20. Jahrhunderts scheint eine weitere Neuerung bevorzustehen: VR, die sicherlich die Möglichkeiten besitzt, sich als neues Leitmedium durchzusetzen. Zwar liegen die ersten Testversuche in diesem Bereich schon mehr als zwanzig Jahre zurück, so daß man nicht unbedingt von einer absoluten Neuerung sprechen kann. Doch hat VR in der Unterhaltungsindustrie bislang noch keine entscheidende Rolle gespielt, auch wenn in einigen Spielhallen erste VR-Automaten installiert wurden. Noch ist der Standard nicht sehr hoch.
»Die Sucht unserer Gesellschaft nach Unterhaltung wächst beständig. Auf der einen Seite verfügen wir über immer mehr freie Zeit, auf der anderen Seite erscheint vielen Menschen der Alltag langweilig und trist.«[16]

Genau hier aber könnte VR ansetzen. Während Kino und Fernsehen in erster Linie den passiven Zuschauer voraussetzen, der als Konsument keinerlei Aktivitäten entwickeln muß, außer zum Kino zu fahren oder den Fernseher einzuschalten, ist VR ein interaktives Medium, das als seinen Benutzer den unternehmungslustigen Medienakteur erfordert, der zum Mitspieler wird und seine überkommene Rolle als passiver Konsument aufgibt.

Allgemein ist in den Freizeitangeboten eine Tendenz zu Abenteuer und Nervenkitzel zu beobachten. »Nach Drachenfliegen, Wildwasserfahrten und Freizeitklettern wurde das Bungee-Jumping kreiert.«[20] Das Bedürfnis nach dem »gewissen Kick« wird immer größer, und diesem Trend schließt sich VR an.

Dabei geht es primär darum, dem Alltag zu entfliehen, etwas anderes zu erleben. Der Mensch will seine eigenen Grenzen entdecken, sich seinen Ängsten stellen, um schließlich über seinen eigenen Schatten zu springen. Der Reiz von VR könnte darin bestehen, ein umfassendes, unmittelbares, auch körperliches Erleben zu vermitteln, mediale Unterhaltung mit sinnlicher Erfahrung zu verschmelzen.

Die Live-Übertragung eines Fußballspiels war die erste große Attraktion am Beginn des Fernsehens in den fünfziger Jahren. Mit einem VR-System könnte der Zuschauer das Ereignis so miterleben, als wäre er selbst dabei. Er muß sich die entsprechende Ausrüstung anlegen und dem Rechner mitteilen, welches Programm er wünscht. Kurze Zeit später befindet er sich im Stadion. Alles, was er nun sieht und hört, die Zuschauer, die Lärm machen, die Spieler auf dem Rasen usw. sind Audiovisionen, die vom Rechner gesteuert werden. Er benutzt dazu von Kameras übermittelte Informationen, die er als Rohdaten behandelt. Welche Bilder er berechnet und wie er sie aufbereitet, hängt von der

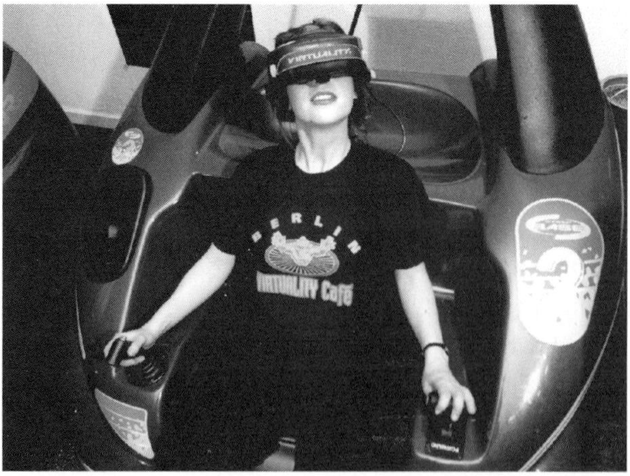

Virtuelle Realität als Unterhaltungsmedium anno 1995: Im Berliner »Virtuality Café« stehen 8 Spielautomaten für das Einzel- aber auch das kommunikative Zweiererlebnis bereit. 4 Minuten Spielvergnügen kosten 7 DM. (Foto: dpa)

Perspektive ab, aus der der Medienakteur auf das Geschehen blickt. So kann er den Kopf drehen oder sich auch mit seinem ganzen Körper bewegen, immer registriert der Computer die Aktivitäten und berechnet blitzschnell das entsprechende Bild. Eines bleibt jedoch ausgeschlossen: die aktive Teilnahme am Geschehen. Dem Benutzer ist es natürlich nicht möglich, selbst das Fußballspiel zu beeinflussen, für das Geschehen bleibt er unsichtbar; »in Wirklichkeit« befindet er sich ja anderswo und kann nur mittels der im Stadion aufgestellten speziellen Kameras sich in das Geschehen hineinversetzen. Für den Benutzer ist das Stadion bloß ein virtueller Raum.

Ein anderer wichtiger Bereich der Integration von VR könnte das Medium Film werden. Bisher konnte der Zuschauer Filme nur passiv verfolgen, den Handlungsablauf konnte er nicht mitbestimmen. Durch die VR-Technik werden auch Filme miterlebbar. Einmal kann der Rechner den Zuschauer zum unsichtbaren Beobachter mitten im filmischen Geschehen machen, ohne daß er die Möglichkeit hat, in die Handlung einzugreifen. So ließe sich seine Rolle mit derjenigen des virtuellen Zuschauers im Fußballstadion vergleichen. Ein entsprechendes Programm könnte ihm aber auch die Möglichkeit bieten, in den Ablauf des Films einzugreifen. Voraussetzung hierfür ist natürlich, daß Virtualität und Interaktivität schon bei der Produktion des Films zu bestimmenden Faktoren werden.

Einige Automaten in Spielhallen bieten Abenteuerspiele an, deren Grafik und Ablauf sich von einem Film kaum unterscheiden. Der Spieler kann mit seinen Handlungen den Ablauf entscheidend mitbestimmen. Ein Film ist normalerweise eine vorausgeplante, lineare Abfolge von Ereignissen. Bei einem »VR-Film« stünden dagegen eine bestimmte Anzahl unterschiedlicher Wendungen zur Verfügung, die der Film nehmen kann, je nachdem, wofür sich der Zuschauer entscheidet. Dem Rechner sind sämtliche Variationen bekannt, und er errechnet den Ablauf nach dem Verhalten des Zuschauers.

Der Vorgang strukturiert sich wie beim sogenannten »Handlungsbaum«: Von einem Ausgangspunkt gehen ein oder mehrere Äste aus, die sich später weiter auffächern. Die Wurzel bzw. der Ausgangspunkt ist die Anfangssituation des Films. Hat der Zuschauer in den ersten drei Minuten keine Möglichkeit, in den Film einzugreifen, gibt es auch keine Abzweigungen auf dem Ast. Gibt es nach einer gewissen Zeit eine Alternative, laufen die Handlungsstränge in zwei verschiedene Richtungen auseinander. Der Rechner muß auf alle möglichen Handlungen des Zuschauers eingerichtet sein und eine geeignete Fortsetzung gewährleisten. Somit hat der Rechner nicht nur einen Film gespeichert,

sondern viele Variationen des Films. »Er hat einen elektronischen Handlungsbaum in seinem Datenspeicher.«[18]
Der Computer muß jedoch auch den Ablauf des Films kontrollieren. Eine weitere Möglichkeit der Begrenzung der Handlungsvariationen sind »Referenzpunkte«, die auf jeden Fall im Laufe der Handlung erreicht werden müssen, egal welchen Weg der Zuschauer wählt. Der Handlungsbaum muß bewußt so angelegt sein, daß er Situationen enthält, die der Zuschauer nicht beeinflussen kann.
Vorlagen herkömmlicher Filme entsprechen dem primitivsten Handlungsbaum: eine gerade Linie ohne Abzweigungen. Es gibt nur eine Version des Films. Interaktive Filme und deren Vorlagen müssen aber alle möglichen Einflußnahmen des Zuschauers berücksichtigen. So müssen viele Versionen des gleichen Films existieren, ein kompliziert verästelter Handlungsbaum muß konstruiert werden. Für den Zuschauer bedeutet dieser Baum, daß jeder seinen eigenen Weg durch die Verästelung der möglichen Handlungen nehmen muß.
Die Idee eines solchen interaktiven Films ist nicht mehr neu. Am 16. Dezember 1992 wurde in New York der erste interaktive Kinofilm vorgestellt. In *I am your man* konnten die Zuschauer im Saal an bestimmten Stellen über die Fortsetzung der Handlung entscheiden. Dazu waren an den Armlehnen der Sitze Knöpfe installiert, mit denen sie ihre Entscheidung einem Rechner mitteilten. Über den Fortgang des Films wurde jedoch abgestimmt, da die Zuschauer im Saal den gleichen Film sahen und nicht jeder seine eigene Version.
Die Möglichkeiten, einen Film mitzugestalten, sind zur Zeit noch recht primitiv und beschränken sich im wesentlichen auf das Drücken von Knöpfen. »Mit den VR-Systemen der Zukunft werden Filme zur subjektiven Realität, mit der man ganz so umgeht, wie man es aus dem alltäglichen Leben her gewohnt ist.«[19] Wünsche und Gefühle, die von Filmen angesprochen werden, lassen sich in der virtuellen Realität ausleben. Der Rechner gibt einem Macht über die Geschehnisse.
Anwendungen der VR-Technik im Unterhaltungssektor sind darüber hinaus in den Bereichen Spiel, Sport und Kultur angedacht. Grundsätzlich stehen Computerspiele den interaktiven Filmen sehr nahe; auch der Spieler am Computer greift in das Geschehen ein und bestimmt den Fortgang. Jedoch versucht er, im Gegensatz zum Film, eine Aufgabe zu lösen, ein definiertes Ziel zu erreichen. Er ist der Held! Action- und Abenteuerspiele lassen sich jedoch auch in Form von interaktiven Filmen realisieren. Dabei werden die Abenteuer nicht mehr auf einem Bildschirm präsentiert, vielmehr steckt man mit Hilfe der VR-Technik mitten im Geschehen, erlebt alle Gefahren »real« in einer virtuellen

Welt. Dabei braucht es nicht mehr nur den Computer als Spielpartner zu geben, sondern es können mehrere Personen teilnehmen und gegeneinander spielen.

In herkömmlichen Rollenspielen übernimmt eine Person die Rolle des Spielleiters, der die Aufgaben verteilt und auf einen reibungslosen Ablauf achtet. In der virtuellen Realität kann der Computer diesen Part übernehmen. Man muß nicht mehr viel erklären; sobald das Spiel beginnt, findet sich jeder in der Szene und in seiner Rolle wieder. Bei Inszenierungen von mittelalterlichen Ritterspielen werden Schwertkämpfe »tatsächlich« ausgetragen, und der Computer entscheidet über Sieg oder Niederlage. Magische Gegenstände werden nicht mehr erklärt, sondern direkt umgesetzt. »Phantasiewelten mit Zauberern, Trollen und Fabelwesen werden zur Realität.«[20]

Ein weiterer Bereich, in dem die VR-Technik wichtigen Einfluß gewinnen könnte, ist der Sport. »Gerade dieser Bereich wird als die treibende Kraft für die Verbreitung von VR-Systemen im Unterhaltungssektor angesehen.«[21] Grund hierfür sind die zunehmend hohen Kosten, die die Ausübung bestimmter Sportarten verursachen. Auch die räumlichen Gegebenheiten sprechen oftmals gegen bestimmte Sportarten.

So ist das Golfspielen in Japan sehr beliebt. Es gibt jedoch nur wenige Plätze und die Preise sind dementsprechend hoch. VR-Systeme könnten das Golfspielen simulieren, dem Spieler das nahezu perfekte Gefühl vermitteln, seinem Hobby auf einem echten Golfplatz nachzugehen. Denkbar sind solche Entwicklungen auch in vielen anderen Sportarten: Tennisspielen mit Boris Becker auf der anderen Seite des Netzes oder ein Boxkampf gegen Henry Maske. Kühne Voraussagen werden über eine derartige Entwicklung gemacht. So vermutet man, »daß es noch vor dem Ende dieses Jahrhunderts möglich sein wird, Golf auf dem Mond zu spielen.«[22]

Man kann leicht erkennen, daß dem Medium VR gerade im Unterhaltungssektor kaum Grenzen gesetzt sind. Ob im Theater, im Sport, in Spielen oder im Film, VR könnte viele Teilbereiche in der Unterhaltung erweitern. Die größte Einschränkung bei der Anwendung der VR-Technik im Unterhaltungsbereich scheint »die Vorstellungskraft des Menschen« zu sein.[23]

Der Stand der Technik

Laut der »Cyberspace-Kultfigur« Jaron Lanier befindet sich die VR-Technik »im gleichen Stadium wie die Computerwissenschaft in ihren

allerersten Tagen.«[24] Zeitlich ausgedrückt wäre der Stand der Dinge vergleichbar mit dem von 1958/59.
Doch wie weit ist man denn heute genau? Wichtigster Bestandteil in der VR-Technik ist der Rechner. Er muß alle Bewegungen des Benutzers mit den optischen und akustischen Eindrücken synchronisieren. Erst wenn alle Eindrücke miteinander übereinstimmen, wird der Betrachter eine erzeugte Szene auch als natürlich empfinden. Wichtigste Voraussetzung der virtuellen Realität ist es, daß deren Erlebnis mit dem der alltäglichen Wirklichkeit übereinstimmt.
In der idealen virtuellen Welt ist diese Synchronisation perfekt: »Der Fluß der Ereignisse entspricht dem in der Wirklichkeit. Die computererzeugte Scheinwelt wirkt realistisch.«[25] Doch gerade davon ist man heute noch weit entfernt.
Der Rechner hat gewaltige Datenmengen zu verarbeiten, insbesondere das Erzeugen der Bilder auf dem Display ist sehr aufwendig. Zudem muß die Überwachung und Ansteuerung aller Komponenten, die man in der virtuellen Welt benötigt, in Echtzeit erfolgen; Verzögerungen durch komplexe Berechnungen müssen minimal bleiben. Der Betrachter darf dies nicht wahrnehmen.
Heute gibt es noch keine Rechner, die leistungsfähig genug wären, dies zu gewährleisten. Insbesondere in dieser Richtung gilt es, entscheidende Fortschritte zu machen. In den schon existierenden VR-Systemen ist man, was z. B. die Bilder auf dem Display angeht, bislang noch auf Kompromisse angewiesen. Herkömmliche Monitore verfügen über eine beachtliche Bildauflösung. Mit rund einer Million Bildpunkten in Farbe lassen sich Bilder erzeugen, die einem Foto in nicht viel nachstehen. Dies darf man jedoch von dem Display eines VR-Systems nicht erwarten. Das liegt zum einen an der LCD-Technik, die eine geringere Auflösung bedingt (ca. 250000 Bildpunkte), zum anderen muß der Rechner diese Bilder in Echtzeit manipulieren. Schwierigkeiten bereitet insbesondere das Aufzeigen einer Bilderfolge in rascher Geschwindigkeit, weil es eine sehr komplexe Berechnung erfordert. Da die schnelle Abfolge von Bildern aber eine der wichtigsten Voraussetzungen in der virtuellen Welt ist, werden die Bilder nicht als Muster aus Punkten behandelt, sondern als Polygone (Vielecke), d. h. als gleichmäßig aufgebaute Flächen. So muß der Rechner anstatt hunderttausender Bildpunkte »nur« einige hundert Polygone für den Aufbau eines Bildes berechnen. Anschließend werden diese mit regelmäßigen Mustern und Farbe ausgefüllt. Dieser Vorgang ist sehr schnell und einfach, einziger Nachteil ist, daß das derart erzeugte Bild bei weitem nicht die Qualität eines Bildes hat, das Punkt für Punkt definiert wurde. Trotz der Verwen-

dung dieser vereinfachten Technik ist der Rechner jedoch nicht in der Lage, einen optimalen Fluß der Bilder hervorzubringen, der Berechnungsaufwand ist zu hoch. Wendet der Betrachter seinen Kopf z.B. ruckartig zur Seite, werden die Zwischenschritte dieser Bewegung nicht mehr aufgelöst. Der Rechner empfängt zwar diese Schritte, doch bevor er ein neues Bild berechnen kann und dieses zum Display schickt, melden die Sensoren für die Kopfbewegung wieder ein neues Bild. Der Rechner bricht seine alten Berechnungen ab und beginnt mit der neuen Positionsangabe.

Fazit

Virtuelle Realität – Medientechnologie der Zukunft? Sicherlich ist es noch verfrüht, derartige Behauptungen aufzustellen, steckt VR doch erst in den Kinderschuhen. Gleichwohl ist die Technologie der Virtuellen Realität, anders als die des Computers, auf der sie basiert, von Anfang an dahingehend entwickelt worden, Medium zu sein: nicht nur Daten-, sondern auch Bildwelt, welche die sensuellen und mentalen Fähigkeiten des Menschen erweitert. So mag für den Cyberspace gelten, was für die anderen Medien auch gilt: kein Entweder-Oder, sondern ein Sowohl-als-auch: »Einige werden den Cyberspace als eine Mischung aus Unterhaltung, Flucht und Sucht benutzen, andere werden mit seiner Hilfe durch die gefährlichen und komplexen Probleme des 21. Jahrhunderts navigieren. Vielleicht wird er die Pforte zu Gibsons Matrix sein. Hoffen wir, daß der Cyberspace ein neues Labor für unser Denken sein wird – und überlegen wir, was wir tun können, um die Entwicklung in diese Richtung zu lenken.«[26]

Literatur:

Steinmüller, Karlheinz (Hrsg.): Wirklichkeitsmaschinen. Cyberspace und die Folgen, Weinheim/Basel 1993.

Waffender, Manfred (Hrsg.): Cyberspace. Ausflüge in virtuelle Wirklichkeiten, Hamburg 1991.

Rempeters, Georg: Die Technikdroge des 21. Jahrhunderts. Virtuelle Welten im Computer, Frankfurt am Main 1994.

Rheingold, Howard: Virtual Reality, New York 1991 (dt. Ausgabe: Virtuelle Welten. Reisen im Cyberspace, Reinbek bei Hamburg 1992).

Anmerkungen:

1 Thürmel, Sabine: Virtuelle Realität. Ursprung und Entwicklung eines Leitbildes in der Computertechnik, in: Steinmüller (1993), S. 41.

2 Ebd.

3 Ebd. S. 42.
4 Ebd.
5 Walker, John: Hinter den Spiegeln, in: Waffenender (1991), S. 27.
6 Rempeters (1994), S. 36.
7 Ebd. S. 33.
8 Ebd. S. 34.
9 Thürmel, S. 56.
10 Ebd.
11 Heidersberger, Benjamin: Die digitale Droge, in: Waffender (1991), S. 60.
12 Ebd.
13 Anderer, Bertram: Virtual Reality. Kooperation dank globaler Kommunikation, in: Steinmüller (1993), S. 79.
14 Ebd. S. 82.
15 Steinmüller, Karlheinz: Versuch über den Cyberspace. Spekulative Bemerkungen zu einer neuen Technik, in: Steinmüller (1993), S. 133.
16 Rempeters (1994), S. 153.
17 Ebd.
18 Ebd. S. 160.
19 Ebd. S. 163.
20 Ebd. S. 165.
21 Ebd.
22 Ebd. S. 166.
23 Ebd. S. 170.
24 Heilbrun, Adam und Stacks, Barbara: Was heißt »virtuelle Realität«? Ein Interview mit Jaron Lanier, in: Waffender (1991), S. 84.
25 Rempeters (1994), S. 39.
26 Rheingold, Howard (1992), S. 601 f.

Per Mausklick zum Orgasmus?

Von Virtuellen Vibrationen, Digitalem Dating und Computer-Koitus

von Dora Traudisch

Ich klopfe an. Die Appartementtür öffnet sich. – »Da bist du ja endlich!« sagt sie pikiert. Ich folge ihr ins Wohnzimmer. Sie räkelt sich auf der Couch und stöhnt: »Bitte mache mir mein Bustier auf, mir ist so heiß…« Ich ziehe Valerie aus – das geht ganz einfach: Ein Mausklick, ein comicähnliches Geräusch – »Zoing!« – und die blonde, vollbusige Valerie präsentiert sich mir oben ohne.

Valerie ist nämlich keine Frau aus Fleisch und Blut, sondern besteht aus tausend farbigen Pixeln, die auf meinem Computerbildschirm flimmern. Deshalb heißt Valerie mit vollem Namen auch »Virtual Valerie«. Sie ist die erste virtuelle Sexgespielin – weltweit.

Das gleichnamige interaktive CD-ROM-Spiel wurde 1990 von dem 34jährigen Chicagoer Comic-Illustrator und Computer-Programmierer Mike Saenz ausgetüftelt. Während die meisten Firmen die 450mal höhere Speicherkapazität, die die CD-ROM einer 3,5-Zoll-Diskette voraus hat, nur mit großen Textmengen vollstopfen, spickte Saenz Virtual Valerie mit geschriebenem und gesprochenem Text, 600 Geräuschen und einer detailgetreuen, dreidimensionalen, animierten Bilderwelt.

Saenz ist davon überzeugt, daß er mit der Produktion des ersten interaktiven Sex-Spiels auf CD-ROM den jüngsten Zweig der Computerindustrie revolutioniert hat: »Videorecorder hatten keine Bedeutung, bis die Pornoindustrie sich für das neue Medium interessierte. Pornovideos haben die Videorecorder zu dem gemacht, was sie heute sind. Was für die Videorecorder gilt, wird sich schon bald auch auf die CD-ROM-Laufwerke übertragen lassen.«

Eingang zu Valeries Appartmenthaus

Kühler Empfang an der Wohnungstür

Saenz' Rechnung scheint aufzugehen: Mit weltweit mehr als 100 000 verkauften Exemplaren wurde *Virtual Valerie* zum Verkaufsschlager und Saenz zur Kultfigur der boomenden »Cybersex«-Szene. Auch die deutschen Pornoproducer haben mittlerweile die CD-ROM als neues Medium entdeckt: Teresa Orlowski hat biedere Strip-Poker auf den Markt gebracht.

Im virtuellen Bett nichts Neues

»Mhh, jaa – Ich mag es von hinten!« stöhnt Valerie. Nachdem ich mich zwei Stunden lang in Vals virtuellem Appartement verirrt, ihr Badezimmer inspiziert und ihre CD ROM-Sammlung durchgesehen habe, ist es endlich soweit – wir sind in ihrem High-Tech-Schlafzimmer gelandet. Val kniet auf allen Vieren im luxuriösen Doppelbett und »ist bereit«, von zwei cursorgesteuerten Vibratoren namens »Mighty Mo« und »Anal Intruder« virtuell penetriert zu werden.

Mit hektischem Mausklicken kann der Spieler die Penetrationsgeschwindigkeit erhöhen – ein schmatzendes Geräusch ertönt und Vals »Sexual Response Meter« schlägt vielversprechend ganz oben aus.

Doch die elektronische Exstase bleibt aus: »Oh, jaa – du machst es mir, du machst es mir so gut!« Mehr fällt Val zur ekzessiven Dauerpenetration nicht ein – wie eine stehengebliebene Stöhnplatte wiederholt sie diesen Satz non stop.

Und auch sonst gibt es im virtuellen Bett nicht viel Neues: Valerie läßt sich nur genital stimulieren und ein Stellungswechsel beim Computer-Koitus ist in der Sex-Software nicht vorgesehen. Val bleibt da, wo sie ist – auf den Knien. Wer erwartet, daß das Pixel-Playmate dem Spieler verrät, was sie gerne mit ihm anstellen würde, der wird enttäuscht.

Einzige Abwechslung bei der monotonen elektronischen Affäre: Durch einen elektronischen Kleiderwechsel kann man Valerie in eine Rockerbraut, eine Domina oder gar eine Nonne verwandeln ...

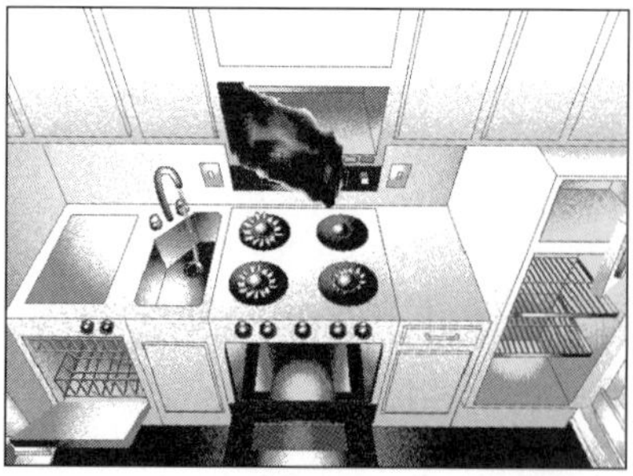

Amüsant: die Küche (mit explodiertem Grill)

Langwieriges Entkleidungsritual auf dem Sofa

Stunden später: Selbst Val ist mittlerweile vom öden Hin und Her, Rein und Raus frustriert. Per Maus-Klick kommt sie nicht zum Orgasmus: Auf magische Art und Weise verschwindet sie vom Bett und erscheint wieder im Türrahmen ihres Appartements: »Hau ab und komm nie wieder!« faucht sie mich giftig an und schlägt mir die Tür vor der Nase zu. Das Programm rebootet sich automatisch und wieder stehe ich vor Valeries virtuellem Wohnhaus. Mehr Cyber als Sex ...
Ich frage mich, wer von den hunderttausend *Valerie*-Fans über das Kunstgeschöpf mehr als nur amüsiert ist. Hornbebrillte Computerfreaks, die in der Mittagspause mit feuchten Händen statt zum Hamburger zu Maus und Joystick greifen?
Aus den Computer, an mit der Schlafbrille und her mit den Stereokopfhörern: Vorbereitungen für einen »Cyberorgasmus«. *Cyborgasm,* so heißt eine CD, die den Zuhörenden in eine virtuelle Audio-Welt abtauchen läßt und die erotische Phantasie anregen soll.

Virtuelles Varieté

Eine Peitsche knallt – unwillkürlich drehe ich mich um. Während mir jemand ins linke Ohr Liebkosungen flüstert, höre ich im rechten Ohr ein lustvolles Schmatzen und Saugen, so als würde es hier und jetzt in meinem Bett geschehen. Diesen einzigartigen 3-D-Audio-Effekt, der nur mit Kopfhörern wahrnehmbar ist, hat der Toningenieur Ron Gompertz aus San Francisco mit einer speziellen digitalen Aufnahmetechnik entwickelt: Während Menschen über ihre sexuellen Phantasien sprachen oder tatsächlich Sex hatten, legte er ihnen einen Dummy, in dessen Ohren Spezialmikrophone eingebaut sind, mit ins Bett.
»Virtuelles Varieté«, so nennt die Produzentin Lisa Palac ihren einstündigen Zusammenschnitt von sechzehn ganz unterschiedlichen erotischen Nummern. Ob intimer Kuschelsex für zwei, Domina-Nummer oder Gruppensex – *Cyborgasm* läßt einen in jeder der Phantasiewelten

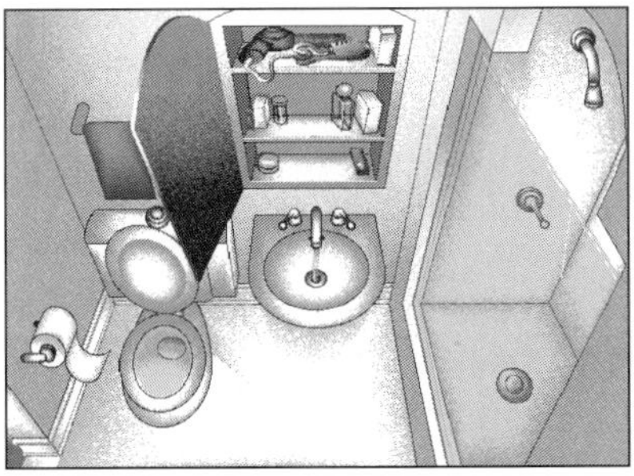

Voll interaktiver Spielereien: das Bad

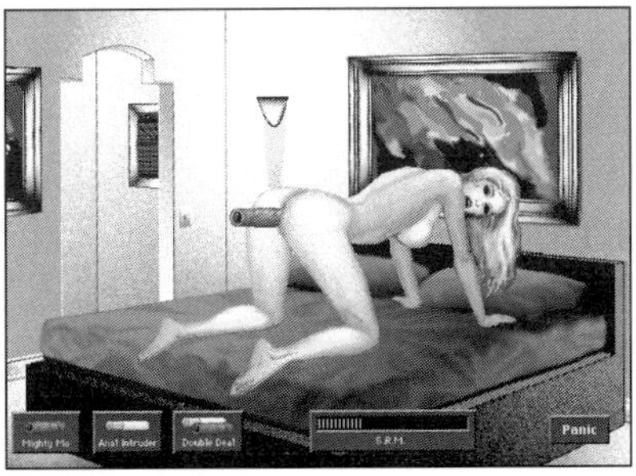

Bereit zum öden Rein und Raus

lustwandeln. Als Audio-Voyeur wird man zum Teil der virtuellen, auf CD komprimierten Sexwelt. Die Bilder zum »Cyberorgasmus« sind nicht vorgegeben, sondern entstehen im Kopf des Zuhörenden.
Neue erotische Phantasien sollen die Zuhörenden dazu anregen, sich mit ihrem Sexpartner auszutauschen und das Erträumte auszuleben. Für Lisa ist Cybersex Kommunikations-Katalysator: »Cybersex hat für mich weniger mit pornographischer Software oder mechanischen Sexapparaturen zu tun. Es geht doch nicht darum, in welchem Sexanzug man sich festschnallen und abwichsen kann, sondern es geht um Kommunikation. Die digitale Revolution hat mit Kommunikation zu tun. Sex ist auch eine Form der Kommunikation. Zumindest wenn es guter Sex ist. Ich bin davon überzeugt, daß die Cybersex-Entwicklungen uns helfen werden, effektiver zu kommunizieren und deshalb im Endeffekt besseren Sex zu haben.«

Mythos Maschinensex

»Besseren Sex, ja – bessere Kommunikation, nicht unbedingt«, so denken viele der über tausend Sex-Abenteuerlustigen, die in Lisa Palacs Büro seit Monaten anrufen, um den ersten, vollautomatischen »Cybersex-Anzug« zu bestellen. Lisa hatte sich einen Spaß erlaubt und zusammen mit dem *Valerie*-Vater Mike Saenz Computergrafiken von gar nicht existierenden »Cybersex-Anzügen« auf Fotos von echten Models gescannt. Wichtigste Bestandteile des Sex-Outfits: ein Datenhelm mit eingebautem Sicht- und Hörgerät, mit Tastsensoren ausgestattete Handschuhe und die vibrierende Genitaleinheit, genannt »Cyberdildo«.

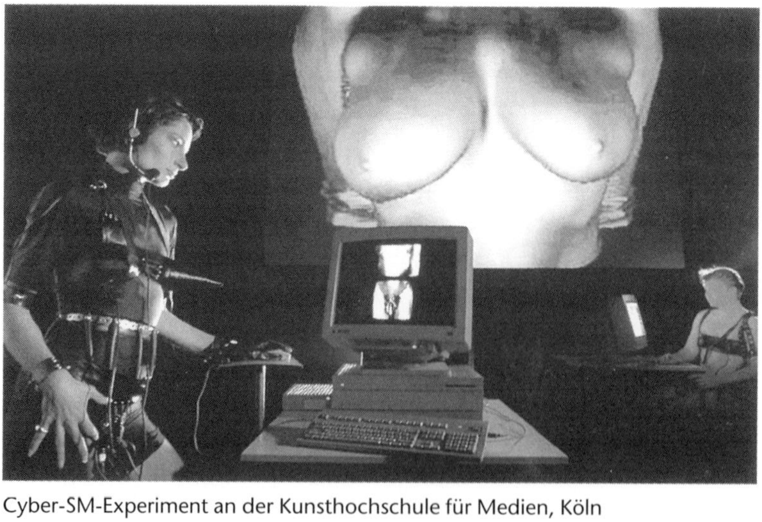

Cyber-SM-Experiment an der Kunsthochschule für Medien, Köln

Die Vision der »Cybersex-Anzüge« erschien auf dem Titelblatt des von Lisa Palac herausgegebenen avantgardistischen Erotik-Magazins *Future Sex*. Im Begleitartikel schwärmte Saenz über die Freuden des komplikationslosen Cybersex: »Ich glaube, daß VR-Sex einige Menschen befreien wird. Sie werden sexuelle Abenteuer erleben, ohne in eine Beziehungsfalle tappen zu müssen. Ich weiß, das hört sich kalt an ... Aber wenn man Cybersex hat, muß man nicht am Morgen danach gemeinsam frühstücken.«

Ein Titelblatt, ein spekulierender Begleitartikel und – siehe da – der Mythos von der Erlebbarkeit des voll automatisierten, perfekt programmierten und optimierten Orgasmus durch Maschinen-Sex hier und jetzt war geboren. Die *Future Sex*-Leser sahen sich schon in Barbarellas Stiefelstapfen steigen und träumten von der ultimativen Nummer mit einer Art »Orgasmatron«. Die Weltpresse überschlug sich vor Bewunderung der »einzigartigen Erfahrung« oder vor Kritik am »seelenlosen Sex«. Sogar *Der Spiegel* ließ sich von der Computeranimation blenden und bescheinigte dem System eine Marktfähigkeit ab spätestens 1995.

Lisa Palac schmunzelt: »Alles Bluff! Die Anzüge gibt es nur hier, in meinem Kopf. Das sexuell Erregendste, das es zur Zeit wirklich im Cyberspace gibt, ist online zu gehen und auf einem der elektronischen Netzwerke mit jemandem anonym eine Cyberaffäre zu haben. Das ist wirklich spannend und reizvoll ...«

Erotik im Netz

Alleine in den Staaten gibt es rund 60000 elektronische Schwarze Bretter (»Bulletin Boards«), die von vielen zum »Cyberdating« benutzt werden. Via Modem tauscht man anonym erotische Nachrichten aus oder verabredet sich unter dem Kürzel F2F (= face to face) in der wirklichen Welt.

Auch Netzwerke, wie das weltweit installierte Internet, bieten für einsame Bildschirmfreaks eine Art Kontaktbörse (»Chat Service«) an. In San Francisco gibt es ein bisher einzigartiges lokales Netz: Das *SF Net* ist eine Art »Virtual Village«, an das rund 2000 private PCs und zwanzig Terminals, die in Kneipen stehen, angeschlossen sind. Wer sich bei seinem Bier langweilt, schmeißt einfach 50 Pfennig in das Terminal – und schon bewegt er sich für fünf Minuten in der Welt des »virtuellen Pubs«.

Hier kann man mit bis zu vierzig »Nettern« (von »net« = »Netz«), die zu Hause im Schlafanzug, am Schreibtisch oder in der Kneipe um die Ecke sitzen, gleichzeitig quatschen. Vierundzwanzig Stunden am Tag kann »genettet« werden und wer die »Netiquette« nicht beherrscht, der fliegt

schnell raus aus dem futuristischen Gesellschaftsspiel: Es heißt blitzschnell reagieren und so knapp wie möglich antworten. Der Amateur verrät sich, wenn er statt den standardisierten Abkürzungen ganze Sätze aufs Netz schickt. »by the way« wird mit BTW abgekürzt und die mangelnde Körpersprache wird durch Ideogramme wie »,-") (steht für ein verschmitztes Zwinkern) ersetzt.
Für die Kritiker der elektronischen Netzwerke ist »Net Chat« eine verkümmerte Kommunikationsform, die nur denen Spaß macht, die zu feige sind, ihre Identität preiszugeben. Wayne Gregory, 34jähriger Programmierer und Familienvater, von dessen Küche aus das SF Net läuft, glaubt aber, daß sich online kein »Netter« verstecken kann – da helfen auch keine Codenamen: »Am Anfang wollen sich die Leute vom Netz unterhalten lassen. Sie denken, daß sie das ein paarmal machen und dann die Nase voll haben. Aber plötzlich entsteht eine Art Freundschaft mit anderen 'Nettern', und sie verbringen Stunden täglich auf dem Netz. Und dann entwickeln sie eine ganz persönliche Handschrift, und ihr Codename wird zu einer Art neuen Identität. Wer sich verstellen will, hat keine Chance, denn die Türen im Cyberspace stehen weit offen ...«

Liebe online und digitaler Treuebruch

In der virtuellen Welt der Codenamen und Kürzel schließen sich manchmal zwei Gehirne kurz, die in der »wirklichen Welt« kaum zueinander gefunden hätten. Bridget arbeitet in einer Bibliothek. Sie haßte Computer, bis sie aus Langeweile in der Mittagspause auf das Netz ging. Mit einem »Netter« (Codename »Restless Heart«) hatte sie sich besonders viel zu sagen. Achtmal quatschten Bridget und das »ruhelose Herz« online, dann trafen sie sich auf einer von Wayne Gregorys »Netter Partys« und verliebten sich.
»Restless Heart«, alias Steve, findet es faszinierend, sich über das Netz statt in einer Kneipe kennenzulernen: »Über das Netz kann man Menschen in den Kopf schauen und sie intellektuell und gefühlsmäßig kennenlernen, bevor man das äußere Erscheinungsbild sieht. Man beurteilt Menschen nicht mehr nur über die Optik. Wenn man einen Netz-Gesprächspartner nach diversen Begegnungen im Cyberspace dann tatsächlich trifft, ist es nicht mehr so wichtig, ob er groß oder klein, dick oder dünn ist ...«
Hätte Bridget gewußt, daß Steve zwölf Jahre älter ist als sie, dann hätte sie sich nie mit ihm verabredet. Beim Online-Flirt hatte sie ganz vergessen, nach seinem Alter zu fragen. Jetzt lebt sie mit Steve zusammen,

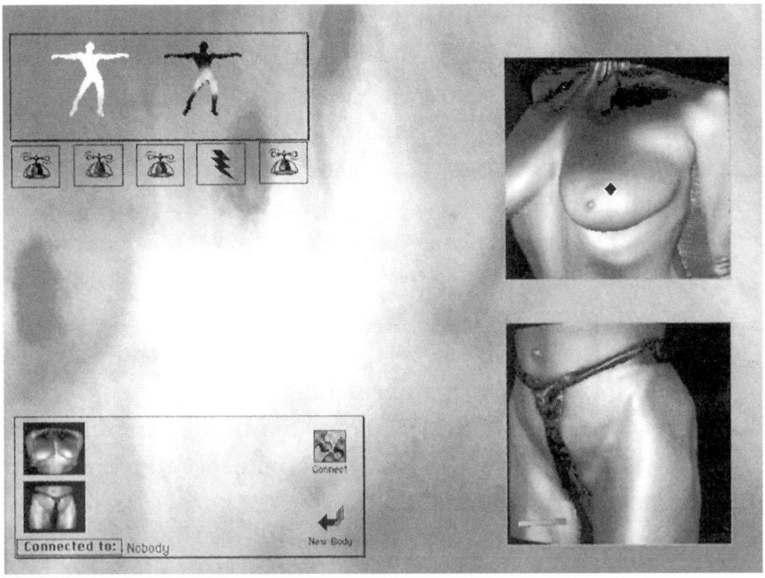

Benutzeroberfläche aus der »Body-Bank« von »Cyber SM«

und der Altersunterschied ist ihr egal. Doch nicht immer verlaufen Modem-Romanzen so harmonisch wie bei Bridget und Steve. Daß das anonyme Kontakteknüpfen im Cyberspace nicht frei ist von den Moralvorstellungen aus den Beziehungskisten der »wirklichen Welt«, mußte vor kurzem ein kalifornischer PC-Playboy erfahren.

Auf dem Netzwerk WELL flirtete er mit mehreren »Netterinnen« gleichzeitig und exzessiv. Das ging solange gut, bis zwei der Cyberköniginnen ihre elektronischen Tagebücher verglichen und feststellten, daß sie dieselben »streng vertraulichen« Nachrichten vom koitus-wütigen Computerfreak erhalten hatten. Die Rache folgte post- oder besser E-mail-wendend: Im Online-Zirkel für Frauen *Women On The Well* wurde vor dem Cyber-Casanova gewarnt, und siehe da – es meldeten sich noch mehr geblendete »Netterinnen«. Zur hitzigen WELL-Diskussion, Thema: »Gibt es Treue – auch im Cyberspace?« meldete sich auch der »Sex-Netter« kleinlaut zu Wort: Ihm war nicht klar, daß dieselben Treuevorstellungen, die in »wirklichen Beziehungen« gelten, auch auf Cyber-Kisten anzuwenden seien – so lautete seine reumütige Bildschirm-Message an die entrüsteten Netzteilnehmerinnen.

Cyberflirt per Fernfühlen

Wenn schon der multiple verbale Cyberflirt die »Netter« so entrüstet, was, wenn Cybersex-Anzüge physisches Fernfühlen ermöglichen? Jetzt gibt es diese Anzüge – allerdings erst als rund 10000 DM teuren Prototyp. Entwickelt wurden sie nicht im sonnigen Kalifornien, sondern im kühlen Köln. An der Medienakademie in Köln tüftelten der Amerikaner Kirk Woolford, 27, und der Norweger Stahl Stenslie, 28, ein Jahr lang an ihrem Cyber-SM-Experiment. Ihr Ziel: Einen visuellen, akustischen und taktilen Dialog zwischen zwei anonymen Teilnehmern im Cyberspace zu ermöglichen.

Ihr Spielzeug: die Cyber-SM Software, zwei Mac-Computer mit mindestens 100 Megabyte freier Speicherkapazität, zwei Interfaces, eine Telefonleitung und eine ISDN-Leitung, die die beiden Anzüge miteinander verbindet. Die Anzüge können je nach Steuerung Reize, wie Wärme und Vibration, an die erogenen Zonen des Trägers abgeben.

Der Dialog entwickelt sich langsam und in unterschiedlichen Phasen: Nach dem Anlegen der Anzüge wählt jeder Teilnehmer sein eigenes virtuelles Erscheinungsbild aus der sogenannten »Body Bank«. Die 3-D-Bilder von fünfzehn Ober- und fünfzehn Unterkörpern wurden durch den »Cyberware-Scanner«, der auch für die Gestaltung komplexer optischer Tricks in Spielfilmen wie *Der Tod steht ihr gut* oder *Terminator 2* verwendet wurde, hergestellt.

Ein Spiel mit Rollenstereotypen ist möglich – so kann jeder Teilnehmer seinem Dialogpartner z. B. das Bild eines männlichen Ober- und eines weiblichen Unterleibes auf dessen Bildschirm senden. Auf Kopfdarstellungen wurde bewußt verzichtet. Sie seien »zu spezifisch und intim für den taktil-verbalen Dialog«, befanden die Schöpfer des Projektes.

Jeder Dialogpartner kann das Bild des Partners anzoomen und rotieren lassen. Die Dialogpartner können sich über in den Helm eingebaute Mikrophone verständigen und sich gegenseitig über die Anzüge stimulieren. Der Computer übersetzt das cursorgesteuerte Abtasten des virtuellen Körpers auf dem Bildschirm in tatsächliche taktile Reize, die der Anzug an den Dialogpartner weitergibt. Das Prinzip ist einfach: Teilnehmer A berührt die virtuelle linke Brust von Teilnehmerin B. Durch die Aktivierung des Anzuges spürt die Teilnehmerin B Wärme und Vibration auf ihrer linken Brust.[2]

Die Geburt dieser Anzüge hat nicht nur den Cyberspace gehörig durcheinandergewirbelt. Für die einen schien die Erfüllung des Traumes vom anonymen, safen Superorgasmus nah; die anderen unkten entsetzt von der drohenden Entmenschlichung der Sexualität. Keine deutsche Talk-Show, in der Cyber-SM nicht auf Orgasmustauglichkeit geprüft wurde. Stahl und Kirk fühlen sich gründlich mißverstanden: »Uns ging es nie darum, echten, zwischenmenschlichen Sex zu imitieren oder gar einen Ersatz dafür zu erfinden. Cyber-SM soll nur eine weitere Bereicherung in der Welt der modernen Kommunikation sein. Es geht darum, daß wir uns trauen, im anonymen Cyberspace Phantasien spielerisch auszuleben, die wir in der realen Welt nicht zulassen würden. So können wir auch Teile von uns selbst neu entdecken.«

Du, ich und der Computer

Wie erfahren Cyber-Liebhaber ihren Trip ins erotische Niemandsland? Karen, 28, und Christian, 34, hatten Lust auf den flotten Dreier »Du, Ich und der Computer«. Sie haben sich vorher nie gesehen, und jetzt stehen sie in verschiedenen Räumen in ihren Cyberanzügen, verbunden durch die ISDN-Leitung. Vorsichtig tasten sie sich vor:

»Kannst du das fühlen?« fragt Christian aufgeregt. »Au ja, das fühlt sich toll an, mach weiter!« antwortet Karen. »Au nee, das war zuviel. Versuch's bitte mal woanders ...«, kontert Christian. Gelächter.

So geht das eine ganze Stunde weiter, und die beiden amüsieren sich königlich. Von Orgasmus keine Spur. Aber darum geht es hier und jetzt ja auch nicht. Die beiden reden und lachen zusammen und vergessen, daß sie sich überhaupt nicht kennen – Zweisamkeit im Cyberspace. Ich muß schmunzeln und daran denken, was die Cybersex-Prophetin Lisa Palac mir zum Abschied in San Francisco gesagt hat: »Es gibt dieses blöde Vorurteil, daß jeder, der Sex nicht nur in der Missionarsstellung macht, abstoßend oder gar pervers ist. Jetzt, wo die digitale Pornographie und Cybersex zum Greifen nahe sind, sagen die Moralapostel: 'Das ist doch krank, wer braucht denn sowas?' Klar, keiner braucht Cybersex. Wir brauchen auch keinen guten Wein, keinen Traumurlaub und keine multiplen Orgasmen. Klar, wir könnten ohne all das leben – aber wer will das schon?«

Anmerkungen:

1 Mike Saenz in: *Future Sex,* Heft 2, 1992, S. 26.

2 Mittlerweile haben Woolford und Stenslie Cyber-SM III entwickelt. Mit der Weiterentwicklung konzentrieren sie sich ausschließlich auf die verbalen und taktilen Stimuli. Visuelle Reize werden fast ganz ausgeklammert. Statt der Body Bank erscheint jetzt eine schematische Darstellung des Partners mit den berührten Zonen auf dem Bildschirm. Die Berührung wird jetzt nicht mehr durch Maus-Klicken vermittelt, sondern indem der Mitspieler seinen Anzug an den Stellen berührt, an denen er den Partner berühren will. Es ist jetzt möglich, bis zu drei Stimuli gleichzeitig abzusenden. Woolford bemerkt zu dieser Weiterentwicklung: »Wir müssen den Austausch von Berührungen als eine eigene Dialog-Form verstehen. Leider sind heute Berührungen fast immer sexuell konnotiert. Berührung im alltäglichen Umgang miteinander ist tabu und in der toten Computerwelt nicht existent. Wir versuchen das Element der Körperlichkeit wieder in die Computerwelt einzuführen und dadurch die Computer für menschliche Zwecke zu benutzen, statt uns den Computern anzupassen.«

Der große Treck gen Cyberspace

von Agentur Bilwet

An der Westküste erreicht das Projekt der Moderne, geographisch gesehen, seine äußerste Grenze. Überquert man den Pazifik, kommt man vom Westen in den Osten. Dem Mythos der *last frontier* gelang es das gesamte 20. Jahrhundert hindurch, den nordamerikanischen Traum von unentdeckten Gebieten voranzutreiben. Mit dem Ende des Trecks gen Westen als geopolitischer Bewegung ist es den Nachkömmlingen der Pioniere gelungen, die vitale Energie der Entdecker des Unbekannten in eine medienpolitische Bewegung zu transformieren. Coppolas *Rumble Fish* dokumentiert die klassische Interpretation des mythischen Schemas, indem Hollywood als Ort des Entkommens aus dem festgefahrenen Zug nach Westen dargestellt wird. Der filmische Raum war das Land der unbegrenzten Möglichkeiten, in welchem die Immigranten ihre Träume nähren konnten. Daß Coppolas Film so von Nostalgie durchdrungen ist, kommt dadurch, daß die traditionelle Kinematographie durch die Hände der Computertechnik Silicon Valleys gelaufen ist, die neue *electronic frontier.* Will ein Hollywoodfilm noch weltweit Publikum anziehen, dann müssen die *special effects* aus dem Computer stammen.

Will man den klassischen weißen psychologischen Komplex retten, ziehe man gen Norden, ins Seattle des Grunge oder in die Douglasien-Wälder von Twin Peaks. Hier treffen sich die Post-Europäer, mit allen damit verbundenen katastrophalen Folgen. Im Nordwesten biegt man die Bewegung in eine ungewisse Zukunft zu den ewigen Ängsten und Begierden zurück, welche Europa der amerikanischen Modernität vererbt hatte. Die Authentizität, um die man an der Grenze zu Kanada so sehr ringt, hebt sich kraß vom aufgedrehten Enthusiasmus ab, mit dem die kalifornische Technokultur rücksichtslos das Unpluggen der letzten territorial gebundenen Wurzeln vorantreibt, um in jede neue Welt, die sich bietet, einzuziehen.

Psychedelica, Underground, Body Culture, Virtual Reality, New Age, Multimedia, elektronische Musik: je künstlicher, desto besser. Stößt

[Zur Agentur Bilwet haben sich 5 niederländische Autoren zwecks Förderung illegaler Wissenschaft durch Bücher (*Medien-Archiv,* 1993), Auftritte, Radioprogramme u. a. zusammengeschlossen.]

man in L.A. oder San Francisco auf eine radikale Zusammenschaltung von Körper und Technik, dann feiert man das dort auch so extrem wie möglich. In der Buchhaltung der Bewußtseinserweiterer kommen keine Verlustposten vor, man macht nur Gewinn. Die Plastik-Gadgets, Pillen, Therapien, Do-it-yourself-Handbücher werden nicht als Spekulationsgeschäfte betrachtet, sondern in die eigene Tradition der Erstlinge gestellt, die alles schon vor Jahrzehnten wußten: Ken Kesey und die Merry Pranksters, die schon 1965 Houseparties veranstalteten, Morton Heiligs *Sensorama* von 1962 als Urmodell der VR, die psychedelischen Pilze, die schon im Neolithikum als bewußtseinserweiterndes Mittel gebraucht wurden. Wenn man geographisch nicht mehr weiter kommt, sollte man sich nicht niederlassen, sondern die mentale Reise jenseits der »inner and outer limits of human experience« in die Gehirne und ihre Ausweitungen verlegen. Wo Planwagen und Auto stecken bleiben, fährt *the mind* einfach weiter. »Are you a transhuman?«

Was anderswo eine spezialisierte Technik ist, in Laboratorien und Testgeländen verschlossen, wird in Kalifornien in eine kulturelle Bewegung eingefügt, in welcher *counterculture,* visionäre Chaostheoretiker, Software-Giganten, Filmindustrielle, *muscle beach boys, dopeheads,* Verschwörungstheoretiker, New Agers, Gentechnologen, Künstler, Neurophysiologen, Quantenmechaniker und Ökoaktivisten auf einer metaphysischen Ebene zusammenkommen. Hier geht es nicht um eine politische Koalition mit einem klaren Gegner. Was diese heterogenen Grenzgänger zusammenbringt, ist das Motto: Hauptsache, es ist abgefahren genug. Die Technokultur hat Werkstattcharakter, indem die verfügbaren Mittel unmittelbar in Betrieb genommen und auf den Markt gebracht werden. Nur die Zukunft ist interessant, Gegenwart und Vergangenheit sind obsolet.

Die »edge of the planet« hat die Erde zum Raumschiff erklärt und die Basis verlassen. Die Westcoast ist keine Region unter anderen. Man macht nicht Teil einer reichschattierten *global culture* aus, man ist sie. Die Ideologie des multikulturellen Zusammenlebens muß nicht verbreitet werden, da man sie selbst verkörpert. Für die Beatgeneration gab es noch fremde Länder, die einen Besuch wert waren. So reiste Burroughs fort in den Süden: Mexiko, Kolumbien, Marokko. Ginsberg saß im buddhistischen Asien und die gewöhnlichen *beats* gingen nach Indien. Wer in Amerika blieb, wie Kerouac, wurde Alkoholiker. Nach den siebziger Jahren verlor die Welt jedoch ihren letzten Rest von Anderssein und man konnte zu Hause bleiben, um alles zu erleben.

McLuhans Behauptung, daß wir von einer schriftbasierten Kultur zu

einem an Bildern orientierten *global village* übergegangen sind, bildet die Grundlage des Optimismus der Technokultur. Im Gegensatz zu Lacan und Chomsky, die das Bewußtsein für sprachlich halten, betrachten die Vordenker der Westcoast den menschlichen Geist als eine Ansammlung interferierender und metamorphosierender Bilder. Die ganze Welt begreift die Bildsprache von Hollywood bis Cyberspace. Psychedeliker verstehen Wörter als Objekte, die von Mündern zu Ohren fliegen, Bilder also (Gottfried Benn wußte das schon 1943: »Endogene Bilder sind die letzte uns gebliebene Erfahrbarkeit des Glücks«). Die treibende Kraft hinter der Computerindustrie ist, die Bilder unter Kontrolle zu bekommen, damit sie in Echtzeit manipuliert, gespeichert und unter der gesamten Menschheit distribuiert werden können.
Es geht dabei nicht nur darum, das Bildangebot stromlinienförmig zu machen. Das Geheimnis der Bilder liegt irgendwo in der Hirnschale gespeichert, und die Maschinen sollen direkten Zugang zu dieser Schatzkammer vermitteln, ohne Umwege gebrauchen zu müssen. Das ultimative Mensch-Maschine-Interface liefert Bilder nicht mehr auf einen Schirm, wir müssen nicht mit unseren Augen schauen und sie interpretieren, um sie begreifen zu können. Das Versprechen ist, daß wirkliche, nicht-symbolische Kommunikation möglich ist, wenn Gehirne direkt aneinander angeschlossen werden. Es geht darum, direkten Einblick in den Bewußtseinsinhalt voneinander zu bekommen.
»Too modern for words«? Diese Zukunftsperspektive bildet kein Hindernis für die Textproduktion. Die Technokultur von morgen existiert par excellence in Büchern, Zeitschriften, Filmen, Musik, Videos, Performances, Spielen und exklusiven Drogen. Sie kann auch ohne Maschinerie erlebt werden. Die Mythen, welche die Technokultur am laufenden Band hervorbringt, sind interessanter als die Hard- und Software, die sie anpreist. Zwar ist eine Rakete auf dem Mond gelandet, aber Space Age hat nie abgehoben. Das Cyberspace-Programm hat alles, damit ihm dasselbe Schicksal widerfährt. »Möglich, aber nicht bezahlbar«, und warum auch? Ist es schlimm, daß wir keine Raumstation auf dem Vulcanus haben? *Star Trek* ist darum nicht weniger beliebt. Und ebenso erfreut man sich an *Mondo 2000, Wired, Research, Boing-Boing,* Gibson, Sterling, Shirley, Rucker, Vinge, Mason, Lilly, Stapledon, Sheldrake, Haraway, Wilson, Laurel oder Kroker. Sie berichten über die unerhörten interaktiven Erfahrungen, die auf uns warten, wenn die technischen und finanziellen Probleme erst einmal überwunden sind.
In Kalifornien weiß man, daß, wenn man diese Technoträume realisieren wollte, alle gesellschaftlichen Anstrengungen auf die Einrichtung

von Cyberspace gerichtet und alle Gelder, die jetzt in die materielle Infrastruktur gesteckt werden, in die Entwicklung des Computernetzes überführt werden müßten. Daher seien die ersten Zeichen des Abbaus des Zivilen, Sozialen und Politischen Hinweise darauf, daß Cyberspace realisiert werde. Diese positive Interpretation der Apokalypse führt zu einer unbekümmerten Fröhlichkeit angesichts der Desintegration der westlichen Zivilisation. Gangs, organisiertes Verbrechen, Hacker, Privatviertel hinter hohen Hecken, Drogengelder, Privatpolizei, Datenpiraten, Waffenbesitz, Sekten, Guerillastreitkräfte, der Zerfall der Innenstädte, Erdbeben, Obdachlose, das Auseinanderfallen der USA, die ungeheure Umweltverschmutzung, die Ohnmacht des Staates, die Rückkehr der Stämme, *meltdowns* und hoher *fallout* sind die Elemente der Gegenwart aus einem aufreibenden Dekor, in dem sich die Technokultur erst richtig entfalten kann. Vor dieser Lust am Untergang wird jetzt schon von den heutigen Bewohnern des Netzes gewarnt: »Focus on the media distracts from the real life problems. The real life circumstances need all the attention we can give them.«(*Wired*)

Eine Weltmacht wie Amerika hat die Möglichkeit und die technischen Mittel, eine eigene Mythologie des 20. Jahrhunderts hervorzubringen (Elvis, JFK, Marilyn Monroe, Bob). Burroughs brach zu Beginn der fünfziger Jahre mit der Annahme der *Lost Generation* der Vorkriegszeit, daß die europäische und amerikanische Kultur zu einer neuen Blüte des Paideuma verbunden werden müsse. Daher die Anziehungskraft von Paris (als Hauptstadt des 19.Jahrhunderts) für Menschen wie Stein, Anderson, Hemingway, Nin und Miller. Wir finden die letzten Reste dieser alten Ursprungsidee in Polanskis *Bitter Moon.* T.S. Eliot ging nach London, Pound nach Venedig, um schließlich in Mussolinis Rapallo hängenzubleiben. Die Modernisten mußten zurück ins Land ihrer Vorväter, um zu entdecken, was der vollbrachte Zug gen Westen für das eigene amerikanische Bewußtsein gebracht hat. Burroughs dagegen schuf als erster eine eigene amerikanische Götterwelt, mit Hilfe von *pulp science fiction:* Nova Police, Außerirdische. »We are here to go« und »Language is a virus from outer space«. Die alteuropäischen, chthonischen Schöpfungsgeschichten wurden so durch neue galaktische Mythen ersetzt. Die Jahre, die Burroughs in London verbrachte, werden durchgängig als verlorene Zeit betrachtet: Er hatte dort nichts mehr zu suchen.

Thomas Pynchon ließ Europa in *Gravity's Rainbow* verdampfen, um den Ursprung des Space Age (der in Nazi-Deutschland lag) per V-2 in die Neue Welt zu schicken, wo die Rakete mit etwa anderthalb Kilometern pro Sekunde auf das Dach eines alten Kinos stürzt und damit einen Punkt hinter das klassische Hollywood-Drama setzt. Jahre später tauchte Pynchon wieder in *Vineland,* Kalifornien auf, wo er die Generation der Sixties mitten ins Fernsehen und in die Computerwelt der achtziger Jahre plazierte. Der Cyberpunk dieser Zeit modernisierte die amerikanische Mythologie, indem er den Raum Raum sein ließ, und den Kosmos in den Computer verpflanzte. Die terrestrische Kultur wurde ein Überbleibsel, aus dem Gestalten im Cyberspace auftauchten. Drachen, Voodoogötter, Ritter, Zwerge, arische Halbgötter, Samurai-Krieger, sumerische Könige mitsamt allen Hollywoodstars und Science-fiction-Helden sind die Bewohner eines imaginären Raumes, der als recyclete Grundstoffe bereits auskristallisierte Masken liefert, von denen die neue Gestalt des Hackers/Cyberpunks in seinem Spiel umgeben ist. Während in den Legenden des Cyberpunks die materielle Welt zusammenbricht, ziehen die immateriellen Kulturgüter ins Netz, aber sie fungieren nicht länger als Archetypen, die den Benutzer-als-Mensch an seinen Ursprung erinnern sollen. Diese immateriellen Inkarnationen, welche man auf dem Softwaremarkt kaufen kann, sind (nach McLuhan) die Klischees, aus denen durch Verdrehung neue Muster konstruiert werden können.

Arthur Kroker, einer der wenigen Kritiker des »will to virtuality«, der selbst den Cyberspace betreten hat, sieht die Wiederbenutzung der alten Bilder als kennzeichnende Eigenschaft der »recombinant culture« am Ende des 20. Jahrhunderts, die nicht imstande ist, etwas Neues hervorzubringen. Die Sehnsucht, den Körper durch ein ahistorisches Konglomerat aus *scanner eyes, nose spasms, floating tongues, cyber ears, techno-gills* und anderen Organen ohne Körper zu ersetzen, betrachtet Kroker als typische Sehnsucht des hysterischen Mannes, der in einem Zustand permanenter Panik von »sex without secretions« träumt. Ihm zufolge ist die Technokultur kein progressives Projekt, sondern ein »recline of Western civilization«, Richtung »retro fascism«, im Sinne von Avital Ronells »return of fascism (we didn't say a return to fascism)«.
Kroker kritisiert Virtual Reality nicht nur wegen ihrer zerstörerischen Wirkung auf die Unterschicht der *non-virtual world,* sondern vor allem wegen ihres Anspruchs, einen neuen imaginären Raum erschlossen zu haben. Den Treck gen Cyberspace als dem neuen Westen betrachtet er als eine zynische Bewegung, mit dem Ziel, der Gewißheit des Todes zu entrinnen. Eines der immer wiederkehrenden Themen in der Cyberpunkliteratur ist die kybernetische Unsterblichkeit. Kroker sucht Methoden, um in der *mediascape,* vor der es kein Entrinnen gibt, ironische

Anwesenheit und kritische Distanz zu kombinieren. »Cruising the electronic frontier at hyperspeed with a copy of Nietzsche's *Will to Power* in your virtual hands.« Die einzige Weise, der Verführung der totalen Bildmachung zu widerstehen, ist, immer wieder das Erbe der Gutenberg-Galaxis zu Rate zu ziehen. Die Digitalisierung unseres Erlebens stammt aus einer Geringschätzung des Körpers und könnte auf eine Extermination der Erde und ihrer Bewohner hinauslaufen. Genau die Tatsache, daß Selbstdenken in Worten und nicht in Bildern geschieht, gibt Kroker zufolge Einblick in das, was die Medien mit uns vorhaben.
Der Metaphysiker der Technokultur und Heidegger-Schüler Michael Heim respektiert zwar diese Kritik, aber er faßt sie als ein Problem auf, das durch pragmatische Eingriffe behoben werden kann. Die positive Einstellung der Westcoast arbeitet zumindest daran, anders als negative Denker wie Baudrillard, Virilio und Kroker. Heim: »It's true that we may leave a part of the population behind, as we move into cyberspace. The crises are there, at the same time they are magnified. But what we can do, is to energize our society towards the technology. I don't think there is any way in which we can say, let's take our dollars back and invest it in the society, and hope we don't have to involve any further technology.« Es stehen keine gesellschaftlichen Kräfte hinter der Entwicklung der VR, keine Biopolitik, keine Macht, kein Komplott, weder des Militärs noch der Industrie. Die Technokultur ist unser Schicksal, dem wir nicht zu entgehen versuchen, sondern das wir zusammen zu füllen suchen sollten. Die Freiheit, welche die technischen Apparate bieten, ist die, daß man zu ihren Möglichkeiten Ja sagen kann. Heim: »We have to go towards something we love, Augustine would say, be driven from the heart of our civilisation. We have to be aware of the need to expand the base of technology, to bring the technological human being alive, everywhere, as much as possible, so that we become selfconsciously technical, technological beings and don't leave people behind. So that we don't fall back in nationalisms and ethnic groups. We need to realize our technological destiny.«

Mondo 2000 und *Wired* sind die Zeitschriften der Technokultur der Westküste, die sich am deutlichsten auf dem Markt profilieren. *Mondo 2000* ist nur an den kulturellen Implikationen der neuen Medien interessiert, und nicht an den Apparaten selbst. Im magischen Jahr 1989 verband es den Hype um Virtual Reality mit seinem eigenen Hacker-Hintergrund voller Psychedelica, UFOs, *conspiracy,* Rock, *post-industrial,* Cyberpunk und Underground. Man widmet viele Seiten extremen Theoretikern wie Kathy Acker, Brenda Laurel (von »Computers as Theatre«),

Der »User's Guide to the New Edge« von *Mondo 2000*

Avital (»It's for you«) Ronell, dem Techno-Foucault der Ostküste Manuel DeLanda, Allucquere, Rosanna Stone (»I think transsexuals invented VR«), *vieux combatants* wie Barlow, Burroughs und Leary, *founding fathers* wie Myron Krueger und Ted Nelson und musikalischen Helden wie The Residents, Brian Eno, David Byrne, Psychic TV und Iggy Pop. *Mondo 2000* ist kein Lifestyleblatt wie *The Face, Actuel* oder *Max,* mit Clubadressen, Modefragen und Galerien. Es wird kaum etwas erklärt, und man tritt mitten zwischen die Ideen, den Jargon, die Musik und den 2D-Glanz von Bildern aus dem Cyberspace, als ob man sie schon seit Jahren kenne. *Mondo* schreibt einem nicht vor, wie man denken soll und bietet Anfängern und irrenden Seelen keine helfende Hand. Es geht von zwei kalifornischen Stilregeln aus: »(a) There is a Better Way, and (b) I Can Do It Myself.« (Rudy Rucker)

Die Experimente mit Konzepten und Maschinen werden nie in den Kontext zurückgestellt, aus dem sie aufgetaucht sind, sondern auf der atopischen, hyperrealen Ebene miteinander gekreuzt, auf der die Newedge-Technokultur sich verortet. Nichts deutet darauf hin, daß das Blatt aus Kalifornien kommt. Während die Ostküste ins Selbstbild der Skyline von Manhattan verstrickt ist, existiert an der Westküste keine urbane Landschaft, die als Identitätsdekor fungiert. Falls sich *Mondo 2000* überhaupt irgendwo lokalisiert, dann in der Zukunft. Europa existiert ganz einfach nicht. Alles, was davon übriggeblieben ist, sind Nietzsche und ein paar französische Denker. Auch Japan als Technoparadies ist kein exotischer Ort, sondern der Lieferant der Gadgets. Während man in Europa stolz ist auf die Kosmopolis, in der man verwurzelt ist, führt *Mondo* die Deterritorialisierung konsequent durch, auch wenn man dem Blatt ansieht, daß es nur von der Westküste kommen kann. Diese Herkunft wird weder angegeben noch verleugnet und ebensowenig mit globalen Ersatzstücken kompensiert. *Mondo 2000* betrachtet sich selbst als Teil des *Great Work,* in dem mit Mensch-Maschine-Interfaces mit dem alten politischen Stil der Machtausübung abgerechnet wird. Dieser Prozeß ist so umfassend, daß das Ganze noch nicht zu überschauen ist. Es sind jedoch schon sonderbare Elemente erkennbar.

Das Monatsblatt *Wired* vertritt die liberale, Corporate-Fraktion, die sich in der Gegenwart verortet, und nur daran interessiert ist, was die Apparate alles können. »Reality Check: You've heard the hype. We asked the Experts. Here's the real Timetable.« *Wired* ist mit dem exponentiellen Wachstum des Netzes und dem Boom des Multimedia-Business groß geworden. Als Computerblatt bietet *Wired* keine Besprechungen der neuesten Hard- und Software, sondern beleuchtet die Interessen hinter der Computerindustrie. Die Technokultur, die es skizziert, besteht aus Jargon Watch, der Gadget-Rubrik »Fetish«, Bürgerrechten im Cyberspace, Netsurf, wo es um auffällige Stellen im Internet geht, und dem Kampf der Titanen zwischen Microsoft, Nintendo, Sega, IBM, Apple, AT&T und MCI. Es geht *Wired* nicht um die digitalen Implikationen des Digital Age und ebensowenig um die bewußtseinserweiternden Potentiale. Sollte es sie geben, kommen sie schon von selbst. Der Unterschied zwischen *Mondo 2000* und *Wired* geht zurück auf die Debatte von 1989/90 über die Frage, was Cyberspace ist: ein Traum, der durch Science-fiction und Computerkultur gespeist wird, oder das existierende Telefonnetz plus Computer, in denen man schon verkehren kann. Obwohl nun klar wird, daß Virtual Reality noch lange in einem experimentellen Stadium verharren wird, ist das für *Mondo 2000* kein Hindernis dafür, weiterzuphantasieren. Für *Wired* ist es der Grund, kaum Interesse für VR zu zeigen: man macht nur Ausflüge in Spielhallen und Freizeitparks wie Luxor Las Vegas, wo man die Apparatur bestaunen kann.

»Why Wired? Because in the age of information overload the ultimate luxury is meaning and context.« Wired schickt regelmäßig Cyberpunkschriftsteller an einen Ort, um sie wieder einmal in Kontakt mit der aktuellen Wirklichkeit zu bringen: William Gibson in Singapur, Bruce Sterling in Moskau und Neal Stephenson in Shenzhen. Die Schriftsteller berichten über die Probleme, die die verschiedenen Gegenden mit der Einführung der neuen Medien haben. Um die Zielsetzung »Get Wired!« zu erreichen, muß das Blatt Cyberspace reterritorialisieren. Die lokalen Bedingungen und *market opportunities* sind der Schlüssel zum mondialen Anschluß ans Netz. Daher rät Wired der *digital generation*, welche Konferenzen sie besuchen, bei welchen Firmen sie sich bewerben soll, woher man die Info im Netz bekommt, was »wired« und was »tired« ist. Was die journalistische Arbeitsweise des Periodikums interessant hält, ist die zugrundeliegende Sicherheit, daß alle existierenden Medien schließlich auf einem digitalen Standard konvergieren werden. Es erweckt bei den Modernisierungsgewinnern den Optimismus, daß es im digitalen Goldrausch noch enorme Gewinne zu machen gibt. Das

Blatt berichtet über Technokultur, will diese jedoch nicht selbst verkörpern, was *Mondo 2000* wiederum wohl tut. Das letztliche Ziel von *Wired* ist die Weltherrschaft mittels des Netzes. *The Great Work* der Mondoids wurde von Wiredos »re-invented«, als Eroberung des Weltmarkts.

So wie die neuere Traumfabrik Hollywoods von europäischen Filmfans als Bedrohung unserer eigenen Filmzivilisation bekämpft wird, während die Studiofilme aus der Zeit vor 1955 als Höhepunkte des Mediums bewundert werden, droht nun die explosiv wachsende Computerkultur als eine Ansammlung debil machender Kinderspielchen und Pseudokommunikation im Netz abgelehnt zu werden, auf die wir in zwanzig Jahren als auf Silicon Valleys Blütezeit nostalgisch zurückschauen können. Der Spaß am Remote-Empfang der Westcoast in Europa ist jedoch, daß man in Kalifornien ohne jede Hemmung die heutigen technischen Entwicklungen unmittelbar durchdenkt und dann ernst nimmt. Sie interessiert sich für die Möglichkeit, in jeder neuen Entdeckung die ganze Welt einer Metamorphose zu unterziehen. Es herrscht ein Glaube an die Machbarkeit der neuen Welt, und es wird sich schon zeigen, wo das Schiff landet. Zweifel an der Wichtigkeit ihrer kuriosen Entdeckungen und Trends kommen ihnen nicht. Die Kraft des Westcoast-Mythos ist, daß man sich an der Front der westlichen Zivilisation befindet und der Rest der Welt schon hinterherziehen wird. Dort passiert es, anderswo ist man noch damit beschäftigt, die Überbleibsel der Nachgeschichte aufzuräumen. Weil die Westcoast eine solche Mischung aus heterogenen Elementen ist, kann man herausholen, was einem gefällt, und sich sowohl kaputtlachen über ihren Retro-Faschismus als auch sich maßlos über ihren unerhörten Optimismus aufregen. Dieser Beitrag zur Weltkultur wird vom Rest der Menschheit mit Interesse verfolgt und zwischen Tausende anderer Programme, die auf Erden laufen, eingefügt.

Auffahrten auf die Datenautobahn

Nam June Paik :"Bill Clinton

1974 Media Planning for the Postindustrial Society

In 1974 I proposed the "Electronic Super Highway" to the Rockefeller Foundation and made 12000 $. The idea was published in German (3000 copies) in 1976. Maybe Bill Clinton read it in the Oxford Library. He used exactly the same terminology.

Conclusion:
The Depression of the 30's was fought back by bold public works and capital expenditures such as the TVA (Tennessee Valley Authority), the WPA (Works Progress Administration), and highway building. Especially massive interstate highways have become the backbone of economic growth for the last 40 years. New economic dislocations caused by the double shocks of energy and ecology and the historical necessity for the transition into postindustrial society require equally radical remedies. This social investment must also be economically viable. These remedies should modernize the economical infrastructure, make the economy internationally more competitive and contribute to the longlasting postindustrial prosperity.
The building of new ELECTRONIC SUPER HIGHWAYS will be an even bigger enterprise. Suppose we connect New York and Los Angeles with multilayer of broadband communication networks, such as domestic satellites, wave guides, bunches of co-axial cables, and later, the fibre-optics laser beam. The expenses would be as high as moon landing, but the ripple effect 'harvest' of byproducts would be more numerous. Long distance telephone will become practically free. Multi-point color TV conference calls with sophisticated input-output units will become economically feasible. While not energy consuming in maintenance, (except for the initial copper), it will cut down air travel and snarling airport-downtown limousine service forever. Efficient communication reduces social waste and malfunction in every corner, resulting in exponential savings in energy and ecology. They will cease to be just an Ersatz (a substitute) or lubricant but will become the springboard of unexpected new human activities. One hundred years ago Thoreau wondered: 'Even if the telephone company succeeded in connecting people in Maine with people in Tennessee, what would they have to say to each other?' The rest is history.

Published in German in 1976 in the catalogue 'Nam June Paik. Werke 1946–1976. Musik-Fluxus-Video', ed. by Wulf Herzogenrath, Kölnischer Kunstverein, Cologne 1976, p. 165–166.

stole my idea"

1993 Electronic Super Highway "Venice → Ulan Bator"

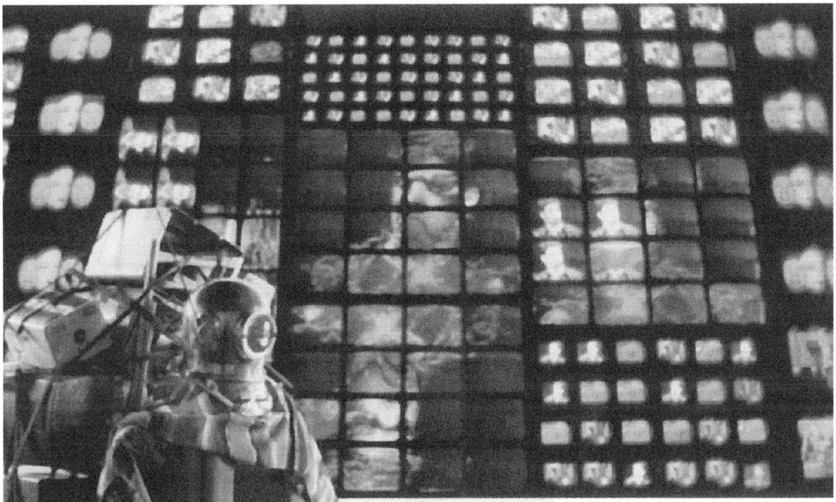

"Information as Art, Art as Information", 1993
Chase Bank Manhattan
Photo: Blair Thurman

"Rehabilitation of Genghis Khan: 'Nomad' Work in Progress", 1993
Photo: Chris Gomien (courtesy of Carl Solway Gallery, Cincinnati)

APRIL 12, 1993 $2.95
TIME
The Vancouver Summit
Coming Soon to Your TV Screen
The Info Highway
Bringing a revolution in entertainment, news and communication
FIRM
CNN WASHINGTON

Auffahrten auf die Datenautobahn

von Stefan Bollmann

»Verpassen Sie nicht den Anschluß an den Communication Highway«, rät ein Werbeblatt für einen Multimedia-Kongreß, wie es Geschäftsführern etwa von Unternehmen der Verlagsbranche seit geraumer Zeit beinahe wöchentlich auf den Schreibtisch flattert. Der gute Rat, der dort in einer Werbesprache versprochen wird, die weniger an interaktives Marketing der Zukunft und mehr an die gute alte Parolenzeit der Sechziger erinnert, ist zumeist teuer: 2495,– DM betrug die Teilnahmegebühr der besagten zweitägigen »praxisnahen Konferenz«, auf deren Programm zwar viel über »Advertising«, »Electronic Newspaper«, »Home Shopping« und »Interactive Entertainment« stand, nichts aber über »Elektronisches Publizieren« und »Online-Dienste«. Das Insider-Wissen, das auf solchen Konferenzen einer Zielgruppe angeboten wird, die laut Einladung »Strategen und Entscheidern« zuzurechnen ist, entspricht dabei kaum mehr als einem Appetithappen – sicher aber taugt es nicht als Grundlage unternehmerischer Strategien und Entscheidungen. Überhaupt scheint der gesamte Konferenzzirkus, der sich neuerdings um das Thema »Datenautobahn« dreht, der Abfederung einer großen Verunsicherung zu dienen. Daß es nun ernst wird mit der Informationsgesellschaft, hatten (zu) viele dann doch nicht glauben wollen, und auch diejenigen, die sich an die Spitze des gesellschaftlichen Umbauprozesses gestellt haben, sind zumindest an einem Punkt über das Rätselraten noch nicht hinausgelangt; die besagte Kongreßbroschüre spricht diesen Punkt an – allerdings wieder nur in einer Beschwörungsformel: »Mit der Datenautobahn zum Endverbraucher«. Die Benutzer bleiben die große Unbekannte in den Prognosen und Trendmeldungen zum multimedialen Ausbau der Risikogesellschaft. Eine aktuelle Studie über Multimedia formuliert es so: »Das Rätselraten darüber, was diese ominösen Wesen an Hörprogrammen, Fernsehsparten, interaktiven Spielen, anregenden Lernangeboten u. a. m. haben möchten und wieviel sie dafür bereit wären, auszugeben, grenzt gelegentlich an das Entziffern von Orakelsprüchen.«[1]

Dabei liegen erste Prognosen, was die Endverbraucher für die neuen Informations- und Kommunikationstechniken auszugeben bereit und in der Lage wären, natürlich vor, und alle Berechnungen kommen zu

dem Schluß, daß sich diese Techniken zu einem erheblichen Teil, mindestens aber zu 50 Prozent durch Werbung werden finanzieren müssen.[2] Andererseits ist die Zahl der Internet-Anschlüsse in rapidem Wachstum begriffen, was zu signalisieren scheint, daß genügend Menschen bereit sind, ihre Informations- und Kommunikationsgewohnheiten umzustellen. Was aber hier gleichsam wildwüchsig, mit Neugier und großer Entdeckerfreude geschieht, soll fortan in wirtschaftlich lukrative Bahnen gelenkt werden – und genau darauf zielt mehr und mehr die Rede von der Datenautobahn ab, der sicherlich ominösesten Wortneuschöpfung im Bereich der aktuellen Medienentwicklung, die zu einer Art Leitmetapher geworden ist, mit einem großen Resonanzraum aber ebenso großer Unschärfe.
Mit »Datenautobahn« wird zumeist die amerikanische Wendung vom »Information Highway«, »Communication Highway« oder schlichter der »Infobahn« übersetzt, wobei letztere von dem in den USA weitverbreiteten Mythos der deutschen Autobahnen herzurühren scheint, welche im strikt tempolimitierten Amerika für grenzenlose Geschwindigkeit stehen. Von den europäischen Kritikern der Datenautobahnvisionen nur selten mitreflektiert wird aber der amerikanische Hintergrund dieser Rede, die dortzulande, und auch ihre amerikanischen Kritiker geben das zu, eine große Idee meint – die Proklamierung einer »National Information Infrastructure« (NII), welche ihrerseits auf eine historische Kontinuität verweist: die visionären Ideen der siebziger und achtziger Jahre über »Teledemocracy«. Eine aktuelle Studie des Büros für Technikfolgen-Abschätzung über »Multimedia-Anwendungen im öffentlichen Bereich« kommt zu folgender Einschätzung:
»Clinton und Gore ist es mit ihrer plakativen Vision eines Amerika, das die 'Informationsrevolution' erfolgreich meistert, neue wirtschaftliche Kraft gewinnt, seinen globalen Einfluß stärkt sowie gleichzeitig Ungleichheiten und Ungerechtigkeiten im Lande selbst mittels neuer Technologien kompensiert, gelungen, wirtschaftliches Kalkül mit gesellschaftspolitischen und sozialen Utopien zu verbinden und die – auch geistigen – Bedürfnisse relevanter Bevölkerungsgruppen anzusprechen. Dabei konnten sie in mehrfacher Hinsicht an bereits Vorhandenes anknüpfen, so daß sich Visionen mit praktischer Politik verbinden. Es sind vor allem drei Aspekte, in denen sich die NII-Initiative von vergleichbaren deutschen und europäischen Konzepten unterscheidet:
1. Die NII ist inhaltlich umfassender als die deutschen und europäischen Vorstellungen;
2. sie steht in einer historischen Kontinuität und kann an Vorhandenes anknüpfen;

3. der Politikstil ist offener und integrativer.

Bei der NII geht es nicht nur um die Gewährleistung einer technisch kompatiblen Infrastruktur und um die Förderung wirtschaftlicher Interessen, sondern auch um die Definition der sozialen Anforderungen an die zukünftigen Medien sowie ihre Regulierung. Ein wesentlicher Unterschied zu Konzepten hierzulande besteht in der starken Anwendungsorientierung mit der Förderung solcher Projekte, die im öffentlichen Interesse liegen, einschließlich der Herstellung und Unterstützung lokaler Kommunikations- und Informationsinfrastrukturen (Civic bzw. Community Networking). Denn während kommerzielle Anwendungen wie 'video on demand' keiner besonderen Förderung bedürfen, sind Anstoßfinanzierungen und ideelle Unterstützung in den Bereichen Gesundheit, Bildung und Bürgerinformation dringend erforderlich.

Vizepräsident Gore nannte als ehrgeiziges Ziel die Vernetzung aller Hospitäler, Schulen und Bibliotheken bis zum Jahr 2000, wie er in einer Rede vor Industriemanagern am 11.1.1994 ausführte.«[3]

Doch nimmt auch in Amerika die Zahl der Kritiker dieser »Vision« zu, mit der sich das informationstechnologisch führende Land noch einmal seiner unbegrenzten Möglichkeiten vergewissern will. Auf den Punkt gebracht, lautet die Kritik: Der Information Superhighway ist ein Mythos – sowohl in jener menschen- und bürgerfreundlichen Version, wie sie Al Gore verkündet, als auch in jener der unbegrenzten technologischen und kommunikativen Möglichkeiten, wie ihn seine Verfechter aus der Wirtschaft propagieren. In beiden Versionen wird die Infobahn unwirklich bleiben – ein nebulöses Gespinst aus Mutmaßungen und Wunschvorstellungen. Denn erstens habe Gore nie einen Zweifel daran gelassen, daß der private Sektor für die Entwicklung der Informations-Infrastruktur aufkommen soll; es sei aber evident, daß für diesen öffentliche Belange wie ein universeller Zugang zu den Datenautobahnen keine große Priorität haben. Gores Rhetorik zum Trotz scheine es klar, daß die Clinton-Administration nicht in der Lage sei, das öffentliche Interesse vor dem Appetit des Big Business auf neue Märkte in Schutz zu nehmen. Nicht auf den propagierten Information Superhighway laufe die gegenwärtige Entwicklung hinaus, sondern auf einen »one way 'entertainment highway'«. Dieser führe geradewegs aus Hollywood hinaus und sei mit einem schmalspurigen Rückkanal versehen, welcher gerade noch dazu tauge, zwischen 500 Kanälen zu wählen oder 5000 Produkte zu kaufen, Meinungen zur Lieblingsserie zu übermitteln und vor allem die Rechnung zu bezahlen. Höchstens seien ein Besteuerungssystem oder andere Anreize zu erwarten, die dazu verhelfen würden, in der Bandbreite des privaten Sektors eine Nische für den öffentlichen Gebrauch zu reservieren.[4]

Ähnliches wäre auch über die europäische und speziell die deutsche Situation zu sagen. Der Terminus »Datenautobahn« signalisiert in erster Linie neue Märkte, und erst über deren Einflußnahme einen Strukturwandel von Gesellschaft und deren Öffentlichkeit. Die ultima ratio soll darin bestehen, die »Schaffung der Informationsgesellschaft in Europa dem Privatsektor und den Marktkräften« zu überlassen, wie eine Europäische Kommission unter Vorsitz von Martin Bangemann in ihrem vielbeachteten Bericht »Europa und die globale Informationsgesellschaft« formuliert hat (hier abgedruckt S. 263ff.) Ob aber die empfohlenen Maßnahmen des beigefügten Anwendungskatalogs wie die Schaffung eines modernen transeuropäischen Netzes, das Hochschulen und Forschungszentren in ganz Europa verbindet und Zugang zu deren Bibliotheken bietet, oder die Errichtung eines europaweiten »Netzes von Netzen« für die direkte Kommunikation zwischen niedergelassenen Ärzten, Krankenhäusern und sozialen Einrichtungen ohne öffentliche Subventionen verwirklicht werden – mit der wolkig anmutenden Begründung, es werde hinreichend Vertrauen geschaffen, um genügend private Investoren anzuziehen – mag man bezweifeln.

Andere amerikanische Kritiker halten jedoch bereits die Rede von der digitalen, interaktiven, 500 Kanäle umfassenden Multi-mega-media-Zukunft für puren »hype«. »The Infobahn is a big, fat joke«, läßt sich Mark Stahlman, Präsident von New Media Associates, New York in *Wired* vernehmen: »Es wird keine 500-Kanäle-Zukunft geben. Es wird keine 3 Trillionen US-Dollar umsetzende neue Branche geben. Keinen virtuellen Sex und keine Infobahn. Nichts davon – jedenfalls nicht in der Weise, wie es die Schlagzeilen verkünden.« Stahlmans Begründung ist so schlicht wie schlagend: Die angestrebte Konvergenz zwischen Kabel und Telecom wird nicht funktionieren, da sich das Wählnetz des Telefons von dem Breitband- und Broadcast-Charakter des Kabelfernsehens grundsätzlich unterscheidet: Diese beiden Systeme wenden sich ihrer Entstehung nach an zwei völlig unterschiedliche Benutzergruppen und werden dies auch in Zukunft tun. Es wird keine Konvergenz geben, weil weder die unternehmerische noch die technologische Basis dafür existiert. Was es jedoch bereits gibt und was auch in Zukunft das große Geschäft darstellt, ist die interne und externe Unternehmenskommunikation, sprich: Computernetzwerke. »Hochgeschwindigkeitsverbindungen auf der Basis von Glasfaser, um LANs miteinander zu vernetzen, Videokonferenzen zu ermöglichen und Voice mail einzurichten, ist das wirkliche Geschäft heutzutage.«[5]

Stahlmans Prognosen korrespondieren mit Beobachtungen auf dem neuen wie dem alten Kontinent, und zwar nicht nur was die Durchführbarkeit, sondern auch was die Akzeptanz interaktiven Fernsehens mit abrufbaren Filmen und Tele-Shopping wie auch Tele-Lernen betrifft. Zwar konnte man sich in Europa auf einen Übertragungsstandard für das digitale Fernsehen per Kabel und Satellit einigen, doch der Versuch, auch die Verschlüsselung und die Einstiegsfenster in die einzelnen Programmangebote zu standardisieren, schlug vorerst fehl. Die sechs Pilotprojekte beispielsweise, in denen die Deutsche Telekom gemeinsam mit regionalen Partnern die televisionäre Zukunft testen will, befinden sich finanziell und technologisch in einer Dauerkrise. Der Zwischenbericht eines Hamburger Partners kommt zu dem Schluß, daß der flächendeckende Aufbau eines Netzes für interaktives Fernsehen »viele Milliarden DM kosten und sicher mindestens zehn Jahre dauern würde; bezahlbare Alternativen sind bisher technisch nicht abgesichert«.[6] Bei Versuchen in den Vereinigten Staaten hat sich »video on demand« als Flop erwiesen, und Fernsehfilme, die dem Zuschauer die Möglichkeit geben, per Fernbedienung zwischen verschiedenen Möglichkeit des Handlungsverlaufs zu wählen, kamen schon gar nicht an. Fürs erste scheint zu gelten, daß der Fernsehkonsument ein solcher bleiben möchte, wobei ihn die technische Unzulänglichkeit der getesteten Systeme sicherlich nicht gerade auf den Geschmack bringt. Zunehmend verlagern deshalb die Unternehmen, die bislang in Pilotprojekte des interaktiven Fernsehens investiert hatten, ihre Aktivitäten auf die Anwendung von Multimedia im Betrieb. »Von Videokonferenzen über Schulungsprogramme bis hin zur Telearbeit daheim am Bildschirm sollen die neuen Möglichkeiten getestet werden. Dieser Markt entwickle sich schneller als der für die Konsumenten, erläutert IBM-Experte Michael Salmony. Die erforderlichen Netze ließen sich leichter aufbauen, die Akzeptanz sei größer als bei den Privathaushalten, und zudem eigne sich der Personalcomputer besser zum Endgerät als der Fernseher.«[7] Zu dieser Tendenz gehört auch, daß der Burda Verlag gemeinsam mit neun europäischen Partnern noch 1995 einen öffentlichen europäischen Online-Dienst mit dem Namen »Europe Online« starten will, der laut Selbstdarstellung seinen Nutzern Kommunikation, News und Infos, Entertainment, Bildung und Ausbildung, Services im Bereich Wirtschaft und Finanzen, Reise-Informationen, Electronic Shopping und den mittlerweile schon obligatorisch gewordenen Zugriff auf das Internet bieten wird. Auch in der Ankündigung dieses kommerziell ausgerichteten Daten- und Multimediadienstes, der vom Hause Burda als Nachfolger des eingestellten Wirtschaftsmagazins

FORBES gedacht ist und zu dessen Chefredakteur der Trendberater Michael-A. Konitzer gekürt wurde, darf natürlich die Vokabel von der Datenautobahn, hier zur »Euro-Infobahn« mutiert, nicht fehlen. Von den politischen und visionären Implikationen, die der Begriff in Amerika trotz aller berechtigten Entmythisierung noch hat, ist hier rein gar nichts mehr zu spüren. Dies wäre auch nicht zu bedauern, sollte es dem Mythos vom Information Superhighway beschieden sein, eine vergleichbare Rolle zu spielen wie der Mythos vom »Rückkanal« in der deutschen Kabelfernsehdebatte der siebziger Jahre. Damals »wurde als wichtigstes Argument für eine solche Verkabelung ins Feld geführt, daß sie einen Rückkanal und damit eine Demokratisierung der Massenkommunikation erlaube. Tatsächlich hat es einen Rückkanal nie gegeben, auch im Ausland nicht; seine Propagierung diente nur dazu, Kritiker der Verkabelungspläne zu beschwichtigen und die Möglichkeit für eine Kommerzialisierung des Rundfunksystems zu eröffnen.«[8]

Sollte der Mythos von der demokratischen Infobahn wirklich nur dazu dienen, die Akzeptanz zur Einführung eines (undemokratischen) Einbahnstraßen-Mediums zu erschleichen, das von Teleshopping und alten Hollywood-Streifen geprägt wird – dann ist es um dessen Entpolitisierung, wie gesagt, nicht schade. Der Umstand jedoch, daß Unternehmen zunehmend neben oder sogar statt der Erweiterung des Fernsehens auf Informations- und Kommunikationsdienste setzen, läßt die Vermutung zu, daß es sich doch anders verhält und daß man die Vision einer neuen und anderen Infrastruktur, wie sie eher *hinter* als in dem Begriff von der Infobahn spürbar wird, besser nicht zur ausschließlich wirtschaftlichen Angelegenheit erklären sollte. So hätte gerade die Europäische Union auf ihrem steinigen Weg zur Einigung Europas Visionen nötig, die über die Revision der Namensgebung bei der einheitlichen Währung hinausgehen. Die Proklamierung einer europäischen Informations- und Kommunikations-Infrastruktur böte die Möglichkeit zu einer solchen Vision, deren ungenutztes Vorübergehen die Zweifel an der Zukunftstauglichkeit des Modells Europa nähren wird.

Daß eine kritische Öffentlichkeit auf europäischer Ebene nicht besteht, ist so etwas wie eine Binsenweisheit, die von jenen gerne ins Feld geführt wird, die eine Rückbesinnung auf nationale Identitäten fordern. Es besteht zudem Anlaß zu der Vermutung, daß ein europäischer Kommunikationsraum nicht durch das Aufgebot subventionierter Kultur geschaffen wird – und schon gar nicht durch einen binationalen Kulturkanal. Die europäische Television ist kein Ersatz für eine europäische Vision. Deshalb scheint der Gedanke naheliegend, die Bürger der zukünftigen Vereinigten Staaten von Europa umfassend – und das meint heute möglichst multimedial – nach dem Vorbild von Internet und World Wide Web zu vernetzen. Die Vision einer europäischen »Datenautobahn« als einer Art Route Européenne Virtuelle könnte darin bestehen, eine europäische Öffentlichkeit als eine virtuelle Kommunikationsgemeinschaft entstehen zu lassen, jedenfalls die technischen Voraussetzungen dafür zu schaffen, daß sich auf diesem Weg ein europäischer Kommunikationraum ohne Zentrum und Hierarchien ausbildet. Mit dem Ausbau von Euro-ISDN als Daten-Pipeline ist die technische Realisierung eines solchen Projekts in greifbare Nähe gerückt; die Finanzierung einer solche Initiative ließe sich aber schwerlich allein als Aufgabe des Privatsektors definieren. Die ersten Schaltstellen des Euronets müßten bestehende Kultur- und Wissenschafts-Institutionen der verschiedenen nationalen Öffentlichkeiten sein, die ihre Dienste anbieten und Diskussionsforen im Netz einrichten. Die schriftliche Kommunikation, wie sie im Netz vorherrscht, begünstigt die Mehr- und Vielsprachigkeit, die sicherlich ein wesentliches Hindernis auf dem Weg zu einer europäischen Öffentlichkeit darstellt. Wörterbücher, Übersetzungshilfen und -routinen könnten Bestandteil der im Netz angebotenen Dienste werden, so daß jeder in seiner eigenen Sprache kommunizieren könnte und sich trotzdem Verständigung herstellen würde.

Anmerkungen

1 Riehm, U./Wingert B.: Multimedia. Mythen, Chancen und Herausforderungen, Mannheim: Bollmann 1995, S. VI.

2 Vgl. z. B. Schub von Bossiazky, G./Pradel, M. u.a.: Absehbare Entwicklungen in der Kommunikationswirtschaft. Ein Szenario, in: Kommunikationsperspektiven (Schriftenreihe der Fachhochschule Düsseldorf 10), Düsseldorf 1995, S. 12ff.

3 Kubicek, H./Schmid, U./Tisborn, U./Wagner, H.: Multimedia-Anwendungen im öffentlichen Bereich. Gutachten im Auftrag des TAB, Bremen 1995.

4 Brandt, D.: The »Information Superhighway« and its Discontents, Artikel aus der Datenbank NameBase News Line, Nr. 7, 1994, die von der Nonprofit-Organisation Public Information Research, San Antonio, betrieben wird.

5 Stahlman, M.: Backlash: The Infobahn is a Big, Fat Joke, in: Wired 3/1994, S. 73

6 zit. nach Heuer, U. J.: Rückzug aus der Zukunft, Die Zeit, Nr. 28, 7. Juli 1995, S. 29.

7 zit. nach Heuser, a.a.O.

8 Kleinsteuber, H.J.: Der Mythos vom Rückkanal. Technische Phantasien und politische Funktionalisierungen in der Kabelfernsehdebatte der 70er Jahre, in: medium, Ausgabe 4/94, S. 59–62 (Teil 1) und medium, Ausgabe 1/95, S. 18–25 (Teil 2); Zitat aus Teil 2, S. 18.

Die 'Bausteine' der Datenautobahnen

von Gerhard Schub von Bossiazky

Durch die fortschreitende Beschleunigung der technologischen Evolution werden der Telekommunikation inzwischen Möglichkeiten eröffnet, die noch vor wenigen Jahren undenkbar waren. Im folgenden werden sowohl wichtige kommunikationstechnologische als auch informationstechnologische Entwicklungen, ihre Funktionsweise, derzeitige Anwendung und künftige Evolution beschrieben.

Drei Probleme sind es jedoch, die ein solcher technologischer Überblick mit sich bringt:

— Das Problem der technologischen Inflation: Die Fülle der für die Telekommunikation relevanten technologischen Entwicklungen macht es unmöglich, auch nur annähernd alle beobachtbaren Tendenzen darzustellen. So lassen sich im Rahmen dieser Ausarbeitung lediglich wichtige Kerngebiete betrachten und innerhalb dieser Gebiete auch nur grundlegende Voraussagen treffen.

— Das Problem der technologischen Interdependenzen: Zwischen den aufgeführten technologischen Entwicklungen bestehen starke Interdependenzen. So ist es oftmals nicht möglich, eine Entwicklung klar von einer weiteren zu trennen, da beide in einer gegenseitigen Abhängigkeit voneinander stehen. Ein Beispiel hierfür ist die Verflechtung zwischen Übertragungswegen, Übertragungsverfahren und Endgeräten innerhalb eines Kommunikationsnetzes.[1]

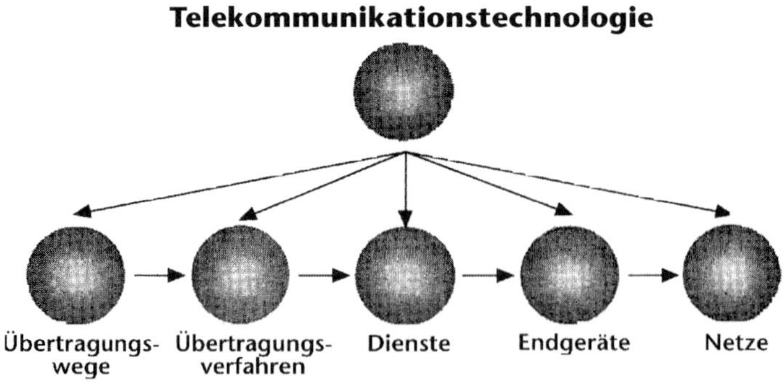

Telekommunikationstechnologische Bestandteile als Richtschnur für die Gliederung

[Der Autor ist Professor für Kommunikation und Marketing an der Fachhochschule Düsseldorf.]

Leistungsfähigere Übertragungswege

Wichtige Grundlage einer effizienten Telekommunikationsinfrastruktur sind die Übertragungswege. Als Übertragungswege bezeichnet man die Verbindungen zwischen den verschiedenen Knoten eines Kommunikationsnetzes. Übertragungswege können sowohl in Form von Kabel- als auch von drahtlosen Verbindungen aufreten.[2]

Glasfaserkabel

Zur Zeit bilden vor allem Glasfaser- und Kupferleitungen als Kabelverbindungen sowie terrestrischer Mobilfunk und Satelliten als drahtlose Übertragungswege das Rückgrat der Telekommunikationsinfrastruktur. An dieser Konstellation wird sich auch in Zukunft nichts ändern. Lediglich die Anteile der einzelnen Übertragungswege an den weltweiten Telekommunikationsnetzen werden sich verschieben. So kann davon ausgegangen werden, daß die Glasfaser zum Übertragungsmedium der Zukunft wird und das Kupferkabel langfristig ganz verdrängen wird.
Diese Entwicklung wird durch die folgenden Tatsachen gestützt:

- Zunächst einmal sind **Glasfaserkabel** erheblich leistungsfähiger als Kupferkabel. Während Kupferleitungen Informationen in Form von elektrischen Signalen übertragen, wird in Glasfaserkabeln Laserlicht transportiert. So ist die maximal erreichbare Übertragungskapazität einer Glasfaser theoretisch nur durch die Frequenz des durchfließenden Lichtes begrenzt. Doch die Entwicklung schreitet mit riesigen Schritten voran. In der Glasfasertechnologie verdoppeln sich die Übertragungskapazitäten jedes Jahr.[3] So ist es erst kürzlich gelungen, Übertragungsraten von bis zu zehn Gigabit pro Sekunde zu realisieren. Dadurch ist es möglich, 122880 Telefongespräche, 4096 Bild-Fernsprech-Verbindungen, 256 Fernsehprogramme oder aber eine beliebige Mischung von allen jeweils gleichzeitig über eine einzige Faser zu leiten.[4] Welche überwältigenden Möglichkeiten in dieser neuen Technologie stecken, wird aber erst deutlich, wenn man sich vor Augen führt, daß ein Glasfaserkabel nicht nur aus einer, sondern aus bis zu 40 Glasfasern besteht!
  Der zweite große Vorteil der Glasfaser ist ihre erhöhte Sicherheit. Da die Signale in der Glasfaser als Lichtimpulse transportiert werden, lassen sie sich nicht von außen beeinflussen, also etwa abhören oder manipulieren.

Trotz dieser Vorteile wird die Glasfaser vorläufig eher im Fernbereich eingesetzt werden, während im Nahbereich weiterhin das Kupferkabel dominiert. Dies liegt darin begründet, daß die Glasfaser-Verlegung durch Größenvorteile (Economies Of Scale) gekennzeichnet ist. Es gilt:

Je länger die verlegten Strecken, desto günstiger die Kosten. Dennoch wird die Glasfaser langfristig auch den Weg bis zum Teilnehmer finden. Bis zum Jahresende 1991 wurden insgesamt – auf Fern- und Nahstrecken – 42100 km Glasfaserkabel verlegt.
1993 wurden bereits 200000 Haushalte – vornehmlich in Ostdeutschland – direkt an das Glasfasernetz angeschlossen. Für 1994 und 1995 sind jeweils weitere 500000 Glasfaser-Teilnehmeranschlüsse in Deutschland geplant, so daß Anfang 1996 bereits 1,2 Millionen Privathaushalte über einen direkten Anschluß an das Glasfasernetz verfügen dürften.[5]
Wie lange wird es nun aber dauern, bis alle bundesdeutschen Haushalte an das Glasfasernetz angeschlossen sind? Die Telekom rechnet frühestens in 20 Jahren mit einer komplett »verglasten« Bundesrepublik.[6]

Satelliten

Neben der wachsenden Bedeutung der Glasfaser als Übertragungsmedium werden sich auch die Satelliten und der terrestrische Mobilfunk weiter ausbreiten.

⊕ **Satelliten** wurden ursprünglich nur zur telekommunikativen Überbrückung großer interkontinentaler Entfernungen eingesetzt. Dazu wurde 1964 die International Telecommunication Satellite Organisation (Intelsat) gegründet. Ihr gehörten 1987 bereits 117 Mitgliedsländer an. Aufgabe der Vereinigung ist es, den Mitgliedern Fernmeldeverbindungen bereitzustellen; und zwar sowohl für weltweiten als auch für intrastaatlichen Bedarf. 1986 konnten rund 200 Erdstationen in den einzelnen Mitgliedsländern über 20 geostationäre[7] Satelliten kommunizieren. Weitere Satellitenorganisationen sind Inmarsat (International Maritime Satellite Organisation, zuständig für die Kommunikation zwischen mobilen Teilnehmern) sowie Eutelsat (European Telecommunications Satellite Organisation, das regionale Gegenstück zu Intelsat).[8]
Grundsätzlich läßt sich feststellen, daß die Satelliten immer günstiger, dabei aber auch kleiner und leistungsfähiger werden.

Für die Zukunft der Satellitenkommunikation ergeben sich damit folgende mögliche Entwicklungen:
— Es werden immer mehr Satelliten in die Erdumlaufbahn gebracht: Bis 1989 umkreisten bereits 3500 Satelliten die Erde. Diese Entwicklung wird sich weiter fortsetzen. Satelliten werden als zweite Größe der Telekommunikation neben den leitungsgebundenen Übertragungswegen zunehmend wichtiger.

— Die zur Satellitenkommunikation auf der Erde benötigten Antennen werden ständig kleiner und vor allem günstiger: Bereits jetzt werden sogenannte VSAT-Systeme[9] angeboten. Die Antennen dieser Anlagen haben je nach Standort nur noch einen Durchmesser von 0,90 bis 1,80 Meter. Die Signalaufbereitung geschieht in einem Gehäuse, welches nicht größer als das eines handelsüblichen Personal Computers ist.[10] Die Vision für die Jahrhundertwende heißt hier: Satellitenfunk für eine breite Anwendergruppe, empfangen von Geräten, die nicht größer als eine Armbanduhr sind![11]

— Der Anteil der privaten Nutzung von Satelliten wird weiter ansteigen: Durch neue Übertragungstechniken, die eine problemlose Zuteilung von Satellitenkapazität bei Bedarf ermöglichen, sowie durch eine Reduzierung der Herstellungs- und Wartungskosten für Satelliten, werden zunehmend auch kleinere Unternehmen die Möglichkeit bekommen, in die Satellitennutzung einzusteigen. Denkbar sind Anwendungen wie Datenübermittlung zwischen Einzelhandelsfilialen, Austausch von Logistikinformationen für Speditionen, etc.[12]

Terrestrischer Mobilfunk

Ebenso wie die Satellitentechnologie erfährt auch der terrestrische Mobilfunk eine ständig wachsende Verbreitung.

> ⊕ Unter den Begriff **Terrestrischer Mobilfunk** fallen dabei alle Funkdienste, bei denen Daten zwischen stationären und mobilen oder nur zwischen mobilen Funkstellen ausgetauscht werden. Als Beispiele seien hier das drahtlose, mobile Telefonieren oder der Datenaustausch zwischen einem mobilen Computer und einer Feststation genannt.

Allerdings leidet der terrestrische Mobilfunk nach wie vor unter der Tatsache, daß viele Experten den benutzten Funkmasten eine schädliche Umweltwirkung unterstellen. Will man beispielsweise ein Mobiltelefon benutzen, so darf der nächste Sende- und Empfangsmast nicht weiter als 10 km entfernt sein. Ansonsten kommt keine Verbindung zustande.[13] Allein für die beiden bereits länger in Betrieb befindlichen Netze D1 und D2 wurden daher jeweils ca. 2500 Masten installiert.[14] Diese sondern jedoch elektromagnetische Strahlung, den sogenannten Elektro-Smog, ab. Zwar ist bekannt, daß es bei der elektromagnetischen Bestrahlung von Mensch und Tier zur Erwärmung innerer Organe oder auch zu Reizwirkungen kommen kann, doch über die tatsächlichen biologischen Auswirkungen eines Magnetfeldes auf organische Zellstrukturen bestehen keine gesicherten Erkenntnisse.[15]

Obwohl andere Funkmaste, wie zum Beispiel die zahlreichen Rundfunksender, bereits seit vielen Jahren mit hohen Leistungen ausstrahlen, wird der Mobilfunksender durch seine optische Nähe zu den Betroffenen (die Masten stehen oft in dicht besiedelten Gebieten) weiterhin umstritten bleiben – zumindest solange, bis es aussagekräftige Untersuchungen zum Thema gibt. Inzwischen gehen die Netzbetreiber in Deutschland in die Defensive und verstecken die neu zu installierenden Masten.[16]

Als gemeinsamer Trend auf dem Gebiet der Übertragungswege kann mit einer zunehmenden Integration der verschiedenen Wege gerechnet werden. So ist die Art der zu übertragenden Signale bereits heute nicht mehr von den benutzten Übertragungswegen abhängig. Die Signale laufen fast immer über mehrere der oben vorgestellten Übertragungswege. Das Wissen, über welche Übertragungswege ein Signal läuft, wird für den Sender und Empfänger von Informationen letztlich keine Bedeutung mehr haben.

Schnellere Übertragungsverfahren

Ebenso wie sich verschiedene Übertragungswege differenzieren lassen, existieren auch unterschiedliche Übertragungsverfahren.

➊ Bei den Übertragungsverfahren ist die Unterscheidung in **analoge** und **digitale Verfahren** besonders wichtig. Bei der analogen Datenübertragung werden Signale als kontinuierliche elektrische Schwingungen übertragen, die dem Ursprungssignal in Stärke und Schwingungszeit entsprechen. Im Rahmen der digitalen Übertragung werden die Signale demgegenüber in Form von Bitkombinationen aus den Werten »0« und »1« übertragen.
Die digitale Signalübertragung ermöglicht demnach eine einheitliche Codierung aller Signalarten wie zum Beispiel Sprache, Text, Daten und Bilder. So können bisher in unterschiedlichen Netzen angebotene Dienste in einem gemeinsamen Netz integriert werden.
Aufgrund ihrer hohen Leistungsfähigkeit und der geringen Fehleranfälligkeit gehört den digitalen Übertragungsverfahren in der Telekommunikation ganz klar die Zukunft. Bedenkt man, daß die Signalverarbeitung in Computern ebenfalls digital vollzogen wird, so läßt sich erahnen, welches Potential in einer Kombination von Informations- und Kommunikationstechnologie ohne eine benötigte Signalumwandlung steckt.

Von allen gängigen Übertragungsverfahren wird eines die Zukunft der Telekommunikation ganz besonders beeinflussen. Es handelt sich dabei um **ATM** (Asynchronous Transfer Mode). ATM verbindet die Vorteile ⊖ einer verbindungsorientierten Vermittlung (jeder Teilnehmer hat seine eigene Leitung) mit den Vorteilen der sogenannten Paketvermittlung (eine Leitung wird nur zugeteilt, wenn sie wirklich gebraucht wird).[29]

⊖ Im Rahmen des **ATM**-Verfahrens werden sämtliche Signale am Anfang einer Verbindung in einheitlich lange Pakete zerlegt und mit einer Kennung (Header) für den Zielort versehen. Erst nachdem sie dort angekommen sind, werden sie entsprechend den Informationen im Header wieder zusammengefügt.[30] So wird es möglich, unterschiedliche Signale von unterschiedlichen Geräten (z. B. Töne, Texte, Bewegtbild) zusammen (und untereinander gemischt) fast gleichzeitig über eine einzige Leitung zu übertragen und am anderen Ende wieder richtig zuzuordnen (siehe Abb.). Leitungen müssen nicht mehr vollständig für bestimmte Teilnehmer blockiert werden, wenn diese nur wenige Daten übertragen. Zu sendende Signale werden einfach in die bereits laufenden Übertragungen eingestreut.

Da ATM die weitgehend freie Wahl der Übertragungsgeschwindigkeit zuläßt, ist das Verfahren besonders gut geeignet, den Übergang von den heutigen, langsamen Kommunikationsnetzen zu den zukünftigen, schnellen Systemen zu ermöglichen. Auf der Basis von ATM werden dazu alte und neue Netze in ein gemeinsames Netz integriert.

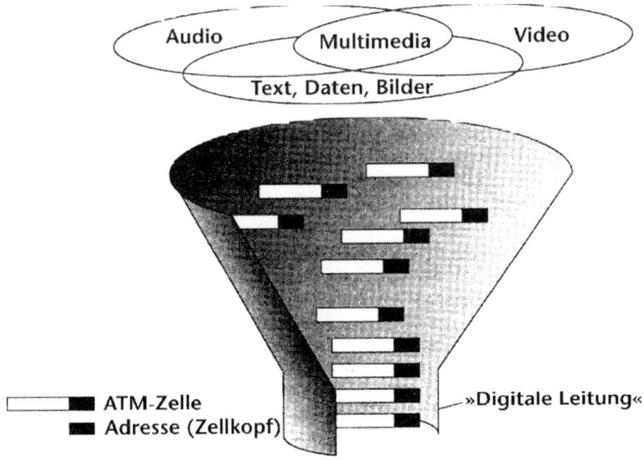

Das Prinzip des asynchronen Transfermodus

Vielfalt der Dienste

Im Bereich der Telekom bezeichnet ein Dienst das Angebot der Informationsübermittlung in einem bestimmten Netz. Dienste bestehen nicht allein aus ihrer technischen Bereitstellung, sondern sie beinhalten auch die damit verbundenen rechtlichen Vorschriften.[19] Dienste lassen sich entsprechend ihrer Verbreitungsart in Individual- und Verteildienste klassifizieren.[20]

In diesem Zusammenhang muß auf die ständig wachsende Zahl an Diensten hingewiesen werden. Waren es früher nur Telefon, Rundfunk und Fernsehen, so spricht man heute bereits von Diensten wie digitalem Fernsehen, Personenruf, Mobilfunk, Videokonferenzen und elektronischer Post. Die Inflation der Dienste wird weiter voranschreiten.

Bedingt durch den hohen Bedarf an individuellen Kommunikationslösungen werden weitere Dienste entstehen und sich durchsetzen.

Die steigende Zahl an Diensten geht einher mit Bemühungen, eine Dienste-Integration zu schaffen. Benötigt man heute noch getrennte Netze und damit auch oftmals verschiedene Anschlüsse, um zum Beispiel Telefon, Fax und Datenübertragung zu nutzen, so sollen in Zukunft alle wichtigen Dienste auf einem einheitlichen Netz laufen. Erste Schritte in diese Richtung sind die weiter unten vorgestellten Netze ISDN und B-ISDN.

Besondere Wachstumsimpulse auf dem Gebiet der Dienste sind von den Mehrwertdiensten (VANS) zu erwarten. Es handelt sich dabei um Dienste, die zusätzlich zu den grundlegenden Diensten der Übertragung und Vermittlung in einem Telekommunikationsnetz angeboten werden.[21] Als Mehrwertdienst ist demnach zum Beispiel ein Übersetzungsdienst vorstellbar. Ein Teilnehmer schickt dabei ein Fax an eine bestimmte Nummer; dort wird das Fax vollautomatisch empfangen, der Text wird von einem Computer erkannt, übersetzt und schließlich die fertige Übersetzung an den Teilnehmer zurückgefaxt.

Integration der Endgeräte

Auf die zukünftige Entwicklung der Telekommunikation hat die Gestaltung der Endgeräte entscheidenden Einfluß. Die Endgeräte bilden die direkte Schnittstelle zwischen den Übertragungswegen und dem Telekommunikationsanwender.

Hier ist vor allem mit einer Entwicklung zu mehr Bedienungsfreundlichkeit zu rechnen. Die Akzeptanz neuer Telekommunikationsformen wird entscheidend davon abhängen, inwieweit es gelingt, eine breite Gruppe von Anwendern zu erreichen. Kompliziert zu bedienende und fehleranfällige Endgeräte können dies nicht gewährleisten.

Zu erwarten ist weiterhin eine Funktionserweiterung der Endgeräte. Nachdem zunächst nur wenige Endgeräte existierten (Telefon, Radio, Fernseher), sind durch die Verbindung zwischen Informations- und

Kommunikationstechnik eine Vielzahl neuer Geräte, wie zum Beispiel Anrufbeantworter, Faxgeräte und Bildtelefone, entstanden. Gleichzeitig wurden die vorhandenen Geräte weiterentwickelt. Es wird hier angenommen, daß es immer mehr und vor allem immer individuellere Endgeräte geben wird. Allerdings werden diese über mehr Funktionen als heute verfügen.
Im Mittelpunkt wird dabei der Computer stehen. Er wird in alle anderen Geräte Einzug halten und sie mit einer nützlichen Intelligenz versehen. So werden Telefone, Hifi-Anlagen und Fernseher in Zukunft einen leistungsfähigen Computer in ihrem Inneren verbergen. Dies ist jedoch nur die Vorstufe zu einer weiteren Entwicklung.

Nach der Funktionserweiterung der Geräte ist mit ihrer Integration zu nur einem Kommunikationsgerät zu rechnen. Statt getrennter Telefone, Audio-Anlagen, Fernseher und Computer würde dann nur noch ein Personal Communication System (PCS) existieren, welches Sprache, Text, Bilder und Audiosignale verarbeiten kann.
Die Basis dafür ist bereits seit längerer Zeit geschaffen. So sind in den letzten 20 Jahren verschiedene Technologien herangewachsen, ohne jedoch miteinander verknüpfbar gewesen zu sein: Ebenso wie innerhalb der Telekommunikationstechnologie vollzogen sich auch in der Computer-, der Video- und der Audiotechnik rasante Entwicklungssprünge. Schließlich wurde jedoch in allen diesen Bereichen der Weg zur Digitalisierung der Daten eingeschlagen. Dadurch ist es möglich geworden, Sprache, Text, Bilder (Fotos, Filme) und Tonsignale in einen Computer zu laden, dort zu bearbeiten und auszugeben. Multimedia lautet die Bezeichnung für diesen neuen Anwendungsrahmen.[22]
Neben dem Personal Communication System, welches in Wohnung oder Büro zu finden sein wird, ist auch die Existenz mobiler Kommunikationsgeräte für unterwegs vorauszusehen. Sie werden ihren großen Vorbildern in Bezug auf Leistungsfähigkeit und Vielseitigkeit in nichts nachstehen. Ihre Vorläufer sind heute bereits als sogenannte **Personal** ⊖ **Digital Assistants (PDAs)** auf dem Markt.

⊖ Die **PDAs** sind kleine tragbare Computer, meist nicht größer als ein Mobiltelefon, die über einen eingebauten, sehr flachen Bildschirm verfügen. Auf diesen Bildschirm kann der Benutzer mit einem speziellen Stift direkt schreiben. Der Computer übersetzt die Handschrift, interpretiert sie und führt dann entweder Befehle aus, oder speichert das Geschriebene ab. Eine platzraubende Tastatur entfällt also völlig. PDAs sind bereits seit fast zwei Jahren im Angebot und kosten heute ca. 1000 DM mit fallender Tendenz. Vor allem die Handschrifterkennung bereitet den Geräten jedoch noch erhebliche Probleme.[23]

Doch die Entwicklung schreitet bereits weiter fort. So haben sich die weltgrößten Unternehmen aus der Informations- und Kommunikationsindustrie[24] zusammengeschlossen und das gemeinsame Unternehmen General Magic gegründet. General Magic arbeitet an der Entwicklung einer neuen Generation von Endgeräten, den PICs (Personal Intelligent Communicators).

Die Zukunft der Endgeräte liegt also in einer Koexistenz von stationären, multimediafähigen Geräten, welche immer kleiner und leichter werden, und tragbaren Geräten, welche eine hohe Mobilität ihrer Benutzer sicherstellen.[25]

Zusammenwachsen der Netze

Als Fernmelde- oder Telekommunikationsnetze werden hier Kombinationen von Übertragungswegen, Übertragungsverfahren und Endgeräten betrachtet. Die Netze lassen sich nach vielen verschiedenen Kriterien einteilen. Eine anschauliche Einteilung ist die nach der Dialogfähigkeit der Netze in Vermittlungsnetze zur Individualkommunikation und Verteilnetze für die Massenkommunikation. Individualnetze bieten die Möglichkeit, zwischen zwei oder mehr Punkten Individualkommunikation zu betreiben. Es wird ein Ziel ausgewählt – und nur mit diesem Ziel werden dann Informationen ausgetauscht. Bekannte Beispiele hierfür sind das Telefon- und das Datennetz. Ein wichtiges Verteilnetz ist demgegenüber das Rundfunk- und Fernsehnetz.[26]
Eine weitere Unterscheidung ist die zwischen öffentlichen und privaten Netzen. In der BRD besitzt die Telekom ein Monopol im Bereich der öffentlichen Netze. Private Netze existieren meist in Form von Datennetzen zwischen Unternehmensniederlassungen – sogenannten Corporate Networks[27] – und dürfen lediglich als abgeschlossene Einheiten betrieben werden. Es darf kein Übergang zum öffentlichen Netz existieren. So ist es den privaten Netzbetreibern nicht möglich, ihre Kapazitäten zum Beispiel für allgemein zugängliche Telefondienste anzubieten. Allerdings können sie ihre Datennetze für den internen Telefonverkehr nutzen.[28]
Ebenso wie Netze die Übertragungswege, Übertragungsverfahren und Endgeräte zusammenbringen, bilden sich die Entwicklungstendenzen dieser Bereiche auf die Netze ab. So ist auch innerhalb der Netze mit einer Integration zu einem einzigen, einheitlichen Netz zu rechnen.[29]
Zunächst existierten in der Bundesrepublik im wesentlichen drei öffentliche Netze: das öffentliche Telefonnetz, das integrierte Text- und Datennetz (IDN) sowie ein Breitbandnetz[30]. Über das Telefonnetz laufen

neben der Sprachvermittlung auch Dienste wie Telefax, Bildschirmtext und diverse Datenübermittlungen. Im IDN werden darüber hinaus professionelle Datenübertragungen, zum Beispiel im Rahmen von Datex-P und Datex-L[31], sowie Mietleitungen und andere Dienste angeboten. Über das Breitbandnetz werden Rundfunk- und Fernsehprogramme verbreitet.[32]

ISDN

Als erste Stufe der Netze- und Dienste-Integration realisiert die Telekom seit 1989 **ISDN**. ISDN steht für **Integrated Services Digital Network** und ist inzwischen als einheitlich standardisiertes Euro-ISDN in ganz Europa verbreitet.[33] ISDN in seiner augenblicklichen Ausgestaltung nutzt die bestehenden Kupferkabelverbindungen zwischen Vermittlungstellen und den Teilnehmern und erreicht dennoch Übertragungsraten von bis zu 128 Kilobit pro Sekunde. Im Klartext: Wird ISDN in Büros oder Haushalten installiert, so werden wie bei der Einrichtung eines einfachen Telefonanschlusses nur zwei der gewöhnlich sechs Kupferkabel in der Telefondose benötigt. Durch eine intelligente Box neben der Anschlußdose gelingt es dennoch, die hohen Übertragungsraten zu realisieren.
Dabei wird jede Nachricht, die über ISDN eintrifft, automatisch an das richtige Gerät verwiesen. Faxsendungen werden also an das Telefax, Telefonate an das Telefon und Datenübermittlungen an den Computer weitergeleitet. Übertragbar sind im ISDN Sprache, Text, Daten und Bilder.[34] Prinzipiell fügt ISDN demnach das Telefonnetz und das IDN zusammen.

Das schlüssige und vor allem wirtschaftliche Konzept von ISDN, niedrige Grundgebühren und günstige Telefontarife zur Übertragung, haben ISDN von 1989 bis 1992 bereits 138 000 verkaufte Basis- und 11 000 professionelle Anschlüsse eingebracht. Für 1995 wird mit 700 000 Basis- und 27 000 Profi-Anschlüssen gerechnet.[35]
Auf dem Weg zur zukünftigen Telekommunikationsinfrastruktur stellt das Breitband-ISDN den nächsten Schritt dar. Es handelt sich dabei um eine Verbindung von ISDN mit schnelleren Übertragungswegen (möglichst Glasfasern) und dem oben vorgestellten Übertragungsverfahren ATM. Seit Anfang 1994 laufen in der Bundesrepublik diesbezüglich Pilotversuche.
Hier sind zunächst Geschwindigkeiten von 130 Megabit pro Sekunde vorgesehen. In Zukunft werden dann bis zu 2,5 Gigabit pro Sekunde erreichbar sein.[36] Die optimale Telekommunikationsumgebung ist da-

mit jedoch nach wie vor nicht geschaffen. Erst eine Verbindung von B-ISDN und dem Breitbandverteilnetz für Rundfunk und Fernsehen wird ein vollkommen einheitliches Netz herstellen und gleichzeitig ungeahnte Möglichkeiten – und Risiken – mit sich bringen.
Dennoch gibt es Hindernisse auf dem Weg zu einer neuen und leistungsfähigen Netzinfrastruktur in Deutschland. So sind die Preise für die Netzbenutzung vor allem bei breitbandigeren Netzen mit höheren Übertragungskapazitäten – wie etwa Datex-M – nach wie vor viel zu hoch.

Abhilfe könnte hier nach Meinung vieler Experten der in Zukunft stärkere Wettbewerb schaffen. So treten bereits heute eine Vielzahl privater Netzanbieter mit dem bisherigen Monopolisten Deutsche Telekom in Konkurrenz, dessen Monopolstellung, wie es sich im Moment darstellt, mit dem Jahre 1997 zu Ende sein wird. Private Unternehmen investieren bereits jetzt Milliarden, um ihre firmeneigenen Datenautobahnen auf dem freien Markt anbieten zu können und um dafür nicht die »staatlichen« Netze und Leitungen zu hohen Kosten anmieten zu müssen.[37]

Anmerkungen:

1 Gemeint ist hier, daß sowohl leistungsfähige Kabel und schnelle Übertragungsverfahren als auch gute Endgeräte benötigt werden, um eine effektive Telekommunikation zu ermöglichen.

2 Vgl. Berger, H./Blankart, Ch. B./Picot, A.: Lexikon der Telekommunikationsökonomie, Heidelberg: Decker's & Schenk,1990 (Bad Honnefer Protokolle, Band 6), S. 210, 312.

3 Vgl. Deutsche Bundespost Telekom: Ein Unternehmen mit besten Verbindungen, Bonn o. J., S. 4.

4 Vgl. Aschmoneit, E.-K.: Signale zuverlässig über große Strecken übertragen, in: Handelsblatt Nr. 67 vom 7. 4. 1994, S. 16.

5 Vgl. Gawron, N.: Siegeszug der Glasfaser–Teil 2, in: Telekom Vision Nr. 10/93, S. 56.

6 Vgl. Berke, Jürgen: Gerd Tenzer – »Bis zur Haustür«, das Vorstandsmitglied der Deutsche Telekom will den Ausbau von Datenautobahnen forcieren, in: Wirtschaftwoche Nr. 25 vom 18. 6. 1993, S. 52f.

7 Vgl. dazu Das Telekom-Buch 1993/'94, S. 273: Geostationäre Satelliten stehen in 36000 km Höhe über dem Äquator. Dort gleichen sich Fliehkraft und Anziehungskraft der Erde aus; der Satellit dreht sich daher synchron mit der Erde und bleibt immer stationär an einem Punkt. So können die Erdstationen ihre Antennen fix auf den Satelliten ausrichten. – 1993 existierten weltweit über 500 geostationäre Satelliten.

8 Vgl. Gerke, P. R.: Digitale Kommunikationsnetze – Prinzipien, Einrichtungen, Systeme, Berlin; Heidelberg u. a.: Springer, 1991, S. 302.

9 Vgl. Mielke, W.: Satellitengestützte Kommunikation in Europa, in: Office Management Nr. 12/93, S. 32–34, S. 34.: VSAT bedeute Very Small Aperture Terminal – Anlage mit sehr kleinen Antennen.

10 Vgl. ebd., S. 33f.

11 Vgl. Gerke (1991), S. 306f.

12 Vgl. Mielke, in: Office Management Nr. 12/93, S. 33f.

13 Vgl. Lüdemann, K.: Mobilfunk – ein technischer Überblick für Laien, in: Wechselwirkung Nr. 64 vom Dezember 1993, S. 9.

14 Vgl. Froitzheim, U. J.: Trickreich getarnt – Mit großem Raffinement verstecken die Netzbetreiber ihre Funktürme in den Städten, in: Wirtschaftswoche Nr. 12 vom 18. 3. 1994, S. 98.

15 Vgl. Lüdemann (1993), S. 8.

16 Vgl. Froitzheim (1994), S. 98–101: Funkmasten werden zum Beispiel als Fahnenstangen auf dem Dach von Schlössern und Burgen getarnt.

17 Vgl. Siemens AG (Hrsg.): Vision ONE – Optimized Network Evolution, München o. J, S. 9.

18 Vgl. Kafka, G.: Bandbreite nach Bedarf, in: Funkschau Nr. 1/1994, S. 72–75.

19 Vgl. Pfeiffer, G.: Dienste, in: Berger/Blankart/Picot (1990), S. 69.

20 Vgl. Kaderali, F./Plank, K.-L.: Informations- und Kommunikationstechniken: Entwicklungstrends und Nutzungspotentiale, Braunschweig: Vieweg, 1993, S. 56.

21 Vgl. Waldenberger, F.: Mehrwertdienste, in: Berger/Blankart/Picot (1990), S. 200: »VANS« steht für Value Added Network Services.

22 Vgl. dazu Schmenk, A./Wätjen, A.: Multimedia – Multimedia verstehen, planen, einsetzen, München: Beck, 1993, S. 13.

23 Vgl. dazu Riebartsch, V.: MessagePadding, in: MACup Nr. 10/1993, S. 38; ebenso Riebartsch, V.: Das Universalgenie, in: MACup Nr. 9/1993, S. 46–58.

24 Vgl. dazu Lohstöter, F./Mührke, S./Ziv, O.: General Magic – Apples Antwort auf Newton, in: MACup Nr. 3/1994, S. 22: Mit dabei sind unter anderem Apple, AT&T Matsushita, Motorola, Philips und Sony.

25 Anläßlich einer Ausstellung in Düsseldorf über das Design des Büros der Zukunft präsentierte die Firma Siemens Nixdorf ihre Vorstellungen von den Kommunikationsgeräten der Zukunft. Diese decken sich in etwa mit der hier entwickelten Vision.

26 Prucha, K.: Rahmenbedingungen der Telekommunikation aus technischer und technologischer Sicht, in: Fritz, L./Wolfsberger, N. (1992), S. 52.

27 Vgl. Schrader, A.: Corporate Networks – Integration von Sprach- und Datenkommunikation im unternehmensweiten Kommunikationsnetz, in: Handelsblatt Beilage Computer und Kommunikation Nr. 48 vom 9. 3. 1991, S. B 22: Der Begriff beschreibt die Integration von Sprach- und Datenkommunikation in unternehmensweiten Kommunikationsnetzen.

28 Vgl. ebd.: Die Unternehmen sparen so sämtliche Telefongebühren für Gespräche zwischen ihren Filialen.

29 Vgl. dazu auch Schwarz, H.: Wirtschaftliche Aspekte der Telekommunikation, in: Fritz/Wolfsberger (1992), S. 45.

30 Der Begriff »Breitbandnetz« charakterisiert ein Netz entsprechend seiner Bandbreite; Breitbandnetze verfügen über hohe Bandbreiten und erlauben demnach hohe Übertragungskapazitäten. Der Begriff »Bandbreite« beschreibt dabei den Frequenzbereich, der zur Übertragung von Signalen zur Verfügung steht. Je größer die Bandbreite eines Netzes ist, desto mehr Daten können gleichzeitig übertragen werden.

31 Vgl. Oberpostdirektion Frankfurt (Hrsg.): Leitfaden Telekommunikation – Band 1, Fernmeldenetze und Dienste, Frankfurt 1986, S. 17: Der Begriff »Datex« steht für die englische Bezeichnung »Data Exchange« (Datenaustausch).

32 Vgl. ebd., S. 3 sowie S. 8–27.

33 Vgl. Das Telekom-Buch 1993/'94, S. 23–29.

34 Vgl. dazu : Schmitt-Egenolf, A.: Kommunikation und Computer – Trends und Perspektiven der Telematik, Wiesbaden: Gabler, 1990, S. 112–117.

35 Vgl. dazu Das Telekom-Buch 1993/'94, S. 24–26: Es handelt sich dabei um die

Primärmultiplexanschlüsse; sie bündeln mehrere ISDN-Basisanschlüsse und leiten diese dann in einer Schnellbahnverbindung weiter.

36 Vgl. Deutsche Telekom, Breitband, 1993: Pilotprojekt Breitband ISDN – das universelle Breitbandnetz für Ihre komplette Kommunikation, 1993, S. 2–5.

37 Insbesondere drei bereits aktive Anbieter sind zu nennen:
— der Stromkonzern Veba verfügt über die Unternehmenstochter PreussenElektra über ein Glasfasernetz von rund 2000 Kilometern Länge und über mehr als 400000 Netzanschlüsse für Kabelfernsehen in unternehmenseigenen Immobilien. Veba will noch vor 1998 eine Ausnahmegenehmigung für den öffentlichen Betrieb seiner multimedialen Infrastruktur durchsetzen;
— die von den Firmen Mannesmann, dem Energiekonzern RWE und der Deutschen Bank gegründete Corporate Network International GmbH verfügt über rund 3000 Kilometer Glasfasernetz, kommunale Wegerechte der RWE und das Kapital der Deutschen Bank;
— der Stromkonzern Viag verfügt über ein großes Netz in Süddeutschland, besitzt aber aufgrund mangelnden Know-hows keine Lizenz für private Teledienste; aus diesem Grund hat die Viag Anfang 1995 ein Abkommen mit BT (ehemals British Telecom) geschlossen.

Europa und die globale Informationsgesellschaft
Empfehlungen einer Arbeitsgruppe

Europäische Politik für die Informationsgesellschaft

Die Informationsgesellschaft umfaßt mehr als nur die sogenannten Datenautobahnen. Am besten ist sie als Strukturwandel zu beschreiben, der nicht nur die Wirtschaft, sondern die Gesellschaft umfaßt. Entsprechend verfolgt die Europäische Union mit der Informationsgesellschaft einen umfassenden Ansatz, der über rein ökonomische und technische Fragen hinausgeht.
Das europäische Engagement geht zurück auf eine Initiative Jacques Delors, der die Staatschefs der Union im Sommer 1993 auf ein Weißbuch verpflichtete. Das im Dezember 1993 vorgelegte Weißbuch »Wachstum, Wettbewerbsfähigkeit, Beschäftigung« sah in der Informationsgesellschaft ein großes Potential für neue Arbeitsplätze. Eine Gruppe hochrangiger Experten* unter Vorsitz von Martin Bangemann wurde daher von den Regierungschefs beauftragt, einen Bericht für ihre nächste Zusammenkunft in Korfu anzufertigen. Dieser im Mai 1994 fertiggestellte (und auf den folgenden Seiten auszugsweise nachgedruckte) Bericht gehört zu den wegweisenden Dokumenten zum Thema Informationsgesellschaft mit großer politischer Wirkung. Im Ergebnis plädiert er für eine beschleunigte Liberalisierung, für einen verläßlichen Ordnungsrahmen und für gemeinsame Initiativen von öffentlicher Hand und privater Wirtschaft.
Nachdem der Bericht vom Europäischen Rat in Korfu sehr positiv aufgenommen wurde, stellte die Kommission bereits drei Wochen später einen Aktionsplan auf, der den Rahmen für die weiteren politischen Initiativen bot.
Die Fortschritte bei der Liberalisierung des Telekom-Sektors, insbesondere die Liberalisierung der Infrastruktur spätestens bis 1. Januar 1998, war eine unmittelbare Folge dieser Initiativen. Die Kommission hätte eine noch schnellere Vorgehensweise bevorzugt, insbesondere mit Blick auf die Nutzung von alternativen Infrastrukturen, wie sie Versorgungs- und Eisenbahnunternehmen für Telekom-Zwecke bereits besitzen. Kein Mitgliedstaat ist selbstverständlich daran gehindert, vor 1998 zu liberalisieren.

Vorfahrtsregeln des Binnenmarkts

Auf der Grundlage des Aktionsplanes versucht die Kommission, Freiräume für die Wirtschaft zu schaffen. Dabei geht es nicht nur um Liberalisierung: Da Märkte

*Die Mitglieder der Arbeitsgruppe waren: Peter Bonfield, Enrico Cabral da Fonseca, Etienne Davignon, Peter Davis, Jean-Marie Descarpentries, Carlo de Benedetti, Brian Ennis, Pehr Gyllenhammar, Hans-Olaf Henkel, Lothar Hunsel, Anders Knutsen, Pierre Lescure, Constantin Makropoulos, Pascual Maragall, Romano Prodi, Gaston Thorn, Jan Timmer, Candido Velazquez-Gastelu, Heinrich von Pierer.

Regeln benötigen, wäre das zu kurz gegriffen. Die Kommission entwickelt gemeinsam mit den Mitgliedstaaten und dem Europäischen Parlament einen Ordnungsrahmen, der einerseits telekombezogene Fragen wie Netzverbund, Universaldienst, Lizenzvergabe behandelt. Andererseits ist es für die Kommission wichtig, daß die Vorfahrtsregeln des Binnenmarktes (vor allem die der Dienstleistungsfreiheit) in Übereinstimmung mit den Verkehrsbedingungen auf den Datenautobahnen gebracht werden. Die Informationsgesellschaft stellt nämlich neue Anforderungen an die Regeln bezüglich des geistigen Eigentums, der Informationssicherheit, des Datenschutzes und des Medieneigentums. In diesem Zusammenhang wird die Frage zu erörtern sein, in welchem Umfang sich die unterschiedlichen Regeln der einzelnen Kommunikationsmedien, also einschließlich Fernsehen und Hörfunk, annähern müssen. Wie werden beispielsweise interaktive Multimedia-Dienste geregelt?

Die Kommission sieht über den Regelbedarf hinaus auch die Notwendigkeit, in Partnerschaft mit den privaten Akteuren konkrete Projekte zu initiieren, um
— europäische Forschungsarbeit zu stärken,
— transeuropäische Netze aufzubauen,
— gemeinsame Normen und Schnittstellen schnell zu finden.

In den Blickpunkt geraten auch zunehmend Aktionen, die darauf abzielen,
— den Nutzen der Informationsgesellschaft möglichst vielen Menschen zugute kommen zu lassen – zum Beispiel durch den Regionalfonds,
— die gesellschaftlichen Auswirkungen zu untersuchen und
— die Aufmerksamkeit der Öffentlichkeit auf diesen Strukturwandel zu lenken.

Die Informationsgesellschaft kann nicht im nationalen Alleingang realisiert werden. Daher bleiben die Mitgliedstaaten der Europäischen Union aufgefordert, das Konzept der Informationsgesellschaft zügig untereinander zu koordinieren. Denn nur so hat Europa eine reelle Chance, im weltweiten Wettbewerb zu bestehen. (Detlef Eckert, Michael Niebel, Europäische Kommission)

Die Informationsgesellschaft – neue Arten des Zusammenlebens und der Zusammenarbeit

Eine revolutionäre Herausforderung für die Entscheidungsträger

Die Informations- und Kommunikationstechnologien haben auf der ganzen Welt bereits eine neue industrielle Revolution eingeleitet, die in ihrer Bedeutung und Reichweite denen der Vergangenheit nicht nachsteht.

Es ist eine Revolution, die sich auf Information stützt, worin wiederum das menschliche Wissen zum Ausdruck kommt. Der technische Fortschritt versetzt uns in die Lage, Informationen jeglicher Art – mündliche, schriftliche oder visuelle – unabhängig von Entfernung, Zeit und

Menge zu verarbeiten, zu speichern, wieder aufzufinden und weiterzuleiten.
Diese Revolution eröffnet der menschlichen Intelligenz riesige neue Kapazitäten und ist die Quelle zahlreicher Veränderungen in der Art unserer Zusammenarbeit und unseres Zusammenlebens.
Europa nimmt an dieser Revolution bereits teil, allerdings ist das Konzept noch zu bruchstückhaft und könnte daher den zu erwartenden Nutzen beträchtlich schmälern. Die Informationsgesellschaft ist der Weg, auf dem sich viele Ziele der Union erreichen lassen. Den Übergang dazu müssen wir schaffen, und zwar jetzt.

Partnerschaft für Arbeitsplätze

Damit Europa an den neuen Technologien und den damit verbundenen Möglichkeiten teilhaben, sich auf sie einstellen und sie für sich nutzen kann, müssen der Einzelne, Arbeitgeber, Gewerkschaften und Regierungen partnerschaftlich zusammenarbeiten, um die Umstellung zu bewältigen. Wenn wir es schaffen, die vor uns liegenden Veränderungen entschlossen und unter Berücksichtigung der sozialen Folgen durchzuführen, werden wir auf lange Sicht alle davon profitieren.
Grundlage unserer Arbeit war die im Weißbuch der Kommission über *Wachstum, Wettbewerbsfähigkeit, Beschäftigung* geäußerte Überzeugung, daß »... das enorme Potential, das für neue Dienstleistungen sowohl im Zusammenhang mit Produktion als auch mit dem Konsum sowie im kulturellen und Freizeitbereich besteht, die Schaffung neuer Arbeitsplätze ermöglichen wird ...« Allerdings geschieht nichts von selbst. Damit diese Arbeitsplätze geschaffen werden, müssen wir handeln, und zwar rasch. Das bedeutet, daß öffentlicher und privater Sektor gemeinsam handeln müssen.

Gemeinsame Gestaltung oder zersplittertes Europa?

Den größten Gewinn werden die Länder haben, die sich als erste der Informationsgesellschaft öffnen. Sie stellen die Weichen für alle Nachfolgenden. Dagegen könnten Länder, die sich nicht festlegen wollen oder nur halbherzige Lösungen befürworten, in weniger als einem Jahrzehnt einem verhängnisvollen Investitionsrückgang und großem Arbeitsplatzmangel gegenüberstehen.
Angesichts der europäischen Geschichte können wir sicher sein, daß Europa seine Chance wahrnehmen und die Informationsgesellschaft schaffen wird. Die einzige Frage ist, ob dies eine strategische Gestaltung für die ganze Union sein wird oder eine eher bruchstückhafte und weitaus weniger effiziente Mischung von Maßnahmen einzelner Mitglied-

staaten, was für jeden Bereich der Politik, vom Binnenmarkt bis zur Kohäsion, Folgen haben wird.

Die soziale Herausforderung

Die breite Verfügbarkeit neuer Informationstechniken und -dienste bietet die Chance für mehr Gleichberechtigung und Ausgewogenheit in der Gesellschaft und fördert die Selbstverwirklichung. Die Informationsgesellschaft verfügt über das notwendige Potential, um die Lebensqualität der europäischen Bürger und die Effizienz unserer Gesellschaft und Wirtschaftsorganisation zu verbessern sowie den europäischen Zusammenhalt zu stärken.

Die informationstechnische Revolution bewirkt einen tiefgreifenden Wandel in unserer Sicht von der Gesellschaft wie auch in deren Organisation und Aufbau. Dies stellt uns vor eine große Herausforderung: Entweder wir ergreifen die vor uns liegende Chance und bewältigen die Risiken, oder wir beugen uns ihnen mit allen damit verbundenen Unsicherheiten.

Die Hauptgefahr liegt in einer Zweiteilung der Gesellschaft in »Wissende«, die Zugang zu den neuen Technologien haben, sie problemlos nutzen und voll von ihnen profitieren können, und »Nichtwissende«, denen dies nicht möglich ist. Es besteht die Gefahr, daß einzelne die neue Informationskultur und ihre Instrumente ablehnen.

Dieser Gefahr, die der Strukturwandel unweigerlich mit sich bringt, müssen wir begegnen, indem wir die Menschen davon überzeugen, daß die neuen Technologien einen großen Schritt vorwärts in Richtung auf eine europäische Gesellschaft bedeuten können, die weniger von Inflexibilität, Trägheit und Gruppendenken beherrscht wird. Durch Bündelung traditionell räumlich getrennter Ressourcen setzt die Informationsinfrastruktur ein unbegrenztes Potential zur Erweiterung des Wissens, für Innovationen und zur Entfaltung von Kreativität frei.

Bewältigung der Risiken, Maximierung des Nutzens

Wir müssen daher Wege finden, die Risiken zu bewältigen und den Nutzen zu maximieren. Dies bedeutet für die öffentliche Hand, daß sie Vorkehrungen treffen und für den Zusammenhalt der neuen Gesellschaft sorgen muß. Gewährleistet sein muß ein fairer Zugang zur Infrastruktur wie auch die Bereitstellung eines universellen Dienstes, dessen Definition ständig dem Stand der Technologie anzupassen ist.

Große Anstrengungen sind erforderlich, damit die neuen Technologien eine breite Akzeptanz in der Öffentlichkeit finden und tatsächlich genutzt werden. Die Vorbereitung der Europäer auf die kommende

Informationsgesellschaft ist eine vorrangige Aufgabe, bei der die allgemeine und die berufliche Aus- und Weiterbildung eine zentrale Rolle spielen werden. Das Ziel des Weißbuchs, den europäischen Bürgern einen Anspruch auf lebenslange Aus- und Weiterbildung zuzugestehen, findet hier seine volle Bestätigung. Um das Bewußtsein zu stärken, bedarf es regionaler und lokaler Maßnahmen – ob öffentlich oder privat. Gleichzeitig mit der Informationsgesellschaft kommt es zu Änderungen im Arbeitsrecht, und neue Berufe und Fertigkeiten entstehen. Wenn wir die notwendige Umgestaltung der Arbeitsplätze erfolgreich durchführen und beschleunigen wollen, ist ein ständiger Dialog zwischen den Sozialpartnern von größter Wichtigkeit. Gegenstand dieser konzertierten Bemühungen sollten die neuen Arbeitsbeziehungen sein, die sich aus dem veränderten Umfeld ergeben.

Es muß vorwärts gehen

Warum die Eile? Weil außereuropäische konkurrierende Anbieter von Netzen und Diensten in zunehmendem Maße auf unseren Märkten aktiv werden. Sie sind davon überzeugt – wie auch wir es sein müssen –, daß, wenn Europa zu spät kommt, unsere Technologie- und Diensteanbieter nicht über die notwendige kommerzielle Kraft verfügen, sich einen Teil der enormen weltweiten Möglichkeiten, die vor uns liegen, zu sichern. Sie glauben, unsere Unternehmen würden ihre Geschäfte an attraktivere Orte verlegen und unsere Exportmärkte würden verschwinden. Wir müssen ihnen das Gegenteil beweisen.

Die Zeit wartet auf niemanden, und dies ist eine Zeit der Revolution, die das gesamte wirtschaftliche und gesellschaftliche Leben durchdringt. Es muß vorwärts gehen. Zumindest aber haben wir nicht die übliche europäische Sorge, aufholen zu müssen. Auf einigen Gebieten stehen wir gut da, auf anderen müssen wir tatsächlich mehr tun – aber dies gilt auch für die übrigen Handelsnationen der Welt.

Wir sollten unsere Erfolgsaussichten nicht skeptisch beurteilen. Wir verfügen über große technologische, unternehmerische und kreative Fähigkeiten. Die Informationsverbreitung erfaßt jedoch nach wie vor nur einen kleinen Bereich und ist zu teuer. Dies läßt sich aber rasch durch ordnungspolitische Reformen ändern.

Das Interesse der Öffentlichkeit an den Technologien war bisher zu gering. Dies muß sich ändern. Außerdem findet dieses Problem nur sporadisch die Aufmerksamkeit der Politiker. Der Privatsektor erwartet neue Signale.

Aktionsplan

Dieser Bericht schildert unsere Vision von der Informationsgesellschaft und die Vorteile, die sie Bürgern und Teilnehmern am Wirtschaftsgeschehen bringen wird. Er zeigt auf, in welchen Bereichen jetzt gehandelt werden muß, damit wir mit dem von den Marktmechanismen bestimmten Übergang in das neue Zeitalter beginnen können, und wie wir dorthin gelangen können.

Treibende Kraft wird der private Investor sein. Monopole und wettbewerbswidrige Rahmenbedingungen sind die eigentlichen Hindernisse für solches privates Engagement. Die Lage ist hier nämlich völlig anders als bei sonstigen Infrastrukturinvestitionen – beispielsweise im Verkehrswesen –, bei denen öffentliche Gelder nach wie vor die entscheidende Rolle spielen.

Dieser Wirtschaftszweig entwickelt sich mit großer Geschwindigkeit. Der Markt wird die treibende Kraft sein. Er wird darüber entscheiden, wer gewinnt und wer verliert. Angesichts der Macht und Durchdringungskraft der Technologie handelt es sich um einen globalen Markt.

Hauptaufgabe der Regierungen ist es, Wettbewerb zu gewährleisten. Sie müssen der Informationsgesellschaft auf Dauer eine starke politische Unterstützung geben, damit das Wachstum hier wie anderswo durch den Nachfragesog finanziert werden kann.

Neue Märkte in der europäischen Informationsgesellschaft

Informationen haben eine Multiplikatorwirkung, die jeden Wirtschaftszweig stärken wird. Bei marktgerechten Preisen wird es eine breite Palette neuer Informationsdienste und -anwendungen geben:

— von teuren Diensten, deren hohe Preise durch ihren großen Nutzwert gerechtfertigt sind, bis zu billigeren Produkten für den Massenkonsum,

— von Diensten für professionelle Anwendungen, die auf die Bedürfnisse eines bestimmten Kunden zugeschnitten werden können, bis zu Standardpaketen, die in großen Mengen zu günstigen Preisen verkauft werden,

— von Diensten und Anwendungen, die sich der vorhandenen Infrastruktur, Peripheriegeräte und Anlagen (Telefon- und Fernsehkabelnetze, Rundfunkeinrichtungen, Personalcomputer, CD-Spieler und normale Fernsehempfänger) bedienen, bis zu solchen, die sich auf neue Technologien, wie integrierte Breitbandnetze, stützen, sobald sie installiert sind.

Märkte für professionelle Anwendungen

Große und kleine Unternehmen und sonstige professionelle Benutzer weisen bereits den Weg, indem sie die neuen Technologien dazu einsetzen, ihre Management- und Produktionssysteme effizienter zu gestalten. Radikale Veränderungen vollziehen sich auch in der Unternehmensorganisation und in den Geschäftsmethoden.

Im Vergleich zu den USA sind diese Trends – und Chancen – noch nicht sehr weit ins Bewußtsein der europäischen Geschäftswelt vorgedrungen. Die Unternehmen schöpfen die Möglichkeiten noch nicht voll aus, ihre innerbetriebliche Organisation umzustellen und ihre Beziehungen zu Lieferanten, Auftragnehmern und Kunden anzupassen. Wir haben einen großen, aufgestauten Bedarf zu decken.

Telekonferenzen sind ein gutes Beispiel für professionelle Anwendungen, die unterstützt werden sollten. Weltweit wird auch intensiv an der Perfektionierung des elektronischen Geschäftsverkehrs und Datenaustauschs (EDI) gearbeitet.

Beide bieten gegenüber den herkömmlichen Methoden so große Kosten- und Zeiteinsparungen, daß die elektronischen Verfahren, sobald sie eingeführt sind, rasch im Geschäftsverkehr bevorzugt werden. Schätzungen zufolge kostet eine elektronische Anforderung ein Zehntel einer auf Papier übermittelten Anforderung, eine per elektronischer Post übermittelte Nachricht ist schneller und zuverlässiger und spart zudem 95% der Kosten einer Fax-Übermittlung.

In einigen Teilen Europas haben elektronische Zahlungssysteme bereits die bargeldlose Gesellschaft eingeleitet. In der Computerkartentechnologie und ihren Anwendungen haben wir vor der übrigen Welt einen beträchtlichen Vorsprung. Hier kann sich ein weltweiter Markt erschließen.

Märkte für kleine und mittlere Unternehmen

Die 12 Millionen kleinen und mittleren Unternehmen (KMU) werden mit Recht als das Rückgrat der europäischen Wirtschaft betrachtet. Auch für sie gilt: Informationen und Managementpotentiale müssen besser genutzt werden.

Notwendig ist ihr Anschluß an leicht zugängliche, kostengünstige Netze, die ihnen Informationen über Produktion und Marktaussichten liefern. Geschäftsbeziehungen zu Großunternehmen auf der Grundlage der neuen Technologien würden die Wettbewerbsfähigkeit der gesamten Wirtschaft stärken.

Ein Netzverbund mit Universitäten, Forschungsinstituten und Laboratorien würde ihrem chronischen Mangel an Forschung und Entwicklung abhelfen und damit ihre Aussichten weiter verbessern. Durch die Einbindung in ein Netz wird die Isolierung der KMU in den strukturschwächeren Regionen Europas abgebaut. Dies würde ihnen helfen, die Qualität ihrer Produkte zu steigern und sich größere Absatzmärkte zu erschließen.

Märkte für private Anwendungen

Diese Märkte lassen ein reiches Dienstleistungsangebot erwarten, vom Homebanking und Tele-Einkauf bis zu einer nahezu unbegrenzten Auswahl an Unterhaltung auf Abruf.

Es ist möglich, daß sich diese Massenmärkte in Europa ebenso wie in den USA als eine Hauptantriebskraft für die Informationsgesellschaft erweisen. Wie die amerikanischen Erfahrungen bereits zeigen, stößt der Ausbau dieser Märkte auf eine Reihe von Hindernissen und Unsicherheiten.

Die Einführungskosten der neuen Pay-per-view-Dienste sind sehr hoch und die Verlegung von Glasfaserkabel in die Wohnungen sehr teuer. Einen Massenmarkt für private Anwendungen zu erschließen fällt leichter, wenn die Unterhaltungsdienste Teil eines größeren Pakets sind. Dazu könnten Informationsdaten, kulturelle Programme, Sportveranstaltungen ebenso wie Telemarketing und Tele-Einkauf gehören. Als Einnahmequellen sind sowohl die nutzungsabhängige Bezahlung (Pay-per-view) bei Online-Diensten als auch die Werbung notwendig. Bis zu einem gewissen Grad kann die vorhandene Satelliten- und Telefoninfrastruktur in Anspruch genommen werden, um den Markt für private Anwendungen in der Anfangsphase zu bedienen.

Im Augenblick gibt es diesen Markt in Europa erst in Ansätzen, auch dürfte er langsamer wachsen als in den USA. Dort sind über 60% der Haushalte an Fernsehkabelnetze angeschlossen, über die auch Text- und sonstige Datendienste übermittelt werden könnten. In Europa verfügen nur 25% der Haushalte über einen Kabelanschluß, wobei sich hinter dieser Zahl große Unterschiede zwischen den Mitgliedstaaten verbergen, beispielsweise zwischen Belgien (92%) und Griechenland (1–2%).

Eine weitere Statistik: In den USA entfallen 34 PCs auf 100 Personen. Für Europa beläuft sich die Zahl auf 10, wobei sie z. B. im Vereinigten Königreich 22 beträgt und damit der amerikanischen Computerverbreitung näher kommt.

Der Mangel an verfügbaren Informationsdiensten und ein schwach ausgebildetes Computerbewußtsein könnten sich daher in Europa als

Handicap erweisen. Dagegen haben die Telekommunikationsnetze vergleichbare Größen und Abdeckungsgrade, werden jedoch weniger genutzt. Diese Netze können als Basis für Grunddienste dienen, aber hinzukommen muß eine Stimulierung von Benutzeranwendungen.
Diese strukturellen Schwächen müssen jedoch den Fortschritt nicht aufhalten. CD-ROM und CD-I – technologische Erfolge Europas – können die Grundlage für eine Vielzahl von nicht vernetzten Anwendungen und Diensten während der Anlaufphase der Informationsgesellschaft sein. Die Exportaussichten für auf diesen Informationsträgern angebotene Dienste sind äußerst günstig, falls es der europäischen audiovisuellen Wirtschaft gelingt, die derzeitige amerikanische Vorherrschaft bei Programmtiteln zu brechen.

Was den Markterfolg betrifft, so ist das französische *Minitel*-Netz ein ermutigendes Beispiel dafür, daß die europäischen Verbraucher bereit sind, Informations- und Geschäftsdienste über den Bildschirm zu kaufen, wenn die Zugangsgebühren stimmen. Minitel erreicht in Frankreich nahezu 30 Millionen private und professionelle Abonnenten mit insgesamt 6 Millionen kleinen Endgeräten und bietet rund 15 000 verschiedene Dienste an. Es hat direkt und indirekt durch einen effizienteren Geschäftsverkehr und größere Wettbewerbfähigkeit viele neue Arbeitsplätze geschaffen.

Audiovisuelle Märkte

Unser größtes Strukturproblem ist die Finanz- und Organisationsschwäche der europäischen Programmindustrie. Trotz des überaus reichen europäischen Erbes und des kreativen Potentials unserer Programmhersteller sind die meisten Programme und erworbenen Rechte nicht in europäischer Hand. Ein rasch wachsender europäischer Markt bietet unserer Industrie die Möglichkeit, sich eine Basis in Europa zu schaffen und verstärkte Exportmöglichkeiten zu nutzen.
Die sprachliche Fragmentierung galt lange Zeit als Nachteil für die europäische audiovisuelle und Unterhaltungsindustrie, in der weltweit vor allem Englisch dominiert. Darin spiegelt sich der große amerikanische Vorsprung in der Produktion und – was noch wichtiger ist – im Vertrieb wider. Diese Führungsposition, die beim Kino beginnt und sich beim Fernsehen fortsetzt, dürfte auch auf die neuen audiovisuellen Bereiche übergreifen. Sobald jedoch die Produkte für die Verbraucher leicht zugänglich sind, wird es mehr Möglichkeiten geben, der Vielfalt der europäischen Kulturen und Sprachen Rechnung zu tragen.
Die audiovisuelle Industrie Europas ist durch Reglementierungen belastet. Einige können die Entwicklung eines dynamischen europäischen

Marktes bremsen, obwohl sie in Kürze durch neue Technologien überholt sein werden.

Eine vom Markt angetriebene Revolution

Bruch mit der Vergangenheit

Nach Auffassung der Gruppe bedeuten technologischer Fortschritt und Entwicklung des Marktes, daß Europa mit einer Politik brechen muß, deren Grundsätze aus einer Zeit vor Beginn der informationstechnischen Revolution stammen.

Wichtig für das Entstehen neuer Märkte sind neue ordnungspolitische Rahmenbedingungen, die einen unbeschränkten Wettbewerb gestatten. Nur so läßt sich das für Innovation, Wachstum und Entwicklung benötigte Privatkapital mobilisieren.

Damit der neue Markt funktioniert, müssen alle Teilnehmer für erfolgreiches Handeln gerüstet sein, zumindest dürfen die Startbedingungen nicht wesentlich erschwert sein. Alle sollten in einem einheitlichen, fairen und wettbewerbsorientierten Rahmen nach klaren Regeln arbeiten können.

Die Gruppe empfiehlt den Mitgliedstaaten, die bereits begonnene Liberalisierung des Telekommunikationssektors zu beschleunigen, und zwar durch:

— Öffnung für den Wettbewerb von Infrastrukturen und Diensten, für die noch ein Monopol besteht;

— Befreiung der Telekommunikationsbetreiber von nichtkommerziellen politischen Auflagen und Finanzbelastungen;

— Festlegung klarer Zeitpläne und Fristen für die Durchführung praktischer Maßnahmen zur Erreichung dieser Ziele.

Abschaffung von Monopolen

Das Gesagte gilt für die Telekommunikationsbetreiber wie auch für andere Unternehmen. Es wird heute allgemein anerkannt, daß es sowohl notwendig als auch wünschenswert ist, daß sie von den politischen Auflagen befreit, ihre Gebühren angepaßt und angemessene ordnungspolitische Rahmenbedingungen geschaffen werden. Selbst die Tätigkeiten jener Telekommunikationsbetreiber, deren Status in den vergangenen Jahren bereits gelockert worden ist, entsprechen diesen Forderungen noch nicht in vollem Umfang.

Die Abschaffung der Monopole ist möglich. Künftig sollten alle zugelassenen öffentlichen Betreiber ihren Anteil an den öffentlichen Aufgaben übernehmen (z. B. die Verpflichtung, einen universellen Dienst anzubieten und die Gewährung von gleichem Zugang zu Netzen und Diensten).

Stärkung des Marktes

Zu einem erfolgreichen Funktionieren des Marktes bedarf es nach Auffassung der Gruppe folgender Ziele und Empfehlungen:

Fortentwicklung des ordnungspolitischen Rahmens:

Auf europäischer Ebene, Feststellung und Festlegung eines Minimums an Regeln, damit in Europa möglichst bald effiziente Informationsinfrastrukturen und -dienste entstehen. Über den Aufgabenbereich der Autorität, die für die Durchsetzung dieser Regelung erforderlich ist, wird unverzüglich gesprochen werden müssen.

Der Grund für die Dringlichkeit sind die derzeitigen Marktbedingungen. Die neuen »Spielregeln« müssen so bald wie möglich festgelegt werden. Dann wird der Marktteilnehmer in der Lage sein, den künftigen ordnungspolitischen Rahmen zu berücksichtigen, und jene, die schnell handeln wollen, haben Gelegenheit erhalten, von diesen Maßnahmen zu profitieren.

Im Rahmen dieser Autorität wird folgendes behandelt werden müssen:

— Regelung jener Tätigkeiten, die wegen ihrer gemeinschaftsweiten Natur auf europäischer Ebene geregelt werden müssen, wie Lizenzvergabe, Netzverbund, wo notwendig, Verwaltung knapper Ressourcen (z. B. Radiofrequenzen, Teilnehmernummern) und Beratung der Deregulierungsbehörden der Mitgliedstaaten in allgemeinen Fragen.

— Schaffung eines für alle Beteiligten geltenden einheitlichen ordnungspolitischen Rahmens, der auch die ungleichen Bedingungen für den Marktzugang beseitigt. Dieser Rahmen würde ebenfalls sicherstellen, daß für Netzzugang und Inanspruchnahme von Diensten transparente und nichtdiskriminierende Bedingungen gelten, die ergänzt werden durch praktische Regeln zur Lösung von Streitfällen und zur Schaffung rascher Abhilfe bei Mißbrauch einer beherrschenden Stellung.

Netzverbund und Interoperabilität

Von wesentlicher Bedeutung für die Errichtung der von der Informationsgesellschaft benötigten Informationsinfrastruktur ist zweierlei: zum einen ein nahtloser Netzverbund und zum anderen das Zusammenwirken entsprechender Dienste und Anwendungen (Interoperabilität).

Aufgrund des in der Vergangenheit gezeigten politischen Willens, die nationalen Telefonnetze zu verbinden, ist ein weltweiter Zusammenschluß von hunderten von Millionen Teilnehmern entstanden. Um die noch sehr viel komplexere Informationsinfrastruktur zu errichten, sind eine ähnliche politische Entschlossenheit und entsprechende Anstrengungen erforderlich.

Die Herausforderung besteht darin, bei einer Vielfalt von Vernetzungsarten (z. B. Festnetze und neuartige Netze, wie Mobilfunk oder Satelliten) und zahlreichen Grunddiensten (z. B. diensteintegrierendes digitales Netz – ISDN) einen Verbund herzustellen. Zur Zeit wird die Stellung der Monopolunternehmen in diesen rasch wachsenden Bereichen immer schwächer.

Die Telekommunikationsbetreiber müssen unverzüglich gemeinsam wirtschaftliche Entscheidungen treffen, damit eine rasche Erweiterung der europäischen Grunddienste über das Telefon hinaus sichergestellt ist. Dies würde ihre Wettbewerbsstellung gegenüber nichteuropäischen Unternehmen auf ihren eigenen Märkten stärken.

Die europäische Informationsgesellschaft entwickelt sich von vielen verschiedenen Seiten. Die europäische Infrastruktur wächst zu einem immer dichteren Gewebe von Netzen, Grunddiensten, Anwendungen und Anlagen zusammen, mit deren Entwicklung, Vertrieb und Wartung sich weltweit eine Vielzahl von Unternehmen beschäftigt.

Bei einer funktionierenden und expandierenden Informationsinfrastruktur sollten diese Komponenten zusammenwirken.

Ohne klare Übereinkommen ist es nicht möglich, die verschiedenen Teile dieses komplexen Systems so zusammenzusetzen, daß die Interoperabilität gewährleistet ist. Eine Form solcher Übereinkommen sind beispielsweise *Normen*.

Normen für offene Systeme werden bei der Errichtung der europäischen Informationsinfrastruktur eine wichtige Rolle spielen.

Zwar haben die Normungsinstitute bei der Bestimmung Europäischer Normen beachtenswerte Leistungen erbracht, dennoch wirft das Normungsverfahren in seiner heutigen Form eine Reihe von Bedenken auf hinsichtlich Eignung, mangelnder Interoperabilität und Festlegung von Prioritäten, die nicht genügend marktorientiert sind.

Dringliche Anpassung der Gebühren

Eine Senkung der Gebühren für internationale Fern- und Mietleitungen wird eine verstärkte Inanspruchnahme der Infrastruktur nach sich ziehen, was für zusätzliche Einnahmen sorgen und gleichzeitig Grunddienste und innovative Anwendungen fördern wird.

In den meisten Fällen rührt die derzeitige unbefriedigende Gebühren-

situation von der Monopolstellung der Telekommunikationsbetreiber her und von den ihnen auferlegten vielfältigen politischen Auflagen. Die Öffnung von Diensten und Infrastruktur für den Wettbewerb bedeutet, daß die Telekommunikationsbetreiber ihre Gebühren den Marktbedingungen anpassen können. Ein entscheidender Schritt in diese Richtung ist der Ausgleich zwischen internationalen und Ferngebühren einerseits und Ortsgebühren andererseits.
Zwei Faktoren sind dabei wichtig:
— die Telekommunikationsbetreiber müssen frei von politisch bedingten Haushaltsauflagen sein;
— die mit der Bereitstellung eines universellen Dienstes verbundene Belastung muß auf alle zugelassenen Betreiber recht und billig verteilt werden.

Gewährleistung der globalen Dimension

Da die Informationsinfrastruktur in einem offenen Markt keine Grenzen kennt, ist die Informationsgesellschaft ihrem Wesen nach global. Die in diesem Bericht befürworteten Maßnahmen werden zu einem offenen Umfeld führen, zu dem alle Unternehmen Zugang haben. Auch die Märkte und Netze anderer Regionen in der Welt sollten geöffnet werden. Daher ist es für Europa von vordringlicher Bedeutung, daß die notwendigen Schritte unternommen werden, damit für alle Interessenten die gleichen Zugangsmöglichkeiten gewährleistet sind.

Was noch zu tun bleibt

Neben Maßnahmen für eine offene, wettbewerbsfähige und marktorientierte Informationsgesellschaft müssen weitere Themen angegangen werden. Unterschiedliche Reaktionen nationaler Gesetzgeber bergen die konkrete Gefahr einer Fragmentierung des Binnenmarktes in sich. Hierbei ist zwischen zwei verschiedenen Bereichen zu unterscheiden: auf der einen Seite die Wirtschaft und auf der anderen Individuum und Informationsgesellschaft, und zwar unter besonderer Berücksichtigung der Privatsphäre.
In Schlüsselbereichen wie dem Schutz des geistigen Eigentums, dem Datenschutz und dem Besitz von Medien ist eine gesetzgeberische Reaktion auf europäischer Ebene erforderlich, damit auf dem Weg in die Informationsgesellschaft alle Wirtschaftsteilnehmer den größtmöglichen Nutzen aus den Vorteilen des Binnenmarktes ziehen kön-

nen. Nur ein großer Binnenmarkt kann genügend Anreize für die erforderliche Finanzierung der europaweiten Hochleistungsinformationsnetze schaffen und rechtfertigen.
Wichtigstes Ziel muß deshalb stets die Anwendung des Binnenmarktprinzips des freien Verkehrs von Gütern und Dienstleistungen zum Nutzen aller Europäer sein.

Schutz der Privatsphäre

Die Anforderungen an den Datenschutz werden in dem Maße zunehmen, wie das Potential der neuen Technologien, (auch grenzüberschreitend) detaillierte Informationen über Privatpersonen aus Daten, Sprache und Bildquellen zu gewinnen und zu manipulieren, genutzt wird. Ohne die rechtliche Sicherheit eines unionsweiten Konzepts wird der Vertrauensmangel auf seiten des Verbrauchers einer raschen Entwicklung der Informationsgesellschaft im Wege stehen.
Europa steht beim Schutz der Grundrechte des Einzelnen im Bereich der Verarbeitung personenbezogener Daten weltweit an der Spitze. Die Anwendung neuer Technologien kann Auswirkungen auf hochsensible Gebiete haben, in denen Bilder von Personen, deren Kommunikation, Bewegungen und Verhalten eine Rolle spielen. Angesichts dieser Sachlage muß davon ausgegangen werden, daß die meisten Mitgliedstaaten auf solche Entwicklungen mit Schutzmaßnahmen reagieren werden, zu denen auch die grenzüberschreitende Kontrolle neuer Technologien und Dienste zählt.
Ein unterschiedliches Schutzniveau der Privatsphäre birgt das Risiko, daß nationale Behörden den freien Verkehr zahlreicher neuer Dienste zwischen den Mitgliedstaaten einschränken, um den Schutz persönlicher Daten sicherzustellen.

Eigentum an Medien

Neben der Kontrolle von Eigentumsrechten zur Vermeidung von Monopolmißbrauch gibt es in den meisten Ländern auch Regeln für den Eigentum an Medien und für spartenübergreifendes Medieneigentum, die Meinungsvielfalt und das Recht der freien Meinungsäußerung sicherstellen sollen.
In der Praxis bilden diese Regeln einen Flickenteppich, was zu einer Verzerrung und Fragmentierung des Marktes beiträgt. Medienunternehmen werden daran gehindert, die Vorteile, die ihnen der Binnenmarkt, insbesondere im Multimedia-Bereich, bietet, zu nutzen, und könnten dadurch gegenüber ihren außereuropäischen Wettbewerbern benachteiligt werden.

Unter den derzeitigen Umständen besteht das Risiko, daß jeder Mitgliedstaat beim Versuch, auf die neuen Probleme und Herausforderungen der Informationsgesellschaft zu reagieren, seine eigenen nationalen Rechtsvorschriften verabschiedet. Deshalb muß nun dringend die Frage untersucht werden, wie eine solche Unterminierung des Binnenmarktes vermieden und gleichzeitig effiziente Bestimmungen zum Schutz von Pluralismus und Wettbewerb sichergestellt werden können.

Technologie

Das technologische Fundament in Europa ist heute hinreichend, um die in diesem Bericht vorgeschlagenen Anwendungen unverzüglich einzuleiten. Die Anwendungen müssen auf realistische Systeme ausreichender Größe konzentriert werden, um den Nutzen der Dienste für den Anwender ermitteln und die Wirtschaftlichkeit der neuen Informationssysteme bewerten zu können.
Dennoch bleibt die Entwicklung neuer Technologien weiterhin Voraussetzung, wenn es um die breite Einführung neuer Anwendungen geht, die den reinen Demonstrationsvorhaben folgen sollten. Vor allem müssen Verwendbarkeit und Kostenwirksamkeit der Systeme verbessert und die Folgen eines Einsatzes auf breitester Ebene noch weiter untersucht werden.

Die Bausteine der Informationsgesellschaft

Der Schlüssel zur Informationsgesellschaft ist die Kombination aus Kommunikationssystemen und fortgeschrittenen Informationstechnologien. Die durch Entfernung und Zeit auferlegten Beschränkungen konnten beseitigt werden, und zwar durch Netze (z. B. Telefon, Satelliten, Kabel), die die Informationen übertragen, Grunddienste (z. B. elektronische Post, interaktive Videosysteme), mit deren Hilfe die Netze benutzt werden können, und Anwendungen (z. B. Fernlernen, Telearbeit), die nutzerspezifische Lösungen bieten.

Neue Grunddienste sind erforderlich

Es werden neue Grunddienste wie elektronische Post, Dateitransfer oder interaktive Multimediasysteme benötigt. Die dazu erforderliche Technologie ist bereits verfügbar. Die neuen Netze (z. B. ISDN) breiten sich aus und lassen die begrenzten Möglichkeiten der vorhandenen Telefonnetze vergessen.
Für die Einführung derartiger Dienste müssen zwei Grundvoraussetzungen erfüllt sein: eindeutige Normen und eine Mindestnachfrage.

Das Interesse an einem Telekommunikationsdienst hängt nämlich direkt von der Anzahl anderer erreichbarer Nutzer ab. Somit kann ein neuer Dienst unmöglich erfolgversprechend angeboten werden, wenn nicht eine bestimmte Zahl von Teilnehmern vorhanden ist. Ist diese kritische Masse jedoch erst einmal erreicht, können enorme Wachstumsraten erzielt werden, wie dies beispielsweise beim INTERNET der Fall ist.

INTERNET basiert auf einem weltweiten Netz von Netzen, das nicht zentral verwaltet wird und niemandem gehört. Dennoch wird INTERNET von etwa 20 Millionen Menschen aus über 100 Ländern genutzt und bietet elektronische Post, Diskussionsforen, Informationsdienste und vieles andere mehr. INTERNET ist so umfangreich und wächst so schnell, daß es einfach nicht ignoriert werden darf, auch wenn es Schwachstellen und insbesondere erhebliche Sicherheitsprobleme aufweist. Anstatt weiterhin nur Kunden zu sein, sollten wir Europäer die Entwicklung von INTERNET genau verfolgen und eine aktive Beteiligung am Aufbau von Verbindungen in Erwägung ziehen.

Durch den Ausbau europaweit kompatibler Dienste können kurzfristig umfangreiche Vorteile für die gesamte Wirtschaft erzielt werden.

Die Finanzierung der Informationsgesellschaft – eine Aufgabe für den Privatsektor

Im gegenwärtigen Stadium ist es weder möglich noch erforderlich, die exakte Summe der Investitionen zu ermitteln, die mit der Entwicklung der Informationsinfrastruktur und der entsprechenden Dienste und Anwendungen verbunden sind. Analysen des US-Marktes geben zwar keinen verläßlichen Aufschluß, jedoch besteht kein Zweifel daran, daß die Gesamtsumme der Investitionen im Laufe der nächsten fünf bis zehn Jahre sehr hoch sein wird.

Nach Ansicht der Gruppe sollte die Schaffung der Informationsgesellschaft in Europa dem Privatsektor und den Marktkräften überlassen werden.

Privates Kapital für die Finanzierung neuer Telekommunikationsdienste und -infrastrukturen wird vorhanden sein, sofern die verschiedenen Elemente des Aktionsplans dieses Berichts umgesetzt werden, so daß:

— die Liberalisierung des Marktes schnell erfolgt und glaubwürdig ist,

— Regeln für die Interoperabilität und den gegenseitigen Zugang festgelegt werden,

— die Gebühren angepaßt werden und

— der rechtliche Rahmen geschaffen wird.

Öffentliche Subventionen werden nicht erforderlich sein, da hinreichend Vertrauen geschaffen wird, um genügend private Investoren anzuziehen.

Letzten Endes ist ein wachsender Markt die beste Garantie dafür, daß Privatinvestoren mobilisiert und Subventionen sowie Monopole überflüssig werden.

Öffentliche Investitionen werden auch eine Rolle spielen, wobei es aber nicht darum gehen wird, die öffentlichen Ausgaben zu erhöhen, sondern bei der Verteilung der vorhandenen Mittel neue Schwerpunkte zu setzen. Ein Teil der Investitionen, die die öffentliche Hand zur Entwicklung von Anwendungen in ihren Aufgabenbereichen aufwenden muß, wird Verbesserungen in Produktivität und Qualität der Dienste bewirken und somit bei geschickter Politik Einsparungen ermöglichen.

Vom vernetzten zum virtuellen Unternehmen

von Gerhard Schub von Bossiazky

Die Entwicklung in Richtung Informationsgesellschaft scheint in vollem Gange. Die weltweite Entwicklung für das 21. Jahrhundert sieht der Zukunftsforscher Alvin Toffler folgendermaßen:

» »Wie wir leben, arbeiten, spielen und denken – all das wird einem gigantischen Wandel unterworfen werden. Die Welt wird sich in drei Sphären aufteilen: Länder oder Regionen der **Ersten Welle**, wie wir sie nennen, die hauptsächlich agrarisch strukturiert sind; Länder der **Zweiten Welle**, die billige Arbeitskräfte für Massenproduktionen von Konsumprodukten bereithalten; und an der Spitze die Länder der **Dritten Welle**, der dritten gesellschaftlichen Revolution – ihre Hauptprodukte sind Information, Ideen und immaterielle Dienstleistungen. In der Wirtschaft der Dritten Welle wird Wissen zum wichtigen Rohstoff, Kommunikation wird wichtiger als Warentransport. Mit Hilfe neuer Technologien, die sich noch im Kindheitsstadium befinden, wird sich abstumpfende körperliche Arbeit mit der Zeit durch befriedigendere, geistige Arbeit ersetzen lassen.«[1]

Die externe Organisationsvernetzung

Unternehmen ohne Telekommunikations- und Informationstechnologien sind heute überhaupt nicht mehr vorstellbar. Die Konkurrenzfähigkeit eines Unternehmens hängt in erheblichem Maße auch davon ab, wie effektiv diese Technologien innerhalb des Unternehmens eingesetzt werden. Auch die Analyse des eigenen Unternehmens, Stärken und Schwächen zu positionieren, Chancen und Potentiale auszuschöpfen, gelingt ohne Informationstechnologie nicht mehr.

Es kommt auf den in der Regel international umkämpften Märkten darauf an, Informationstechnologie (IT)-Systeme mehr als bisher für die Erreichung konkreter Unternehmensziele einzusetzen, existierende Hindernisse technischer und organisatorischer Art zu beseitigen und IT als Service für das ganze Unternehmen nutzbar zu machen.

Mit Electronic Data Interchange (EDI) stehen Lieferanten und Abnehmern Produkt- und Auftragsdaten im Netzwerk zur Verfügung. Darüber hinaus können die Unternehmen unter Einbeziehung einer ganzen

Reihe von Datendiensten und Serviceprovidern ihr Informationsangebot anderen anbieten bzw. fremde Datenbestände nutzen. Als Beispiele hierfür wären zu nennen: Genios-Datenbanken oder Serviceprovider in internationalen Netzen wie CompuServe und Internet.

Kommunikations- und informationstechnische Komponenten sind damit unverzichtbarer Bestandteil nahezu aller Branchen des produzierenden Gewerbes und des Dienstleistungsbereiches geworden. Informations- und Kommunikationstechnik ist de facto zu einer Querschnittstechnologie der gesamten Wirtschaft geworden. Winfried Gutschke dazu:

> ❶ »Der Trend ist eindeutig: Mit vermehrtem IT-Einsatz verändert sich das Gewicht der Wettbewerbsfaktoren. Die Wettbewerbsposition eines Unternehmens wird in Zukunft mehr bestimmt sein von Kriterien wie kürzeren Lieferzeiten, Liefertreue, Produktqualität und Reaktionsvermögen. Faktoren, die durch Einsatz von Informationstechnologie direkt beeinflußt werden können. Allerdings erfordert das engagierte und im Umgang mit IT bewanderte Mitarbeiter. Es gewinnen damit auch jene Rahmenbedingungen an Bedeutung, die für eine produktive Nutzung der Ressource Information besonders wichtig sind. Nämlich: Kooperativer Arbeitsstil, Interesse, Lernbereitschaft, Kreativität und Offenheit.«[2]

Die produktive Nutzung der Ressource Information ist einer der bestimmenden Erfolgsfaktoren der Organisationen in der Zukunft. Um hier effektive Lösungen zu schaffen, muß man jedoch vor allem die sich verändernden Bedingungen bei den Unternehmen/Institutionen selbst und in ihrem Umfeld berücksichtigen. Diese wären:

Fraktalisierung der Unternehmen:

Es gibt einen zunehmenden Trend zum Outsourcing. Unternehmensaufgaben werden in wachsendem Maße externalisiert und dezentralisiert. Dies macht es notwendig, alle an der Wertschöpfung beteiligten Stellen informations- und kommunikationstechnologisch zu verbinden. Das Herstellen und Bewahren einer gemeinsamen Unternehmensidentität kann nur noch telekommunikativ geschehen.

Internationalisierung der Märkte:

Internationale Märkte (EU, GATT) erfordern internationales Handeln der Unternehmen. Die Einbindung von Außenstellen und Kooperationspartnern auf der ganzen Welt erfordert den Aufbau von übernationalen Kommunikations- und Informationsnetzen.

Zunehmender Wettbewerbsdruck:

Für die meisten Unternehmen wird der Wettbewerb immer härter. Die Öffnung neuer Märkte hat speziell in Osteuropa, Südostasien und China neue Konkurrenz entstehen lassen, die erheblich kostengünstiger produzieren kann. Dieser Kostenvorsprung läßt sich oft nur noch durch Produktivitätserhöhung in Form von verstärktem Technologieeinsatz innerhalb des Unternehmens sowie Vergabe bestimmter Teilaufgaben an externe Spezialisten wettmachen. Auch hier wird vernetzte Kommunikation notwendig.

Wachsender Zeitdruck:
Mit dem zunehmenden Wettbewerb wird auch der Zeitfaktor – Markteintritt und Time to Market – stärker noch als bisher zum Erfolgsfaktor. Die schnelle Beschaffung von Informationen und Wissen wird zur wichtigsten Ressource und zum wichtigsten Produkt werden. Eine informationstechnologische Vernetzung hilft hier bei der schnellen Informationsbeschaffung für das Unternehmen und bei der Informationsweitergabe innerhalb des Unternehmens. Informationstransferzeiten lassen sich hier in erheblichem Maße einsparen.

Wachsendes Umweltbewußtsein in den Organisationen:

Durch vernetzte Telekommunikation lassen sich viele Transport- und Reisewege zwischen den einzelnen Unternehmensteilen verhindern und so die eigenen ökologischen Kosten und die der Allgemeinheit reduzieren. Videokonferenzen und Joint Editing sind Beispiele, wie gemeinsames Arbeiten bei geringster Umweltbelastung möglich wird.

Informations- und Kommunikationssysteme verringern in erster Linie Raum- und Zeitdistanzen. Je größer diese Distanzen innerhalb der Unternehmung – besonders groß sind sie natürlich bei weltweit tätigen Unternehmen –, desto wichtiger ist der Einsatz solcher Systeme. Eine (weltweit) verzweigte Organisation wird auf Dauer nur dann unter einem einheitlichen Konzept und einer einheitlichen Identität arbeiten können, wenn eine schnelle und reibungslose Kommunikation zwischen den einzelnen Organisationsteilen gewährleistet ist. Daher arbeiten immer mehr Unternehmen/Institutionen mit Netzwerken, in der Regel mit sogenannten LANs (Local Area Networks) bzw. ENs (Enterprise Networks), die sich auf einen Unternehmensstandort beschränken und/oder CNs (Corporate Networks) bzw. WANs (Wide Area Networks), die auch verschiedene Standorte miteinander verbinden.
Kurz zusammengefaßt bedeutet das, daß eine Organisation, sofern sie fraktalisiert ist und im Wettbewerb steht, nur noch dann wird bestehen können, wenn sie über integrierte Kommunikations- und Informationssysteme verfügt. Voraussetzungen sind hier im einzelnen:
— ausgedehnte informationstechnische Netzwerke, die Kommunikation innerhalb des gesamten Unternehmens (auch weltweit) von Arbeitsplatz zu Arbeitsplatz ermöglichen. D. h. konkret Aufbau von LANs

und ENs an den Unternehmensstandorten und standortübergreifende Vernetzung der Netze mittels eines Corporate Networks.

— Einbeziehung und Integration von Marktpartnern (Kunden, Lieferanten, freien Mitarbeitern) in diese Networks je nach Bedarf;

— Anschluß unternehmenseigener Networks an allgemein zugängliche Netze und somit Gewährleistung der Kommunikation nach außen und des Zugriffs auf öffentliche Medien und Datenbanken;

— eine flächendeckende Ausstattung aller Arbeitsplätze mit Informations- und Kommunkationstechnik;

— eine hohe Durchdringung des (weltweit tätigen) Unternehmens mit Informations- und Kommunikationsanwendungen;

— qualifizierte Mitarbeiter, die im Umgang mit den vorhandenen Systemen geschult sind und eine effektive und sinnvolle Nutzung gewährleisten; und zwar an nahezu jedem Arbeitsplatz.

Die Realisation dieser Maßnahmen wird für die Unternehmen vor allem organisatorische Veränderungen nach sich ziehen und hat damit Auswirkungen auf das Arbeitsumfeld des einzelnen Mitarbeiters. Grundsätzlich kann man hier zwischen unternehmensinternen organisatorischen Konsequenzen und Veränderungen in der Zusammenarbeit mit den Marktpartnern unterscheiden.[3]

Organisatorische Veränderungen durch interne und externe Vernetzung der Unternehmen:

Organisatorische Veränderungen innerhalb des Unternehmens	Veränderungen im Verhältnis zwischen Unternehmen und den Marktpartnern
— Intensivierung von Teamarbeit	— Verringerung von Funktionsredundanz
— Funktionsintegration	— gemeinsame Nutzung von Funktionen
— zeitnahe Planung und Kontrolle	— Prozeß- und Wissensverbund
— Übergang vom »realen« zum »virtuellen« Unternehmen	

Vernetzung von Marktpartnern

Die direkte Vernetzung von Marktpartnern kann eine Vielzahl von Ausprägungen haben und steht auch im Zusammenhang mit der Branche, in denen die Unternehmen tätig sind. Absehbar könnten Produzenten von erklärungsbedürftigen oder beratungsintensiven Produkten beispielsweise den Händlern Infoterminals zur Verfügung stellen. Diese Infoterminals könnten zum einen für die Händler selbst als Ersatz

für Kataloge eine komplette Produktübersicht geben und darüber hinaus tiefergehende Erklärungen und Demonstrationen am Bildschirm darstellen. Ein Teil der Daten ist in dem Gerät selbst gespeichert und die Aktualisierung bzw. Kommunikation mit dem Hersteller erfolgt per ISDN online. Ferner können diese Terminals auch als Kundeninformationssysteme direkt genutzt werden. Insgesamt können durch eine derartige Vernetzung der Marktpartner neue Strukturen und Arbeitsabläufe realisiert werden. Das Bestellwesen erfolgt online, so daß der Händler direkt erfährt, ob die Ware ab Lager lieferbar oder erst in ein oder zwei Wochen verfügbar ist. Hierdurch können eine ganze Reihe von Arbeitsschritten eingespart werden. Unnötige Schriftvorgänge können auf ein Minimum reduziert werden.
Daneben kann es aber auch zu einem schnelleren, effektiveren und aktuelleren Informationsaustausch der Marktpartner kommen. Vor allem der Aspekt der Aktualität wird in Zukunft immer mehr an Bedeutung gewinnen. Insgesamt können die Reaktionszeiten verkürzt und dadurch Wettbewerbsvorteile realisiert werden.

Nutzung globaler Netzwerke

Bis zur globalen Vernetzung aller an gesellschaftlichen Prozessen beteiligten Personen wird noch einige Zeit vergehen. Die Nutzung globaler Netzwerke wird aber schon jetzt von Wirtschaftsunternehmen immer intensiver betrieben. Die Europäisierung und Globalisierung der Wirtschaftsbestrebungen der Unternehmungen trägt zu dieser Entwicklung bei.
Die Nutzung der globalen Netzwerke gewinnt aber dadurch an Bedeutung, daß beispielsweise via Internet oder CompuServe relativ problemlos und kostengünstig weltweite Recherchen betrieben, E-Mails versendet oder Werbeschaltungen durchgeführt werden können. Ob im privaten, schulischen, universitären oder wirtschaftlichen Bereich, die Frage lautet oftmals nicht mehr, ob eine Verbindung zwischen Deutschland und den USA möglich und sinnvoll ist, sondern vielmehr, welche Daten man wann und wie abrufen kann. Hemmschuh dieser Entwicklung sind teilweise die Übertragungskapazitäten und die damit in Zusammenhang stehenden Datenmengen pro Übertragung. Die Übertragung von multimedialen Daten ist durch diese technischen Restriktionen noch stark eingeschränkt. Die datentechnische Verknüpfung von Headquaters mit Niederlassungen im Ausland ist aber weitestgehend schon realisiert. Auch die Ansätze zu übernationaler Telearbeit werden absehbar unter Kostengesichtspunkten rentabel sein; ebenso

die Realisierung von virtuellen Unternehmen, die global agieren. Sicherlich wird hier und da all dies schon praktiziert, aber die Betätigung in breiteren Märkten und mit einer Vielzahl von Marktteilnehmern setzt voraus, daß die globalen Netzkapazitäten bereitgestellt werden und daß die Kostenstrukturen eine Realisierung zulassen.
Derzeit scheitern viele Projekte an den enormen Kosten für eine permanente Kommunikation der Beteiligten über globale Online-Netze. Dies gilt vor allem für kleine und mittelständische Betriebe. Die Harmonisierungsbestrebungen im europäischen Telekommunikationsbereich, der Aufbruch der Monopolstellung einiger weniger Netzanbieter, der technische Fortschritt und der steigende Bedarf werden auf Dauer dazu führen, daß die Preise für Telekommunikationsdienstleistungen sinken werden.
Der Weg in die global vernetzte Informationsgesellschaft wird dadurch vorangetrieben.

Die interne Organisationsverknüpfung

»Nachdem Industrieroboter Fabriken in menschenleere Hallen verwandelt und der Blei-Setzer durch den Filmbelichter ersetzt worden ist, vollzieht sich der nächste Umbruch:
— Verfeinerung der bestehenden Techniken durch digitale Ton- und Bildschnittsysteme;
— Einbruch neuer Produktionsweisen in der Medienindustrie, zum Beispiel durch digitalen Direktdruck;
— Erweiterung der Berufswelt durch Multimedia und Telekommunikation.«[4]
Vom Milliardengeschäft mit Telekommunikation und Multimedia sind nach Schätzungen der amerikanischen Unternehmensberatungsfirma Arthur D. Little bis zur Jahrtausendwende zwei Millionen Arbeitsplätze in Deutschland direkt oder indirekt betroffen. Neue Wertschöpfung ist ein Indikator dieser Entwicklung: Tele-Kooperation, Tele-Präsenz, Tele-Gemeinschaft, Tele-Kommerz – und für all das natürlich der Tele-Kommunikationsunterstützer und der Animationstechniker.[5]
Insgesamt wird sich die Arbeitswelt in allen Bereichen sehr dynamisch in Anlehnung an die technologischen Entwicklungen verändern, wobei die gesellschaftlichen Entwicklungstendenzen ebenfalls einen starken Einfluß darauf nehmen werden.

Hier ist insbesondere die Unterstützung der Zusammenarbeit über große Distanzen interessant. Telefon- und Videokonferenzen über lokale aber auch über weltweite Netzwerke führen neben einer qualitativen Anreicherung von Teamarbeitsprozessen auch zu einer nachhaltigen Verkürzung der Bearbeitungszeiten und der räumlichen Überbrückung. Auch gemeinsames Bearbeiten bestimmter Projekte (Joint Editing) über große Distanzen wird möglich. Während ein »Team« bisher immer auch eine räumliche Nähe voraussetzte, wird durch die Vernetzung diese Bedingung aufgehoben. Bildung von Teams und Teamarbeit wird einfacher. Konkrete Vorteile sind vor allem auf operationalem Level erkennbar, z. B. bei Forschungs- und Entwicklungsaufgaben, der Qualitätssicherung, der Erarbeitung von Marketingkonzepten oder der Durchführung von Wartungsaufgaben, aber auch auf dem Managementlevel, z. B. bei der Durchführung von Planungsprozessen.

» »Der Begriff **Telearbeit** umfaßt als Oberbegriff zunächst Tätigkeiten, die durch Informations- und Kommunikationstechnik unterstützt werden und räumlich entfernt vom Standort des Arbeits- oder Auftraggebers (z. B. in einem Arbeitszimmer in der Wohnung des Mitarbeiters) durchgeführt werden. Der Austausch der Arbeitsaufträge oder die Übermittlungen der Arbeitsergebnisse (oder beide Wege des Datenaustausches) erfolgen dabei über Telekommunikationsnetze.«[6]

Im Arbeitsalltag bedeutet dies, daß es nicht mehr zwingend notwendig ist, daß ein Arbeitnehmer täglich im Unternehmen selbst an seinem Schreibtisch sitzt. Einerseits kann seine Unternehmensrufnummer per ISDN direkt an einen anderen Standort umgeschaltet werden und andererseits kann der Arbeitnehmer selbst per ISDN und Modem auf die Datenserver der Firma zugreifen.

Verschiedene am Markt erhältliche Hard- und Softwarelösungen tragen dazu bei, daß auch im Rahmen von Telearbeit Workgroup-Computing und Videokonferenzen per PC möglich sind. Dies führt dazu, daß bereits jetzt schon ein Großteil der täglich anfallenden Routinearbeiten auch zuhause bewältigt werden kann.

Telearbeit hat folgende Vorteile:

- Dezentralisation der Arbeitsleistung
- Kostensenkung:
  - geringere Büroflächen sind notwendig
  - anteilige Einsparung von Abschreibungen auf Raumkosten
- Einsparung von Wegstrecken/-zeiten

— Steigerung der Arbeitsflexibilität
— Erhöhung der Lebensqualität

»Arbeitswissenschaftler gehen davon aus, daß **Telearbeit** die Produktivität bis zu 30% steigern kann und daß dies nicht nur privaten Unternehmen nützt. Es können auch Institutionen wie die Bundesregierung davon profitieren. Eine Glasfaserverbindung zwischen Bonn und Berlin dient als Grundlage für einen Versuch, fünf Behörden per Telearbeit zu einem virtuellen Beamtenapparat zusammenzuschalten. Ähnliche Versuche der kanadischen Regierung haben gezeigt, daß in einzelnen Ämtern nach Einführung der Telearbeit die Beamtenproduktivität um sagenhafte 73% gestiegen ist. Gleiches ließe sich für Deutschland erhoffen.«[7]

Die Liste der Vorteile ließe sich noch verlängern. Neben diesen Vorteilen kristallisiert sich aber auch eine Reihe von Nachteilen heraus, die sich aus der Telearbeit ergeben. Die sozialen Kontakte zu Kollegen können verloren gehen. Dies kann auch negative Auswirkungen auf die Corporate Identity des Unternehmens haben. Ein Teil des Wir-Gefühls geht verloren. Ferner kann sich der Informationsgrad der Teleworker über den Stand innerbetrieblicher Entwicklung auf ein Minimum reduzieren, so daß sie nicht am Entwicklungsprozeß partizipieren. Neben der menschlichen Problematik stellt sich eine Vielzahl von technischen Problemen. Hier sind unter anderem Kompatibilitätsprobleme, Datenredundanz, Datenabgleichproblematik und Leistungsgrenzen des Systems zu nennen.

Die generelle Einstellung der Deutschen zu Computern und deren Nutzen läßt sich anhand einer Emnid Umfrage vom Januar 1995 mit folgenden Ergebnissen verdeutlichen:[8]

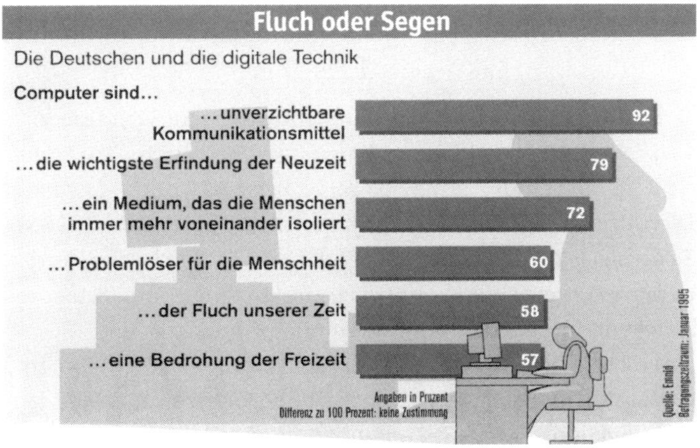

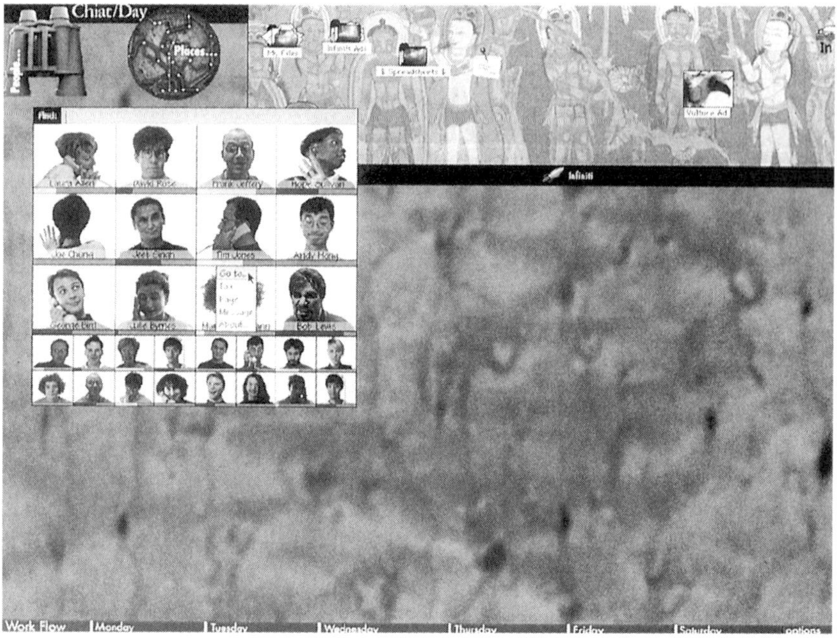

Jeet Singh/Joseph Chung: Virtuelles Büro für chiat/day, inc.
© Art Technology Group

Das virtuelle und vernetzte Unternehmen

Eine informations- und kommunikationstechnische Vernetzung macht es auch überflüssig, alle Unternehmensleistungen an einem Standort real zur Verfügung zu haben. Durch die weitgehend aufgehobenen Raum-/Zeitdistanzen werden alle Leistungen der Unternehmung immer und überall abrufbar, sind damit virtuell verfügbar. Es genügt daher, wenn Unternehmensbereiche und Elemente der Wertkette irgendwo innerhalb des Netzes einmal existieren und bereitstehen, da damit ihre virtuelle Verfügbarkeit überall im Unternehmen gegeben ist.

⊕ Der Ansatz des virtuellen Unternehmens geht weit über die Ansätze von Telearbeit und Homeworking hinaus. Beim virtuellen Unternehmen geht es nicht nur darum, einzelne Personen oder Abteilungen bzw. Dienstleistungsbereiche auszugliedern und räumlich dezentral mittels Telearbeit/Homeworking weiterzuführen. Es geht vielmehr darum, das gesamte Unternehmen virtuell zu strukturieren, so daß theoretisch alle Abteilungen losgelöst vom Stammhaus dezentral und räumlich nicht zusammenhängend agieren können. Virtuelle Unternehmen sind am leichtesten im Bereich der Dienstleistungsbranche zu realisieren. Virtuelle Produktionsstätten sind absehbar kaum denkbar.

Gegenüber der Telearbeit bedarf es zur Realisierung eines virtuellen Unternehmens mehr als ein paar organisatorischer Maßnahmen der Anschaffung des notwendigen Equipments. Es muß vielmehr dafür Sorge getragen werden, daß vorrangig ein Informationssystem entwickelt wird, mit welchem alle virtuell organisierten Unternehmenseinheiten kommunizieren. Allen Beteiligten müssen die gleichen Informationen und Daten zugänglich sein. Vor allem für Management-Entscheidungen müssen stets die aktuellen Informationen über den Stand von Projekten oder Fertigungsabläufen greifbar sein, da auch das Management virtuell und räumlich getrennt voneinander agieren kann. Die virtuelle Vernetzung der Informationen und die virtuellen Strukturen eines solchen Unternehmens stellen enorme Anforderungen an die Organisation. Ein Beispiel hierfür könnte die **Virtuelle** ⊖ **Agentur** sein.

⊖ In den kommenden Jahren wird sicherlich auch die **Virtuelle Agentur** eine nicht unerhebliche Rolle spielen. Hier geht es darum, daß einige wenige Personen einen relativ großen Agenturbetrieb realisieren, der sich zur tatsächlichen Arbeit und Abwicklung jeweils der Ressourcen bedient, die im Markt angeboten werden (z. B. Konkurrenzagenturen, die nicht voll ausgelastet sind, free lancer, Lay-Out-Betriebe usw.). Es kommt jeweils nur zu einer zeitlich befristeten, projektbezogenen Zusammenarbeit. Hiermit würde ein deutlich höheres Maß an Flexibilität erreicht. Möglicherweise wären damit auch kreative Leistungsfortschritte erzielbar. Es kann für eine Aufgabe immer eine ausgesprochen qualifizierte Frau bzw. ein ausgesprochen qualifizierter Mann herangezogen werden.

Die Virtuelle Agentur würde ein Prinzip, das heute schon im Bereich der Produktion der Konzeptionen üblich ist, noch weiter durchsetzen und umfassender gestalten. Dies wäre auf der Basis des bereits ohnehin gegebenen Outsourcing relativ einfach möglich. Neben diesen organisatorischen Abläufen bedarf es für den reibungslosen Ablauf der zu koordinierenden Tätigkeiten der entsprechenden technischen Ausstattung, die einen wesentlichen Part im System der virtuellen Unternehmen ausmacht.

Gemeinsame Nutzung von Funktionen

Über Informations- und Kommunikationssysteme kann man auch einer offenen oder geschlossenen Gruppe von Marktpartnern unternehmenseigene Funktionen zur Nutzung anbieten. Dies machen die Fluggesellschaften beispielsweise im Bereich der Flugreservierung schon lange. Der Nachfrager hat so über das Reisebüro direkten Zugang zu allen Anbieterinformationen. Joachim Griese, Professor am Institut für Wirtschaftsinformatik der Universität Bern, meint hierzu: »Generell führen Informations- und Kommunikationssysteme zu einer Verringerung der Transaktionskosten und fördern damit das Entstehen elektronischer Märkte. Das Informationsgeschehen des Marktes einer ganzen Branche wird vom physischen Geschehen abgekoppelt, Aufgaben werden unter den Branchenteilnehmern verändert, aufgrund von Zugangs- und Nutzungsregelungen der Informationen können Wettbewerbsvorteile entstehen.«[10]

Prozeß- und Wissensverbund

Der Prozeßverbund stellt eine weitere Stufe der Integration zwischen Marktpartnern dar: Ob ein Schritt in einem Fertigungs- oder sonstigen Leistungsprozeß durch eine Einheit des eigenen Unternehmens oder einen Dritten als Vertragspartner durchgeführt wird, spielt hier keine Rolle mehr. Solange die Prozeßführung beim eigenen Unternehmen liegt, können Lieferanten über I- und K-Systeme effektiv in Leistungserstellungsprozesse miteingebunden werden. In der Automobilindustrie werden schon heute Zulieferer über Informationssysteme integriert und so in den Produktionsprozeß des Herstellers eingebunden, daß sie fertigungssynchron die benötigten Teile anliefern.

Auch der Wissensverbund auf Basis von Informations- und Kommunikationssystemen beruht auf der unternehmensübergreifenden Kooperation. Idee ist hierbei, eine Datenbank zu schaffen, in die alle am Netz Beteiligten Informationen einbringen und abrufen können. Beispiel ist der mit globalen I- und K-Systemen ausgestattete Forschungsverbund der chemischen Industrie.

An den angeführten Beispielen sieht man deutlich, daß die genannten Anwendungen und Auswirkungen der Vernetzung innerhalb der Organisationen und auch zwischen den Organisationen in Einzelbereichen bereits existieren. LANs innerhalb von Unternehmen sind schon lange keine Ausnahme mehr. Aber erst der Ausbau dieser Netze zu unternehmens- oder gar branchenweiten Corporate Networks wird der zunehmenden Internationalisierung und Fraktalisierung angemessen Rechnung tragen können. In virtuellen Unternehmen werden so eigentlich nur noch Informationen zusammengeführt und verkauft. Wo die tatsächliche Leistungserstellung letztendlich im einzelnen stattfindet, wird sekundär. In letzter Konsequenz wird dies zu einer weitverzweigten, übernationalen, vielleicht sogar weltweiten Vernetzung der Wirtschaft führen, wobei dies wiederum als Vorstufe zu einer virtuellen Weltgesellschaft gesehen werden könnte.

Anmerkungen:

1 Toffler, Alvin: »Das Ende der Romatik«, in: Spiegel special Nr. 3/1995: »Abenteuer Computer«, S. 59.
2 Gutschke, W.: Schlüsselfaktor Informationstechnologie.
3 Vgl. Griese, J.: Auswirkungen globaler Informations- und Kommunikationssysteme auf die Organisation weltweit tätiger Unternehmen, in: Staehle, W. H./ Conrad, P. (Hg.): Managementforschung 2, Berlin/New York 1992, S. 165.
4 Albrecht, Harro: »Zu neuen Horizonten«, in: Spiegel special Nr. 3/1995, S. 21.
5 ebd.
6 Godehardt, Birgit: »Telearbeit: Rahmenbedingungen und Potentiale«, Kurzfassung, erschienen in der Schriftenreihe der ISDN-Forschungskommission des Landes NRW, November 1994, S. 8.
7 Vgl.: Meißner, Gerd: »Cleanman aus der Nacht«, in: Spiegel special Nr. 3/1995, S. 95.
8 Abbildung entnommen aus Spiegel special Nr. 3/1995, S. 12.
9 Vgl. Griese, J., a.a.O., S. 167.
10 ebd., S.172.

Die Zukunft der (Medien ist die) Werbung

von Michael Schrage

Überall, wo es ein Publikum gibt, finden sich auch Werber ein. In dem Maße, wie sich die Medien entwickeln, tut es auch das Publikum. Mehr als die menschliche Natur trennen Zeit und Geographie die faszinierte Zuschauermenge im Römischen Colosseum von Benutzerverzeichnissen im Internet. Ein römischer Herold ist kein 15-Sekunden-Spot und dieser kein Infomercial. Simple Broadcast-Medien wie Radio oder Fernsehen können die Möglichkeiten von Einer-an-einen-Medien (Telefonmarketing, personenbezogene Sprachspots) oder Viele-an-viele-Medien (wie Europe Online oder das Internet) nicht einmal andeuten.

Die Zukunft der Medien ist die Zukunft der Werbung; die Zukunft der Werbung ist die Zukunft der Medien. Der grundlegende Unterschied besteht jedoch darin, daß die Design-Philosophien der digitalen Medien einen starken Einfluß auf die herkömmliche Werbung ausüben und diese deren Heraufkunft kaum aufhalten werden. Mit anderen Worten: Die Anzeigen von morgen werden die Standards der Netzwerk-Kommunikation eher widerspiegeln, als daß sie sich auf ein digitales Wiederkäuen heutiger Werbung einlassen werden. Die digitale Werbung von morgen wird unentwirrbar mit Netzwerken und der Virtual-Reality-Industrie verflochten sein. Die Erscheinung des digitalen David Ogilvy mag noch auf sich warten lassen, die kommerzielle Zukunft des Cyberspace ist jedoch unvermeidlich. Es wird Reklametafeln entlang der Datenautobahn geben.

Massenmedien haben eine lange Tradition der Subvention: Im letzten Jahrhundert machte die Werbung aus den Tageszeitungen einen Groschenartikel, den sich alle leisten konnten; in diesem Jahrhundert hat kommerzielles Sponsorship erst das Radio und dann das Fernsehen in die dominanten Medien verwandelt. Die gerade stattfindende explosive Verbreitung persönlicher und tragbarer Medien in Verbindung mit der Zunahme von Bandbreite und Prozessorleistung schafft Möglichkeiten für neue Arten von Werbung, Sponsorship und Promotion.

Bereits ein Videospiel von Sega oder Nintendo bietet innovativen Werbern einen potentiellen Grad von Interaktion mit dem Konsumenten, von dem man beim herkömmlichen 30-Sekunden-Spot nur träumen

[Michael Schrage ist Mitarbeiter des amerikanischen Medienmagazins *Wired.*]

kann. Welcher bessere Weg ist denkbar, um eine Werbebotschaft direkt den Synapsen eines für Eindrücke empfänglichen Teenagers einzubrennen, als um sie herum ein aufregendes High-speed-Videospiel zu bauen? Der modische Futurismus falscher Prediger sagt voraus, daß es dieses Mal anders sein wird, daß diesmal durch die neue Medientechnologie das Individuum die Oberhand über den Werber behalten wird. Mag sein, mag auch nicht sein. Wahrscheinlicher werden wir beobachten, wie diese neuen Medien die Kräfteverhältnisse zwischen Individuum und Werber neu ausbalancieren. Gestern wechselten wir den Kanal; heute drücken wir auf die Fernbedienung; morgen programmieren wir unsere Agenten beziehungsweise **Filter** neu. Wir werden mit der Werbung in Interaktion treten, wo wir einst nur zuschauten; wir werden Werbung aufspüren, wo wir sie einst nur mieden. Werbung wird nicht verschwinden: sie wird sich verjüngen.

Unter dem Namen TV Digest liegt ein solcher **Filter für benutzerspezifische Zusammenschnitte der Programmvielfalt** im Fernsehen vor. Es handelt sich um ein vereinfachtes Abfallprodukt eines aufwendigen Scanners, der von automatischen Kameras gelieferte Bildschirmbilder auswertet. Das Programm 'scannt' durch viel schnelleres Weiterschalten, als es der flinkeste Zapper fertigbekäme, je Sekunde bis zu 24 Speicherkanäle und wertet sie nach vorgegebenen und angelernten Kriterien aus. Im Lernmodus speichert es kurz und komprimiert sogenannte »Tokens«, Zeichen, anhand derer es später erkennen kann, daß auch ein vollständig anderes Bild und ein anderer Ton die gewünschte Information enthalten.

In dem Maße, wie Telefon- und Kabelgesellschaften miteinander verschmelzen und sich dabei herausputzen, spielen sie unvermeidlicherweise die Schlüsselrolle im Kräfteverhältnis von Werbern und Zuschauern. Sie bilden den Königsweg für die nächste Generation der Werbung. Doch wie wird diese nächste Generation aussehen? Offensichtlich bedeutet der Aufstieg intelligenter Netze und programmierbarer Agenten und Filter, daß Werbung zielgenauer und selektiver wird. Datenbanken werden viel Werbung durch das Netz schicken, intelligente Datensätze inbegriffen, welche die Fragen neugieriger Konsumenten beantworten. Werber und Käufer werden via Netz über Information verhandeln. In der Tat hat der Direktor des Medienlabors des MIT, Nicholas Negroponte, behauptet, daß die Zukunft der Werbung eine vollständige Umkehrung der herkömmlichen Praxis erleben wird. Statt daß die Werber Antwort erbitten, werden sie auf die Bitten der potentiellen Kunden antworten.

Doch wie ist es um die Natur der Werbung selbst bestellt? Sind Anzeigen dazu ausersehen, kaum mehr als Bruchstücke zielgruppenorientierter Datenbanken, gepaart mit persönlichen Agenten zu sein? Wahrscheinlicher werden wir es mit Werbung zu tun haben, welche die Prinzipien nachahmt, die Nintendo und Sega in die Lage versetzt haben, die amerikanische Massenkultur neu abzustecken. Werbung wird den spielerischen Eindruck visueller Unterhaltung, von Videospielen und Simulationen vermitteln.

Sicherlich werden diese Werbespots nicht das Gefühl falscher Interaktivität aufkommen lassen, das die Werbung auf einem Online-Dienst wie *Prodigy* durchzieht. Prodigys Modell von Interaktivität scheint um die Betätigung der Fernbedienung herum entworfen zu sein: Drück einen Knopf, und du siehst ein anderes Bild auf dem Schirm. Das ist ein an der größtmöglichen Faulheit des Benutzers orientierter Stil der Einbeziehung : klick ... klick ... klick.

Wie wäre es statt dessen mit einem Prodigy, das Sie Ihre maßgeschneiderte Pizza in Farbe, auf dem Schirm und online entwerfen läßt – Wurst, Muscheln, extra Käse auf einer Hälfte – und dann automatisch Ihre Bestellung zur nächstgelegenen Pizzeria weiterleitet?

Anzeigen würden Software-Verführer werden, welche die Kunden-Interaktion leiten und zu ihr verleiten. Die Grenzen von Werbung, Information und Geschäft würden verschwimmen. Interaktive Anzeigen können sich zu bezwingenden Umgebungen entwickeln, die direkt reagieren – informativ, intim und unmittelbar.

Ziehen wir auch die folgende unerwartete Möglichkeit in Betracht: Die wunderbar vorausschauende Cyberpunk-Geschichte *Earth* von David Brin beschreibt etwas, das dort ein »courtesy worm« genannt wird. »Es handelt sich um ein Guerilla-Programm – einen illegalen Virus –, das herumgeht und dabei auf Leute abzielt, die sich innerhalb des Computernetzes in zu starkem Maße Schmähungen erlauben und ihren Ärger ablassen. Der Wurm wird von abstoßender Ausdrucksweise, Fäkalsprache und einem Stil *ad hominem* angezogen, schlüpft daraufhin in das System des *flamers* und verkündet: 'Hallo. Sie sind vom Programm *Emilypost* infiziert worden, weil Ihre Anwesenheit im Netz die Rechte und das Vergnügen der anderen einschränkt. Wenn Sie Ihre Glaubwürdigkeitsquote überprüfen wollen, mein Herr, werden Sie bald feststellen, daß niemand ihnen mehr zuhören mag. Wir empfehlen Ihnen zu versuchen, ein etwas reiferes Verhalten an den Tag zu legen.'«

Brin entwirft ein globales Computernetzwerk, in dem es sowohl von tödlichen als auch von gutartigen Viren wimmelt. Das Netz wird zum Schlüsselmedium für die Gemeinschaft und für die Wirtschaft. Wenn es einen Emilypost-Virus zur Kontrolle von Höflichkeit gibt, warum soll es dann nicht einen Coca-Cola-Virus geben, der durch das Netz zirkuliert und sich an jedes Programm mit der Phrase »The Real Thing« dranhängt? Was wäre mit einem Delial-Virus, der sich in alle Videobilder sonnengebräunter Yuppies einschleicht, die am Strand herumtollen? Ein Nivea-Lotion-Virus, der in alle Badewannen- und Duschszenen schwimmt (solange sie nicht zu heiß sind), wäre im Interesse von Beiersdorf. Der Sony-Logo-Virus könnte sich in jedes Bild eines flotten elektronischen Geräts einklinken.

Stellen wir uns diese Werbeviren als Gegenstück zum Product placement in Film und Fernsehen vor. Natürlich ist es schon Kunst, Werbeviren zu designen, die gerade genügend Reiz besitzen, um wahrgenommen und erinnert zu werden, ohne so aufdringlich zu sein, daß sie unausstehlich und befremdlich werden. Aber ist das nicht schon immer die Herausforderung für die kreativsten Geister unter den Werbern gewesen?

Die wirkliche Zukunft von Werbung und Marketing dürfte jedoch in der neuen Ökologie und der wechselseitigen Beziehung von Genen und Memen liegen. Das »Mem« wurde vor über 15 Jahren von dem Zoologen Richard Dawkins als eine raffinierte Methode zur Erklärung kulturellen Wandels »entdeckt«. Obwohl das Konzept der Meme die kühnste und provokanteste Theorie über die Art und Weise der Verbreitung neuer Ideen ist, hat es das Wort irgendwie fertiggebracht, bislang den Fängen von Werbung, Medien und Marketing zu entgehen. Das ist wirklich schade: »Memetik« bietet sich als neues Paradigma zur Erklärung der Massenkultur an. »Beispiele für Meme sind Melodien, Gedanken, Schlagworte, Kleidermoden, die Art, Töpfe zu machen oder Bögen zu bauen«, schreibt Dawkins in *Das egoistische Gen.* »So wie Gene sich im Genpool vermehren, indem sie sich mit Hilfe von Spermien oder Eizellen von Körper zu Körper fortbewegen, verbreiten sich Meme im Mempool, indem sie von Gehirn zu Gehirn überspringen.«

Welche Meme bringen uns dazu, zu kaufen und zu konsumieren? Wie verbindet man zwei oder drei scheinbar disparate Meme? Welches Medium eignet sich zur Übertragung bestimmter Meme? Video? Fernsehen? CD? Radio? Verbreiten einige Kulturen Meme effektiver als andere? Dies ist der Typ von Fragen, die das Meme-Paradigma Werbeagenturen und deren Kunden aufzwingt. Vergessen Sie Demographie und Psychographie. Denken Sie memographisch, denn noch mehr als von den entstehenden Netzwerken der neuen Medientechnologien wird die Zukunft der Werbung ihre Design-Inspirationen von den kraftvollen Metaphern der Gen- und Memtechnik beziehen.

Wie die Werber ins Netz gehen

von Aaron Koenig

Ein Mantra rezitieren alle Gurus der Multimedia-Welt von Louis Rossetto (*Wired*) bis Peter Kabel (Kabel New Media) gebetsmühlenhaft: »1995 wird das Jahr der Kommerzialisierung des Internet.« Doch wie macht man aus der Spielwiese von Hackern, Wissenschaftlern und Studenten ein lukratives Geschäft? Wird das weltumspannende Computernetz Internet wirklich zu einem riesigen Markt, auf dem Produkte ihre Besitzer wechseln und per Kreditkarte und »digitalem Bargeld« bezahlt werden?

Bei immateriellen Dingen wie Software und Musik mag das funktionieren, aber bei vielen Produkten kann man sich schwer vorstellen, sie auf digitalem Weg zu kaufen, ohne sie vorher im realen Leben begutachtet zu haben.

Die aktuellen Umsatzzahlen im Internet sind denn auch bescheiden. 1994 wurden laut einer Untersuchung der US-Marktforschungsfirma Simba gerade dreizehn Millionen Dollar durch Handel im Internet umgesetzt. Dieses Papier rechnet zwar mit Wachstumsraten von 6000 Prozent und einem Marktvolumen von einer Milliarde Dollar im Jahr 1998 aber umwerfende Umsätze sind das vorerst nicht.

Ich glaube, daß von viel höherem kommerziellen Interesse das Netz als Werbemedium ist. Auch traditionelle Medien leben ja heute davon, zielgruppengerechtes Werbeumfeld zu sein.

Da gibt der »Third WWW User Survey« vom Mai 1995 interessante Auskünfte. Diese Analyse betrachtet die Nutzer im Multimedia-Teil des Internet, dem World Wide Web; sie stammt vom Verband World Wide Web Consortium und dem National Center for Supercomputing Applications in den USA. Ihren Zahlen zufolge ist der sogenannte Web-Surfer durchschnittlich 35 Jahre alt und verfügt über ein Jahreseinkommen von 69 000 Dollar, rund 100 000 Mark also.

Laut einer Untersuchung der Schweizer Werbeagentur Thomas Bollinger sind die Web-Besucher überdurchschnittlich gebildet, weltoffen, spielfreudig und neuen Trends gegenüber aufgeschlossen, investieren

[Aaron Koenig (aak@mme.de) ist Kreativdirektor des MME MedienLabors, in dem das VH-1derland des Musikfernsehsenders VH-1 (http://www.vh1) und der Web-Service der Programmzeitschrift *TV Movie* (http://www.tvmovie.de) entwickelt wurde.]

viel in ihre Hobbys und sind überhaupt die perfekten »Innovatoren und Frühadopter« – also genau die Zielgruppe, nach denen sich Werbetreibende die Finger lecken.

Hat man all dies im Sinn, so bietet das Computernetz noch einen enormen Vorteil: Die Werbekontakte sind minutiös belegbar. Das Hauptproblem traditioneller Werbung ist ja, daß niemand je erfährt, wen er genau mit seinen Botschaften erreicht. Die Hälfte des Werbegeldes, so ein geflügeltes Wort der Branche, ist zum Fenster hinausgeworfen – man weiß nur leider nicht, welche Hälfte. Um die sogenannten Streuverluste möglichst gering zu halten, werden Unsummen in Umfragen, Mediaanalysen und Quotenmessungen investiert. Ob die so gewonnenen Daten aber glaubwürdig sind, ist immer Anlaß zum Streit – man denke nur an die Ermittlung der Einschaltquoten im Fernsehen durch die GfK. Die Zugriffe auf einen Web-Server, also einen Computer, der Texte, Bilder und Töne für die Internet-Bewohner bereit hält, sind dagegen exakt zu messen.

Um einmal mit konkreten Zahlen herauszurücken: Ich nehme eine aktuelle Statistik zum »VH-1derland« zur Hand, dem Web-Angebot des Fernsehsenders VH-1. Gestern war ein netter, durchschnittlicher Tag mit insgesamt 13612 registrierten Zugriffen. Wohlgemerkt: Die Zahl der Zugriffe ist nicht die Zahl der Besucher. Erfahrungsgemäß erzeugt jeder, der sich im VH-1derland umsieht, im Durchschnitt circa dreißig Zugriffe, bevor er das Angebot wieder verläßt. Es schauen also jeden Tag etwa 350 bis 400 Net-Surfer vorbei.

Unsere Home Page, die Leitseite, wurde gestern 430mal abgerufen, die News-Seite 116mal, der Führer durch die Netzwelt 100mal, die Musik-Charts 98mal und das Gästebuch, in das die Besucher ihre Meinung eintragen können, 104mal. Dabei wurden 1335 Seiten von Deutschland aus angesteuert, 293 aus den USA, 25 aus Österreich, 14 aus Großbritannien, 13 aus Ungarn und 12 aus Schweden.

Das sind noch bescheidene Zahlen, aber dafür harte. Unser zweites Produkt, die interaktive Programmzeitschrift *TV Movie On,* verzeichnet 40000 Zugriffe pro Tag; bei Yahoo, dem Web-Index der Stanford-Universität, sind es mehr als eine Million, bei HotWired, dem Internet-Ableger des Magazins *Wired,* bereits bis zu 600000. Unter der Annahme, daß der grobe Durchschnitt von 30 Zugriffen pro Besucher auch hier gilt, besuchen also täglich bis zu 20000 Menschen aus aller Welt www.hotwired.com. Wie viele überhaupt schon einmal da waren, weiß das Unternehmen übrigens genau, weil sich jeder Nutzer beim ersten Mal registrieren lassen muß: Derzeit sind es rund 230000.

HotWired ist ein Beispiel dafür, daß ein Web-Angebot schon heute ein

Geschäft sein kann. Die Seiten des ständig aktualisierten Online-Magazins aus San Francisco werden von Sponsoren präsentiert. Pro Sponsor und Monat kassiert es 15 000 Dollar und kommt so auf einen monatlichen Umsatz von schätzungsweise 250 000 Dollar. Es ist in den schwarzen Zahlen und ernährt Dutzende Mitarbeiter.

Natürlich ist HotWired ein Ausnahmefall. Es profitiert vom Kultstatus des Mutterblattes *Wired* und wird von Werbetreibenden als Labor benutzt, in dem sie ausprobieren können, welche Art von Werbung im Netz funktioniert. Auch der Marktforschungsgigant Nielsen, der in den USA die Einschaltquoten mißt, hat sich HotWired als Partner ausgesucht, um Werbeerfolg im Web zu quantifizieren.

Werbung erscheint in HotWired in Form eines bescheidenen Streifens, der am oberen Rand jeder Seite zwar gut ins Auge fällt, aber nicht weiter stört. Erst wer mit der Maus auf diesen Streifen klickt, gelangt auf eine Folgeseite mit der eigentlichen Werbung. Wenn der Werbekunde einen eigenen Web-Server betreibt, kann man die Interessenten direkt dorthin leiten.

Diese Art des Webvertising – so das Kunstwort fürs Advertising im Web – ist wohl richtungsweisend, auch weil sie in die gewohnte Navigationsmethode eingebettet ist: Ein Nutzer muß nur auf einen angezeigten Hyperlink klicken, um sich dank der darin verborgenen Verbindungsinformation von einer Stelle im Web zu einer anderen locken zu lassen.

Unterbrecherwerbung wie im Fernsehen wäre im Netz undenkbar. Müßte jeder Besucher erst Reklame über sich ergehen lassen, um auf eine Seite zu gelangen, würde sie niemand mehr ansteuern. Das Abrufen von Seiten übers Netz kostet schließlich Zeit und Geld. Im Unterschied zu Radio und Fernsehen sitzt im Web der Empfänger also am längeren Hebel.

Werbung in nichtinteraktiven Medien nötigt einen ja, sich etwas anzusehen, was man eigentlich nicht haben will. Deshalb muß sie so originell und ansprechend gestaltet sein, daß man vom ursprünglichen Widerwillen absieht und trotzdem guckt.

Mit der Einführung von Interaktivität in den Broadcast-Medien werden nach Ansicht von Don Peppers und Martha Rogers auch dort andere Formen von Werbung als der 30-Sekunden-Spot denkbar, den der TV-Konsument unter Einsatz seiner Fernbedienung inzwischen gnadenlos 'wegzappt', womit er – aus Sicht der werbetreibenden Unternehmen – den Vertrag aufkündigt, der da heißt »Du schaust Dir meine Spots an, und ich zahle für Dein Fernsehprogramm.« Diese **interaktive Werbung** könnte Angebote wie die folgenden beinhalten:

— »Schauen Sie sich dieses zweiminütige Video über den neuen Opel Astra an, und wir zahlen für den Abruf eines Spielfilms Ihrer Wahl.«
— Beantworten Sie diesen kurzen Fragebogen von Milka Schokolade, und wir zahlen für die nächsten drei Folgen von ...«
— »Betätigen Sie irgendwann während dieses zehnminütigen Infospots die Erzähl-mir-mehr-Taste Ihrer Fernbedienung, und Sie können eine Kreuzfahrt in der Karibik gewinnen.«
In Amerika findet diese Art von »Tauschgeschäft« bereits statt, bei welchem dem Kunden für den Konsum von Werbung Budgetwidmungen eingeräumt werden. So bietet FreeFone seinen Telefonkunden bei jedem Gespräch an, sie für das Anhören von Werbung zu bezahlen. Die Spots stützen sich auf Fragebögen, die jeder Teilnehmer im voraus ausfüllt, und die Anrufer haben die Möglichkeit, mehr Information zu erhalten oder durch das Betätigen einer bestimmten Taste auf ihrem Telefon direkt mit dem Produktanbieter verbunden zu werden. Durchschnittlich »verdient« ein Kunde durch das Anhören von Spots insgesamt 20 Dollar im Monat, bei 5 bis 10 Cents für jeden einzelnen. Ein anderes neues Unternehmen, HomeFax, stellt Ihnen ein Telefaxgerät umsonst in die Wohnung, wenn Sie einmal im Monat einen Fragebogen über Ihr Produktverhalten ausfüllen und Ihre Zustimmung geben, jede Woche unangefordert eine bestimmte Anzahl kommerzieller Faxe zu empfangen.

Im Web ist der Ansatz ein anderer. Der kleine Werbestreifen transportiert zuerst vor allem das Logo des Werbetreibenden – vergleichbar einem Plakat bei einer Veranstaltung, die er sponsert. Ein Markenartikler müßte also zum Beispiel eine beliebte Rubrik oder einen nützlichen Dienst eines Web-Angebots präsentieren.
Die Frage lautet dann nicht: Wie lasse ich den Benutzer vergessen, daß er die Werbung eigentlich nicht haben will? Sondern: Wie bringe ich ihn dazu, sie zu wollen und sogar noch selbst etwas dazu beizutragen? Hier stellt sich den Werbemenschen eine neue Anforderung an ihre Kreativität. Wie macht man Leute so neugierig auf das, was hinter dem Streifen wartet, daß sie tatsächlich darauf klicken und sich damit beschäftigen?
Ins Gästebuch des VH-1derlands hat ein cleverer Netz-Surfer einen Hyperlink zu seiner persönlichen Web-Seite eingebaut, getarnt allerdings unter dem Titel »Cindy Crawford nackt«. Hat funktioniert, gebe ich zu – aber diese Art der Irreführung könnte sich ein Werbetreibender wohl nicht leisten ...
Ein denkbarer Anreiz, die Leute zum Klicken zu bewegen, ist sicher, daß es etwas zu gewinnen gibt. Diese Methode hat den Vorteil, direkte Reaktionen der Benutzer zu liefern. Bei Gewinnspielen in Zeitschriften

mit Coupons sind die Rücklaufquoten niedrig – wer macht sich schon die Mühe, eine Karte auszufüllen und zur Post zu bringen? Im Medium Internet gehört der Dialog selbstverständlich dazu. Die Schwelle, kurz eine elektronische Botschaft zu schicken oder seine Meinung in ein Formular einzutragen, ist so niedrig, daß viele sie überwinden. Von 400 Leuten, die täglich das VH-1derland besuchen, schreiben immer ungefähr 10 etwas ins Gästebuch oder schicken eine E-Mail an die Redaktion. Hätte ein herkömmliches Medium auch dieses Verhältnis von Nutzerzahl zur Menge der Einsendungen, würde es unter Bergen von Post ersticken.

Wer ein Web-Medium betreibt, könnte Werbekunden jederzeit aktuelle und exakt belegbare Zahlen bieten. Etwa so: »1317 Benutzer haben heute die Seite mit Ihrem Werbestreifen abgerufen. Davon haben 212 auf den Streifen geklickt. 156 haben beim Gewinnspiel eine Antwort-E-Mail geschickt.« Die Werte würden eine Menge über die Intensität der Beschäftigung mit einer Werbebotschaft und über ihren Erfolg aussagen.

Es heißt immer, das Internet sei ein werbefeindliches Medium. Das ist sicher richtig für Werbung, die alle Regeln des Netzes außer acht läßt – wie etwa die in Tausende von weltweiten Diskussionsgruppen zugleich gemüllte Werbe-Mail der Anwälte Canter und Siegel im vergangenen Jahr. Die Netzgemeinde reagierte auf dieses »**Spamming**« zu Recht mit Empörung. Kein Anhänger von HotWired hingegen scheint sich daran zu stören, daß sein Treffpunkt ein durch und durch kommerzielles Unternehmen ist.

⊖ In Anlehnung an eine Parodie der Comedy-Gruppe Monty Python, in der Fleisch gegen eine Wand geschmissen wird, wurde das Vorgehen der amerikanischen Rechtsanwälte Canter und Siegel von der Netz-Öffentlichkeit als **Spamming** bezeichnet. Die beiden hatten im Internet eine nächtliche Mailing-Aktion durchgeführt und dabei ihr Angebot einer Dienstleistung an ungefähr 6000 Newsgroups gleichzeitig übermittelt. Die Aktion brachte ihnen neben unzähligen Beschimpfungen (sog. »flames«) laut ihren eigenen Angaben ungefähr 1000 zahlende Kunden und 100000 Dollar Gewinn, woraufhin sie die Firma *Cybersell* gründeten.

Werbung, die Eigenheiten des Web bedenkt und einbezieht, wird vermutlich nur bei hartgesottenen Internet-Anarchisten auf Widerstand stoßen. Viel spricht dafür, daß das Web eines der interessantesten Werbemedien überhaupt werden wird.

Unterwegs zum abstrakten Symbolsystem Geld

von Karl Vak

Etwa in den letzten zwei Jahrzehnten hat die Welt und die Wirtschaft im Mittelpunkt einer ruckartigen Veränderung gestanden. Diese Umgestaltung ist so gewaltig gewesen, daß sie beinahe jeden Aspekt unserer Lebenswelt erfaßt hat. Unseren Begriff davon, was öffentlich und was privat ist, hat sie genauso verändert wie die Methode, mit der wir bewerten, was wir produzieren, und durch sie ist auch der Begriff von Besitz und Eigentum radikal neu bestimmt worden. In gerade einmal zwanzig Jahren hat diese wenig bemerkte und doch ungeheure Veränderung den Aufstieg neuer und den Abstieg ehemals großer Länder bewirkt.
Was hat sich verändert? Geld. Nicht die Dollars oder Mark in unseren Geldbeuteln oder die Münzen in unseren Händen. Dieses Geld – handgreifliches Geld, altmodisches Geld – ist jetzt nur für einen winzigen Bruchteil der Gesamtheit des Geldes verantwortlich, das in der gegenwärtigen Welt zirkuliert. Dieses Geld verdient nur ein flüchtiges Nicken. Es ist ein Phantom der Vergangenheit, ein Anachronismus. An seiner Stelle bewegt sich eine vollkommen neue Form des Geldes unaufhörlich und beinahe mit Lichtgeschwindigkeit rund um die Welt: Dieses Geld basiert nicht mehr auf Metall oder Papier, sondern auf Technologie, Mathematik und Wissenschaft. Und wie nach Einsteins Annahme ein Lichtquant das Universum erschafft, gleichgültig wohin es treibt, ist dieses neue **Megabyte-Geld** dabei, eine neue und andere Welt zu erschaffen, wohin es sich auch immer bewegt.

Geld hat sich von einem einheitlichen Wertmaßstab – einem festgesetzten und begrenzten »Guthaben«, einer substantiellen und absoluten »Wahrheit« – in etwas Ätherisches, Flüchtiges, Elektronisches verwandelt. Innerhalb der letzten zwanzig oder mehr Jahre hat es sich von einer dem Mandat der Regierung unterstellten Äquivalenz – 35 Dollar gleich eine Unze Gold, einem erstmals vor fünftausend Jahren entwickelten Gedanken – zu einer neuen elektronischen Form verschoben. Es ist nichts mehr als eine Ansammlung von Einsen und Nullen geworden, diesen fundamentalen digitalen Recheneinheiten. Diese Einsen und Nullen surren als Repräsentanten von Geld meilenweit durch Drähte, rasen über Glasfaser-Autobahnen, springen von Satellit zu Satellit und »beamen« von einer Mikrowellen-Relaisstation zur anderen. Dieses neue Geld ähnelt einem Schatten. Seine eisgraue Gestalt kann man sehen, aber

nicht anfassen. Es hat keine taktile Dimension, keine Handhabbarkeit, kein Gewicht. Kein anderes Geld zählt.
Geld ist jetzt ein Bild. Simultan kann es auf Millionen von Computerbildschirmen auf Millionen von Schreibtischen überall auf der Welt zu sehen sein. In Wirklichkeit jedoch befindet es sich nirgendwo und benötigt keinen Tresor, um sicher aufbewahrt zu werden. Aber obwohl Geld keinen wirklichen Ort hat, hat es eine Umgebung erzeugt, die paradoxerweise überall anzutreffen ist, auch wenn sie keinen physischen Raum einnimmt. Eine Umgebung, die von Millionen von Investoren, Wertpapierhändlern, Bankern, Finanzmanagern, Effektenmaklern, Arbitrageuren, Analytikern, Beratern und Regierungsbeamten bevölkert ist: Sie alle beobachten und manipulieren Geld von verschiedenen Terminals überall auf der Welt aus. Eine Gemeinschaft, in der Nachbarn, Kollegen und Wettbewerber nur auf elektronischem Wege erreichbar sind.
In dieser neuen Umgebung sind Millionen von Computern rund um die Uhr zu Handelsbeziehungen und Informationsaustausch von unvorstellbarer Komplexität miteinander verknüpft. Dieses immense Netzwerk hat in mancher Hinsicht dem neuronalen Netzwerk in unserem Hirn zu ähneln begonnen. Millionen intelligenter Terminals der einen oder anderen Art interagieren in einem synkopierten elektronischen Tanz und erzeugen dabei einen Gesamtrhythmus der Höhen und Tiefen des Marktes, der jenem Rhythmus nicht unähnlich ist, der durch das Hirn pulsiert.

In seiner neuen elektronischen Gestalt springt Geld von Computer zu Computer in der Art, wie neuronale Impulse über Synapsen springen. Im Fall des Geldes jedoch werden bei jedem Sprung eines Elektrons Einheiten von Kaufkraft ausgetauscht. Güter, Besitztümer, Träume und Macht wechseln den Besitzer.
Jeden Tag wechseln durch den »Lappen« im neuronalen Netzwerk, den New York darstellt, 1,9 Trillionen Dollar mit nahezu Lichtgeschwindigkeit den Besitzer. Diese Dollars – und die Sorgen, Hoffnungen und Ängste, die sie repräsentieren – leuchten für einen Augenblick auf dem Bildschirm auf. Alle drei Tage passiert eine Summe von Geld das Glasfibernetzwerk im Untergrund von New York, die der gesamten Produktion aller amerikanischen Unternehmen in einem Jahr entspricht, ihre gesamte Arbeitsleistung eingeschlossen. Und alle zwei Wochen passiert das annual product der gesamten Welt das New Yorker Netzwerk – Trillionen über Trillionen von Einsen und Nullen, die für die ganze Mühe, den Schweiß und die List aller gutgläubigen Bemühungen der Menschheit, aber auch aller ihrer schrecklichen Torheiten stehen.
Summen vergleichbarer Größe passieren durch die Straßen von Tokyo, London, Frankfurt, Chicago und Hongkong. Sie rasen unter dem Meer entlang oder durch die Ionosphäre. Das Finanzsystem, das vom Goldwert befreites Geld verwendet, führt täglich Transaktionen durch, die hundertmal umfassender sind als diejenigen in der sogenannten realen

Ökonomie – jener Teil der menschlichen Anstrengungen, wo Güter produziert und Dienstleistungen verkauft werden.
Computer haben diese neuronalen Geldnetzwerke möglich gemacht. Sie haben dazu geführt, daß Distanzen keine Bedeutung haben und Zeit und Zeitzonen irrelevant sind. Sie haben uns vom Goldstandard zum Megabyte-Standard gebracht – ein Standard, der auf Mikrochips, Computergedächtnis und Ultra-Hochgeschwindigkeitstechnologie basiert. Und innerhalb dieses Prozesses, durch den sich das Geld von seiner materiellen Begrenzung befreite, haben die Computer dazu geführt, daß es sich zu etwas vollkommen Neuem entwickelte, das voll ist von unverbrauchten Möglichkeiten.

(Joël Kurtzmann, The Death of Money)

Noch nie haben Geld und monetäres Denken so nachhaltigen Einfluß auf den Lebensstil und das Verhalten der Menschen gehabt wie in der gegenwärtigen Phase des Übergangs von der späten Industrie- zur Informationsgesellschaft. Um die abenteuerlichen Ursprünge des Phänomens Geld besser zu verstehen, ist es allerdings erforderlich, in der Geschichte der Menschheit bis ins Neolithikum zurückzublicken. Damals entstand nämlich das schwierig zu handhabende Instrument des Warentausches. In der Folge entwickelte sich die Vorstellung, daß ein exakter Maßstab, der zugleich Wertmesser und Zahlungsmittel sein könnte, das Sperrige am Tausch glätten würde: das Geld.

Wer die Zeitreise in das Neolithikum antritt, wird zunächst überrascht davon sein, daß die Urform des Tausches ganz eindeutig und unverhüllt der Raub war. Der Tausch wurde zum Aufmarschgebiet des Machtprinzips. Diese Erkenntnis erweist sich bei näherer Betrachtung als nicht unerwartet: Zu allen Zeiten bestimmte der Mächtigere das Austauschverhältnis.
Die Entscheidung zugunsten des Machtprinzips ist in der Evolution sicher schon viel früher gefallen als im Neolithikum. Wer jemals im Tiergarten eine Raubtierfütterung mit angesehen hat, ahnt das. Man braucht auch kein vergleichender Verhaltensforscher zu sein, um im Raub Ähnlichkeiten mit den Verhaltensweisen der modernen Wirtschaft (etwa im internationalen Handel) zu erkennen. Die Bestimmung der Rohstoffpreise durch die reichen Industrieländer ist ja nichts anderes als eine zivilisiertere Form des Raubes, an die man sich nur schon gewöhnt hat. Die Eigentumsübertragung ohne Gegenleistung (das extremste Austauschverhältnis) ist eben Raub.

[Karl Vak war bis 1990 Vorstandsvorsitzender der Zentralsparkasse, Wien, die auf sein Betreiben hin mit der Österreichischen Landesbank zur Bank Austria fusionierte.]

Die weitere Entwicklung des Warentausches erfolgte auf gewundenen Pfaden und manchen Irrwegen. Eine langsame, schneckenhafte Bewegung. Ich erwähne hier nur den nächsten Schritt nach der Urform des Tausches, weil er neben der brutalen Gewalt auch die Tücke zeigt, die jetzt zum zweiten Hauptbestandteil des Tausches wurde. Dieser Entwicklungsschritt war durch die Teilung des Eigentumsübergangs in zwei getrennte Handlungen gekennzeichnet: erstens den Raub und zweitens die spätere Leistung eines Gegengeschenkes. Das war die erste Maßnahme zur Zivilisierung der Urform des Tausches. Der »Tauschpartner« hatte keinen Einfluß auf die Auswahl des Tauschgegenstandes (Gegengeschenkes) und dessen Bewertung.

Mit dieser Form des Tausches wurde das Modell der Beuteaufteilung nur minimal camoufliert und durch das Element des Betruges und der durch Gewalt abgesicherten Täuschung erweitert. Das gewalttätige Modell des Raubes war noch lange in den verschiedenen Versionen des Tausches, die in der Folge entstanden, zu erkennen. In der Folge versuchte man, die beiden etwas sperrigen Teile, den Raub (als Manifestation der Macht) und die Bestimmung des Gegengeschenkes (als kognitiven Akt der Bewertung mit potentieller Täuschung des Partners) in einer einzigen, zivilisierten Handlung zu vereinen und gleichzeitig zu glätten. Für die Funktion des Glättungs- und Bewertungsmittels suchte man ein neues Instrument zu entwickeln: das Geld.

Erste Geldperiode: Naturalgeld

Der Tausch von Sachgütern hat in seiner langen und gewundenen Geschichte gezeigt, daß er dafür prädestiniert ist, die Gewalttätigkeit und die Tücke, deren der Mensch in seiner Gier nach Dingen fähig ist, zu wecken und zu stimulieren. Er wurde zu einer wesentlichen Konfliktursache. Es entstand daher Bedarf an neuen Abwicklungsverfahren, die vor allem die Bewertungsfrage einigermaßen objektivieren sollten. Die Lösung war die Relativierung der Wertvorstellungen beider Tauschpartner im Hinblick auf die Güter, indem sie mit einem neutralen Element in Relation traten: eben dem Medium Geld.

Das Geld, zur Linderung des konflikterzeugenden Charakters des Tausches konzipiert, hat jedoch die diabolische Konsistenz des Vorganges nicht geglättet, sondern eher verstärkt.

In der ersten Geldperiode, der des Naturalgeldes, waren die »technischen« Funktionshindernisse noch erheblich. Waren, die als Geld fungierten, mußten ja selten, nicht verderblich, nicht sperrig und möglichst auch teilbar sein. Zu dieser Zeit war außerdem eine Eignung für magische und religiöse Nutzung besonders wichtig: daher die häufige Verwendung von Steinen, denen man besondere Kraft zuschrieb, als Amulette und Talismane. In dieser Epoche wurden sehr oft Naturprodukte (Pflanzen und Früchte) als Zahlungsmittel verwendet. Als geeigneter erwiesen sich aber Steine und Mineralien. Salz spielte trotz seines Wertes nur eine bescheidene Rolle als Zahlungsmittel. Dagegen waren kleine und leichte Muscheln leicht handhab- und transportierbar. Natürlich wurden Tiere immer wieder als Zahlungsmittel verwendet (das kommt in der Bezeichnung pekuniär – abgeleitet von *pecus* = Vieh – zum Ausdruck). Aber zu einer dauerhaften Form des Naturalgeldes kam es eigentlich nie.

Zweite Geldperiode: Münzgeld

Den »Stein der Weisen« glaubte man jedoch gefunden zu haben, als nach Entdeckung der Metalle die Münze, ein rundes, scheibenförmiges, geprägtes Metallplättchen, »erfunden« wurde. Man sagt, daß Münzen erstmals um 680 v. Chr. in Lydien als Geld verwendet wurden. Sie folgten den noch unhandlichen Metallbarren. Der Sage nach war es König Gyges, der Eroberer von kleinasiatischen Küstenstädten, der in seinem Königreich Münzen als einheitliches Zahlungsmittel einführte.
Damals vor 2700 Jahren begann die bisher längste Geldperiode, die des Münzgeldes, die erst ab dem 19. Jahrhundert durch das Zeitalter des Papiergeldes abgelöst wurde.
Da die Bemessung des Wertes einer Währung stets weitgehend in der Entscheidung der Staatsmacht liegt, war das, was die Nationalökonomie heute Geldillusion nennt (im Bewußtsein der Bürger ist der Nominalwert des Geldes immer stärker präsent als der Kurswert), eine beachtliche Hilfe bei monetären Maßnahmen. Deshalb sind Geldentwertungen bei den staatlichen Machtträgern stets beliebter gewesen als etwa Steuererhöhungen, die ja dem gleichen Zweck dienen.
Während der langen Münz-Periode des Geldes gab es nicht nur große Geldkatastrophen, wie Abwertungen, Inflationen und nationale Münzverschlechterungen, sondern die Münzen boten auch Gelegenheit zu einer abwechslungsreichen »Kleinkriminalität« wie z. B. Falschmünzerei.
Im Laufe der Münzgeschichte hat sich gezeigt, daß mit Ausnahme von Münzen von ganz geringem Wert den Hauptanteil am Münzmetall die Edelmetalle Gold und Silber hielten. Gold ist ein Synonym für Geld und damit für Macht.
Gold und Silber konkurrierten miteinander durch die Jahrhunderte.

Als Währungsstandard diente zumeist das wertvollere Gold. Metallmünzen konnten lange Zeit technisch nicht eindeutig vergleichbar hergestellt werden. Deswegen gab es den Beruf des Geldwechslers, der die Münzen nach Gewicht und Abnutzungsgrad einschätzte, weil ja der häufige Gebrauch einer Münze ihren Wert minderte. Jede Münztransaktion mußte also mit den Kosten für die Geldwechsler rechnen. Hohe Spesen sind bis heute das Kennzeichen von Fremdwährungsgeschäften der Banken geblieben, obwohl es längst nicht mehr eines »Balanciers« bedarf (der erst Mitte des 17. Jahrhunderts erfunden wurde), um die Herstellung vollkommen identischer Münzen zu ermöglichen.

Dritte Geldperiode: Papiergeld

Das Papier wurde von den Chinesen erfunden, die auch bereits um 650 n. Chr. Papiergeld einführten. In Europa wurde das Papiergeld erst viel später und noch dazu begleitet von grotesken Harlekinaden mit tragischem und katastrophalem Ausgang als neue Etappe auf dem Weg des Geldes vom Naturalgeld zum abstrakten Symbolsystem eingeführt: Ein Schotte mit dem irreführenden Namen John Law kam nach umfassenden Finanzstudien gerade zu einem Zeitpunkt nach Frankreich, als zur Prüfung der vielen Vorschläge zur Staatssanierung eine Kommission mit dem denkwürdigen Namen »bureau des rêveries« (Traumamt) gegründet wurde. Law erhielt die Erlaubnis, die Banque Générale zu gründen (1716), und das Recht, Banknoten zu emittieren. Law gaukelte den Herrschenden vor, Reichtum zu schaffen, indem er Banknoten druckte. Er erweiterte das Geschäft der Bank mit einem Kartenhaus von neugegründeten Gesellschaften, wobei immer die zuletzt gegründete Gesellschaft die vorherige Gründung absicherte.

Nach einem ungeheuren Gründungsboom und immer inflationärerem Banknotendruck schlug 1820 die Stunde der Wahrheit, und die Bank John Laws brach zusammen. Der Finanztaumel Frankreichs endete in einem ungeheuren Katzenjammer. Die Köpenickiade Laws war zu Ende. Wenn auch nicht so grotesk und spektakulär gingen ähnliche Versuche der Einführung des Papiergeldes in anderen Ländern Europas doch ebenfalls negativ aus. Erst nach einem verlustreichen Entwicklungsprozeß entstanden Anfang des 19. Jahrhunderts nach den Revolutionen in den USA und in Frankreich die ersten Notenbanken, die ein neues, mit Edelmetall gedecktes Währungssystem einführten.
Die Periode des Papiergeldes hatte nun wirklich begonnen. Sie ermöglichte den entwickelten Staaten Europas ein Jahrhundert noch nie dagewesener Stabilität. Die erste Hälfte des zwanzigsten Jahrhunderts

allerdings war eine Folge von Katastrophen: Zwei Weltkriege und der totale Zusammenbruch der Weltwirtschaft bewirkten auch den Verfall der meisten Währungen.

Die Periode nach dem zweiten Weltkrieg brachte einen ungeahnten Aufschwung der Weltwirtschaft. Bereits vor Kriegsende versuchte die neue Führungsmacht, die USA, im Rahmen der UN eine neue Währungsordnung zu schaffen: Das Abkommen von Breton Woods legte fixe Wechselkurse auf der Basis des (goldgedeckten) US-Dollars fest. Dieses Abkommen war Mitverursacher eines beispiellosen Wachstums der Industrieproduktion in der gesamten Welt.

Die Goldbindung des US-Dollars hielt bis 1971. 1973 wurde ein System flexibler Wechselkurse eingeführt, das bis heute die Weltfinanzmärkte bestimmt. Das Maß aller Währungsrelationen ist seither nicht mehr der Dollar, sondern eine Kunstwährung, die sogenannten Sonderziehungsrechte. Es folgte eine Periode der Liberalisierung des Welthandels, ein Deregulierungsprozeß im internationalen Handels- und Finanzwesen. Eine zuvor nie vorgestellte Globalisierung der Weltwirtschaft führte zu internationalen Verflechtungen ungeahnten Ausmaßes und zu einer totalen Umwälzung des Finanzwesens. Nach dem zweiten Weltkrieg wuchs die globale Ökonomie stärker als in der ganzen Weltgeschichte zuvor. Von 1959 bis 1980 vervierfachte sich das reale Bruttosozialprodukt der Welt von 2 auf 8 Billionen US-Dollar. Der Welthandel wurde durch die Entscheidung der USA, den Goldstandard aufzugeben, und durch die darauf folgende Liberalisierung der Devisengeschäfte enorm stimuliert. Ein finanzieller Effekt war neu und umwälzend: Die Finanzströme lösten sich vom realen Handel mit Gütern und Dienstleistungen. Nicht nur die multinationalen Konzerne nahmen transnationale Zahlungen vor. Ein völlig neues Element, die Währungsspekulation, wurde durch Deregulierungsmaßnahmen und die Revolution der globalen Kommunikation ausgelöst.

Vierte Geldperiode: abstraktes Symbolsystem Geld

Der Finanzmarkt erfand unzählige Möglichkeiten, eine »Abkürzung zum Reichtum zu nehmen«. Die Amerikaner haben diese Periode der »Super-Spekulation« als Casino-Society werblich markiert und ihren Beginn auf den Tag festgesetzt, an dem die Chicago Board Options Exchange mit börsenorientierten Aktienoptionen zu handeln begann (26.4.1973). Das war zwar nichts anderes als das altbekannte Termingeschäft, als Spezialprodukt neu formalisiert. Aber ein Börsenpapier, dessen einziger Zweck die Spekulation ist, hatte es bislang nicht gegeben. Die Bezeichnung Casino war berechtigt, denn die Gewinn- oder Verlustchance lag um ein Mehrfaches über den Aktienkursschwankungen. Das Risiko dieser Geschäfte wurde noch weiter durch die Üblichkeit der Kreditfinanzierung erhöht.

Dieses System von Spekulationsgeschäften führte schließlich am 19. Oktober 1987 zum großen Crash an der New Yorker Börse. An der NYSE (New York Stock Exchange) hatte man ein getrenntes (und kompensierendes) Reagieren der drei Hauptmärkte Aktien, Termingeschäfte und Optionen erwartet. Jedoch verliefen die Entwicklungen auf den Märkten parallel, der Kursverfall geschah auf allen Märkten gleichzeitig. Die extreme Kursentwicklung wurde dazu noch durch Computerprogramme der Hauptmarktteilnehmer verstärkt, die die Entwicklung zu einer irrationalen Kursjagd umfunktionierten. Am 19. Oktober erlebte Wall Street den ärgsten Kursverfall ihrer Geschichte: An diesem »Schwarzen Montag« brach die New Yorker Börse zusammen. Merkwürdigerweise hatte dieser Zusammenbruch aber keine signifikanten Folgen: Er führte nicht zu außerordentlichen Zinserhöhungen, nicht zu Panik, nicht zu einem Rückgang der Konsumausgaben.

Ein Börsenzusammenbruch dieses Ausmaßes hätte auch eine Wirtschaftskrise nach sich ziehen müssen, wie etwa beim berühmten Börsen-Krach von 1929. Nicht so nach dem 19. Oktober 1987. Nach dem ersten Schock bewiesen die Märkte, daß sie rational gelenkt werden können. Die staatlichen Instanzen in den USA kündigten besondere Hilfsmaßnahmen an. Eine Restabilisierung der Märkte gelang.

Nach einer gewissen Denkpause begannen Banken und Großanleger wieder zu spekulieren, und zwar in einem Ausmaß, wie es selbst in der so spekulativen Casino Society unvorstellbar war. In den späten achtziger Jahren hatten schon 90 Prozent des Geldhandels nichts mehr mit dem konkreten Warenfluß zu tun. Der nun ständig wachsende Derivathandel machte das Geld überhaupt zu einem imaginären Medium.

Das grenzüberschreitende System der internationalen Finanzmärkte bewegt sich mit Lichtgeschwindigkeit über den Globus und kann kaum mehr kontrolliert werden. Die »Casino-Gesellschaft« hat sich zur vollkommen undurchschaubaren und auch unkontrollierbaren Welt der Finanzderivate entwickelt. Damit sind wir in eine neue, die vierte Periode des Geldes eingetreten: die des abstrakten Symbolsystems Geld.

In dieser Periode sind zwei vollkommen getrennt agierende Währungssysteme Realität geworden:

a) die nationalen Währungssysteme, die von nationalen Notenbanken gesteuert und überwacht werden, mit konservativer Deckung (überwiegend Devisen).

b) ein völlig ungeregelter Markt mit einer speziellen Spekulationswährung.

Die Spekulationswährung

Meist werden diese Spekulationsgeschäfte in einer Kunstwährung, dem Euro-Dollar abgewickelt. Diese Geldströme rasen mit Lichtgeschwindigkeit um den Globus. Sie bewegen sich in ein Land hinein und genauso schnell verlassen sie dieses wieder, je nachdem, wie die Zukunftsaussichten dieses Landes gesehen werden. Sie folgen damit gewissen nicht näher definierbaren Stimmungen einzelner Börsengurus, chief-economists von Banken und sonstigen Meinungsbildnern. Daraus kann leicht auch eine Panik entstehen. Dennoch wird die Gefahr eines Super-GAUs der internationalen Finanzen gegenwärtig nicht hoch eingeschätzt, obwohl z. B. die Notenbanken sich verständlicherweise um diese Entwicklung sorgen. Sicherlich läßt sich eine Reihe von Argumenten für die Vermeidbarkeit von GAUs bei kurzfristiger Verursachung anführen, etwa daß inzwischen funktionierende Notkontrollen eingeführt wurden. Voll erprobt wurden sie aber nie. Langfristig verursachte Verhaltensänderungen hingegen sind selten klar erkennbar und können deshalb auch nur schwer gezielt bekämpft werden.

Z. B. kann leicht eine Vertrauenskrise entstehen, wenn in der dritten Welt Technologien eingesetzt werden, die für die Armen offensichtlich schädliche Auswirkungen haben. Denn dadurch wird die Annahme bestärkt, daß neue Technologien rasch eine große Zahl von Arbeitskräften in Landwirtschaft und Industrie ersetzen können. Wenn sich solche Entwicklungen häufen oder in einer Periode geballter Veränderungen auf das Mißtrauen der Menschen stoßen, können unvorhersehbare Ausbrüche eines aggressiven Massenverhaltens die Folge sein und alle Sicherungen durchbrennen. Die dadurch verursachten Finanz-Zusammenbrüche sind dann kaum steuerbar.

Die vierte Geldperiode zeigt Ansätze dazu, den diabolischen Charakter des Geldes wieder zu stärken: Vorerst beginnt sie die Devisenspekulation für unsere heutige telematische Kultur zu adaptieren.

Das Instrument der Spekulationswährung wurde bisher fast ausschließlich von Banken und Großanlegern benutzt. Die großen US-Banken sind aber gerade dabei, ihren Kunden adäquate Abwicklungsformen zur Verfügung zu stellen. Diese können dadurch die Vorteile des globalen Netzes dieser Banken nutzen. Das finanzielle Spekulationssystem wird dadurch nicht nur räumlich globalisiert, sondern auch benutzermäßig verbreitert und intensiviert.

Die vierte Geldperiode hat die Spekulation für jedermann zugänglich gemacht.
Daneben wurden auch neue, geldähnliche Formen für Normalkunden entwickelt, wie z. B. die Kreditkartensysteme, die in den reichen Industriezonen ständig an Bedeutung zunehmen. Auch der alte Menschheitstraum, der vollkommene oder teilweise Ersatz des Geldes, ist durch die Entwicklung der Kommunikationstechnik in greifbare Nähe gerückt.

Home shopping: Traum oder Alptraum?

Angesichts der hohen Wachstumsraten des »Homeshopping« in den USA hat man den Eindruck, daß diese High-tech-Form des Einzelhandels bald alle anderen bestehenden Möglichkeiten des Warenangebotes verdrängt haben wird.
Das Konzept einer integrierten Abwicklung des Einzelhandels klingt in der Tat technisch perfekt und bestechend. Der Konsument kann vom Lehnsessel aus vor dem interaktiven TV-Gerät das Warenangebot eventuell in 3D (in Virtual-Reality-Darstellung) studieren, kann von seinem TV-Home-Computer aus Detaillierungen und Kontrollen durchführen.

Die Auslieferung erfolgt an einen beliebigen von ihm bestimmten Ort. Die Zahlung wird automatisch von seinem Kommunikationsgerät auf Grund der Personal-Budgeting-Routinen seines individuellen Lebensberatungs-Programmes erledigt. Der Kunde zahlt sozusagen nicht mit Geld, sondern mit freien Budgetwidmungen. Die immer mehr als lästig empfundene Werbung kann zugunsten von Lebensinszenierungs-Vorschlägen entfallen. Die Magie der Produktinszenierung verdrängt die Magie des Geldes.
Allerdings besteht Anlaß zur Skepsis, ob der in der Perfektion des Technischen vereinsamte Mensch in vorhersehbarer Zukunft jemals eine so radikale Entsinnlichung des uralten Warentauschvorganges akzeptieren wird.

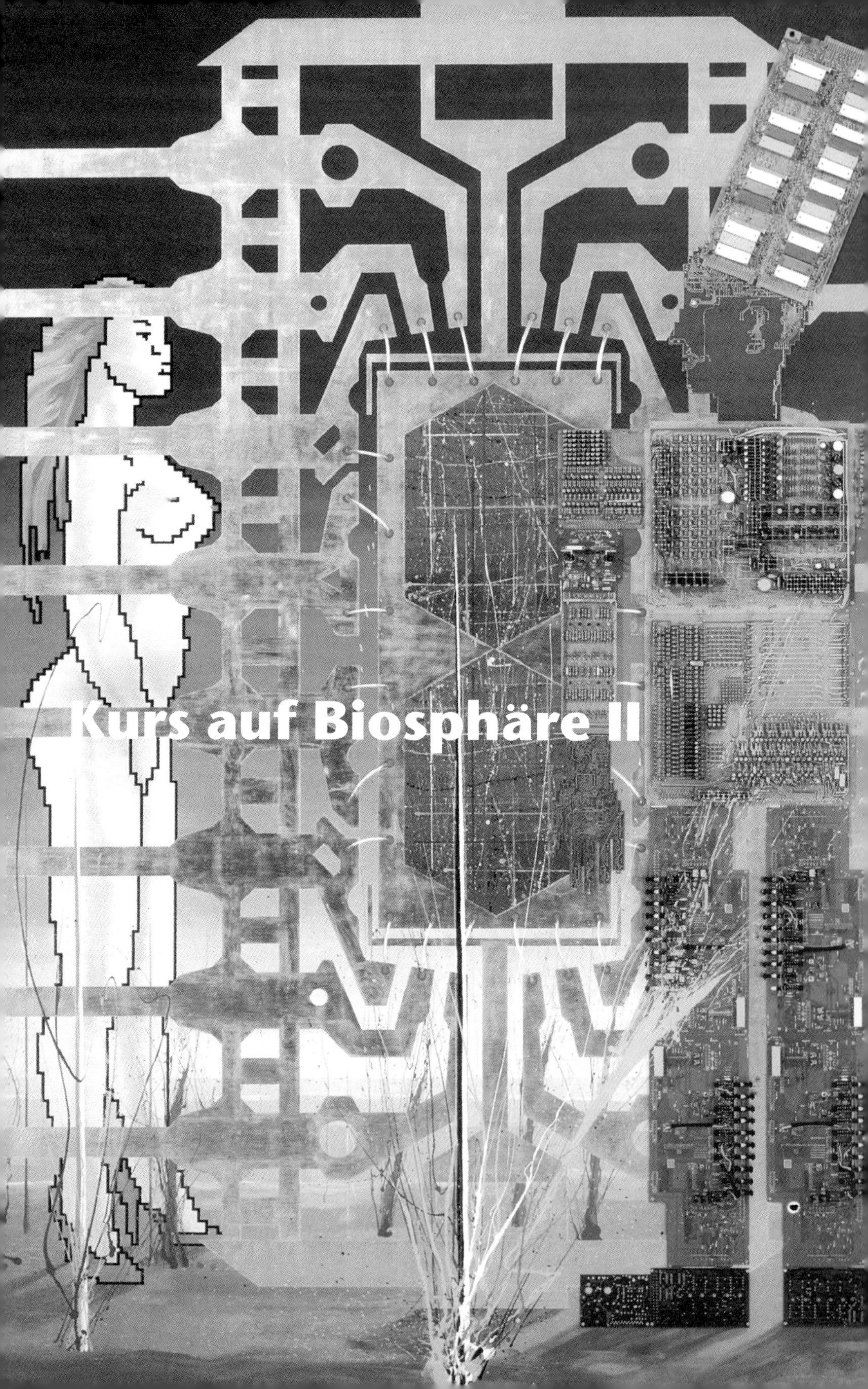
Kurs auf Biosphäre II

An der Schwelle zur digitalen Natur

Die Medientechnologien im Zusammenspiel mit Bio- und Neurotechnologien

von Florian Rötzer

Meist bemerkt man nur einzelne, mehr oder weniger faszinierende, aber auch erschreckende Veränderungen hinsichtlich der Möglichkeiten, in die Natur oder in unseren Körper und seine Funktionen einzugreifen – wenn wieder einmal ein gentechnisch verändertes Lebewesen erzeugt, eine Implantation gelungen oder eine neue Technik in der Medizin eingeführt worden ist. Hinter solchen einzelnen wissenschaftlichen oder technischen Erfolgen aber bereitet sich ein neuer Umgang mit der Natur oder dem Körper vor, der längst begonnen hat, aber jetzt erst in seiner ganzen Breite erkennbar wird: Leben wird nicht nur ingenieursmäßig verstanden und behandelt, sondern auch ansatzweise bereits so produziert. Vergessen sollte man nicht, daß auch das Gehirn mit seinen Funktionen längst zu einem Organ unter anderen wurde, dessen »Eroberung«, Verbesserung und Ersetzung nun ansteht.

Computergestützte Techniken verändern das Verhältnis zu unserem Körper und zu unserer Umwelt tiefgreifend und nachhaltig nicht nur durch die eher spektakulären Fortschritte der Gen- und Neurotechnologie, sondern auch durch neue Medien wie Virtuelle Realität und Computernetzwerke, die auf immer neuen Schnittstellen mit unserem Körper basieren, ihn immer direkter an technologische Systeme anschließen. Auf der anderen Seite aber, zu dem Komplex Biotechnologie gehörend, wird versucht, biologische Mechanismen oder Lebensformen in Forschungsrichtungen wie Artificial Life, Robotik, neuronalen Netzwerken oder anderen komplexen Systemen zu reproduzieren oder zu simulieren. Mikrosysteme, minimal invasive Verfahren oder Sensoren wurden entwickelt, um auch die kleinsten Prozesse in unseren Körpern zu analysieren, zu stimulieren und zu manipulieren, in den wir nun mit den bildgebenden Verfahren in Echtzeit hineinblicken können.

Manche Entwicklungen – wie in der Gentechnologie – werden äußerst kritisch verfolgt, andere – wie in der Neurotechnologie – sind der breiten Öffentlichkeit noch nicht recht bewußt oder werden gar nicht – wie in der Medientechnologie – als körperliche Eingriffe verstanden, obgleich jede nachhaltige Aussetzung an eine Umwelt immer auch als eine Mikrochirurgie des plastischen, also anpassungsfähigen Gehirns verstanden werden kann. Durch das Leben in einer bestimmten Umwelt, zu der mehr und mehr die elektronischen und digitalen Medien gehören, wird nicht nur unsere Psyche, sondern auch die Hardware verändert, auf der sie gewissermaßen läuft. Es ist an der Zeit, alle diese Fäden zusammenzuziehen, um ein Bewußtsein darüber zu erhalten, in welche Zukunft wir gehen oder gehen wollen, sofern dies überhaupt zur Disposition steht und wir nicht schon längst die Schwelle zu einer digitalen Natur überschritten haben.

Ausblicke auf die Zukunft von Körper und Natur

Körper und Natur werden immer transparenter, stehen der Kontrolle immer weiter offen. Es gibt neben chemischen Eingriffen und visuellen, auditiven oder taktilen Stimulationen durch künstliche Wirklichkeiten mehr und mehr Implantate und mehr und mehr Möglichkeiten, biologische Prozesse und Strukturen zu verändern. Biotechnologie ist zunächst ein Unternehmen, biologische Systeme zu reparieren oder sie effektiver zu machen. Lebewesen werden zu »Systemen«, zu industriellen Produkten und zu Waren. Tiere werden zu bioindustriellen Maschinen, Menschen verkaufen Samen, Organe oder die Benutzung ihrer Gebärmutter, unerwünschte Eigenschaften in Lebewesen sollen eliminiert und neue geschaffen werden. Mit dem Klonen werden wir die Möglichkeit besitzen, effiziente Bioprodukte nach Belieben zu vermehren. Jeder hat vielleicht in Zukunft ein lebendiges Duplikat als Ersatzteillager für beschädigte Organe, das jetzt noch organisch lebende Menschen mit Hirn- bzw. Teilhirntod oder Föten darstellen. Je besser und präziser wir biologische Prozesse oder Organismen verändern können, desto bedeutsamer wird auch das Effizienzkriterium zur Beurteilung des Lebendigen werden, desto weniger werden wir Krankheiten, Behinderungen oder auch einfach als unschön empfundene körperliche Eigenschaften akzeptieren. Plastische Schönheitschirurgien sind ebenso wie die Behandlung durch Psychopharmaka oder die Stimulierung durch Drogen nur ein Anfang in dem Prozeß, einen neuen Körper zu designen. Die Maßstäbe, die man an ein perfektes Kind, an einen perfekten Körper oder einen perfekten Geist anlegt, werden im selben Grad wachsen. Leben ist mehr und mehr eine Maschine, die man als den Marktbedingungen unterworfene Ware kauft oder verkauft. Dadurch wird es verfügbar. Was bislang Schicksal war, wird zu einer Option, und die Frage entsteht, ob man diese Option wählen wird oder nicht – und, was erheblichen sozialen Konfliktstoff in sich birgt, ob man die Möglichkeit dazu haben wird oder nicht.

Wir haben beispielsweise begonnen, Hirngewebe aus Tieren und Embryonen in die Gehirne anderer Menschen zu implantieren. Das ist vielleicht nicht nur ein Weg, bestimmte Erkrankungen oder Beschädigungen zu heilen, sondern auch eine Möglichkeit, das Leben zu verlängern. Wir haben damit begonnen, Neuronenzellen mit einem Silizium-Transistor zu verbinden – ein erster Schritt hin zu Neuro-Chips. Wir haben damit begonnen, beschädigte sensorische Funktionen durch Systeme wie das Cochlea-Implantat für Ertaubte zu ersetzen, das auditive Signale direkt als elektrische Impulse in den Hörkern des Gehirns einspeist. Fieberhaft wird an weiteren Neuroprothesen, basierend auf Mikrosystemen und Neuroinformatik, gearbeitet, beispielsweise an einem Retina-Implantat für Erblindete. Unser Körper wird in Zukunft mehr und mehr von solchen Implantaten bevölkert, er wird mehr und mehr an die computergestützten Technologien angekoppelt werden. Der VR-Helm mit Kleinstmonitoren und Kopfhörern, die Datenhandschuhe oder Datenanzüge, die Mind Machines sind nur die erste Stufe gewesen, den ganzen Körper als Element in ein technisches System zu integrieren.
Mit der Erforschung komplexer Systeme hat die Wissenschaft biologische Systeme entdeckt. Die Erklärung oder Simulation solcher Systeme erlaubt es, diese gezielt zu manipulieren oder neue Bio-Maschinen zu entwerfen. Doch die Entdeckung komplexer Systeme hat auch gezeigt, daß wir meist nicht wissen, was wir langfristig bewirken, wenn wir in diese eingreifen. Obgleich also das wachsende Wissen über biologische Systeme mit einer gleichfalls wachsenden Unvorhersagbarkeit des Verhaltens von solchen komplexen Systemen einhergeht, ist die Biotechnologie darauf ausgerichtet, die ökologische Maschine zu steuern oder, wenn dies unmöglich ist, zumindest autonome Mikrokosmen zu konstruieren, die von ihrer Umgebung unabhängig sind und genauso gesteuert werden können wie andere technische Systeme.
All dies geschieht zur selben Zeit, in der wir merken, daß unsere Lebensweise dramatisch in die Ökologie eingreift, daß die Biosphäre irreversibel geschädigt werden könnte, so daß nicht nur viele Lebensformen zerstört werden, sondern möglicherweise auch die menschliche Rasse mit ihrer biologischen Hardware. Daher ließe sich das Unternehmen Biotechnologie auch als ein Versuch verstehen, langfristig biologische durch technische Systeme zu ersetzen, die in anderen Umweltbedingungen existieren können. Artificial Life wird die Gentechnologie ersetzen; Roboter und Künstliche Intelligenz werden den menschlichen Körper und Geist ersetzen; Biosphäre I wird abgelöst von Biosphäre II.

Die Menschen haben schon immer versucht, künstliche Welten und neue Schnittstellen zu erfinden, die andere Formen des Verhaltens, des Fühlens, Erfahrens und Denkens eröffnen, die die Lebensweise und die Art verändern, wie wir mit unserem Körper in der Welt sind. Häuser, Städte, Tempel, Gesellschaften, Kulturtechniken, Kunst als Gesamtkunstwerk, Mensch-Maschine-Systeme waren stets ein Weg, die Restriktionen der Natur hinter sich zu lassen. Heute aber haben wir einen kritischen Punkt erreicht, stoßen wir auf die elementare Ebene vor: Die (Wieder-)Erfindung des Lebens und seiner Evolution scheint möglich – gleich ob in den Computerspeichern mit der Entwicklung von einfachen Formen des Künstlichen Lebens, mit der Konstruktion von autonomen, intelligenten Robotern, mit der Manipulation des genetischen Codes oder mit dem direkten Eingriff in das Gehirn.

Bislang waren wir mit den Maschinen durch unseren Körper und unsere Sinne verbunden. Neurotechnologie zielt nun darauf, das Gehirn direkt und ohne den Umweg über unsere motorischen und sensorischen Systeme mit den Maschinen zu verbinden. Neurohacking wird in Zukunft mit dem Computer gemacht werden, nicht nur mit Drogen und sensorischen Stimulationen oder Deprivationen über unsere materielle Umwelt, zu der auch die Medien gehören, denen wir uns – beginnend mit der Kindheit – in Arbeit und Freizeit immer länger aussetzen. Cybersex mit Datenanzügen und all der übrigen Ausrüstung, um die Oberflächen des Körpers zu simulieren und stimulieren, erscheint beispielsweise schon jetzt als eine nostalgische Maschinerie der Tele-Intimität mit dem Charme einer Ritterrüstung.

Mit den parallel zur Biotechnologie wachsenden Möglichkeiten der Teletechnologien verliert unser leiblicher Körper seine beherrschende Position als Zentrum der Orientierung. Das aber ist nicht als Prozeß der Abstraktion zu verstehen, wie die Kritik bislang glaubte, es ist die Frage, wie weit wir unseren Körper in die digitalen Welten und darüber hinaus mitnehmen wollen und können, denn wir werden mittels der Technologien der Telepräsenz und Telemechanik durch die virtuelle Welt in einer anderen Verkörperung, z. B. als Roboter, wieder in die reale Welt an einem anderen Ort eintreten und in ihr wahrnehmen und handeln können: vom Telefon und Fernsehen zum Telekörper. Mit Hilfe von medialen Netzwerken, die Immersion ermöglichen, müssen wir nicht mehr den Ort verlassen, an dem sich unser Körper befindet, um woanders zu sein. Im virtuellen Raum sind wir nicht mehr länger Gefangene unseres Körpers, unserer körperlichen Identität. Wir werden unseren virtuellen Körper gestalten, unsere Körperidentität wechseln und durch verschiedene Perspektiven und soziale Erfahrungen mit anderen körperlichen Erscheinungsformen zappen können. War die Präsenz in der Welt früher abhängig vom Ort, an dem der Körper sich befand, so bricht die Teletechnologie die Erfahrung der Präsenz auf.

Ist der Mensch eine Nachricht?

Die Zellen des räumlich verteilten, dezentral organisierten Netzes gleichen die Distanz durch immer mehr Schnittstellen für den Input und Output in Echtzeit aus, werden zu bewegten sensomotorisch agierenden »Körpern« und »Gehirnen« in der elektronischen Umwelt. Die Notwendigkeit wird immer größer, daß die Menschen sich mit ihren biologischen Körpern direkt mit dem Netz verbinden, daß das Netz in ihren Körper einwandert, der sich in eine bio- und neurotechnologische Schnittstelle verwandelt, um mit der Geschwindigkeit und Komplexität der in den Netzen und über Satelliten zirkulierenden Informationsströme noch mitzukommen. Der künftige »Homo Cyber Sapiens« ist ein **Cyborg**, da es keine Zeichen dafür gibt, daß das menschliche ⊖ Gehirn weiter wächst, also daß es, wie in der biologischen Evolution des Homo sapiens, komplexer und damit intelligenter wird, was die Verarbeitung von Informationen angeht. Nur durch biotechnologische Schnittstellen zwischen Gehirn und Computern, d.h. beispielsweise durch die Implantation von Brainchips oder andere Plug-in-Möglichkeiten von technischen Systemen, kann das menschliche Gehirn sich hinsichtlich seiner Verarbeitungs- und Speicherkapazität verbessern und effektivere Zugänge zu neuen technischen Sensoren und motorischen Extensionen erhalten. Womit sich zumindest vorerst verhindern ließe, daß autonome und intelligente Roboter den Menschen überholen. Nur der direkte Anschluß an den Cyberspace könnte, so Luc Steels, Direktor des Robotik-Instituts an der Universität Brüssel, die Evolution des Menschen noch weiter vorantreiben (vgl. den folgenden Beitrag).

⊖ **Cyborg** ist eine Science-fiction-Kurzfassung von **Cybernetic Organism**. Die Vorstellung ist, daß uns die Technik immer näher, buchstäblich auf den Leib rückt und wir sukzessive mit ihr verschmelzen werden; konkret, daß wir zukünftig mehr und mehr künstliche Körperteile, sprich Prothesen, haben werden – künstliche Arme, Beine, Herzen, Augen etc. Die logische Konsequenz dieses Prozesses wäre, daß wir zu einem Gehirn in einem vollständig künstlichen Körper werden dürften. Und der Schritt danach bestünde darin, auch noch unser organisches Gehirn durch ein Computergehirn zu ersetzen.

Hans Moravec sieht einen ähnlichen evolutionären Druck auf die Menschen wirken, die immer mehr in den Cyberspace einwandern und sich dieser neuen, explosiv sich verändernden Umwelt anpassen müssen. Neben möglichen gentechnischen Eingriffen in jene Bereiche des Genoms, die die Morphogenese des Gehirns steuern, wird es in den nächsten Jahrzehnten vorwiegend um die Möglichkeiten eines perfektionierten Interface gehen, das die Umwege über sensorische und motorische Systeme durch direkte Kopplung verkürzt und schließlich darin münden könnte, daß die kognitiven Strukturen eines Menschen auf einen Computer in einem Roboter übertragen werden, der auch in seiner Hardware unmittelbarer Bestandteil, ein Knoten des Netzwerkes ist:

»Stellen Sie sich ein 'Gehirn in einem Tank' vor, das von einem Versorgungssystem am Leben erhalten wird und durch wunderbare elektronische Links mit einer Reihe von künstlichen Leihkörpern an entfernten Orten und von simulierten Körpern in Virtuellen Realitäten verbunden ist. Obwohl es durch ein optimales materielles Umfeld über seine natürliche Lebenszeit hinaus erhalten werden kann, ist es unwahrscheinlich, daß ein biologisches Gehirn, das für die menschliche Lebensdauer gemacht wurde, auf ewig effektiv arbeiten wird. Warum sollte man nicht fortgeschrittene neurologische elektronische Links verwenden, die es mit der Außenwelt verbinden, um die graue Hirnsubstanz zu ersetzen, wenn sie zu versagen beginnt? Unser versagendes Gehirn kann Bit für Bit durch überlegene elektronische Äquivalente ersetzt werden, die unsere Persönlichkeit und unsere Gedanken klarer als jemals machen werden, obgleich nach einer bestimmten Zeit keine Spur unseres ursprünglichen Körpers oder unseres Gehirns übrigbleiben wird.«

Das langfristige Ziel der Informationsgesellschaft wurde in den Kriegs- und Nachkriegsjahren entwickelt, als die Computer, die Kybernetik, die Genetik, die Informations- und Spieltheorie und ihre biotechnologischen Implikationen entstanden sind. Es geht darum, den Transport von materiellen Dingen und Botschaften zwischen räumlichen Orten durch die Übermittlung von Informationen zwischen vernetzten und räumlich verteilten Sender/Empfängern weitestgehend zu ersetzen, um Gleichzeitigkeit zu erreichen, was voraussetzt, möglichst alles als Information und Informationsverarbeitung beschreiben und codieren zu können. Der Einflußbereich des Menschen reicht so weit wie seine sensorischen und motorischen Systeme. Ein über Techniken der Telepräsenz und Telemotorik in Echtzeit gesteuerter Roboter ist eine Extension des Körpers, der nicht mehr an der Haut aufhört oder organisch ist. Das auf den Menschen bezogene Ziel besteht darin, dessen kognitives System der Informationsaufnahme, -verarbeitung und -erzeugung aus der biologischen Hardware zu lösen und es als Software zu beschreiben, die auch auf einer anderen Hardware laufen könnte. Ließe sich das kognitive System als digitalisierte Information beschreiben, dann wäre die Voraussetzung dafür erfüllt, daß Menschen nicht nur Nachrichten senden oder empfangen, sondern daß sie selbst zu einer Nachricht werden, die man codieren, senden, decodieren und vor allem in einer anderen, jedenfalls nicht identischen Hardware implementieren kann. Für das Paradigma der Information ist der Funktionalismus daher ein zentrales Dogma. Allerdings hat der Funktionalismus bereits eine lange Geschichte, die zumindest bis in die Diskussion der Möglichkeit der Transsubstantion während der Eucharistie zurückreicht. Hier wurde ernsthaft und mit weitreichenden Folgen, die schließlich zum Protestantismus und zum Dreißigjährigen Krieg führten, erörtert, wie etwas, in diesem Fall der Leib Christi, als identische Information in eine ganz andere Erscheinung, in diesem Fall die Hostie oder ein Laib Brot, verwandelt werden kann. »Auf jeden Fall«, versicherte Norbert Wiener als Fanal zur Digitalisierung des Körpers in den fünfziger Jahren apodiktisch, »ist eines klar: Die körperliche Identität eines Individuums beruht nicht auf der Identität der Substanz, aus der es gemacht ist ... Die biologische Individualität eines Organismus scheint«, so leitet Wiener aus den permanenten Veränderungen des Körpers auf der Ebene seiner Zellstruktur und des Metabolismus ab, »in einer gewissen Kontinuität der Umsetzungen und im Erinnerungsvermögen des Organismus an die Tatsachen seiner vergangenen Entwicklungen zu bestehen ... Die Individualität des Körpers ist eher die einer Flamme als die eines Steines, eher die einer Form als die eines Teilchens Materie. Diese Form kann übermittelt oder abgeändert und verdoppelt werden ... Die Tatsache, daß wir das Schema eines Menschen nicht von einem Ort zu einem anderen telegrafieren können, liegt wahrscheinlich an technischen Schwierigkeiten und insbesondere an der Schwierigkeit, einen Organismus während solch einer umfassenden Rekonstruktion am Leben zu erhalten. Sie liegt nicht an der Unmöglichkeit der Idee.«[1]

Biosphäre II

Stets sind es kleine, aber folgenreiche und immer schneller erfolgende Schritte, die in unsere Lebensweise – in einer natürlichen Umgebung und versehen mit einem biologischen Körper – eingreifen und sie verändern. Natürlich und biologisch hieß bislang nur, daß die Eingriffe relativ oberflächlich, unspezifisch und unkontrollierbar waren. Zwar werden die langfristigen Folgen des biotechnologischen Angriffs weiterhin unvorhersehbar und riskant sein, aber unser Umgang mit Natur, mit unserem Körper und unserem Seelenorgan hat eine andere Dimension erreicht, ist nicht mehr Schicksal, sondern ein Raum von Optionen. Auch wenn wir vieles noch nicht machen können, selbst wenn wir vieles überhaupt nie werden machen können, so hat sich unser Verständnis von Natur und unserem Körper bereits jetzt verändert. Leben als Maschine, als System, als Produkt und als Ware folgt Wünschen nach Gestaltbarkeit, nach Kontrolle, Effizienz und Perfektion, auch nach Schönheit oder gar Unsterblichkeit.

Es gibt ein Projekt, das aus meiner Sicht viele Aspekte der technologischen Strömung zusammenfaßt und anschaulich macht: »Biosphäre II« in der Wüste von Arizona. Es ist das ultimative Modell des Lebens im digitalen Zeitalter, das auch das Zeitalter der Biotechnologie ist. Obwohl das Projekt bislang sein Ziel verfehlt hat und große Mängel aufweist, so macht es doch deutlich, wie die Zukunft unter den Bedingungen einer ruinierten Erde und des noch beibehaltenen biologischen Körpers der Menschen aussehen könnte. »Biosphäre II« ist der Versuch, biologisches Leben als komplexes System von Pflanzen, Tieren und Menschen in permanent überwachte und nach außen abgedichtete Zellen einzuschließen. »Biosphäre II« ist die Konstruktion von autonomen, selbstgenügsamen, nur durch die Telekommunikationsmittel mit anderen Zellen verbundenen Systemen, von »Singles«, die sich von lokalen Bedingungen ablösen und ortlos werden: vom intelligenten Haus zum intelligenten Biotop.

Anmerkung:

1 Norbert Wiener: Mensch und Menschmaschine. Berlin 1958, S. 88–90.

Die Zukunft der Intelligenz

von Luc Steels

Intelligenz ist eine Fähigkeit, die sich in kleinen Schritten während Millionen von Jahren der Evolution zunehmend entwickelt hat. Die letzte größere Gehirnzunahme geschah erst vor 200000 Jahren. Damit ging eine wichtige Evolution in der Anatomie des Stimmapparates einher, die für die Sprache und folglich für die vollständige Sprachentwicklung notwendig gewesen ist. Es ist eine biologische Tatsache, daß die Evolution niemals aufhört, obgleich es Phasen relativer Stabilität geben kann.[1] Daher ist keineswegs ausgeschlossen, daß neue Intelligenzformen möglich bleiben oder daß sich die menschliche Gattung weiter in Richtung einer zunehmenden Intelligenz entwickelt.

Dieser Aufsatz stellt Spekulationen über drei Möglichkeiten an, in denen sich auf diesem Planeten die Intelligenz weiter entwickeln könnte.

1. Obwohl es keine biologischen Zeichen gibt, die in Richtung einer Zunahme der anatomischen Basis der Intelligenz bei den Menschen oder bei anderen Gattungen weisen, werden doch zur Zeit erstaunliche technologische Fortschritte gemacht, die die Erweiterung der biologischen Fähigkeiten ermöglichen. Die möglichen Erweiterungen schließen künstliche sensorische Apparate, elektronische Speichereinheiten, Computerprozessoren und mechanische Antriebe ein. Was würde geschehen, wenn diese Technologie auf uns angewendet würde? Würde dies zu einer neuen Gattung führen? Diese Gattung ließe sich als »Homo Cyber Sapiens« bezeichnen.[2] Deren Mitglieder könnten als Erweiterungen von uns beginnen, aber schrittweise unabhängiger von der biologischen **Wetware** werden, um ihr Leben fortzusetzen. Minsky hat vermutet, daß dies zu einer Form der Unsterblichkeit führen könnte.[3] Diese Techniken werden vielleicht erst an Tieren ausprobiert werden, um sie intelligenter zu machen. Man nimmt an, daß Primaten bis zu einer bestimmten Grenze intelligent sind und sogar eine bestimmte Sprachkompetenz besitzen.[4] Vielleicht könnten wir damit beginnen, ihnen einen künstlichen Stimmapparat zu geben, mit dessen Hilfe sie sprechen könnten.

[Luc Steels ist Direktor des Robotik-Instituts an der Universität Brüssel.]

2. Es gibt eine zweite Möglichkeit für andere Intelligenzformen. Versuche, vollständig künstliche Humanoide, d.h. intelligente Roboter zu bauen, setzten in den fünfziger Jahren ein und haben kontinuierlich Fortschritte erzielt. In manchen optimistischen Szenarien[5] lassen Roboter mit der Kapazität menschlicher Intelligenz nur noch fünfzig Jahre auf sich warten. Doch viele Robotikingenieure sind weitaus pessimistischer. Fortschritte im Bereich der Künstlichen Intelligenz wurden bislang fast ausschließlich mit einer entkörperten Intelligenz erzielt, indem man sich auf die Modellierung und Implementation von Denkprozessen konzentrierte. Dabei gibt es jedoch, wie ich später ausführen will, noch viele Hindernisse. Gegenwärtig wird ein neuer Ansatz ausprobiert, der paradoxerweise die Bedeutung der ingenieursmäßigen Konstruktion zugunsten der Biologie herabsetzen will. Seine Vertreter behaupten, daß wir erst »künstliches Leben« schaffen müssen, bevor künstliche Intelligenz möglich sein wird.[6] Mit diesem KL-Ansatz wird vielleicht eines Tages eine künstliche Gattung mit einer menschenähnlichen Intelligenz realisierbar. Ich schlage vor, diese Gattung »Robot Homonidus Intelligens« zu nennen.

»Angenommen, man denkt sich einen Organismus nach Art einer Computergraphik, die von einem Programm erzeugt wurde. Oder eine Eiche als Output eines Programms, das in der Eichel enthalten ist. Das genetische Programm steckt im DNA-Molekül. Anstatt es wie ein Computerprogramm Software zu nennen, bezeichnen wir es als **Wetware**, weil es sich innerhalb einer biologischen Zelle befindet, wo alles feucht (wet) ist. Ihre Software ist das abstrakte Informationsmuster hinter ihrem genetischen Code, aber Ihre konkrete Wetware ist die physikalische DNA in einer Zelle. Eine Spermazelle ist Wetware mit einem Schwanz, aber sie ist nichts ohne die Wetware einer Eizelle. Ein befruchteter Samen ist selbstgenügsame Wetware. Der Ableger einer Pflanze ist Wetware – Pflanzen können sich als Klone vermehren.« (Max Yukawa)

3. Es gibt gegenwärtig noch eine weitere, sehr wichtige Entwicklung: die Entstehung einer neuen virtuellen Welt, die als Cyberspace bekannt ist. Diese Welt basiert auf der Computertechnologie, aber sie erwirbt allmählich einige der Merkmale der biologischen Welt.[7] Der Cyberspace ist offen, weil er stets durch neue Hardware, neue Verbindungen, neue Anwendungen und neue Benutzer erweitert wird. Er ist ein verteiltes System, das von keiner einzigen Entität gesteuert wird. Er besitzt viele Komplexitätsschichten und bildet ein komplexes dynamisches System, in dem sich Phänomene wie Chaos und Selbstorganisation ereignen können.

Gegenwärtige Anwendungen wie das World Wide Web gehen nicht über die Speicherung, Verteilung und Darstellung von Informationen hinaus, doch neue, als **Software-Agenten** bekannte Programme könnten zu dramatischen Durchbrüchen führen.

⊖ **Software-Agenten** sind mobile Programme, die einen Teil ihrer eigenen Daten mit sich führen. Sie können als Repräsentanten ihrer Besitzer handeln und sich an die computerspezifischen Bedingungen anpassen, in denen sie sich befinden. Manchmal haben Software-Agenten menschenähnliche Schnittstellen.[8] Wir stehen am Beginn einer faszinierenden Forschung, wie Software-Agenten ihre eigene Komplexität durch den Einsatz biologischer Mechanismen – wie den der Evolution durch natürliche Selektion – steigern können.[9]

Man kann sich vorstellen, daß dann, wenn die Welt der Software-Agenten durch eigene Kraft an Komplexität gewinnt, neue Formen der Intelligenz entstehen, die die menschliche Intelligenz übertreffen könnten. Die Existenz von starken Schnittstellen mit Menschen und der realen Welt könnte diese Software-Agenten in der Zukunft so selbstverständlich werden lassen wie biologische Entitäten.

Der Homo Cyber Sapiens

Bei jedem bedeutsamen Sprung in der Entwicklung der menschlichen Intelligenz gab es eine dramatische Zunahme der Gehirngröße. Der Homo Sapiens hat beispielsweise gegenüber dem Homo Erectus ein um 20% größeres Hirnvolumen. Es gibt keine Anzeichen dafür, daß sich das Gehirn (selbst in einer langsamen Geschwindigkeit) weiter vergrößert, aber in nicht allzuferner Zukunft könnte eine technische Gedächtniserweiterung möglich werden. Künstliche Gedächtnisse haben an Speicherkapazität zugenommen und an Umfang abgenommen. Ein Ende ist noch nicht in Sicht, besonders wenn sich die **Nanotechnologie** voll entwickeln wird.[10] Neue biologische Sensoren und motorische Systeme müssen sich auch kontinuierlich entwickelt haben, während die menschliche Gattung Fortschritte in Bezug auf die Intelligenz gemacht hat. Ein Beispiel der jüngeren Geschichte ist der Stimmapparat, der für die Sprachfähigkeit wesentlich ist. Aber auch hier gibt es eine vergleichbare technische Entwicklung mit zunehmend besseren und kleineren Sensoren und motorischen Systemen. Eine der letzten Entwicklungen sind Mikromaschinen, die direkt in Silikon gestanzt werden.

»Ein Nanometer ist der millionste Teil eines Millimeters bzw. der milliardste Teil eines Meters, und das ist die Maßangabe, die den Größen der Atome – genauer: der ihrer Hüllendurchmesser – am nächsten kommt. **Nanotechnologie** ist die Kunst, Atome im Maßstab des Nanometers nach Belieben zu arrangieren. Das ist – in ständig weiter werdenden Grenzen – vor allem durch das Raster-Tunnelmikroskop möglich geworden. Mit ihm lassen sich einzelne Atome abbilden und sogar zu Verbänden zusammenschieben. Wenn sich in Zukunft Atomhäufchen als Speicherlemente nutzen ließen, könnten ganz neue Speicherdimensionen erschlossen werden – Nanoelektronik als Fortsetzung der Mikroelektronik. Die wahren Nano-Visionäre aber wollen mehr: So, wie aus einem winzigen Samenkorn Großes wächst, ein Baum etwa, sollen selbstvermehrungsfähige Roboter, kleiner als Bakterien, von einem Nanocomputer gesteuert, beliebige Dinge in Nährlösungen heranreifen lassen, vom Taschenmesser bis zum Automobil.« (Mathias Schulenburg)

Die Technik ist also da. Wenn wir uns eine Möglichkeit vorstellen könnten, leistungsstarke Gehirn-Computer-Schnittstellen zu konstruieren, mit deren Hilfe ein biologisches Gehirn mit einem zusätzlichen Gedächtnis, größerer Verarbeitungskapazität und weiteren Sensoren sowie motorischen Systemen ausgestattet werden kann, dann ließe sich die gewünschte signifikante Steigerung der Gehirngröße realisieren. Intensiv geforscht wird über Gehirn-Computer-Schnittstellen sowohl seitens der Technik, wo es auch Versuche gibt, Schnittstellen zwischen elektronischen Schaltkreisen und Neuronen herzustellen, als auch seitens der Biologie, wo versucht wird, technische Systeme zu implantieren. Erfolge wurden mit Hörimplantaten erzielt, in die das Gehirn Neuronen wachsen läßt, die Schnittstellen bilden, und sich daran adaptiert, von den elektronischen Schaltkreisen stammende Informationen aufzunehmen. Intensiv wird zur Zeit untersucht, künstliche Retinas zu bauen und das Sehvermögen für Blinde wiederherzustellen.

An einer allgemeinen Schnittstelle mit dem Gehirn als ganzem, z. B. um die Sprachkapazität oder das Gedächtnis zu steigern, wird gegenwärtig noch nicht geforscht. Eine wichtige Frage ist natürlich, wie die Prothese beschaffen sein sollte. In einer Hypothese sollten die künstlichen Erweiterungen des Gehirns die Arbeitsweise der menschlichen Neurophysiologie nachahmen. Neuronale Modellierung[11] hat in den letzten Jahren große Fortschritte erzielt, und es wurden verschiedene Systeme entwickelt, von denen einige **VLSI** benutzen.[12] Bislang ist die Leistung dieser künstlichen neuronalen Netzwerke weit von der natürlicher Systeme entfernt, weswegen man behaupten könnte, daß man dann, wenn man ihnen nahebleiben will, unnötigerweise die mögliche

Leistung der künstlichen Systeme beschränkt. Wenn wir unser Gehirn beispielsweise mit einer Recheneinheit erweitern wollen, werden wir zweifellos eine haben wollen, die Berechnungen in einer mit gegenwärtigen Computern vergleichbaren Geschwindigkeit und Genauigkeit durchführt und keine, die so langsam und fehleranfällig ist wie das menschliche Gehirn. Ganz ähnlich ist es, wenn wir unser Gehirn mit neuen Sprachkompetenzen (zum Beispiel mit »plug-in«-Modulen mit dem Wortschatz und der Grammatik einer Sprache) ausstatten wollen. Dann wünschen wir, daß ein solches Modul schnell und genau ist, aber nicht, daß es eine kontinuierliche Praxis wie die natürliche Sprachkenntnis benötigt.

⊖ **VLSI (Very Large Scale Integration)** ist die Abkürzung für »sehr hohe Integration«. Bei Schaltelementen bezeichnet man als Integration die Zusammenfassung von Schaltungen in einer integrierten Schaltung, die aus mehreren bis sehr vielen einzelnen Schaltelementen besteht. Von VLSI, HSI (High Scale Integration) oder SHSI (Super High Scale Integration) spricht man, wenn auf einem einzigen **Chip** mindestens Zehntausende bis (momentan bei Halbleiterchips das Maximum) 64 Millionen Schaltungen (64 Megabit-Chip) untergebracht werden. Eine weitere Miniaturisierung ist physikalisch möglich, die Halbleitertechnik setzt jedoch Grenzen, die spätestens beim 1-Gigabit-Chip erreicht sein werden. Zieht man jedoch die Nanotechnologie mit ihren neuen Ansätzen atomarer Speicherung heran, hätte man »die Möglichkeit, auf einen Quadratzentimeter Oberfläche die Speicherkapazität zu bringen, wie sie eine Million Hundertmegabyte-Festplatten von PCs beinhaltet. Das sind aber Bestrebungen, die nicht in den nächsten fünf Jahren direkt umgesetzt werden können, denn die Schreibgeschwindigkeit, die Lesegeschwindigkeit, ist für solche Datenmassen noch zu klein.«
(Gerd Bachmann vom Technologiezentrum des Vereins Deutscher Ingenieure).

In einer anderen Hypothese kann das künstliche Gehirn ganz anders als das natürliche Gehirn sein. Es reicht, Brücken zwischen beiden zu schaffen, so daß beide Systeme wechselseitig Zugang auf die Inhalte und das, was prozessiert wird, besitzen. Eine solche Hypothese würde sich eher auf die Ergebnisse der wissensorientierten KI-Forschung verlassen.[13]
Die KI-Forschung hat Systeme mit einer beeindruckenden Leistung in den Bereichen des Computerschachs, der Expertensysteme für Problemlösung und der Verarbeitung der natürlichen Sprache hervorgebracht, die die Hardware des Gehirns nicht nachahmen. Insoweit sind KI-

Systeme nicht situiert und adaptiv. Sie werden mühsam von Ingenieuren gebaut und müssen fast immer von Hand erweitert werden. Um sie auch in einem evolvierenden Kontext einsetzen zu können, müßte es zumindest einen Mechanismus für ein regelmäßiges Updating geben. Heute weiß noch niemand, wie man dies, trotz der großen Erfolge beim Maschinenlernen, in einer effizienten Weise realisieren soll.

Der Schwerpunkt bei der Forschung über Schnittstellen von sensorischen und motorischen Systemen mit dem Gehirn liegt in der Ersetzung von geschädigten sensorischen Funktionen bei behinderten Menschen, doch kann dieselbe Technologie auch dazu eingesetzt werden, andere Funktionen zu erweitern. Menschen beispielsweise, die bereits zwei Augen besitzen, könnten mit zusätzlichen Kameras ausgestattet werden, um den Sichtbereich zu vergrößern oder um direkt Motoren für die Lokomotion zu steuern. Falls irgendwie Verbindungen zwischen dem Gehirn und der elektronischen Datenautobahn eingerichtet werden könnten, dann gäbe es die fesselnde Möglichkeit, daß das Gehirn zu riesigen Informationsmengen Zugang hat und im Gegenzug Handlungen über die Entfernung hinweg durch die Vermittlung von elektronischen Geräten ausführen kann. Werden wir in Zukunft elektronische Post direkt »lesen« oder Botschaften an andere Gehirne »senden«, ohne die Vermittlung unseres normalen Sensoriums oder vielleicht sogar ohne die Vermittlung von Sprache? Werden wir im Cyberspace reisen und dort Erfahrungen machen, wenn die entsprechenden Gehirn-Computer-Schnittstellen einmal vorhanden sind? Diese Möglichkeiten würden eine radikale Revolution für unsere Wahrnehmung der Welt verursachen. Zeit und Raum beispielsweise, die für uns jetzt ziemlich strikte Beschränkungen sind, würden dann keine einengenden Faktoren mehr sein und könnten auf ganz andere Weise erfahren werden.

Wie realistisch ist die Entwicklung des »Homo Cyber Sapiens«? Heute wissen wir noch fast nichts darüber, wie wir unsere sensorischen und motorischen Kapazitäten vergrößern und Plug-in-Geräte einsetzen könnten, um unser Gedächtnis und unsere Verarbeitungskapazitäten mit industriell hergestellten Modulen zu erweitern, die uns für bestimmte Aufgaben mit Wissen und Geschicklichkeit versorgen. Es gibt in diesem Zusammenhang Experimente auf dem unteren Level, und Künstler wie der Australier Stelarc sind in der Erforschung der Interaktion zwischen Körper und künstlichen Geräten weit vorangeschritten, aber ein routinierter Einsatz scheint noch weit in der Zukunft zu liegen.

Wie weit darf man diese Entwicklungen aus ethischer Perspektive überhaupt vorantreiben? Einerseits ist es furchteinflößend, weil das Gehirn nicht nur das komplexeste, sondern auch das heikelste Organ des menschlichen Körpers ist. Furchteinflößend ist es auch, weil die neue Gattung uns an Macht überlegen sein könnte. Andererseits erscheint die Vergrößerung unseres Gehirns als eine natürliche Entwicklung, da die Evolution der Intelligenz auch in der Vergangenheit kontinuierlich erfolgt ist. Die ökologischen Zwänge scheinen überdies die weitere Entwicklung der Intelligenz zu erzwingen.

Der Robot Homonidus Intelligens

Obgleich gegenwärtig die Arbeit an der Erweiterung unserer Gehirnkapazitäten erst in ihren Anfängen steht, so gilt das nicht für die Konstruktion von Robotern und Künstlicher Intelligenz. Die weltweiten Erfolge der Forschung sind jedoch bislang relativ gering gewesen, vergleicht man sie mit denen in der Biologie – beispielsweise hinsichtlich des Verständnisses von Gehirnfunktionen oder den Erfolgen bei der Entdeckung von Elementarteilchen. Trotzdem gab es seit den Anfängen der Kybernetik und der Künstlichen Intelligenz eine konstante Forschungsarbeit, deren Ergebnisse sehr beeindruckend sind. Eine ganze Reihe von Programmen sind geschrieben worden, die Merkmale von (menschlicher) Intelligenz zeigen. Zum Beispiel treten Schachprogramme jetzt auf dem Rang der Großmeister an. Expertensysteme haben menschenähnliche Leistungen bei schwierigen Problemen wie dem Planen, der Diagnose oder des Design demonstriert. Natürlich-sprachliche Programme hoher Komplexität sind für die Verarbeitung und Produktion natürlicher Sprache entwickelt worden. Einige maschinelle Lernprogramme sind imstande gewesen, dichte Repräsentationen aus Beispielen zu generieren. Aber es gibt noch immer sehr große Beschränkungen der gegenwärtigen Technik, die sogar die Frage entstehen lassen, ob wir jemals intelligente Roboter haben werden.

1. Ein Großteil der Forschung im Bereich der wissensbasierten KI durchläuft folgenden Kreislauf: (a) Es wird ein gewöhnlich wertvolles Spezialwissen identifiziert, (b) dieses Spezialwissen wird auf der Ebene des Wissens modelliert[14] und formalisiert, dann wird (c) die formale Repräsentation in einer computerbasierten Form mit der Hilfe von Techniken der symbolischen Programmierung kodiert. Das daraus entstehende System, meist *knowledge system* genannt, wird in eine bestimmte Umgebung eingebaut und von Menschen in ihrer Arbeit als Werkzeug gebraucht. In dieser Vorgehensweise wurde ein hoher Grad an Perfektion erreicht, und eine große Vielfalt von Systemen wurde konstruiert und zur Anwendung gebracht. Doch es gibt zwei wichtige Probleme: Das erste ist, daß die zur Konstruktion eines wissensbasierten Systems

erforderliche Arbeit sehr groß ist. Man benötigt mehrere Mann-Jahre an Arbeit, um ein eingeschränktes Expertenwissen abzubilden. Für nicht-triviale Aufgaben können daraus Jahrzehnte von Mann-Jahren werden. Ein zweites und wichtigeres Problem ist jedoch, daß dies nur Instanzen einer »gefrorenen Intelligenz« ohne die damit verbundenen Mechanismen und Prozesse abbildet, die das intelligente Verhalten entstehen ließen. Das bedeutet, daß die Wartung und Anpassung von Hand erfolgen muß, was ziemlich teuer und in den meisten Fällen nicht realistisch ist. Man kennt einiges über die internen Mechanismen der Wissensrepräsentation, des Denkens und der Problemlösung, aber wir verstehen noch nicht, wie sich diese Mechanismen in der Interaktion mit der Umwelt entwickeln.

2. Wissensbasierte Systeme sind Beispiele einer entkörperten Intelligenz. Sie besitzen keine direkten Verbindungen mit der wirklichen Welt durch Sensoren und motorische Systeme. Die Verbindung wird durch die Vermittlung der Menschen hergestellt. Das funktioniert in Bereichen wie dem des Rechts ganz gut, wo die Inputs und Outputs bereits eine symbolische Form besitzen. Aber wenn wir Roboter wollen, die unabhängig in ihrer Umgebung arbeiten sollen, werden die Schnittstellen mit der wirklichen Welt essentiell. Man hat lange Zeit geglaubt, es würde genügen, die von KI-Systemen gebrauchten Symbole mit der Welt durch Sensoren und motorische Systeme zu verbinden, doch die dabei entstehenden Probleme sind riesig.[15] Sie sind meist mit der Tatsache verknüpft, daß die von den Sensoren empfangenen Signale nicht genügend Information enthalten, um daraus die detaillierten symbolischen Weltmodelle erzeugen zu können, die von den klassischen KI-Plantechniken benötigt werden; oder es würde zu lange dauern, dies so zu machen. Überdies werden motorische Systeme niemals völlig abgesichert sein, d.h., es wird niemals möglich sein, einen bestimmten Handlungsverlauf im voraus zu planen und darauf zu hoffen, daß die Ausführung so perfekt sein wird, daß sie nicht adaptiert werden muß. Diese Schwierigkeiten haben in den letzten Jahren zu einem neuen Bottom-up-Ansatz für die Künstliche Intelligenz geführt, der versucht, minimale Weltmodelle zu benutzen, und der den Schwerpunkt darauf legt, durch die Vermittlung von dynamischen Prozessen eine direkte Kopplung von Wahrnehmung und Ausführung herzustellen.[16]

3. Gegenwärtige wissensbasierte Systeme sind ebenso wie Roboter Maschinen. Sie haben durch sich selbst keine Existenzbegründung. Sie sind keine Individuen, nicht einmal Organismen. Obgleich sie in vielen Fällen die Möglichkeit besitzen, die angemessenste Handlung aus einem Handlungsrepertoire zu wählen, werden die Ziele und die mög-

lichen Handlungen von außen vorgegeben. Wenn zwei Roboter kooperieren, dann geschieht dies deswegen, weil Menschen in sie Verhaltensweisen einprogrammiert haben, die eine Kooperation hervorbringen. Das Bedürfnis nach Kooperation entsteht nicht im Inneren der Roboter oder aus Situationen, in denen sie sich befinden. In diesem Sinn sind gegenwärtige KI-Systeme Werkzeuge für Menschen und keine unabhängig existierenden, autonomen Entitäten aus eigenem Recht. Es ist völlig unklar, wie man einem Roboter ein Selbstgefühl, das Recht auf Initiative, die Verantwortung für seine eigene Handlung usw. geben könnte. Noch schlimmer ist, daß innerhalb des Kontextes der Künstlichen Intelligenz kaum an der Konstruktion autonomer Agenten gearbeitet wird.

Diese drei ungelösten Probleme bilden beträchtliche Hindernisse für die Entwicklung des »Robot Homonidus Intelligens«. Die Hindernisse sind nicht wirklich technischer Natur. Der gegenwärtige Stand der Elektronik, der Computertechnik und der Mechanik erlaubt die Konstruktion des Körpers und des Gehirns eines Humanoiden. Forschungen in dieser Richtung finden statt.[17] Das wirkliche Hindernis ist das Fehlen einer Theorie der Intelligenz und besonders einer Theorie, die erklärt, wie eine in einer Umgebung der wirklichen Welt verwurzelte Intelligenz zustandekommt.

Um diese fundamentalen Engpässe zu überwinden, ist seit kurzem ein neuer Ansatz in der KI-Forschung entstanden, der sich in bestimmter Hinsicht radikal vom wissensbasierten Ansatz unterscheidet, wie er gegenwärtig in der KI vorherrscht.[18] Die charakteristischste Eigenschaft dieses Ansatzes liegt in der Abwendung von der ingenieursmäßigen Perspektive zugunsten der Biologie. Dabei geht es nicht um Versuche, realistische biologische Modelle zu entwickeln, wie dies manche Netzwerkwissenschaftler machen[19], sondern darum, daß Wissenschaftler versuchen, die Prinzipien zu verstehen, mit denen biologische Systeme arbeiten, und diese bei der Konstruktion von künstlichen Systemen anzuwenden. Der Begriff »Konstruktion« ist hier nicht mehr ganz geeignet, weil eine der Hauptideen darin besteht, daß intelligente autonome Systeme nicht gebaut werden können, sondern sich in einem ähnlichen Prozeß entwickeln müßten, wie sich Intelligenz in der Natur entwickelt hat: durch den Einsatz einer Kombination von Evolutionsprinzipien – natürliche Selektion, Anpassung und Entwicklung –, die auch die Entwicklung eines biologischen Individuums bestimmen.[20] Dieser Ansatz wird der »artificial life approach to artificial intelligence« genannt.

Wir haben in unserem Labor beispielsweise ein komplettes Roboter-Ökosystem geschaffen, das den Robotern eine Umwelt mit verschiedenen Zwängen (z. B. die Notwendigkeit, Energie zu sammeln und sich zu versichern, daß sie verfügbar ist), mit verschiedenen Roboteragenten (die kooperieren müssen, sich aber auch untereinander in Konkurrenz befinden) und ein wachsendes Repertoire von adaptiven strukturalen Komponenten (Verhaltenssysteme genannt) bietet, die für das Verhalten ursächlich verantwortlich sind.[21]

Eine solche integrierte experimentelle Umwelt stellt sicher, daß alle unterschiedlichen Ebenen (genetische, strukturale, individuelle, kollektive) mit jeweils starken Interaktionen mit der Umwelt gleichzeitig präsent sind. Dadurch ist ein holistischer Ansatz zur Intelligenzforschung möglich. Unser Ziel ist, Szenarios zu entwickeln und zu testen, die Stufen des Fortschritts hin zu intelligenten Agenten zeigen; ähnlich wie Biologen und Chemiker Szenarien für den Ursprung des Lebens[22] oder Physiker Szenarien für die Entstehung des Universums untersuchen.[23] Die große Herausforderung besteht darin, nur Prinzipien zu verwenden, die mit den physikalischen und biologischen Gesetzen kompatibel sind, und zu vermeiden, spezifische geistige Fähigkeiten zu programmieren. Intelligentes Verhalten, eingeschlossen Individualität, sprachliche Kommunikation, Kooperation usw., soll als Ergebnis von Zwängen im Ökosystem entstehen, in dem die Agenten sich befinden, und von strukturformenden Prozessen wie Selbstorganisation oder Selektion.

Wir haben bereits wichtige Schritte für die Evolution höherer Intelligenz nachvollzogen. In einem Experiment durchlief ein Roboter eine Reihe von Entdeckungen: daß er seine Aktivität in der Ladestation herunterfahren muß, um die Zeit für das Wiederaufladen zu maximieren, daß Phototaxis bei der Suche nach der Aufladestation behilflich war, daß ein Kontaktschalter ein unmittelbarer Hinweis auf die Zufahrt zur Aufladestation war usw.[24] In einem anderen Experiment teilte sich eine Gruppe von identischen Robotern spontan in verschiedene Gruppen auf, wobei eine Gruppe signifikant mehr arbeitete als die andere. Diese Experimente zeigen, daß das spontane Wachsen komplexen Verhaltens bei Roboteragenten im kommenden Jahrzehnt zu einer Realität werden und daß dieser Forschungsansatz vielleicht zu Formen einer künstlichen Intelligenz führen könnte.

Software-Agenten

Das lose verknüpfte, weltweite Computernetzwerk, das als Internet bekannt ist, wächst mit exponentieller Geschwindigkeit. Es besteht aus Millionen von Computersystemen, die Ressourcen durch die Akzeptanz von standardisierten Protokollen für den Erhalt, die Präsentation und den Durchlauf von Information teilen. In den letzten Jahren hat das World Wide Web (WWW) zu einer unglaublichen Zunahme beim Austausch von Informationen zwischen Menschen geführt. Tausende von Sites sind entstanden, die lokale Information von der ganzen Welt aus sichtbar machen. Die Information kann die Form von Texten, Bildern, Tönen und Video annehmen. Mit verschiedenen Formen der Interaktivität wurde experimentiert. Beispielsweise wird das von einer Kamera aufgezeichnete Bild unmittelbar im Netzwerk verteilt. Eine Entwicklung, die noch nicht begonnen hat, sich aber ganz klar in der Vorbereitung befindet, ist die Präsenz von Software-Agenten, die im Internet arbeiten.

Technisch ist ein Software-Agent ein mobiles Programm, das Teile seiner Daten mit sich führt. Das Programm ist in dem Sinne mobil, daß es seinen Auftrag auf einer Maschine unterbrechen und sich selbst durch die Benutzung des Internet zu einer anderen Maschine übertragen und dort den Auftrag fortsetzen kann. In einem gewissen Sinn sind Computerviren ein erstes, freilich negatives Beispiel für Software-Agenten, aber es sind viele positive Anwendungen vorstellbar. Man kann sich beispielsweise vorstellen, daß E-mail-Botschaften viel aktiver sein könnten. Sie könnten Graphiken, Töne und Programmteile wie interaktive Dialogfähigkeiten oder Möglichkeiten enthalten, dem Empfänger der Nachricht etwas zu zeigen. Sie könnten auch die Möglichkeit bereitstellen, zu den Sendern mit Information zurückzukommen, die sie an einem entfernten Ort gesammelt haben.[25] Eine weitere Anwendung bestünde darin, daß ein Agent das WWW durchsucht, um Informationen, z. B. über Hotels und Reisemöglichkeiten, für seinen Eigentümer zu finden.[26]

Man betreibt gegenwärtig Forschungen darüber, Agenten unterschiedliche Stufen der Autonomie zu verleihen. Vor allem geht es um die Autonomie, herumzuwandern und sich in andere Maschinen einzuklinken[27] und, sofern dies möglich ist, das Programm an neue Gegebenheiten anzupassen. Auch geht es um die Autonomie, als Repräsentant zu handeln, was bedeuten würde, daß der Agent mentale Einstellungen wie Überzeugungen und Verpflichtungen sowie die Autorität für Verhandlungen besitzt.[28]

Die interessanteste Entwicklung betrifft Agenten, die ihre Funktionalität erweitern, während sie in dynamisch wechselnden und offenen Umgebungen handeln. Tom Ray hat beispielsweise ein System mit dem Namen »Tierra« entwickelt, wo ein Agent die Form eines Programms hat, das sich selbst kopieren kann.[29] Der Kopiervorgang begeht zufällig

Fehler, die Varianten produzieren. Die selektionistischen Kriterien reichen bis zu Begrenzungen in Zeit und Raum, und das zufällige Handeln eines »Sensenmannes« wird blind neue Programme zerstören. Ray hat gezeigt, daß in dieser Computerumwelt verschiedene Kopierprogramme spontan entstehen. Es bilden sich auch Parasiten, die Programmteile von anderen benutzen, um sich selbst zu kopieren. Ray beschäftigt sich gegenwärtig mit einer verteilten Version dieses Systems mit dem Namen »NetTierra«, wo Agenten auch mobil sein können und so die Ressourcen von anderen Computern benutzen können, um ihre Verbreitung in der gesamten Population zu fördern. Diese Experimente sind wichtige einleitende Schritte, um zu lernen, wie neue Funktionalität in Software-Agenten unabhängig von Konstruktionsintentionen entstehen könnte, und um die Sicherheitsprobleme zu untersuchen, die in der Evolution von autonomen Software-Entitäten enthalten sind.

Die Forschung über Software-Agenten befindet sich ganz in ihren Anfängen. Die bislang im Internet ausgeschickten Agenten haben nicht die zuvor diskutierte Autonomie und können auch nicht als intelligent bezeichnet werden. Sie verwenden praktisch keine Repräsentations- oder Denkfähigkeiten. Wenn jedoch einige der in der Robotik entwickelten Techniken auf Software-Agenten übertragen werden könnten und wenn sich das Problem lösen ließe, wie neue Komplexität in Agentengesellschaften spontan entstehen könnte, dann besteht kein Zweifel daran, daß der Cyberspace zunehmend mehr von komplexeren und intelligenteren Lebewesen bewohnt werden wird.

Anmerkungen:

1 S. Gould and N. Eldridge (1977): Punctuated Equilibria. The Tempo and Mode of Evolution Reconsidered, in: Paleobiology, 3, S. 115–151.

2 L. Steels: The Homo Cyber Sapiens, the Robot Homonidus Intelligens, and the 'artificial life' approach to artificial intelligence. Vortrag auf dem Symposium der Burda-Akademie über Gehirn-Computer-Schnittstellen. München, Februar 1995. Veröffentlichung in Vorbereitung.

3 M. Minsky (1994): Will Robots Inherit the Earth?, in: Scientific American, October 1994, S. 87–91.

4 R. Dunbar (1988): Primate Social Systems. London: Croom Helm.

5 H. Moravec (1988): Mind Children. The Future of the Robot and Human Intelligence. Cambridge, Ma: MIT Press.

6 L. Steels (1994): The Artificial Life Roots of Artficial Intelligence, in: Artificial Life Journal 1: 1/2, S. 89–125.

7 L. Steels and M.Tokoro (1995): Artificial Life and Real World Computing. Lecture Notes in Computer Science. Vol. 1000. Berlin: Springer Verlag.

8 A. Takeuchi and K. Nagao (1993): Communicative Facial Displays as a New Conversational Modality. Proceedings of ACM/IFIP Inter-CHI. Amsterdam.

9 T. Ray (1992): An Approach to the Synthesis of Life, in: C. G. Langton, C. Taylor, J. D. Farmer and S. Rasmussen (1992): Artificial Life II. Proceedings of the Workshop on Artificial Life Held February 1990 in Santa Fé, New Mexico, S. 325–371.
10 K. Drexler (1994): Nanosystems. Molecular Machinery, Manufacturing, and Computation. New York: John Wiley.
11 J. L. McClelland and D. E. Rumelhart (eds.) (1986): Explorations in Parallel Distributed Processing. Cambridge, Ma.: MIT Press/Bradford Books.
12 L. Nadel et al. (1989): Neural Connections, Mental Computations. Cambridge, Ma.: MIT Press.
13 M. Genesereth and N. Nilsson (1987): Logical Foundations of Artificial Intelligence. Los Altos: Morgan Kaufman Pub.
14 A. Newell: The Knowledge Level, in: Journal of Artificial Intelligence 18, no 1, S. 87–127.
15 R. Brooks (1991): Intelligence without Reason, in: IJCAI 91, Sydney, S. 569–595.
16 L. Steels/R. Brooks (eds.) (1995): The 'Artificial Life' Route to 'Artificial Intelligence'. Building Situated Embodied Agents. New Haven: Lawrence Erlbaum Ass.
17 R. Brooks (1994): Coherent Behavior from Many Adaptive Processes, in: D. Cliff et. al. (eds.): From Animals to Animats 3. Cambridge: MIT Press, S. 22–29.
18 L. Steels (1994): The Artificial Life Roots of Artificial Intelligence, in: Artificial Life Journal 1: 1/2, S. 89–125.
19 F. Eeckman and J. Bower (1993) (eds.): Computation and Neural Systems. Boston: Kluwer Academic Publishers.
20 D. Cliff, P. Husbands and I. Harvey (1993): Evolving Visually Guided Robots, in: J.-A. Meyer, H. L. Roitblatt and S. W. Wilson (1993): From Animals to Animats 2. Proceedings of the Second International Conference on Simulation of Adaptive Behavior. Cambridge, Ma.: MIT Press/Bradford Books, S. 374–383.
21 L. Steels (1994): A case study in the behavior-oriented design of autonomous agents, in: Proceedings of the Simulation of Adaptive Behavior Conference. Brighton. Cambridge, MA: MIT Press.
22 S.A. Kauffman (1993): The Origins of Order: Self Organization and Selection in Evolution, Oxford: Oxford University Press.
23 S. Weinberg (1980): The First Three Minutes. New York: Vintage Books.
24 L. Steels and M. Tokoro (1995): Artificial Life and Real World Computing. Lecture Notes in Computer Science. Vol. 1000. Berlin: Springer Verlag.
25 J. White (1994): Telescript Technology: The Foundation for the Electronic Marketplace. General Macig White Paper.
26 B. Pinkerton (1994): Finding What People Want: Experiences with the WebCrawler, in: Proceedings of the First WWW Conference. Genf.
27 K. Kotay and D. Kotz (1994): Transportable Agents.
28 Y. Shoham (1993): Agent Oriented Programming, in: Artificial Intelligence Journal.
29 T. Ray (1992): An Approach to the Synthesis of Life, in: C. G. Langton, C. Taylor, J. D. Farmer and S.Rasmussen (1992): Artificial Life II. Proceedings of the Workshop on Artificial Life held February, 1990, in Sante Fé, New Mexico, S. 325–371.

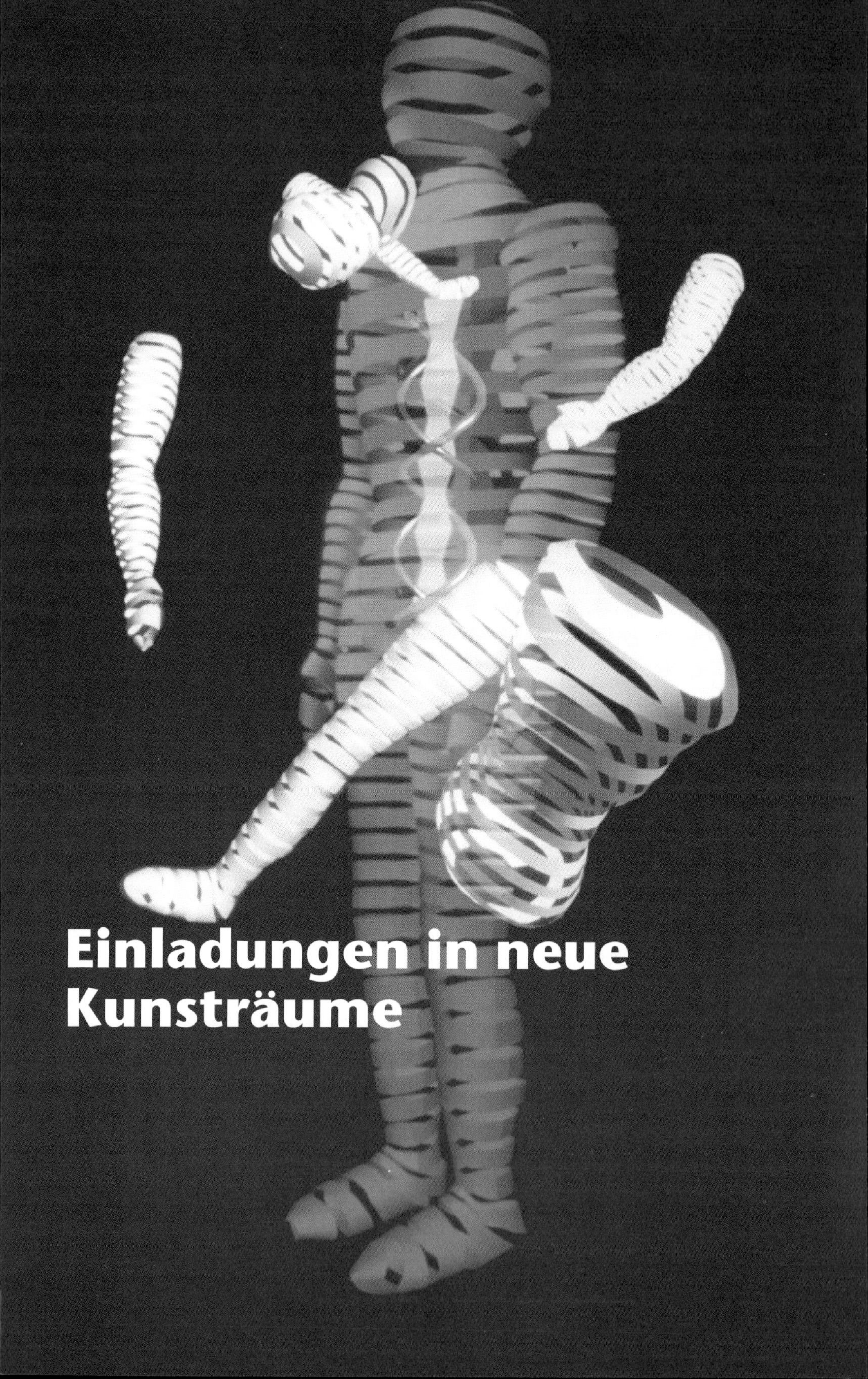

Einladungen in neue Kunsträume

Die Kunst in der Medienrevolution

von Jürgen Claus

> »We don't need to ignore history to move forward. But history should not be a yoke, nor should it be used to debunk experiment. Neither should experiment be used to debunk history. The two are the same.«
>
> Larry Polansky, Komponist

Das elektronische Zeitalter der Künste beginnt in den Jahren 1950 bis 1955. Der Computer steht zunächst nicht im Vordergrund. 1956, es ist das Jahr der ersten Documenta in Kassel, schätzt der Vorstandsvorsitzende eines großen Elektrokonzerns die Absatzmöglichkeiten von Computern in der Zukunft mit 20 Stück ein. Wie sollen Künstlerinnen und Künstler da auf den Computer setzen?

Es sind die Ideen und die Praxis der Kybernetik, also der Wissenschaft von Kommunikation und Regelung, die nachhaltig das System der Kunst verändern. In Deutschland verweist Max Bense (1910–1990) ab den frühen fünfziger Jahren auf die kommunizierenden Röhren zwischen technischer und ästhetischer Wirklichkeit. Der erste Künstler, der voll und ganz auf die Kybernetik als ausschließliches Produktionssystem setzt, ist der Franzose Nicolas Schöffer (1912–1992). Er baut photoelektrische Zellen, Sensoren und Mikrophone in seine Skulpturen ein und macht sie damit zu antwortenden Systemen, die auf Stille und Dunkelheit, Lärm und starkes Licht reagieren. Begeistert teilt er dies dem Kybernetik-Papst Norbert Wiener mit, der ihn kalt abfahren läßt: »Die Kunst ist eine Sache, und die Wissenschaft ist eine andere.«

Da irrte Wiener, wenn man den heutigen Aufbruch der Kunst innerhalb der Medienrevolution verfolgt und analysiert. Man mag das qualitativ und quantitativ angehen: Das Ergebnis ist eine fluktuierende Inbesitznahme wissenschaftlicher Positionen durch Künstlerinnen und Künstler, ein demonstratives Interesse der Wissenschaft an der Visualisierung durch künstlerische Prozesse. Spricht man gegenwärtig von Bilderwelten, so sind sie in drei Zonen angesiedelt:

— den erfundenen, gemalten, wie immer gestalteten Bildern, die Verläßlichkeit und Beständigkeit suggerieren, ob das nun über Malerei, Skulptur, Film geschieht;

— den veränderbaren, abrufbaren Bildern sogenannter Realitäten, wie sie durch apparative Technologien des Fernsehens, der Computerbilder und Videoaufzeichnungen geschaffen werden;

[Jürgen Claus, selbst Medienkünstler mit dem Schwerpunkt Biosphärische Kunst, ist Professor für Medienkunst an der Kunsthochschule für Medien Köln.]

— den fiktiven und doch präzisen Vorstellungsbildern, mit denen uns Wissenschaft, Forschung, Technik ausstatten, häufig (nur) Diagramme von Bildern, aber doch Bilder, beispielsweise von Molekülaufbau, kosmischen und meteorologischen Konzepten, biologischen Zeitabläufen etc.

Die Kunst in der gegenwärtigen Medienrevolution läuft in den Zonen zwei und drei ab. Dabei geht es um ein neu zu definierendes Artefakt, das mehr mit visuellen Energien als mit Kunstmarkt-Ware zu tun hat. Schon die Prototypen der Kommunikationstechnologien, wie sie in den zwanziger Jahren zum Vorschein kamen, wurden künstlerisch aufgenommen und durchdacht. Der Bauhauskünstler Moholy-Nagy sprach Fernsehkunst an, Friedrich Kiesler das Tele-Museum, die Fernübertragung von Bildern auf lichtempfindlichen Wänden – beides um 1929. Mit den ersten Satelliten Anfang der sechziger Jahre entwickelten Filmemacher und Künstler die Möglichkeiten einer künstlerischen Telekommunikation. Die Idee eines »Culture Intercom« führte den Amerikaner Stan VanDerBeek zu künstlerischen Produktions- und Verteilerstätten, die per Satellit weltweit verbunden wären. Und nun tritt der Computer in drei Grundsituationen auf die künstlerische Szene, als:

1. Erzeuger von Zeichen und Bildern, als elektronische Leinwand;
2. Sender/Empfänger, somit als »Terminal« und Netzwerk;
3. Steuerungsorgan komplexer Vorgänge aus der Innen- und Umwelt.

Von der elektronischen Leinwand zum Terminal

Man kann sich die Kunst in der Medienrevolution auch wie ein Puzzle vorstellen, dessen Teile fortlaufend neu zusammengesetzt werden. Nur daß es dafür kein definitives Logo gibt. Wer allerdings heute mit der Elektronik »malt«, sieht das kaum als Endprodukt, sondern als einen Baustein. Er oder sie will diesen Baustein »öffnen«, will in die Semantik der Bilder und Bildfragmente eindringen. Im elektronischen, digital aufgebauten Bild liegt der Code zu einer neuen Bilderfolge, die der – früher »Betrachter«, heute besser Teilnehmer genannte – »User« öffnet, entwickelt, umgestaltet.

Das heißt, daß die Techniken der Interaktion heute schon die Anlage einer Computeranimation bestimmen. Die Echtzeit-Animation ermöglicht es, die Bilder und Bildfolgen direkt zu erzeugen, über einen Beamer zu projizieren und sie als eigentliche Kommunikationstechnik einzusetzen. Oder: Aus vorgefertigten Computerbildern wird eine Datenbank aufgebaut, die nun zwischen zwei und mehr Menschen gleichzeitig erlebt wird.

Ein Beispiel dafür ist das »Bar Code Hotel«, am Banff Centre for the Arts in den kanadischen Rocky Mountains entwickelt. Auf mehreren Tischen im Raum werden Alltagsobjekte und Strichcode-Symbole ausgebreitet. Mit einem Laserstift kann jeder Besucher sich ein Objekt als interaktiven Film vorführen, in den er durch Befehle wie Springen, Treiben, Eindringen die Bildwelt selbst gestaltet. Die Objekte treten auch miteinander in Dialog oder Kollision, ein anarchisches, aber funktionierendes Ökosystem, wie es die Urheber nennen. Alles in allem ein fernes Echo an den Dada-Künstler Marcel Duchamp, der den »Kunst-Koeffizienten« in einem Rohzustand zwischen beabsichtigter und unbeabsichtigter Aktion beim Betrachter ansiedelte.
Ganz im Gegensatz zur verbreiteten Endzeit-Stimmung von Kulturkritikern, besetzen jüngere Generationen von Künstlern die Forschungsfelder Künstliches Leben, Ökologie, Audiovision mit Vitalität und Neugierde. Als institutionelle Rahmen dienen dabei 1270 internationale Kunst- und Technologie-Institutionen, die ein soeben erschienener Führer der elektronischen Künste auflistet, weltweite Kommunikationsnetze, die von Künstlern über Internet u.a. aufgebaut wurden, sowie Medienbiennalen, -ausstellungen und -symposien. Nur die traditionellen Museen verweigern sich im allgemeinen beharrlich und zelebrieren lieber ihre scheinbar gesicherten Werte.
Wenn die Kommunikation als Grundprinzip aller Technologien zu sehen ist, so verbindet sie heute die Künstler auch mit den extremen mikro- und makrokosmischen Räumen. Eine »evolutive« Computeranimation, wie sie William Latham in England oder Yoichiro Kawaguchi in Japan gestaltet haben, stellt künstlerische Modelle von biologischen Wachstumsprozessen vor. So wird die Metamorphose als zentrale Idee des künstlerischen Vorgangs neu definiert. Wir sind mit einer Bildwelt konfrontiert, die ganz real das Irreale oder Surreale vorstellt, im Raum wachsen läßt. Das junge Künstlerpaar Christa Sommerer und Laurent Mignonneau, gegenwärtig als Fellows in Japan, läßt den »User« auf dem Bildschirm organische Figuren zeichnen, die zeitgleich dazu in einem computererzeugten Pool zu sehen sind – Unterwasser-Wesen, die sich aufeinander bewegen, sich vermehren, je nach der Interaktion durch die Teilnehmer.
Die Kunst in der Medienrevolution hat individuelle Erfindung nicht aufgegeben, sieht diese allerdings in einem Prozeß der Kommunikation mit anderen Teilnehmern. Das macht ihre Stärke aus. Sie kumuliert Imagination und Energie. Sie praktiziert Teilnahme, die von anderen Medien verweigert wird. Die kreative, soziale und politische »Architektur der Kommunikation« wird durch die Kunst vorangetrieben.

Für eine Kunst im Virtuellen Raum

von Fred Forest

Unser schwerwiegendster Fehler wäre zu denken, daß es nur eine Wirklichkeit gibt. Indem sie das Unsichtbare sichtbar machten, haben uns die Künstler aller Epochen schon gezeigt, daß es hinter der Welt der äußeren Erscheinungen eine Vielzahl virtueller Welten gibt. Welten, denen die Kraft ihres Genies und ihres Talents Gestalt verliehen. Das wissenschaftliche Denken selbst hat uns seit einem Vierteljahrhundert an die Vorstellung gewöhnt, daß die Wirklichkeit nur eine Haut ist, unterhalb derer unendlich viele andere Wirklichkeitsebenen einander überlagern. Beim Eindringen in unser tägliches Universum verändern die technologischen Instrumente dessen Wahrnehmung, indem sie uns Zugänge – Schlüssel – zu anderen Formen des Wirklichen liefern. Die Verbreitung von Apparaten zur multisensorischen Wahrnehmung und Interaktion in der großen Öffentlichkeit wird die Individuen in »virtuelle« Umgebungen tauchen, die den Wissenschaftlern, Philosophen und natürlich auch Künstlern neue Erfahrungsbereiche eröffnen werden.

Die neuen Grenzen des virtuellen Raums

Genaugenommen ist es schon immer ein Verdienst der Künstler gewesen, uns dazu aufzufordern, die Welt mit »anderen« Augen zu betrachten, aus einem ganz anderen, argwöhnischen Blickwinkel. Sie tun dies einerseits, indem sie uns an unseren eingefahrenen Gewißheiten zweifeln lassen, andererseits, indem sie eine Wirklichkeit durch eine andere ersetzen und neue Darstellungsformen wählen. Gewiß ist es für uns heute leichter zu akzeptieren, daß die Interpretation der Welt direkt an ein gegebenes Wissen gebunden ist, an einen gegebenen Moment, an soziokulturelle Konditionierungen, von denen unsere geistigen Vorstellungen stark abhängig sind. Der Status, der dem Begriff »Realität« zugesprochen wird, ist immer an Determinanten gebunden, die wiederum von einem bestimmten Moment der Geschichte und des Wissens abhängen. Dieser Moment wird von den Zeitgenossen wie eine Art

[Fred Forest ist Medien- und Kommunikationskünstler; er lehrt an der École Nationale d'Art in Cergy.]

Impuls empfunden, schwebend und unbeweglich in der Zeit, eine Illusion von Stabilität, die wie ein erstarrtes Bild erscheint. Oft sind die Menschen in ihrer Zeit und auf ihrer Stufe so sehr in Kenntnissen und Gewißheiten verankert, daß nur Individuen von der Größe eines Galilei die Frechheit besitzen, diese abzulehnen, auch unter Einsatz ihres Lebens.

Seit dem Cro-Magnon-Menschen haben wir in der Entwicklung des menschlichen Abenteuers niemals aufgehört, durch sukzessive »Virtualitäten« zu gehen, die dann zu konkreten »Realitäten« wurden. Was sich vielleicht seit der Erfindung des Rades mit der Verbreitung von elektrischen und elektronischen Maschinen verändert hat, ist, daß diese Zunahme der Mittel beginnt, die Bewegung selbst sichtbar zu machen!

Fred Forest, Präsident des bulgarischen Fernsehens, Aktion in Sofia 1991

Die erstarrte Vorstellung vom Wissen, als solche wahrgenommen, war nichts als ein unseren Wahrnehmungen innewohnendes Trugbild. Elektronische Maschinen haben andere Möglichkeiten, das Wirkliche zu bewerten, und sie verändern damit unsere eigenen mentalen Strukturen. Das synthetische Bild verändert unsere Beziehung zur Welt, indem es uns die Möglichkeit gibt, direkt an virtuellen Welten teilzunehmen. In den virtuellen Umgebungen, die wir schon ausprobieren können, wird der Eindruck körperlicher Bewegung durch die Verbindung zweier Sinnesreize vermittelt: Der eine beruht auf einer totalen dreidimensionalen Vision und der andere auf dem Gefühl muskulärer Wechselwirkung. Die Verbindung zwischen dem virtuellen Raum einerseits, der durch das synthetische Bild erzeugt wird, und unserem eigenen Körper andererseits, entsteht mit Hilfe von Sensoren, die einen engen Kontakt zwischen dem Körper und dem virtuellen Raum herstellen, in den wir sozusagen eintauchen.

Eine Ästhetik von Netzwerken

All diese elektronischen Fortschritte, die es uns erlauben, das Immaterielle zu sehen und zu berühren, das damit immer »realer« wird, bilden um uns herum einen neuen Raum. In ihm wird die künstlerische Praxis ein neues Feld erforschen können, um neue Modelle zu schaffen, die zur Erneuerung des ästhetischen Vergnügens immer notwendig sind.

Die Vorstellung vom Raum, die man für so offensichtlich hielt, ist im Begriff, sich zu verändern und um vorher unvorstellbare Aspekte erweitert zu werden. Der Kommunikationsraum, in dem wir uns von nun an täglich bewegen werden, ist nicht mehr länger dieser klassische Raum, in dem wir gestern noch lebten, sondern ein Hybrid, eine symbolische Form, deren Vorstellung konventionelle Kriterien sprengt. Die Zunahme der Kommunikationsmittel als ständige Umgebung setzt uns in einen informellen Rahmen, welcher einen virtuellen Raum absteckt, dessen Grenzen abstrakt sind. Die Künstler der Bewegung *l'Esthétique de la communication*[1] bemühen sich, unser Empfindungsvermögen und unser Bewußtsein auf die Sichtbarmachung und Erprobung dieses neuen Raums zu lenken, indem sie mit visuellen Traditionen brechen. Daraus ergeben sich in unseren alltäglichsten Verhaltensweisen fühlbare Veränderungen in unserer Wahrnehmung und unserer Beziehung zur Welt. Sie erfordern ein spezifisches Darstellungssystem und bezeugen die Entstehung einer »anderen« Ästhetik, in der die Vorstellung von der Beziehung den Vorrang vor dem Objektbegriff hat, eine Ästhetik, deren Horizont jenseits des Sichtbaren liegt.

Die Darstellungen, die die Künstler von *l'Esthétique de la communication*[2] zu »gestalten« versuchen, haben ihren Ursprung jenseits des unmittelbar wahrnehmbaren Realen, jenseits der äußerlichen Erscheinungen und der üblichen Systeme der Wahrnehmung. Die Technologie und ihre Instrumente führen uns zu einem »Verständnis« der Welt, wo das Auge als Bezugspunkt seine Bedeutung zugunsten elektronischer Bewertungsquellen verliert. Computeranimierte und videographische Darstellungen überwinden die räumliche Distanz, und zwar mit solcher Kraft, daß sie im Begriff sind, ganz einfach ihren Referenten aufzulösen. Beim gegenwärtigen Stand der Dinge müssen wir zwischen den Darstellungssystemen, die schon der Vergangenheit angehören, und denen, die an ihre Stelle treten, notwendigerweise einen Mittelweg finden. Mit der Komplexität induktiver Operationen konfrontiert, müssen wir es oft der Maschine überlassen, mit dieser Situation fertig zu werden.

An die Stelle von Bildern traditionellen Typs tritt ein vermittelnder Zwischenraum, durch den wir umgehend in das Simulationszeitalter eintreten. In dieser Umgebung kann unser Körper, indem er an die ältesten überlieferten Mythen anknüpft, den Raum in Form intimer Erfahrung erforschen, die alle Einschränkungen physischer Grenzen überschreitet. Alle unsere seit der frühesten Kindheit verinnerlichten Vorstellungen vom Raum sind davon fundamental betroffen, so daß wir darin neue, folgenreiche Möglichkeiten entdecken können. Es geht nicht so sehr darum, daß die Unterscheidung zwischen dem Wahren und dem Falschen, der Realität und dem Virtuellen schwierig wird, sondern daß diese Begriffe ganz einfach gleichwertig behandelt werden.

Die künstlerische Herausforderung

Die Künstler dürfen sich angesichts des unermeßlichen Feldes, das ihnen die neuen Technologien öffnen, nicht von der Leichtigkeit der Effekte verführen lassen. Wie in der Vergangenheit ist es weiterhin ihre Aufgabe, Symbolisches, Imaginäres und Unterhaltsames zu produzieren. Natürlich können sie die Grenze überschreiten und auf die andere Seite wechseln! Wenn sie dies tun, können sie bei ihren Praktiken bleiben und faszinierende Werke schaffen, aber sie werden von da an woanders sein. Für einige wären sie außerhalb des Bereiches der Kunst, und man wird diesen neu definieren müssen. Warum nicht? Jeder kann sich selbst entscheiden. Dies ist nicht nur eine Frage der Terminologie. Es ist eine streng persönliche Angelegenheit. Die Vertreter von *l'Esthétique de la communication* haben ihre Seite gewählt. Sie arbeiten an den außergewöhnlichen Möglichkeiten, die die neuen Technologien bieten und nutzen sie, um eine neue Art der künstlerischen Erfahrung, die dem zeitgenössischen Empfindungsvermögen angemessen ist, zu realisieren. Wie Mario Costa in seinem neuesten Buch *Le sublime technologique*[3] schreibt, stellt *l'Esthétique de la communication* weder Objekte her, noch arbeiten die Mitglieder an Formen – sie thematisieren die Raum-Zeit.

Generell zielt der Kommunikationskünstler darauf ab, durch all diese Aktionen auszudrücken, daß wir im Zentrum eines globalen Informationsprozesses stehen und daß sein kompliziertes Arbeiten das Individuum in eine vollkommen neue Situation versetzt, in der es sich gezwungen sieht, neue Steuerungsformen für seine Umwelt und neue Darstellungsmodelle einer permanent in der Krise befindlichen Realität zu erfinden. Ziel der Kommunikationskünstler ist es, uns verständlich zu machen, in welchem Ausmaß der ganze Wahrnehmungsbereich betroffen ist und wie diese neuen »Formen des Fühlens« neue ästhetische Wege eröffnen.

Für eine aktuelle Kunst

Ich kann diese Gelegenheit nicht ohne einen Hinweis auf die Gegenwartskunst vorübergehen lassen, die durch den Markt banalisiert und nahezu ausschließlich durch internationale Institutionen bei Kräften gehalten wird.[4]

Diese »offizielle« Gegenwartskunst ist zu einer rein akademischen und formellen Kunst geworden, die nur ein Mikro-Milieu von Anwendern und Verbrauchern auf der Welt betrifft. Sie bildet eine Art geschlossenen Club, der dramatisch von der Öffentlichkeit und den Fortschritten einer wissenschaftlichen Forschung, die den Menschen heute vor fundamentale Fragen stellt, abgeschottet ist. Der Künstler am Ende dieses Jahrhunderts sieht sich am Wendepunkt unserer Zivilisation, wo die Kategorien, darunter die der Kunst, überarbeitet und neu gelesen werden müssen. Das Ende des linearen Denkens und die Verallgemeinerung von Multimedia führten zur »Komplexität« und zum Ende des Narrativen in der Kunst. Ohne Übergang schwenken wir von der »Vorstellung« zur »Darstellung«, von der »Gestalt« zur »Erscheinung«. Das heißt, daß nicht mehr die Geste, das Objekt, das Bild fixiert werden müssen, sondern vielmehr der Transformationsprozeß in seinem Fließen nach vorwärts und rückwärts erfaßt werden muß.
Das bedeutet, daß sich gleichermaßen der Status des Künstlers maßgeblich von der Position des Beobachters zu der des »handelnden« Agenten verschiebt, dessen Handlung unsere Wahrnehmung von der Umwelt, in der wir uns befinden, verändert. Die Impressionisten lehrten uns, Landschaft zu »sehen« und zu »fühlen«. Die Künstler von heute bringen uns bei, uns unserer technologischen Umgebung bewußt zu werden. Unser Problem ist nicht länger das der klassischen Kunst – die Betrachtung der Dinge –, sondern die Dynamik des Auftauchens der Dinge!
Dies ist die Auffassung insbesondere derjenigen unter den Künstlern, die sich selber interaktiv in Netzwerken bewegen, wo der eigentliche Begriff des Autors fragwürdig geworden ist.
Bei der Geschwindigkeit, mit der das Wissen anwächst, kann die Kunst sich nicht auf den Lorbeeren der Vergangenheit ausruhen. Wir werden mit neuen Lehren über den Raum konfrontiert, wo sich die Kunst plötzlich als ein Instrument erfinderischer Bearbeitung erweist, fähig dazu, diese für die Menschheit völlig neue Situation zu bewältigen.
Unsere Beziehung zur Welt wird nie wieder die gleiche sein, nun da Techniken wie Digitalisierung, Künstliche Intelligenz, Künstliches Leben und die Kommunikationsrevolution in unser Leben eingedrungen sind.
Es liegt an den Künstlern, jeder auf seine Weise, die ewigen Fragen neu zu formulieren und daraus die notwendigen Schlüsse zu ziehen.

Anmerkungen:

1 Eine Künstlergruppe, die von Mario Costa (Professor für Ästhetikgeschichte an der Universität von Salerno, Italien, und Fred Forest 1983 gegründet wurde.

2 Vergleiche z. B. Opus International, Nr. 94, Paris, 1984; F. Forest: Dissertation, Sorbonne, Paris, 1985; Plus ou moins zéro, Manifest von Esthétique de la Communication, Nr. 43, Brüssel, 1985; Art Press: »Dossier l'Esthétique de la Communication«, Nr. 122, Paris, 1988.

3 Mario Costa: Le Sublime technologique, Edisud, Neapel, 1990; siehe auch Dossier Art et technique contemporains Quaderni, Nr. 21, Herbst 1993, Département des Sciences Politiques, Sorbonne, Paris.

4 Fred Forest: »Pour qui sonne le glas ou les impostures de l'art contemporain«, Dossier Art et technique contemporains, a.a.O.

Der schöne Schein von Null und Eins
Fluch und Chance der Computerkunst
von Christof Siemes

Die Maschine gibt den Takt für den Gesang des Genies an. Die Maschine ist die neue, erleuchtende, Gaben spendende und strafende Gottheit unserer Zeit. Enrico Prampolini, Ivo Pannaggi, Vinicio Paladini: *Die mechanische Kunst,* 1922

Bei mir kommen immer jede Woche die Zeugen Jehovas vorbei und fragen, was ich von der Bibel halte. In solch einer Zeit hat der Computer absolut keine Funktion. A. R. Penck, 1988

Die neue Kunst wird eine andere sein, und sie wird schön sein. Bewegliche Bilder, fesselnd und voller Geschichten. Schluß mit der ewigen Kommentarbedürftigkeit der Moderne! Wir werden durch nie gesehene, nie geahnte Räume reisen, ohne uns zu bewegen. Sensationen, für die Magritte 25 vertrackte Bilder malte, erleben wir in wenigen Sekunden. Und der Betrachter entscheidet, was es zu sehen gibt, seine Herrschaft ist uneingeschränkt: Die Bilder beginnen und enden am Ein-Aus-Schalter. Der Computer ist der wahrhaft demokratische Malkasten; er gibt jedem alle Kunstmittel zu vertretbaren Preisen an die Hand. Nicht jeder Mensch, aber jeder Benutzer ein Künstler.

Die neue Kunst wird schrecklich sein. Ein Wahnwitz des Machbaren, eine Anhäufung von Techno-Kitsch, die totale Affirmation der Maschinenwelt. Gut für ein Staunen von einer Minute, dann nur schnell etwas Neues. Keine Atempause, Geschichte wird verlacht. Nichts bleibt; an die Stelle des originalen Werks tritt ein Datenhaufen, ein beliebig reproduzierbares Ereignis aus Nullen und Einsen. Eine Diktatur des Banalen. Für das Einzelne, Einzigartige ist kein Platz mehr.

Computertechnik und Computerkunst

Früher war alles besser – demnächst wird alles besser sein: Diese Opposition ist eine Konstante der bürgerlichen Kultur. An jedem neuen Medium entzündet sich der Streit zwischen Kulturpessimisten und -optimisten neu. Als die Photographie erfunden wurde, fürchteten die realistischen Maler und vor allem Portraitisten, ihre Gattung würde zur Volkskunst degradiert. Der Film drohte das Theater zu verdrängen, um schließlich selbst dem Fernsehen zum Opfer zu fallen. Und die Univer-

[Christof Siemes studierte Literaturwissenschaft und Kunstgeschichte und ist Redakteur bei der Wochenzeitung *Die Zeit.*]

salmaschine Computer soll gleich alles hinwegfegen, weil sie alles herstellen kann: Bilder, Töne, Räume, Schrift. Aber die Photographie wurde zum Jungbrunnen der Malerei, das Fernsehen vergrößerte nur die Liebe zum Film. Die neuen Formen veränderten, bereicherten, revolutionierten die alten. Abgeschafft haben sie nie etwas. Welche Kunstrevolution macht der Computer?

Zunächst machte er gar keine. Er machte etwas nach und lernte erst mal zeichnen. 1960 entwaf ein amerikanischer Ingenieur ein Flugzeugcockpit am Rechner, druckte es aus und nannte diese maschinelle Zeichnung »Computergraphik«. Bald ließen sich beliebige Gegenstände und Formen errechnen; 1965 zeigten Frieder Nake und Georg Nees in Stuttgart erstmals computergenerierte, abstrakte Bilder. Sie wollten keinen Malvorgang simulieren, sondern absolut künstliche Kunst machen, ein völlig selbstbezügliches Zeichensystem jenseits individueller Ausprägungen. Das Ergebnis aber sah eben aus wie abstrakte Malerei – ein toller Effekt, die Maschine kann, was der Mensch kann. Das Individuelle aber war nicht überwunden, sondern als Vergleichsgröße wieder da und überlegen: Soviel der Computer auch rechnet, eine elegant und bruchlos geschwungene Kurve gibt es in der Welt der Pixel nicht. Jede Linie bleibt eine mehr oder weniger krakelige Versammlung von Punkten. Selbst wenn das Problem mit brachialer Rechengewalt und hochauflösenden Bildschirmen gelöst werden sollte, gäbe es allenfalls zufriedene Kunden, aber keine Revolution.

Nach dreißig Jahren und einer rasanten Entwicklung ist der Computer als Kunstmittel längst Alltag. Klanginstallationen und kinetische Objekte werden nicht länger von handgemachten und störanfälligen elektrischen Schaltkreisen am Leben erhalten, sondern von einem Chip gesteuert. Die digitalen Künste haben ihre eigenen Messen, Preise, Forschungsinstitute und Festivals. Dennoch: etabliert und akzeptiert ist das neue Werkzeug keineswegs. Zwar gibt es schon lange keinen Konsens mehr darüber, was Kunst eigentlich ist. Aber daß allein mit dem Computer selten Kunst und niemals eine neue Ästhetik möglich sein wird, glauben nicht nur die Technikfeinde. Gesammelt wird Computer- und Medienkunst nur zögernd; kaum ein Museum will neben Restauratoren auch noch Informatiker beschäftigen. Nicht einmal genug geeignete, dunkle Räume gibt es für die Kunst, die nach wie vor am Monitor hängt. Weshalb sie oft im Keller präsentiert wird, gleich neben dem WC.

Die Verachtung ist mehr als bloße Technikfurcht. Schon seiner Herkunft nach ist der Computer wie alle technischen Innovationen zunächst kunstfremd. Mit Hilfe der Kunst erklärt der Mensch sich selbst und die Welt um ihn herum (also auch die neuen Techniken; hieraus bezieht alle Medienkunst ihre Legitimation). Der Technik aber ist der Mensch egal. Sie interpretiert nicht die Welt, sondern schafft eine neue – möglichst jenseits der Unzulänglichkeiten gebrechlicher Körper und unberechenbarer Gefühle. Kunst ist persönliche Geste und Gegenstand der Betrachtung, Technik funktioniert und wird benutzt.

Trotz dieser Gegensätze waren Kunst- und Technikgeschichte immer abhängig voneinander. Erst die Erfindung der Tubenfarbe ermöglichte die Pleinairmalerei, erst die wasserlösliche und schnell trocknende Acrylfarbe schuf die glatten Farboberflächen für die serielle Welt der Pop-art. Bisher wurden Werkzeuge und Methoden entwickelt, um alltägliche Probleme zu meistern; die Kunst adaptierte sie für ihre Zwecke. Der Computer aber ist das erste (Kunst-)Werkzeug, das viel mehr kann, als man von ihm erwartet.

Diese Offenheit ist Chance und Fluch der Computerkunst; die Möglichkeiten der Maschine sind völlig unspezifisch. So entwarf Eudice Feder mit einem ausschließlich für militärische Zwecke entworfenen Programm gespinstartige Zeichnungen in zartesten Farben. Alles ist möglich, aber nichts zwingend. Das Kunstwerk aber hat, auch in der Moderne, einen Zwang zur Evidenz. Mag es die Regeln zu seiner Beurteilung auch selbst setzen – es bleiben Regeln. Die Werke aus dem Computer dagegen können so, aber auch anders sein. Der digitale Code ist indifferent. Es gibt keine notwendige Verbindung von Information und Material; ob ein digitales Bild auf dem Bildschirm, als Ausdruck auf Papier, Holz, Leinwand, als Cibachrom, Ektachrom oder auf Photopapier existiert, ist einerlei. Jede Präsentation wirkt wie aus der Not geboren: Irgendwie muß man sein Bild ja herzeigen. Dabei ist es nur noch eine Datenmenge, nichts als ungezählte Male der Befehl: Strom an, Strom aus.

Trotzdem signieren Computerkünstler (wie einer der Pioniere der Computergraphik, Herbert W. Franke) weiterhin ihre Aus- und Abdrucke – der verzweifelte Versuch, ein Original oder wenigstens eine limitierte Auflage und damit ein Objekt für den Kunstmarkt zu besitzen. Daß sie mit der Digitalisierung des Bildes das Original abgeschafft haben, scheint ihnen selbst unheimlich. Deshalb imitieren sie das gute alte Tafelbild und seine Themen: Errechnete Strukturen heißen dann »Irreale Landschaft«; die Einfärbung von Himmel, Berg und Tal ist ebenso zufällig wie gefällig. Hier ist die Kunst ein Betriebsunfall der Mathematik, ein Nebenprodukt, das schön anzuschauen ist. Der klassische Fall sind die Fraktale: Sie sollen mathematische Gleichungen visualisieren – und sehen aus wie bizarre Küstenlinien, Wolkenformationen oder die

Oberfläche eines Blumenkohls. Um diese Verhältnisse ohne Computer zu durchschauen, hätten unzählige Mathematiker Hunderte von Jahren rechnen müssen – ein Fall für das Guinness-Buch der Rekorde und schönere Mathematikbücher, nicht aber für eine Kunstgeschichte.
Nun ist die Computergraphik bereits ein alter Hut, aus den Höhen des High-Tech abgesunken in die Werbeagenturen und einfachen Zeichenprogramme fürs Kinderzimmer. Die nächste Verheißung des Computers als Kunstmaschine war, den digitalen Bildern das Laufen beizubringen. Animation! Eine beeindruckende Rechenkapazität liegt jedem dieser bewegten Bilder zugrunde – und selbst die reicht noch selten für einen reibungslosen Bewegungsablauf. So ruckelt und zuckelt man durch die künstlichen Welten wie im Stummfilm durch die Kulissen. Schon gibt es Kunstzeitschriften und -archive mit bewegten Bildern und eigens konzipierten Werken auf CD-ROM, aber die Begeisterung stockt wie der Fluß der Bilder. Geschmeidig werden die Bewegungen bislang nur in Animationen aus dem Großrechner, etwa in Karl Sims preisgekrönter Evolutionsorgie »Panspermia« (1990), wo aus irr herumhopsenden Samenkapseln ein neues Universum entsteht. »Bewegliche Paisley-Muster« nannte Laurie Anderson die Computeranimationen einmal. Künstlerisch so wertvoll wie ein Schal von C&A im Wind. Da hier nur mit viel Geld Effekt zu machen ist, sind Computeranimationen längst eine Domäne der Film- und Werbeindustrie geworden, wo der große Aufwand noch größere Gewinne verspricht. Wenn aber schon jeder Dortmunder Bierbrauer Abend für Abend in seinem Spot ein Glas Pils mit Computerhilfe bruchlos in einen Zapfhahn verwandelt, hat der Computer als Kunstmittel nur noch eine Chance, wenn er spektakulär anders, subversiv eingesetzt wird.
Aber das ist schwierig. Wie soll man kritisch mit einem Werkzeug umgehen, dessen Möglichkeiten man noch gar nicht kennt? Eine »Affirmation der Kenntnis«, wie es der Künstler und Kunsttheoretiker Jürgen Claus nennt, ist unvermeidlich. Aber selbst die wird wegen der Komplexität der neuen Medien immer schwieriger; Konzeption und Produktion fallen immer weiter auseinander. Kaum ein zeitgenössischer Medienkünstler, der nicht Programmierer und Techniker benötigt. Während Paul Garrin für Nam June Paik die komplizierten Installationen aufbaut, geht der Meister Pizza holen. Arbeitsteilung in den Künsten ist zwar keine Erfindung des Computerzeitalters, aber hier erreicht sie eine neue Dimension: Der Künstler verfügt nicht einmal mehr theoretisch über seine Mittel; was Aussageabsicht und was Tribut an die Unkenntnis ist, bleibt ununterscheidbar. Delegation verändere die Ästhetik, behauptet denn auch der Medienkünstler Klaus vom

Bruch, optimale Beherrschung der Technik sei Voraussetzung für ihren künstlerischen Einsatz. Nur wer weiß, wie aus einem Pils ein Zapfhahn wird, kann sich darüber lustig machen.

Doch ist es kaum möglich, der rasanten Entwicklung der Computertechnologie zu folgen. Deshalb ist die Geschichte der elektronischen Künste häufig nur eines: Technikgeschichte. Gemacht wurde und wird, was möglich ist. Vom »Laborcharakter gegenwärtiger Kunst« spricht Jürgen Claus – aber ist diese Naivität noch möglich, nachdem die moderne Kunst in einem unaufhörlichen Prozeß der Selbstreflexion jeden Winkel ihrer selbst ausgeleuchtet hat? Duchamps Pissoir, Malewitschs Quadrat, Rauschenbergs weiße Bilder – lauter letzte Punkte. »Es ist ein lächerlicher und infantiler Zustand, in der Kunst zu experimentieren«, sagt der Maler Gerhard Merz. Das Nachdenken über die eigenen Bedingungen ist in jedem gelungenen Kunstwerk der Moderne auf die Spitze getrieben, dort gibt es keinen Zufall. Diese Bewußtheit läßt sich auf das neue Medium Computer (noch) nicht übertragen. Seine Möglichkeiten wie die Zwänge, denen es unterliegt, sind so zahlreich, daß sie selten bedacht wurden oder ein Werk klarmachte, daß daran gedacht wurde. Die Folge sind Ungereimtheiten.

Zum Beispiel der Irrglauben, daß die Kunst als Computerkunst erstmals in ihrer Geschichte an der Spitze der technologischen Entwicklung stünde. Seit seiner Erfindung für militärische und industrielle Zwecke ist der Computer eine Maschine zur Gewinnmaximierung. In seine Entwicklung wird investiert, um zu sparen: Arbeitszeit und Geld. Kunst aber widersetzt sich dem Nützlichkeitswahn; sie beginnt, wo Effizienz endet. Sie wird erst interessant, wenn sie Zeit verschwendet. Optimiert wird bei VW. Die neuen Techniken sind viel zu teuer, um ihre Entwicklung notorischen Verschwendern anzuvertrauen. Also bleiben für die Künstler Geräte und Programme, die anderweitig nichts als nützlich waren. Was auch immer der Künstler dann damit anstellt – sein Werk bleibt präformiert.

Das digitale Bild unterliegt noch weit vor der Frage der Präsentation strikten Normen, als Monitorbild ist sein Aufbau aus linear angeordneten Bildpunkten unumstößlich. Der Computerkünstler entscheidet sich für einen schnellen oder langsamen Rechner, für dieses oder jenes Betriebssystem – alles werkrelevant, aber wann je als Bestandteil des Werks kenntlich gemacht? Nahezu alle Monitore und Projektionsflächen sind rechteckig, die Computerkunst kennt kein Rondo – weil es die Industrie nicht hergibt. Zwangsläufig imitieren die digitalen Bilder den geschlossenen Bildraum des Tafelbildes – die Reflexion auf die Zersplitterung des Bildes in Tausende Bildpunkte fehlt im fertigen Produkt.

»Solche Normierungen, die teils staatlich, teils in industrieller Konkurrenz getroffen werden, wären als Möglichkeitsbedingungen des Ästhetischen in der Moderne überhaupt erst einmal zu untersuchen«, forderte der Germanist und Medientheoretiker Friedrich Kittler schon Ende der achtziger Jahre. »Also wäre es angebracht, wenn Künstler sich in die Normierungsausschüsse hineinschmuggeln würden. Da könnten sie mehr erreichen, als wenn ihr neues Bild irgendwo im Museum landet.«
Und noch die Gattungen, die ihren Kunstanspruch bereits am weitesten durchgesetzt haben und begründen konnten, Video und Videoinstallation, verfügen nicht frei über ihren Gegenstand. Verändert es eine Installation, wenn es wegen fehlender finanzieller Unterstützung nur zu einem billigen Abspielgerät und nicht zu einem Qualitätsrecorder, einem schwach- statt einem hochauflösenden Bildschirm gereicht hat? Gehören die oft verschämt in die Ecke gedrängten Bandmaschinen nun dazu oder nicht? Schlängelt sich das Kabel absichtsvoll durch den Raum, oder war eine unterirdische Verlegung zwar intendiert, aber schlicht nicht möglich? Und schließlich das Trägermedium selbst: Wer weiß schon, daß die elektronischen Bilder zutiefst vergänglich sind? Die auf dem herkömmlichen Videoband magnetisch festgehaltenen Informationen verfallen nach spätestens zwanzig Jahren, das Werk verlischt, der Rest ist Rauschen. Eine Halbwertszeit weit kürzer als die einer Fettecke. Hat das etwas zu bedeuten? Hinter die materialästhetischen Errungenschaften der Moderne kann man kaum zurück. Wer statt VHS-Bändern Betacam verwendet, pocht auf längere Haltbarkeit. Und was wird aus dem Werk, das der Museumskonservator der Morbidität entreißt und auf CD-ROM oder Laser-Disc speichert?
Die Bilder vom Magnetband können heute längst in digitale Informationen umgesetzt werden; neue Kameras machen von vornherein digitalisierte Aufnahmen. Ein Kopiervorgang entfällt, die Qualität wird besser und die Gattung stillschweigend revolutioniert: Als Datenmenge sind Videos unbegrenzt haltbar; im Computer können sie mit aufwendigen Programmen so exakt und vielfältig bearbeitet und geschnitten werden wie nie zuvor. Jedes einzelne der 25 Bilder pro Sekunde kann bis in jedes Pixel hinein verändert werden. Der Computer ist, je nach Modell und Programm, eine Palette mit Millionen verschiedener Farben: Aus dem Wunsch zur Gestaltung wird ein Zwang zur Selektion. Eine winzige Veränderung schafft, unsichtbar, ein neues Werk. Ein Original – im vordigitalen Zeitalter ein Masterband – gibt es nicht mehr, nur noch Originalschauplätze, an denen der Datensatz zum Bild wird. Das Werk (falls das noch der richtige Begriff ist) bleibt imaginär, es existiert allein in der Zeit, nur gelegentlich noch im Raum.

Was das für die Videokunst (und ihre Position innerhalb von Kunstmarkt und -betrieb) bedeutet, ist so klar wie das Schneebild nach Sendeschluß. Und schon halten andere das Video für einen Anachronismus. Mag es inhaltlich noch so sehr gegen das Massenmedium Fernsehen, aus dem es entstand, rebellieren, es bleibt ein bewegtes Monitorbild. »Und nach zweieinhalb Stunden Fernsehen täglich kommt es zum Bildekel«, sagt Heinrich Klotz, der Vorstand des Karlsruher Zentrums für Kunst- und Medientechnologie. Trotz aller gegenteiligen Bemühungen: Die Animation ist weitgehend Imitation klassischer Formen und Themen. Eine Sackgasse mithin.

Interaktive Kunst

Nur ein wirklich Neues erlaubt der Computer: Interaktion. Nicht nur Teilnahme, sondern Beeinflussung des Kunstwerks. »Interaktion bedeutet das Ende der passiven Betrachterrolle«, sagt Klotz. Daß jede Form von Rezeption auch Interaktion bedeutet, sagt er nicht. Ein »normales« Bild, aus nächster Nähe oder großer Distanz angeschaut, wird ein anderes. Details erscheinen und verschwinden, selbst die Farben ändern sich. Ganz so langweilig ist die Kunst des vordigitalen Zeitalters also nicht. Aber jetzt wird in Karlsruhe erforscht und ausprobiert, was ein interaktives Medienkunstwerk sein kann. Zunächst entfremdet es den Kunstarbeiter noch weiter seinen Produktionsmitteln. Die Technik ist so teuer, daß ein einzelner Künstler sie kaum finanzieren kann. Deshalb hat Klotz am Institut für Bildmedien seines Zentrums die Geräte versammelt; aus aller Welt kommen nun die Künstler, um diese Staffelei der Zukunft benutzen zu können. Die Grundidee ist alt: das »Mach mit!« des Happenings aus den Sechzigern. Schluß mit dem Geglotze, Kunst ist Leben! Endlich sei, so Jeffrey Shaw, Leiter des Instituts für Bildmedien, Kunst nicht länger eine elitäre Veranstaltung des Bürgertums, sondern unmittelbar mit jedermanns Alltag verbunden. Was sich leicht sagt, wenn man sich in einem einzigartigen, millionenteuren Studio vor der Welt der Sparzwänge verschließt. Neu ist jedenfalls der Raum, in dem man beim Kunstereignis mitmachen darf. Nicht mehr die Straßen von New York oder ein Galerieraum, sondern all das und noch viel mehr: künstliche Welten, virtuelle Räume, Virtual Reality.

Daß der Computer jede Umwelt mit den dazugehörigen Katastrophen simulieren und man darin auch noch herumspazieren kann, ist ungeheuer praktisch. So kann man die Häßlichkeit – oder Schönheit – des neuen Berlin oder der wiederaufgebauten Frauenkirche in Dresden schon jetzt erleben. Und niemand sage nach dem Bau, er hätte nicht gewußt, wie's hinterher aussehen würde. Man kann Operationen üben und Linienflüge, so echt, daß sogar die physischen Reaktionen stimmen, von der Hysterie bis zum Brechreiz. Auch Kriege lassen sich in Echtzeit trainieren. Damit im wirklichen Leben die Trefferquote stimmt. Die virtuelle Realität ist nützlich und unspezifisch, in jedem Fall also das äußerste Gegenteil von Kunst.

Jeffrey Shaw hat eine Kuppel gebaut, in der ein Roboter mit einer Stereo-Projektionseinrichtung Computerbilder an die Wand wirft. Der Roboter ist interaktiv, das heißt, er projiziert die Bilder dorthin, wohin der Besucher der Kuppel blickt. Gezeigt wird und gesehen werden kann durch eine rosa Brille alles mögliche: eine versunkene Stadt, digital rekonstruiert. Abstrakte Computergraphiken. EVE, *extended virtual environment,* ist ein Renner und geht in Serie; eins fürs Centre Pompidou, eins fürs Museum Reina Sofia in Madrid. Avantgarde als Anhängsel industrieller Forschung – der Roboter wurde im Kernforschungszentrum gebaut. Ein Werk zwischen Museumspädagogik, Kunstwunsch und Maschinen-Kitsch. Warum muß der Projektionsapparat so anthropomorph sein? Die Technik tarnt sich menschlich; dahinter verbirgt sich nur ein schlechtes Gewissen. Mit der technizistischen, sterilen Form der Bilder verbinden sich noch keine neuen Inhalte; auch ein digitalisierter Wald ist ein Waldbild. Die maschinellen Bilder beseitigen jeden Hinweis auf den Menschen, der sie gemacht hat – die gefühlsfreie Kunst scheint erreicht, doch nur Langeweile ist gewonnen. Denn für nichts interessiert sich der Mensch mehr als für die Regungen seiner Artgenossen.

Auch die Interaktion ist in den meisten Installationen, die mit dem Zauberwort prunken, ein Etikettenschwindel: Die Maschine reagiert im Bereich dessen, was der Programmierer vorgesehen hat und der Rechner hergibt. Auch im immateriellen Raum herrscht die Diktatur des Faktischen.

Angeblich ist es nur noch eine Frage der Zeit, bis eine photorealistische virtuelle Realität herstellbar ist. Fiktion und Realität sollen ununterscheidbar werden, jeder kann der Rechen- und Programmiermeister seines Paradieses werden. Romantische Weltflucht des 21. Jahrhunderts, die Rückkehr der Metaphysik aus der Steckdose. Aber, und das sagt auch Jeffrey Shaw, Kunst beginnt erst da, wo die Faszination durch das Medium endet. So sieht er die Aufgabe eines Computerkünstlers auch nicht darin, eine hyperrealistische virtuelle Realität zu kreieren. Im Gegenteil: Die Manifestation der Grenze ist das Ziel.

Natürlich gibt es bereits Werke, die dieses Ziel erreichen. Nicht zufällig

sind es vor allem Videoarbeiten, von Gary Hill, von Bill Viola. Sie haben die Phase der »infantilen« Experimente überwunden und die Freiheit der Entscheidung in ihrem Medium erreicht – die Freiheit der Kunst. Wenn Hill in »Inasmuch as it is Always Already Taking Place« (1990) auf sechzehn unterschiedlich großen Monitoren sechzehn Teile des menschlichen Körpers in einer engen Wandnische vorführt, ist so etwas scheinbar Beiläufiges wie die Form der Monitore (natürlich rechteckig!) weder Zufall noch Zwang; das Ensemble ist nur so denkbar.
Auch andere Formen der Medien- und Computerkunst werden diese komische, unerklärliche Klarheit des Nur-so-und-nicht-anders hinbekommen. Schon machen sich Künstler in den internationalen Datennetzen breit, die aus dem Ende des Originals die Konsequenz ziehen und ihre Werke als abrufbare Information für jedermann zur Verfügung stellen. Die Kunst der Zukunft wird omnipräsent sein.
»Daß es sich bei Medienkunst tatsächlich um Kunst handelt, wird nicht durch ihre Technik, sondern durch deren Anwendung entschieden«, schreibt der Kunsthistoriker Hans Belting. Wenn die interaktiven Werke erst einmal aus dem Dunstkreis der Computerspiele, denen sie die wesentlichen Anstöße und die Software verdanken, heraus sind, wird aus Knalleffekten vielleicht Klarheit. Dabei muß ein gelungenes Werk die avancierteste Technik benutzen, plumper Widerstand ist Flucht vor dem Zwang, der die Kunst auch ist. Aber bislang haben Künstler noch immer die schlagende Form für das Undurchschaubare gefunden; und was ist schon High-Tech gegen die Windungen des Menschengeistes?
»Die Erörterung der unbefleckten Empfängnis der Jungfrau Maria auf einem Konzil ist weitaus komplizierter als die Funktion einer Solarzelle« (A. R. Penck). Und konnte dennoch gemalt werden.

Talking Technoheads

von Thomas Groß

Die Zeitrechnungen gehen, wie immer bei der Lokalisierung von Gründungen, auseinander. Sieben Jahre hat es aber zumindest gedauert, bis Techno in Europa – und hier hat er sich am mächtigsten entfaltet – selbstreflexiv wurde: sieben fette Jahre, in denen es nichts anderes gab als Parties und Kommunikationsverweigerung und davongetragene Siege im Wettlauf mit den natürlichen Feinden des Pop, den Soziologisierungen, Pädagogisierungen, Boulevardisierungen und anderen Formen des Zerredens. Techno war Praxis, botschaftslos und insofern *beyond command* – »eine Ladung geballter Information, die die Tiefe der Sprache, die sich mit ihr beschäftigen will, immer wieder um Kilobytes übersteigt«, wie ein Aktivist so schön formuliert. Mit anderen Worten: Techno war heilig.

Techno lernt sprechen

Wenn Techno in diesem Jahr plötzlich in die Profanität des Diskurses hinabsteigt, ist das ein bedeutsamer Einschnitt in die Welt bloßer Aktion: Die Wunschmaschine Techno ist ins Stocken geraten, das alte Interface Schrift, dem immerhin Zauberkraft bei der Bannung von allerhand Schrecken nachgesagt wird, muß zur Umkreisung eines Staus herhalten – und zwar von innen, aus dem Zirkel der Akteure selbst heraus. Ein Localizer sei in der Navigationstechnik ein Instrument zur Standortbestimmung, heißt es im Einleitungstext zu *Localizer 1.0,* der ersten Werkschau der Technobewegung, einem aufwendigen Prachtband mit Dokumentationscharakter; »Techno ist die Folge technischen Fortschritts bei der Tanzmusik und der Disco-Ausstattungsindustrie, gepaart mit Hedonismus und Modedrogen«, vermerkt einigermaßen nüchtern Thomas Haemmerli in einem schlicht »Techno« betitelten Reader, den Philipp Anz und Patrick Walder herausgegeben haben.
Der Band ist nur einer von mehreren zum Thema, doch er ist das erste Druckwerk, das nicht, wie der *Localizer,* mit bunter Techno-Grafik und -Layout optisch überrumpeln will, sondern *Texte* zu Techno bereitstellt.

[Thomas Groß ist Kulturredakteur bei der *tageszeitung* (taz).]

Eine Pioniertat: Techno beginnt zu reden – in Fragmenten der Sprache einer Modernisierung, die gerade erst begonnen hat. Auf Klärung (im buchstäblichen wie im philosophischen Sinne) ist die Bewegung, die sich hier abzeichnet, nicht unbedingt aus, aber aus dem Gewirr der Redeweisen lassen sich einige aktuelle Steuerdaten des Raumschiffs Techno ablesen. Nicht alle waren im ursprünglichen Programm vorgesehen. Oder doch?

Techno gibt sich selbst eine Geschichte

Das Symptom für die gegenwärtige Krise der Bewegung ist schnell benannt: Techno ist aus den ersten Experimentierphasen raus, hat seine Exklusivität verloren. Aus einer »Music for those who know« (*Underground Resistance,* eines der mythischen Gründerkollektive) ist ein Stück Angestelltenkultur geworden, das sich vom Materialaufwand und Spektakelcharakter kaum noch von den Mammutmodellen des Rock, etwa einer Rolling-Stones-Tournee, unterscheidet. Wo dort das alte Lied von Sex, Drugs & Rock 'n' Roll zelebriert wird, hämmern auf Massen-Raves die ewig gleichen Slogans, die mittlerweile wie Durchhalteparolen klingen: »One Nation«, »One Tribe«, »One Family« ...
In einer ersten Bewegung reagiert der Techno-Diskurs darauf, indem er sich eine Stunde Null fingiert. Die Erzählung vom Techno könnte bei den Ekstasetechniken der Steinzeit beginnen, setzt hier aber gediegen mit der Technifizierung und ihren ersten künstlerischen Antworten im 20. Jahrhundert ein: bei Luigi Russolos Manifest »Die Kunst der Geräusche« von 1913. Bald darauf gesellen sich Schönberg, Satie, Stockhausen und Cage hinzu, nur unwesentlich später die mit den ersten Moog Synthesizern gerüsteten Minimalisten Steve Reich und Philipp Glass, dann, in einer immer schnelleren Bewegung gegen Ende des 20. Jahrhunderts Pink Floyd, Can, Tangerine Dream, Kraftwerk, Giorgio Moroder, Yello, DAF, New Order, Nitzer Ebb, um schließlich auf dem Umweg über Electronic Body Music, House und Industrial bei Techno anzukommen, bei Juan Atkins, Jeff Mills und dem Aphex Twin mit seinen selbstgebastelten navigativen Soundkarten – »die Technologie hatte in kürzester Zeit den Sprung von Adam & Eva zu Edison & Bell, vom ENIAC zum Apple 2 vollzogen«.

Was Herausgeber Philipp Anz in Kooperation mit Arnold Meyer hier an Daten zusammengetragen hat, folgt nur auf den ersten Blick dem Modell purer Ereignisgeschichte. Tatsächlich wird die Rückkehr der Geschichtsphilosophie in das Nachdenken über Techno betrieben. Was vereinzelt aussieht, soll in Wirklichkeit einer inneren Teleologie folgen: Erst der Geist, dann dessen Inkarnation, am Ende steht – Advent, Advent! – die Geburt des Techno-Kinds.

Dort liegt es nun und reibt sich verwundert die Augen, wen es noch alles erlösen soll, während alle Welt bereits auf seine Blöße starrt.

Techno nennt sich Avantgarde

Doch ist die Vermassung von Techno tatsächlich so verwerflich und nicht vielmehr gerade die Umsetzung seiner egalitären, demokratischen Gehalte? »Einzigartig bei Techno ist die Mischung zwischen Superpop und Underground, zwischen Millionenerfolg und Authentizität«, schreibt der Münchner DJ und *Vogue*-Redakteur Ulf Poschardt in einem Versuch über das historisch Neue an Techno. Bloß nicht so verbissen, Leute! »Die Underground-Ideologie wird durch einen ästhetischen Pragmatismus ersetzt, der kein Problem damit hat, daß weite Felder des künstlerischen Geheimwissens in den Fundus der Popkultur aufgenommen werden.«

Das klingt versöhnlich. Und doch kommt der »postutopische Romantizismus«, den Poschardt mehr propagiert als analysiert, nicht ohne kulturelle Aufwertung aus. Just in dem Moment, in dem der Pragmatismus der Bewegung seine ersten Ödstreifen zu durchqueren hat, blüht plötzlich der Diskurs in nie gekannter Pracht, werden Bögen von Heideggers »Gestell« über das Besingen des Körpers als Kollektiv bis hin zur »Poesie der Schaltkreise« geschlagen. Daß der DJ dabei die Rolle des entscheidenden neuen Künstlertyps der Popmusik einnimmt, ist nicht ohne Berechtigung, dient hier aber vor allem einer Selbstidentifizierung der Bewegung als Elite-Einheit. Für Poschardt sind immer noch »kleine Avantgarde-Einheiten in unwegsamem Gebiet« zugange. Ihre Mission: »Neuland für den Fortschritt des musikalischen Weltgeistes zu erobern«.

Was Punk so strikt verweigerte, ist für Techno eine leichte Übung: Weltgeist Superstar feiert noch einmal Auferstehung – und mit ihm all die totgeglaubten Schwurformeln der historischen Avantgarden, die Verabredung der Wissenden, die imperiale Geste der Landnahme (»unwegsames Gebiet«), die Expansion in den Westen einer besseren Zeit. Sogar der gute alte Fortschritt hat sich noch einmal aufgerappelt.

Techno als Metapher der Modernisierung

Weltgeist Superstars Identität ist kaum verschlüsselt: Was Techno an Avantgarde- und Zukunfts-Szenarien entwirft, kommt aus dem Windschatten des großen, namensgebenden Bewegers Technik. Man ist der Meinung, mit diesem Strom zu schwimmen, sogar auf ihm zu surfen – und nicht etwa, von ihm geschwommen zu werden. Tatsächlich ist Sven Väth »unplugged« nicht denkbar. Erst die Digitalisierung, die Auflösbarkeit aller sinnlichen Oberflächen in binäre Oppositionen, hat die Musik vollkommen von ihren »natürlichen« Ursprüngen getrennt. Bands sind strenggenommen nicht mehr nötig, da jedes Instrument elektronisch zuspielbar ist und auf dem Bildschirm dargestellt werden kann. Selbst wenn ein Cello in das Arrangement eines Techno-Stücks integriert wird, ist es nicht mehr dasselbe Cello, weil die Einspielung per Sampler rein über musikalische Steuerdaten erfolgt. Nicht einmal eine Tastatur ist mehr erforderlich beim Online- und On-Screen-Composing mit der Maus, dafür wird die gesamte akustische Welt zum Archiv. Komponieren mit dem Computer – im banalsten Fall eine Art Malen nach Zahlen (es gibt schon fertige Sampling-CDs im Handel), im kreativeren ein Basteln mit Klängen, die ihre Herkunft fast völlig hinter sich lassen können. Denn da lediglich Steuerdaten aufgezeichnet werden, sind diese, wenn erst einmal gesamplet, nach Belieben manipulierbar.

Interessanterweise lassen sich ganz ähnliche Entwicklungen am Hollywood-Film verfolgen: Die Digitalisierung und ihre Möglichkeiten bewirkten, daß der Erfolg von Filmen mittlerweile kaum noch vom Regisseur, sondern von den Computer-Cracks der Special-effects-Abteilungen abhängig ist; sie entwerfen die moderne Montage der Attraktionen – Technoiden und Cyborgs, die sich auf der Leinwand verflüssigen und rematerialisieren. Action-Filme sind Techno: Jeder technologische Fortschritt wirkt sich unmittelbar auf das optische Gesicht aus, der Fortschritt von *Terminator I* zu *Terminator II* entspricht in etwa dem von Electronic Body Music hin zu *Eternity* von Snap. Anders als im Hollywood-Kino aber hat sich im musikalischen Techno die Autorenfigur erhalten – was seinen Grund in der Verbilligung des Heimcomputers und der dadurch immens erhöhten Mobilität und Breitenwirkung hat. In diesem Effekt wurzeln all die Hacker- und Subversionsszenarien, die Techno in seiner heroischen Zeit begleitet haben und immer noch für glänzende Augen sorgen – auch wenn sich mittlerweile andeutet, daß die Schaustellerphase, die die Einführung neuer Medien bislang immer begleitet hat, vorüber ist und der Wanderzirkus sich als Mammut-Show hollywoodisiert.

Das heißt keineswegs, daß Techno vorüber ist, im Gegenteil: Techno ist zu einer Metapher der gesellschaftlichen Modernisierung geworden. Sie umschreibt und umfaßt all jene, die es gelernt haben, im spielerischen Umgang mit den In- und Outputs von Maschinen neue Fähigkeiten zu entwickeln. Das *ist* ein Bruch: Wer in den kommenden Jahren nicht seinen eigenen Körper an die intuitive Verschaltung von Hirn, Hand, Bildschirm und Maus gewöhnt hat, wird plötzlich ziemlich alt aussehen.

Kraft durch Techno?

Es ist diese Macht in der Formung neuer Subjektivitäten, die Techno so sexy macht. Zigarettenmarken arbeiten am Image-Transfer, Zukunftsforscher geben Stichworte, Chefredakteure in spe springen auf den Zug (»Ich will Techno, Techno, Techno!«), Werbeagenturen profitieren vom Deal mit dem Glamour neuer Medien. Die gesellschaftliche Phantasie heftet sich immer stärker an »diese wohlstandsgenährten und fitneßgestählten, gedopten und imprägnierten Körper. Diese jungen Körper, die sich mit Lust der treibenden Beatmaschine ergeben und scheinbar nie ermüden. Diese schier unermeßliche Energie!« (Patrick Walder).

Der Wunsch, hiervon etwas abzuschöpfen, hat vor rund einem Jahr auch zur Beschwörung eines »Lebensgefühls« verführt, »das oft in überraschender Weise Kontaktzonen zu 'rechten' Grundfiguren bietet«. Hämisch, wie Revisionisten nun mal sind, verabschiedet Roland Bubik, Leiter des Ressorts »Zeitgeist und Lebensart« der *Jungen Freiheit*, das »anarchoide Freiheitspathos« des Rock 'n' Roll und umarmt dafür in

eindeutig sexualisierter Rede Techno: »Der vitalistische Wunsch nach ekstatischer Auflösung paart sich dort mit der Einpassung in die stringenten Formen dieser 'Musik'. Es ist eine eigenartig illusionslose Generation, die inmitten telekratisch-beliebiger Verhältnisse nicht mehr an die hohlen Utopien der linken Väter glauben kann ... Wohl ist dieser Weg nötig, um etwas Neues aufzubauen.«

Ein Anbiederungsversuch im Syberberg-Wagner-Sound, der allerdings wenig beweist. Denn natürlich läßt sich Techno, wenn man unbedingt will, auch diametral entgegengesetzt interpretieren – wie ein bei Anz / Walder abgedrucktes *Communist Parties Manifest* beweist: Produktionsmittel für alle, Aufweichung der Familie, Zersetzung der Geschlechterrollen, Befreiung des Individuums – »das Stichwort heißt Kommunismus verstanden als freiwillige, internationale Zusammengehörigkeit und Zusammenarbeit« (Albert Kuhn).

Schön wär's. Obwohl in der Technobewegung vom affektiven Antikapitalismus über Proto-Feminismus, umherschweifendes Rebellentum, Urchristentum, Technikmystizismus, Neo-Futurismus, wiedergeborenes Hippietum, Ethno-Romantizismus, Neo-Neo-und-immer-wieder-Machismus, Post-Rock-Vitalismus und Stammesnationalismus sich vieles überlagert und überschneidet, hat sich bislang nichts davon als dominant oder von außen kooptierbar erwiesen. Techno, das zeigt das versammelte Grübeln darüber, ist als Bewegung immer noch so jung, daß es sich zu einem guten Teil dem Begriff verweigert. Sichert der exzessive Rave am Wochenende bloß die Arbeitsfähigkeit für den Rest der Zeit oder nagt er nicht auch daran? Sind die Drogen Mächte der Auflösung oder bereiten sie kommende Stahlbadkulte vor? Oder bloß den superflexiblen, hyperhedonistischen und trotzdem effizienten Angestellten der Zukunft?

Erkennbar ist vorerst eine Ökonomisierung der Freizeit durch Beschleunigung, ein Bild, in dem Disziplin und Abfahrt sich gegenseitig steigern – und irgendwie auch neutralisieren. »Raven«, sagt Sven Väth, »ich glaube, das ist der härteste Sport, den du dir aussuchen kannst. Im 'Omen' lege ich mit Sauerstofflasche auf. Zehn Stunden am Stück, bei 65 Grad. Ich geh' nicht mal aufs Klo, trinke fünf, sechs Liter. Das schwitze ich alles wieder raus«.

Techno auf dem langen Marsch

Erkennbar ist aber auch, daß der Drall zum Mittelstand in nächster Zeit das Techno-Gesicht weiter in Richtung Mainstream formen wird auf dem Marsch durch die Institutionen: Ähnlich wie Rock 'n' Roll, dessen

Erbe er wieder und wieder beansprucht, hat Techno sich aus einer schwarzen Minderheitenkultur zur (fast) rein weißen Gebrauchsmusik entwickelt, die obendrein noch den (im Grunde ästhetisch verwandten) HipHop als Musik zur Zeit in den Hintergrund drängt. Ein Milieu, in dem Manifeste wie das von der »Raving Society« gedeihen. Autor Jürgen Laarmann, Herausgeber der Zeitschrift *Frontpage* und Mitorganisator der Berliner Love Parade, träumt von einer Welt »mit lauter glücklichen Leuten, die mit ihrer Identität und Funktion zufrieden sind, genügend Spaß, gute Laune, Sex, gesundes Urteilsvermögen, hohes Selbstbewußtsein etc. haben ...«
Die ravende Zweidrittelgesellschaft als Maß aller Dinge – hier schält sich unter der Fuchtel philosophierender Unternehmer dann doch ein protestantischer Kern der Techno-Ideologie heraus: Techno als eine Art Lebensreformbewegung, die nicht mit allen Konsequenzen kapitalistisch sein will, aber auch über keine Kritik der Produktivkräfte verfügt; die Wohlstand für alle verspricht, aber von Eigentumsverhältnissen und Interessen schweigt; die technokratisch an Machbarkeit glaubt, aber faktisch vor allem sich selbst damit meint. »Techno(logie) kann Glück steuerbar machen«, meint Jürgen Laarmann, und auch der *Localizer,* das Techno- und House-Buch aus Berlin, mahnt an, daß es sich bei vielen Ravern um »kompetente, hochkommunikative Spezialisten, um Computerfreaks, Künstler, Manager, Designer, Forscher und Organisatoren handelt, in deren Händen das Bruttosozialprodukt eben jener Staaten liegt. Wir werden nämlich gebraucht!«
Wenn das alles wäre, hätte Techno doch nicht über Rock 'n' Roll gesiegt, sondern der Sinn des Informationszeitalters über seine veraltende Form. »Live hard, die young«, hieß damals das Motto. Heute, ganz im Sinne von Max Weber: »Live long and prosper.«

Real World

von Laurie Anderson

Die Idee

Peter Gabriel erzählte mir 1981 das erste Mal von Real World. Sein Traum war es, einen Park zu bauen, der Menschen die Möglichkeit gäbe, Töne und Bilder dreidimensional zu erfahren. Zu diesem Zeitpunkt hatte er dafür einen Ort in der Nähe von London im Auge. Der Park sollte sich vollständig unter der Erdoberfläche befinden. Besucher wären in die höhlenartigen Räume gegangen und hätten sich riesige Helme wie gigantische Trockenhauben aufgesetzt – die Vorgänger der VR-Ausrüstung. So hätten sie holographische Bilder sehen und holophonische Klänge hören können. Peter war ungeheuer enthusiastisch und hatte alles sehr detailliert im Kopf. In den nächsten Jahren hat er mit Hunderten von Leuten gesprochen: Architekten, Filmemacher, Softwaredesigner und Medienkünstler, alle bezog er ein. Schrittweise begann Peter, sein ehrgeiziges Projekt zu visualisieren. 1992 bat er Brian Eno und mich, in die Planung mit einzusteigen ...

Die Planung

Wir fingen an, uns recht regelmäßig zum Brainstorming zu treffen und zeichneten riesige Schaubilder von unseren Vorstellungen. Der zentrale Gedanke war, daß es eine Umgebung sein sollte, in die sich alle möglichen Künstler und Musiker einbringen könnten. Es würde eine große Zahl von Treffpunkten geben – von kleinen Cafés bis zu großen elektronischen Theatern, ausgerüstet mit der neuesten Technik. Und viele Fahrgeschäfte. Ich hatte mal künstliche Tornados gesehen im Exploratorium Museum in San Francisco, die der Wetter-Künstler Ned Kahn entwickelt hat. Wir stellten uns vor, daß man den Park durch ein Tor beträte, das zwei zehn Meter hohe, freistehende Tornados flankieren würden ...

Der Ort

Eine Zeitlang sollte der Park in Tokio entstehen. Wir zogen auch New Mexico in Erwägung. Schließlich kam ein Angebot des Bürgermeisters

[Laurie Anderson, Performance-Künstlerin zwischen Pop und Kunst, »Amerikas Multimediatrix« (*Wired*), hat kürzlich ihre erste interaktive CD-ROM herausgebracht:»Puppet Motel«.]

von Barcelona, den Park mitten in seiner Stadt einzurichten. Barcelona mit seiner künstlerischen Tradition, dem warmen Wetter, dem joie de vivre schien uns der ideale Ort …

Die Umwelt

Im Laufe der Zeit wurde es uns immer wichtiger, den Park in die bestehende Landschaft einzufügen. Daher sollten die Parcours teils über-, teils unterirdisch verlaufen. Bei einem der Treffen erwähnte ich einen Traum, den ich von einem Riesenrad hatte, das zur Hälfte im Wasser stand – ein Tunk-Tank. Wir beschlossen, es in der Mitte des Parks aufzustellen …

Die Architektur

Peter bat den Architekten Emilio Ambazs, einen Entwurf für den Park zu machen. Sein Plan für das Gelände war großartig. Jetzt konnten wir uns das Modell anschauen und es als einen wirklichen Ort vorstellen. Dort gäbe es eine Einschienenbahn, einen Fernseh- und einen Rundfunksender, Restaurants, den Quiet-Club – Brian Enos Idee –, eine Diskothek, in der die Tänzer mit ihren Füßen Bilder beeinflussen könnten, und einen Wald mit sprechenden Bäumen. Wir begannen, Entwickler und Gartenarchitekten in die Meetings miteinzubeziehen – die richtigen Planer. Diese Phase machte mir am meisten Spaß. Ich konnte ausgefallene Einfälle zur Sprache bringen wie: »Wie wär's, wenn eine große, schwarze Wolke über dem Park schweben und die Bäume in dem Wald zum Sprechen bringen würde?« Und jemand würde tatsächlich aufschreiben: »Nachforschen: Große, schwarze Wolke für Wald mit sprechenden Bäumen« …

Der Preis

Das andere, woran uns die »echten Planer« erinnerten, war die Kostenfrage. Repräsentanten des Stadtrats von Barcelona kamen mittlerweile auch zu den Besprechungen und brachten beispielsweise eine Erweiterung des U-Bahn-Netzes ins Gespräch. Es begann so auszusehen, als ob das alles doch Wirklichkeit werden würde. Es war höchst aufregend. Ein Park gestaltet von Künstlern – ein Ort, der den Menschen erlauben würde, Dinge selbst zu entdecken und zu entwickeln. Eine utopische Idee …

Der Status quo

Im Moment ist der Park noch eine Gedankenspielerei. Wird es ihn jemals geben? Nach all dieser Zeit gibt es immer noch kein Datum für die Grundsteinlegung. In den letzten Jahren habe ich den Park in vielen Vorlesungen erwähnt und Leute ermutigt, uns ihre Einfälle mitzuteilen. Nichts sähe ich lieber, als daß der Park gebaut würde …

Als ich zuletzt da war

Als ich das letzte Mal in Barcelona war, streifte ich ein bißchen umher. Das Gebiet ist von dichtem Bewuchs bedeckt. Es gibt viele kleine Verschläge von Obdachlosen. Als ich an einem Busch vorbeiging, stieben 50 winzige Vögel hervor. Ich dachte mir: »Prima! Wir werden hierherkommen, alles niederwalzen und einen Vergnügungspark bauen!« Doch vielleicht werden wir einen anderen Ort finden. Oder vielleicht ist das eine der Ideen, die am besten nur eine Idee bleiben. Was meinen Sie?

[In der WWW-Site von CD-ROM-Verleger Voyager können Sie sich über den Stand der Entwicklung des Projekts Real World informieren und Laurie Anderson Anregungen mitteilen (http://www.voyagerco.com/LA/theme/tpark.html).]

Literatur zu den Stichworterläuterungen

Telematik (S. 17): Simon Nora/Alain Minc, Die Informatisierung der Gesellschaft, hrsg. von Uwe Kalbhen, Frankfurt am Main/New York 1979, S. 29.

Multimedia (S. 24): Ulrich Riehm/Bernd Wingert, Multimedia. Mythen, Chancen, Herausforderungen, Mannheim 1995, S. 9.

HDTV (S. 26): Siegfried Zielinski, Audiovisionen. Kino und Fernsehen als Zwischenspiele in der Geschichte, Reinbek 1989, S. 220.

Interaktives Multimedia (S. 29): Riehm/Wingert, a.a.O., S. 67.

Telekratie (S. 42): Vgl. Jean Baudrillard, Die Telekratie, in: G. Kaiser u. a. (Hgg.), Kultur und Technik im 21. Jahrhundert, Frankfurt am Main 1993; Keiko Sei (Hg.): Von der Bürokratie zur Telekratie, Berlin 1990.

Rumänische Tele-Revolution (S. 44): Agentur Bilwet, Fernsehen im Realitätspark Rumänien, in: Medien-Archiv, Bensheim und Düsseldorf 1993, S. 203 ff.

Digitale Kompression (S. 48): Vgl. Riehm/Wingert, a.a.O., S. 19 ff.

LOGO (S. 51): Seymour Papert, Gedankenblitze. Kinder, Computer und Neues Lernen, Basel 1982, S. 27 ff.

Van Gogh TV (S. 63): Vgl. Michael Höing, Marktübersicht Interaktives Fernsehen. Tests, Projekte, Systeme, München 1994.

MUD (S. 65): Howard Rheingold, Virtuelle Gemeinschaft, Bonn 1994, S. 183 ff.

KI, KI-Systeme (S. 70): Vgl. Raymond Kurzweil, Das Zeitalter der Künstlichen Intelligenz, München/Wien 1993.

Digitalisierung des Radios (S. 82): Vgl. Wolfgang Tunze, Multimedia- und Pay-Radio rüsten zum heißen Rundfunk-Herbst, in: Frankfurter Allgemeine Zeitung, Nr. 176, 1. August 1995, S. T 1.

Information (S. 89): Gregory Bateson, Ökologie des Geistes, Frankfurt am Main 1981, S. 582.

Meme (S. 90): Richard Dawkins, Meme, die neuen Replikatoren, in: Das egoistische Gen, Heidelberg u.a. 1994, S. 304 ff.

Morris-Internet-Wurm (S. 104): Howard Rheingold, a.a.O., S. 135 f.

Digitales Geld (S. 105): Ruth Henke/Manfred Kohlen: Das Ende des Geldes, in: FOCUS Nr. 23, 3. Juni 1995, S. 129 ff.

Infobroker (S. 173): Rainer Moitz, Informationsbroker, in: Claudio Gallio (Hg.), Freie Laufbahn. Berufe für Geisteswissenschaftler, Mannheim 1995, S. 85 ff.

Panopticon (S. 182): Michel Foucault, Überwachen und Strafen. Die Geburt des Gefängnisses, Frankfurt am Main 1976, S. 256 ff.

Virtuelle Realität, psychedelische Drogen (S. 203, 209): John Perry Barlow, Im Nichts sein, in: Manfred Waffender (Hg.), Cyberspace. Ausflüge in virtuelle Wirklichkeiten, Reinbek 1991, S. 261 ff.

Filter (TV Digest) (S. 293): Hans-Heinrich Pardey, Wenn der PC des Singles durch die TV-Kanäle zappt, in: Frankfurter Allgemeine Zeitung, 15. Februar 1994, S. T 5.

Interaktive Werbung (S. 298): Vgl. Don Peppers/Martha Rogers, Let's Make a Deal, in: Wired, Februar 1994, S. 74.

Spamming (S. 300): Vgl. Laurence A. Canter/Martha S. Siegel, Profit im Internet, Düsseldorf/München 1995.

Megabyte-Geld (S. 301ff.): Noël Kurtzman, The Death of Money, New York 1993, S. 15 ff.

Wetware (S. 322): *Mondo 2000* User's Guide To The New Edge, London 1993, S. 280.

Nanotechnologie (S. 324): Mathias Schulenburg, Nanotechnologie. Die letzte industrielle Revolution, Frankfurt am Main 1995.

VLSI (S. 325): zit. nach Mathias Schulenburg, a.a.O., S. 33.

Nachweise

Vilém Flusser, Verbündelung oder Vernetzung?: Vortragsskript aus dem Nachlaß Vilém Flussers; vorabgedruckt in: Die Neue Gesellschaft – Frankfurter Hefte, Nr. 1/1995, S. 18–22.

André Gauron, Das digitale Zeitalter: aus dem Französischen von Andreas Knop; zuerst erschienen in Lettre International 29, Berlin 1995.

Peter Glotz, Chancen und Gefahren der Telekratie: zuerst erschienen in: Die Neue Gesellschaft – Frankfurter Hefte, Nr. 1/1995, S. 32–41.

Florian Rötzer, Interaktion – das Ende herkömmlicher Massenmedien: Originalbeitrag; vorabgedruckt in: Litterae. Zeitschrift der europäischen Akademie der Wissenschaften und Künste, Nr. 1/95, Salzburg/Mannheim 1995.

John Perry Barlow, Wein ohne Flaschen: aus dem Amerikanischen von Peter Torberg; der amerikanische Text erschien unter dem Titel »The Economy of Ideas: A framework for rethinking patents and copyrights in the Digital Age« in: Wired, Ausgabe März 1994; die deutsche Übersetzung dann in: Lettre International 26, Berlin 1994.

Vilém Flusser, Hypertext. Über das Schicksal von Büchern: NZZ Folio Nr. 10, 1991.

Bernd Wingert, Die neue Lust am Lesen?: Originalbeitrag.

Enno Rey, Elektronisches Publizieren: Originalbeitrag.

Heinz Hauffe, Die elektronische Revolution und ihre Auswirkungen auf Verlage und Bibliotheken: zuerst erschienen in: Libri. 44 (1994), Nr. 5, S. 369ff.

Christoph Drösser, Ein verhängnisvolles Erbe: zuerst erschienen in: Die Zeit, Nr. 26, 23. Juni 1995, S. 66.

Thomas Lehr, Die Bibliothek der Gnade: Auszug aus dem Roman »Zweiwasser oder Die Bibliothek der Gnade«, Berlin 1993.

Stefan Bollmann, Einführung in den Cyberspace, Auffahrten auf die Datenautobahn: Originalbeiträge.

Jürgen W. Brückmann, Datennetze: Originalbeitrag.

Howard Rheingold, Die Zukunft der Demokratie und die vier Prinzipien der Computerkommunikation: zuerst erschienen in: Karl Gerbel, Peter Weibel (Hgg.), Ars Electronica 94. »Intelligente Ambiente«, Wien 1994.

Kevin Hughes, Zugang zum World Wide Web: Hypermedia document, Honolulu Community College, Oktober 1993; Übersetzung: Stefan Bollmann.

Erik Eichhorn, Virtuelle Realität – Medientechnologie der Zukunft?: Originalbeitrag.

Dora Traudisch, Per Mausklick zum Orgasmus?: zuerst erschienen in: medien praktisch, 1/95, S. 25ff.

Agentur Bilwet, Der große Treck gen Cyberspace: zuerst erschienen in: Der Datendandy. Über Medien, New Age und Technokultur, Mannheim 1994, S. 185ff.

Name June Paik, Bill Clinton stole my idea, aus: Klaus Bußmann, Florian Matzner: Name June Paik. eine DATAbase, Stuttgart 1993.

Gerhard Schub von Bossiazky, Die Bausteine der Infobahn, Vom vernetzten zum virtuellen Unternehmen: zuerst erschienen in: Kommunikationsperspektiven. Schriftenreihe der Fachhochschule Düsseldorf 10, Düsseldorf April 1995.

Martin Bangemann u. a., Europa und die globale Informationsgesellschaft: Auszug aus: Europa und die globale Informationsgesellschaft. Empfehlungen für den Europäischen Rat, Brüssel 1994.

Michael Schrage, Die Zukunft der (Medien ist die) Werbung: gekürzte Fassung von: Is Advertising Finally Dead?, zuerst erschienen in: Wired, Februar 1994; Übersetzung: Stefan Bollmann.

Aaron König, Wie die Werber ins Netz gehen: zuerst erschienen in: Die Zeit, Nr. 32, 4. August 1995, S. 58.

Karl Vak, Unterwegs zum abstrakten Symbolsystem Geld: Originalbeitrag; vorabgedruckt in: Litterae. Zeitschrift der europäischen Akademie der Wissenschaften und Künste, Nr. 3–4/94, Salzburg/Mannheim 1994.

Florian Rötzer, An der Schwelle zur digitalen Natur: Originalbeitrag.

Luc Steels, Die Zukunft der Intelligenz: Originalbeitrag.

Jürgen Claus, Die Kunst in der Medienrevolution: zuerst erschienen in: Süddeutsche Zeitung Nr. 45, 23. Februar 1995, Beilage »Neue Medien«, S. XVI.

Fred Forest, Für eine Kunst im Virtuellen Raum: Originalbeitrag; Übersetzung: Ulrike Becker und Anna Jansen.

Christof Siemes, Der schöne Schein von Null und Eins: zuerst erschienen in: Die Zeit, Nr. 10, 3. März 1995, S. 57f.

Thomas Groß, Talking Technoheads: zuerst erschienen in: die tageszeitung, 2. Juni 1995.

Laurie Anderson, Real World: zuerst erschienen in: Screen Multimedia, Nr. 7, Juli 1995, S. 22f.

Vilém Flusser
Schriften
Herausgegeben von Stefan Bollmann und Edith Flusser

Dem Redner eilte der Ruf des »digitalen Denkers« voraus, »wie vor ihm nur noch McLuhan« (FAZ). Den philosophischen Schriftsteller Vilém Flusser, von dem zu Lebzeiten nur wenige Buchveröffentlichungen vorlagen, zeigt die Werkausgabe seiner Schriften als »glänzenden Essayisten, zwingenden Denker, sensiblen Visionär« – »stringent, sprachlich brillant, mit ironischem Beiklang und distanzierter Schärfe« (FAZ). Der lebenslange Migrant bleibt auch in seinen thesenreichen Schriften ein Grenzgänger: zwischen Realem und Fiktivem, Erlebtem und Gedachtem, anzusiedeln »zwischen Spinoza und Voltaire: Der Menschen Tun nicht zu beweinen, sondern es zu begreifen, kam von Spinoza; nicht alles zu sagen, um nicht zu langweilen, von Voltaire. Beide Methoden zusammen verschaffen Flusser die Flexibilität seines Denkens« (Harry Pross).
Die Werkausgabe konzentriert sich auf die nachgelassenen und an verstreuten Orten publizierten Schriften Vilém Flussers, darunter bislang unveröffentlichte Monographien. Sämtliche Bände erscheinen in einer schönen Ausstattung: in Leinen gebunden, Büttenumschlag mit Silberprägung, Büttenvorsatz, Lesebändchen und Fadenheftung. Bei Abnahme aller 14 Bände gilt der günstigere Subskriptionspreis.

Bislang erschienen:

Band 1: Lob der Oberflächlichkeit. Für eine Phänomenologie der Medien, 336 Seiten.
Band 2: Nachgeschichte. Eine korrigierte Geschichtsschreibung, 336 Seiten.
Band 3: Vom Subjekt zum Projekt. Menschwerdung, 288 Seiten.
Band 4: Kommunikologie, 360 Seiten.
Band 5: Brasilien oder die Suche nach dem neuen Menschen. Für eine Phänomenologie der Unterentwicklung, 336 Seiten. Leinen.

»Das Werk des Philosophen Vilém Flusser wird greifbar. Die ersten Bände der vom Bollmann Verlag betreuten Edition vermitteln einen fesselnden Einblick in Flussers Denken – und einen Eindruck von seiner überwältigenden Formulierungsgabe.« Tagesanzeiger, Zürich

Die Revolution der Bilder
Der Flusser-Reader zu Kommunikation, Medien und Design

Der Band versammelt die wichtigsten zu Lebzeiten erschienenen Aufsätze Vilém Flussers zu den Themen, für die er auf seinen Vortragsreisen durch die ganze Welt und in einer Fülle von Zeitschriftenpublikationen berühmt wurde. Für Flusser-Einsteiger und für alle jene, die in kompakter Form nachlesen wollen, was der »Medienphilosoph des 20. Jahrhunderts« (taz) unserer Zeit zu sagen hat.

Ca. 200 Seiten. Broschur.
ISBN 3-927901-67-9

Florian Rötzer
Die Telepolis
Urbanität im digitalen Zeitalter

Städte, die ersten durch und durch künstlichen Welten, hatten für ihre Umwelt stets die Aufgabe der Vernetzung durch räumliche Verdichtung. Sie waren die Zentren der Macht, des Kapitals, des Warenumschlags, der Arbeit, des Wissens und der Kultur.
Während sich Politiker, Urbanisten und Architekten wie gehabt an traditionellen Kategorien wie Standort, Zentralität, öffentlicher Raum und Repräsentation orientieren, liegen die großen urbanistischen Herausforderungen längst nicht mehr in den Städten, sondern an deren wild wuchernden Rändern, welche die alten Stadtkerne mehr und mehr als musealisierte Inseln integrieren.
Auch diese erste Stadtflucht wird aber mittlerweile von einer zweiten überflügelt: Viele Funktionen, die bislang noch die Notwendigkeit der Stadt begründeten, wandern ebenso wie die öffentliche Sphäre in die Computernetze aus. Für dieses Phänomen hat der Publizist und Medientheoretiker Florian Rötzer den Begriff der »Telepolis« geprägt, denn die neue Lebenswelt des Cyberspace wird nicht einem globalen Dorf, sondern einer unübersichtlichen, von kommerziellen und strategischen Interessen geprägten Megastadt gleichen, die auf dem Gerüst der alten Städte wächst und sich bereits jetzt mehr und mehr von diesen ablöst.
In einem packenden Szenario analysiert Florian Rötzer den Umbau der urbanen Gesellschaft und fragt nach den Hintergründen der zweiten Stadtflucht hinein in die ortlosen Computernetze.

Ca. 160 Seiten. Gebunden.
ISBN 3-927901-66-0

Kommunikation & Neue Medien im Bollmann Verlag

Ulrich Riehm, Bernd Wingert

Multimedia

Mythen, Chancen, Herausforderungen

Multimedia – die Kombination bisher getrennter medialer Technologien und Anwendungen – ist an sich nichts Neues. Die durch Digitalisierung und Computerisierung entstandenen und entstehenden neuen Anwendungsmöglichkeiten revolutionieren mittlerweile jedoch die Kommunikationswege: interaktives Fernsehen, audiovisuelle Computeranwendungen, Bildtelefon, die Möglichkeit von Videokonferenzen und Tele-Kooperation sind bereits heute entwickelt.
Ulrich Riehm und Bernd Wingert, Mitarbeiter am Forschungszentrum Karlsruhe, legen nun eine erste empirisch fundierte und anschauliche Untersuchung multimedialer Systeme vor. Sie nennen Akteure und Märkte und beschreiben anhand zahlreicher Beispiele und Illustrationen den neuen Einsatz der Multimedien: in Wirtschaft wie Privathaushalten, in Dienstleistung wie Verwaltung, in den Medien und in der Pädagogik.
Ergänzend zum Buch ist eine VHS-Videocassette erhältlich.

280 Seiten. Großformat.
ISBN 3-927901-69-5